河南省“十四五”普通高等教育规划教材

市场营销学

SHICHANG YINGXIAOXUE

第二版

吕朝晖◎主编　　董浩平◎副主编

化学工业出版社

·北京·

内容简介

本书立足于应用型人才培养目标，以营销管理能力教育为出发点，内容体系全面，案例丰富。本书共设十二章，主要内容包括：市场营销概述、市场营销环境、市场营销调研与预测、购买行为分析、市场竞争战略、目标市场分析、营销策略组合与产品策略、定价策略、分销渠道策略、促销策略、市场营销管理、国际市场营销。为了体现技能培养，各章均附有阅读材料、思考题、操作练习，目的在于培养学生的学习能力、分析能力和创新能力。

本书适合应用型本科院校营销和管理等专业的学生使用，也适合其他跨专业的学生选修使用，还可供有志于掌握这门科学的各界人士参考。

图书在版编目（CIP）数据

市场营销学/吕朝晖主编；董浩平副主编．—2版．—北京：化学工业出版社，2023.12

ISBN 978-7-122-44963-4

Ⅰ.①市…　Ⅱ.①吕…②董…　Ⅲ.①市场营销学-高等学校-教材　Ⅳ.①F713.50

中国国家版本馆CIP数据核字（2023）第240967号

责任编辑：蔡洪伟　姜　磊　　文字编辑：张　弢
责任校对：李露洁　　装帧设计：王晓宇

出版发行：化学工业出版社
（北京市东城区青年湖南街13号　邮政编码100011）
印　　刷：北京云浩印刷有限责任公司
装　　订：三河市振勇印装有限公司
787mm×1092mm　1/16　印张23　字数667千字
2024年8月北京第2版第1次印刷

购书咨询：010-64518888　　售后服务：010-64518899
网　　址：http://www.cip.com.cn
凡购买本书，如有缺损质量问题，本社销售中心负责调换。

定　　价：58.00元

第二版

前言

PREFACE

1999年，教育部高教司首次将“市场营销学”列为高等学校工商管理类专业的核心课程。本书是依据教育部高教司制定并颁布的核心课程教学基本要求，根据编者多年的教学实践，以营销之父菲利普·科特勒的理论体系为基础，结合企业市场营销的实践和理论发展，参阅了大量有关书籍和参考资料编写而成。本书在设计上力图照顾不同层次的读者，既适合应用型本科院校营销和管理等专业的学生使用，也适合其他跨专业的学生选修使用，也可供有志于掌握这门科学的各界人士参考。

本书的编写具有以下特点：

1. 在教材的难易程度把握上，根据“理论必需和够用”的原则，理论叙述简明扼要，既便于教师讲授，又给学生勾画出了完整的知识轮廓。

2. 在具体安排上，不仅强调体系的完整性，更力求突出重点，对基本概念、基本原理讲深讲透，举一反三。

3. 在内容选择上，力求体现本学科最新的动向和成果，增加了市场营销理论的新思维、新方法及新发展。

4. 在编写方法上，突出基本原理的实践性和操作性，以能力培养为中心，除了每章之后的研究方法应用以外，在每章理论知识的介绍中，穿插了案例和资料，以锻炼学生分析问题和解决问题的能力。

本书由河南工程学院吕朝晖主编，郑州升达经贸管理学院董浩平副主编，河南工程学院李家斌、王亚、常英、王晓天参编。全书共十二章，其中吕朝晖撰写第五、六、七、八、十一、十二章；董浩平撰写第一、二、三、四章；李家斌撰写第九、十章；王亚、常英、王晓天参加了讨论与校对。

本书的出版得益于化学工业出版社的各位领导和工作人员的帮助，他们为本书的出版提供了宝贵的意见和建议。本书的编撰还参考了其他学者的文献，在此一并表示感谢。

由于水平所限，书中不妥之处在所难免，恳请读者不吝赐教，以便进一步修订和完善。

编者

2024年3月

第十章　促销策略　/274

第十一章　市场营销管理　/317

第十二章　国际市场营销　/335

参考文献　/361

第一章

市场营销的概述

本章要点

- 市场
- 市场营销
- 市场营销活动的过程
- 市场营销的任务
- 市场营销哲学
- 市场营销理论的产生与发展

本章导读

市场营销是市场经济不断发展的产物。在社会主义市场经济条件下，市场营销对于每一个企业，每一个行业乃至整个国家的经济发展都具有十分重要的意义。现代市场营销学已成为与企业管理相结合，并同经济学、行为科学、哲学、社会学、心理学、人类学、数学等学科相结合的边缘应用学科。学习市场营销学，首先要理解市场及市场营销的内涵，领会市场营销观念，把握市场营销过程，从而对市场营销学有一个概括性了解。

第一节 市场

在现代，市场已经非常发达，各种类型、不同层次和形式的市场遍布世界各地。在传统意义上，人们习惯把市场看作是买卖的场所，买者与卖者聚集在那里，面对面地进行交易活动。所以传统的市场概念是指买主和卖主聚集在一起进行商品交换的场所，而现代意义的市场已发生了根本变化。

一、市场的产生与发展

市场（market）是如何形成和发展起来的？其产生的根源是什么？要回答这个问题，需要回顾社会经济发展的历史。

在原始社会的蒙昧时代，社会生产力水平低下，很少有剩余产品，没有交换的基本条件，也就不存在市场。原始社会的野蛮时代，第一次社会大分工即游牧业与农业的分离，使社会生产力水平得以提高，有了一定的剩余产品可以用来进行交换，开始出现了原始的市场。在野蛮时代末期，第二次社会大分工导致了手工业的出现，产生了以交换为目的的商品生产。工匠们通过市场用自产的产品交换自己所需之物。第三次社会大分工，出现了专门从事商品流通而不从事生产的商人。商人们从生产者那里购进商品，然后在市场上转售给其他买主。商人的出现，促进了商品交换的发展，商品生产者可以专门为市场而生产。随着市场上商品交易的品种和数量的扩大，进而出现了商业，即专门从事商品流通的行业，发展了现代市场的各种机能。所以，哪里有社会分工和商品生产，哪里就有市场。由于社会分工，使商品生产者必须通过与其他商品生产者进行交换，才能得到所需之物。

社会分工的精细化进一步促进了市场的发展。随着社会的进步，社会分工和商品生产的深入发展，商品交换的数量、种类、范围和频率迅速增加，人们对市场的依赖程度也日益加深。显然，现代的市场已经完全不同于传统的市场了。

二、市场的定义

当代著名市场营销学家菲利普·科特勒指出："市场是由一切具有特定需求或欲望并且愿意和可能从事交换来使需求和欲望得到满足的潜在顾客所组成。"应该说，对市场认识的改变，极大地拓展了营销人员的视野，为企业开辟了更为广阔的营销活动空间。在原有的把市场视为"固定场所"的认识指导下，企业营销活动注重的是企业商品生产出来以后在"固定场所"的交易活动，这种活动非常被动而且效果不佳。新的市场概念的建立，使市场营销人员把关注的目光从"固定的交易场所"转到了"流动着的消费者群体"，因而在商品生产之前就开始研究消费者群体的消费需求，确定适销对路的商品，使生产出来的商品能够符合消费者的需求，扩大了商品的销售，取得了营销活动的主动权。

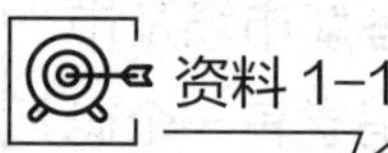
资料 1-1

从营销1.0到营销4.0

菲利普·科特勒将营销分为了1.0，2.0，3.0以及最新的4.0。营销1.0就是工业化时代以产品为中心的营销，营销1.0始于工业革命时期的生产技术开发。当时的营销就是把工厂生产的产品全部卖给有支付能力的人。这些产品通常都比较初级，其生产目的就是满足大众市场需求。在这种情况下，企业尽可能地扩大规模、标准化产品，不断降低成本以形成低价格来吸引顾客，最典型的例子莫过于当年只有一种颜色的福特T型车—"无论你需要什么颜色的汽车，福特只有黑色的"。

营销2.0是以消费者为导向的营销，其核心技术是信息科技，企业向消费者诉求情感与形象。20世纪70年代，西方发达国家信息技术的逐步普及使产品和服务信息更易为消费者所获得，消费者可以更加方便地对相似的产品进行对比。营销2.0的目标是满足并维护消费者，企业获得成功的黄金法则就是"客户即上帝"。这个时代里，企业眼中的市场已经变成有思想和选择能力的聪明消费者，企业需要通过满足消费者特定的需求来吸引消费者。例如：宝洁、联合利华等快速消费品企业开发出几千种不同档次的日化产品来满足不同人的需求。

营销3.0就是合作性、文化性和精神性的营销，也是价值驱动的营销。和以消费者为中心的营销2.0时代一样，营销3.0也致力于满足消费者的需求。但是，营销3.0时代的企业必须具备更远大的，服务整个世界的使命、远景和价值观，它们必须努力解决当今社会存在的各种问题。换句话说，营销3.0已经把营销理念提升到了一个关注人类期望、价值和精神的新高度，它认为消费者是具有独立意识和感情的完整的人，他们的任何需求和希望都不能忽视。营销3.0把情感营销和人类精神营销很好地结合到了一起。在全球化经济震荡发生时，营销3.0和消费者的生活更加密切相关，这是因为快速出现的社会、经济和环境变化与动荡对消费者的影响正在加剧。营销3.0时代的企业努力为应对这些问题的人寻求答案并带来希望，因此它们也就更容易和消费者形成内心共鸣。在营销3.0时代，企业之间靠彼此不同的价值观来区分定位。在经济形势动荡的年代，这种差异化定位方式对企业来说是非常有效的。因此，科特勒也把营销3.0称之为“价值观驱动的营销（Values-driven Marketing）”。

营销4.0是菲利普·科特勒提出的营销的进一步升级。随着移动互联网以及新的传播技术的出现，客户能够更加容易地接触到所需要的产品和服务，也更加容易和与自己有相同需求的人进行交流，于是出现了社交媒体，出现了客户社群。企业将营销的中心转移到如何与消费者积极互动、尊重消费者作为“主体”的价值观，让消费者更多地参与到营销价值的创造中来。而在客户与客户、客户与企业不断交流的过程中，由于移动互联网、物联网所造成的“连接红利”，大量的消费者行为、轨迹都留有痕迹，产生了大量的行为数据，我们将其称为“消费者比特化”。这些行为数据的背后实际上代表着无数与客户接触的连接点。如何洞察与满足这些连接点所代表的需求，帮助客户实现自我价值，就是营销4.0所需要面对和解决的问题，它是以价值观、连接、大数据、社区、新一代分析技术为基础来造就的（见表1-1）。

表1-1　1.0、2.0、3.0、4.0营销时代综合对比

项目	1.0时代	2.0时代	3.0时代	4.0时代
	产品中心营销	消费者定位营销	价值驱动营销	共创导向的营销
目标	销售产品	满足并维护消费者	让世界变得更好	自我价值的实现
推动力	工业革命	信息技术	新浪潮科技	社群、大数据、连接、分析技术、价值观
企业看待市场方式	具有生理需要的大众买方	有思想和选择能力的聪明消费者	具有独立思想、心灵和精神的完整个体	消费者和客户是企业参与的主体
主要营销概念	产品开发	差异化	价值	社群、大数据
企业营销方针	产品细化	企业和产品定位	企业使命、远景和价值观	全面的数字技术+社群构建能力
价值主张	功能性	功能性和情感化	功能性、情感化和精神化	共创、自我价值实现
与消费者互动情况	一对多交易	一对一关系	多对多合作	网络参与和整合

（资料来源：王赛. 营销的进化卷轴——从营销1.0到营销4.0[J]. 新营销，2018, 20(02): 70-73.）.

市场的概念随着商品经济的不断发展，其内容也不断丰富和充实，具有多种含义。

1. 市场是商品交换的场所

市场是指买卖双方购买和出售商品，进行交易活动的地点或地区。它可以按不同的角度进行区分（见表1-2）。

表1-2 从不同角度区分的市场

按商品交换的地理区域分	地区：国际市场——西欧、北美、中东、东南亚…… 国内市场——东北、华东、华南、西北…… 城乡：城市市场、农村市场
按不同商品的交换场所分	粮食市场、煤炭市场、蔬菜市场、纺织品市场……
按不同商品购销方式的场所分	批发市场、零售市场、批零兼营市场 （如百货公司、购物中心）……

2. 菲利普·科特勒对市场的理解

市场是对某种商品或劳务具有需求、支付能力和希望进行某种交易的人或组织。从市场营销学的观点来看，这样的市场对卖主来说非常重要，它是一个有现实需求的有效市场，它具备了人口、购买力和购买欲望三个要素。作为现实有效的市场，这三个要素缺一不可。所以，有的市场营销学家把市场用简单的公式概括如下：

市场=人口+购买力+购买欲望

人口是构成市场的基本因素，哪里有人、有消费者，哪里就有市场。一个国家或地区的人口数量是决定市场大小的基本前提。

购买力是指人们支付货币购买商品或劳务的能力。购买力的高低由购买者收入多少决定。一般认为，人们收入多，购买力高，市场需求就大；反之，市场需求就小。

购买欲望是指消费者购买商品的动机、愿望和要求。它是消费者把潜在的购买愿望变为现实购买行为的重要条件，因而也是构成市场的基本要素。

如果有人口，有购买力，而无购买欲望，或是有人口和购买欲望，而无购买力，对卖主来说，都形成不了现实的有效市场，只能成为潜在的市场。

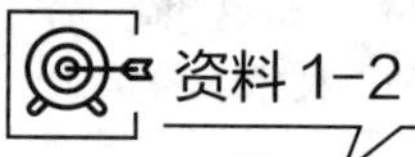
资料1-2

营销重在赢得市场

1. 经营化妆品，卖的是感觉

爱美之心人皆有之，卖化妆品，并不只是化妆品本身，化妆品的原料和配方从技术角度讲，已毫无秘密可言。卖化妆品，卖的是一种希望，一种感觉，一种氛围：希望——更漂亮、更年轻、更美丽、更有自信；感觉——风姿绰约、风情万种；气氛——温馨、和谐、幸福、令人沉醉的激情享受，这是人人都懂的道理，也是促销费用一般占营业额的30%左右的原因。

2. 经营房地产，卖的是梦想

看看我们周围的房地产广告，同样的地皮，差不多的规划、户型，经过不同广告公司不同的包装，就有了天壤之别。有位房地产经销商一语道破天机："很简单，我卖的不只是房子，更重要的是理念，我的买主也不只是买房子，而是买环境，更是买梦想，并实现梦想（圆梦）。"卖房子同时也在卖创造出来的附加价值。

3. 营销，要的是气氛

高明的商人都会卖关子，善于营造气氛。他们编织的美丽关子就像一张网，投出去就把人罩住了。某电视台为了赚大钱，召开黄金时段广告招标会。每年招标会，全国商界各路大腕汇聚一堂，老板们一聚头，个个豪气冲天，难免一比高低，招标会还没开，老板们就较上劲了。

加上招标会中，主持人煽风点火，往往不由自主，一争高下。在竞争的氛围中，招标会的效果会特别好。

4. 营销，要的是创新

日本有家咖喱粉公司，由于企业知名度太低，产品滞销，公司入不敷出，濒临破产。新上任的总裁出人意料地利用日本人对富士山的特殊感情，制造了一场耸人听闻的新闻。他为滞销的咖喱粉推出广告："富士山将旧貌换新颜啦，本公司将雇佣数架飞机，把满载的金黄色咖喱粉撒在雪白的富士山山顶上，届时人们将会看到一座金顶的富士山。"这则广告犹如火烧城门，全日本舆论哗然，斥责纷起：富士山是日本的象征，不是某家企业的私有财产，岂容随意改头换面。民众强烈抗议，要对这种非法行为提出诉讼，各种斥责、抗议，正中这位聪明总裁的下怀。几天后，总裁在报纸上公开表态："本公司原意在于美化富士山，如今考虑到社会的强烈反对，决定撤销在富士山山顶撒咖喱粉的计划。"

通过这几句话语，此君大出风头，精彩扬名。公众不仅知道了该公司，对其公司的咖喱粉也产生了"不打不相识"的微妙心理，从而争相购买该公司的产品。

（资料来源：闫志俊.市场营销实务（第四版）[M].南京：南京大学出版社，2018：2-3.）

3. 市场是某项商品或劳务的所有现实和潜在的购买者

这是指市场除了有购买力和购买欲望的现实购买者外，还包括暂时没有购买力，或是暂时没有购买欲望的潜在购买者。一旦这些潜在购买者的条件有了变化，如收入提高有购买力了，或是受宣传介绍的影响，由无购买欲望转变为有购买欲望时，其潜在需求就会转变成现实需求。故有潜在需求的购买者是卖主的潜在市场（potential market）。对卖主来说，明确本企业商品的现实和潜在市场，以及需求量多少，对正确制定生产和市场营销决策具有重要意义。

例 1-1

市场营销创造需求

美国一家鞋业公司的总经理派财务主管到非洲一个国家了解公司的鞋能否在那里找到销路。一个星期之后，这位主管打电话回来说："这里的人不穿鞋，因而一点市场都没有。"

接着该鞋业公司总经理决定派最好的推销员到这个国家进行调查。一个星期之后，推销员打电话说："这里的人不穿鞋，是一个巨大的市场。"

鞋业公司总经理为弄清情况，再派市场营销副总经理去解决这个问题。两个星期之后，市场营销副总经理打电话说："这里的人不穿鞋，但是他们有脚疾，穿鞋对脚会有好处。他们的脚比较小，所以我们必须要重新设计鞋子，而且必须在教育他们穿鞋有益这方面花一笔钱，在开始之前还必须得到部落首领的同意。这里的人没有什么钱，但他们种植我未曾尝过的最甜的菠萝。我估计鞋的潜在销售量在3年以上，因而我们的一切费用包括推销菠萝给一家欧洲连锁超级市场的费用都将得到补偿。总地算起来，我们还可赚得垫付款30%的利润。我认为，我们应该毫不迟疑地去干。"

——选自菲利浦·科特勤：《市场营销管理——分析、规划、执行和控制》科学技术出版社1991年版。

提示：市场营销是一个不断创新取胜的过程。从事市场营销，不仅要注意适应市场，还要想方设法地开发市场，依靠营销人员的努力去唤醒消费者的潜在需求，还要认真分析研究市场，提出开发新市场的可行建议，借此去开拓和经营市场。

4. 市场是商品交换关系的总和

交换关系主要是指买卖双方、卖方与卖方、买方与买方、买卖双方各自与中间商、中间商与中间商之间、商品在流通领域中进行交换时发生的关系。它还包括商品在流通过程中促进或发挥辅助作用的一切机构、部门（如银行、保险公司、运输部门、海关等）与商品的买卖双方之间的关系。这个概念是从商品交换过程中人与人之间经济关系的角度定义的，这个定义有利于关系营销学的建立。

第二节 市场营销

国内外学者对市场营销的定义有上百种，企业界对市场营销的理解更是各有千秋。伴随着营销理论和实践不断创新，市场营销的概念在不同时期有不同的表述。

一、市场营销的含义

美国市场营销协会（American Marketing Association，AMA）是世界上规模最大的市场营销协会之一，2013年7月，通过协会董事会一致审核的，给市场营销下的定义是：

Marketing is the activity，set of institutions，and processes for creating，communicating，delivering，and exchanging offerings that have value for customers，clients，partners，and society at large.（Approved July 2013）。

市场营销是在创造、沟通、传播和交换产品中，为顾客、客户、合作伙伴以及整个社会带来价值的一系列活动、过程和体系。

美国著名的营销学者菲利普·科特勒对市场营销的核心概念进行了如下的描述："市场营销（market）是个人或群体通过创造、提供并同他人交换有价值的产品，以满足各自的需要和欲望的一种社会活动和管理过程。"在这个核心概念中包含了需要、欲望和需求、产品或提供物、价值和满意、交换和交易、关系和网络、市场、营销和营销者等一系列的概念（见图1-1）。

图1-1 市场营销的核心概念

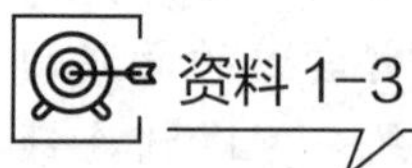

资料1-3

菲利普·科特勒

菲利普·科特勒（Philip Kotler），当代世界营销学权威，美国西北大学凯洛格管理学院庄臣国际营销学杰出讲席教授，拥有芝加哥大学经济学硕士学位和麻省理工学院经济学博士学位。他曾在哈佛大学、芝加哥大学从事过数学、行为科学方面的博士后工作。

科特勒博士出版了许多著作，主要有《营销学原理》《营销学导论》《营销管理》《非营利组织战略营销》《营销模式》《新竞争》《营销专业服务》《医疗卫生机构的营销》《教育机构的战略营销》《高视野》《社会营销》《地方营销》《营销集合》《国家营销》《水平营销》《赢取全球市场》《企业社会责任》等。此外，他还在一流刊物上发表了150多篇论文。作为营销领域的杰出领先者，他获得过许多重大奖项，并且是唯一得过三次"阿尔法·卡帕·普西奖"的学者，该奖是专门奖励发表在《营销学期刊》上最优秀年度论文作者的。

科特勒教授现任美国市场营销协会理事，并为多家美国或国外的著名公司做营销管理战略方面的顾问。

二、市场营销的核心概念

（一）需要、欲望和需求

1. 需要

人们的需要（need）是多种多样的。需要是指没有得到某些满足的感受状态。如饥饿时感到充饥的需要，口渴时感到解渴的需要，害怕被盗或人身受到伤害而感到对安全的需要。美国心理学家亚伯拉罕·哈罗德·马斯洛（Abraham Harold Maslow）的需要层次论（Maslow's Hierarchy of Needs）把人生来即有的"基本需要"概括为生存需要、安全需要、社会需要、尊重需要、自我价值实现需要（见表1-3），并指出一个人总是首先满足最基本、最重要的需要，然后才能向需要的高级形式发展。

表1-3 马斯洛需要层次模式

第五层	自我价值实现需要	想要取得事业上的成功，实现自我发展目标	心理需要
第四层	尊重需要	要求受到尊重，获取名誉	
第三层	社会需要	希望得到友谊	
第二层	安全需要	从长远生存利益考虑希望有安全、稳定环境	生理需要
第一层	生存需要	满足起码的生存条件	

2. 欲望

欲望（want）是指想得到某种具体满足物的愿望，如人在饥饿或口渴时想得到食品或水的欲望特别强烈。期盼得到某种具体满足物的想法，并不涉及购买的支付能力否达到。

3. 需求

人的需要是有限的，但欲望却很多。当有购买能力时，欲望便转化成需求（demand）。需求是指对某个有能力购买并愿意购买的具体产品的欲望。欲望可以是无边无际的遐想，但需求的概念却有着严格的限定性。其要点包括：有明确具体的物品和服务、具备购买能力或支付能力、有购买意愿，这三者缺一不可。

人类的需要和欲望是市场营销活动的出发点。人类的需要源自人的生理与心理条件，不是社会或营销者所能创造的。营销者虽然不能创造需要，但却可以通过各种营销方式如响应营销

(responsive marketing)、预知营销(anticipative marketing)与创造营销(creative marketing)等来影响人们的需要。响应营销是寻找已存在的需要并满足它;预知营销走在顾客需要的前头;而创造营销是发现和解决顾客并没有提出的要求,使他们会高度喜欢营销的产品。营销者可以通过制造产品,使其富有吸引力,使目标顾客有能力支付并容易得到;采用有效的营销沟通手段,影响人们的需求,吸引购买,使人们在满足其需要时,厂商也从交换中获取盈利。

(二)产品及其内涵

人们是通过产品来满足其需要和欲望的。传统的产品概念仅限于实体产品或有形产品,现代产品概念的内涵则十分宽泛。产品(product)包括商品(goods)、服务(service)、体验(experiences)、事件(events)、人物(persons)、地点(places)、财产权(properties)、组织(organizations)、信息(information)、观念(ideas)。提供物、供应品、解决方案也成为产品的代名词。因此,菲利普·科特勒将产品定义为:产品是能够提供给市场以满足需要和欲望的任何东西。

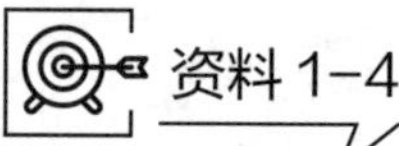

资料 1-4

体验营销的主要策略

美国著名学者伯德·施密特博士在其所写的《体验式营销》一书中主张,体验式营销是“站在消费者的感官(sense)、情感(feel)、思考(think)、行动(act)、关联(relate)五个方面,重新定义、设计营销的思考方式。”

1. 感官式营销策略

感官式营销策略的诉求目标是创造知觉体验的感觉,它是通过视觉、听觉、触觉、味觉与嗅觉等以人们的直接感受建立的感官体验。感官营销可以突出公司和产品的识别,引发消费者购买动机和增加产品的附加值等。如在超级市场中购物,经常会闻到超市烘焙面包的香味,这也是一种嗅觉感官营销方式。

2. 情感式营销策略

情感式营销策略通过诱发触动消费者的内心情感,旨在为消费者创造情感体验。情感营销诉求情感的影响力、心灵的感召力。体验营销就是体现这一基本点,寻找消费活动中导致消费者情感变化的因素,掌握消费态度形成规律,真正了解什么刺激可以引起某种情绪,以及如何在营销活动中采取有效的心理方法能使消费者自然地受到感染,激发消费者积极的情感,并融入这种情景中来,促进营销活动顺利进行。情感对体验营销的所有阶段都是至关重要的,在产品的研发、设计、制造、营销阶段都是如此,它必须融入每一个营销计划。情感营销的一个经典例子就是哈根达斯公司。无论在世界的任何地方,哈根达斯冰激凌的营销总是如同营销浪漫情感一样。

3. 思考式营销策略

思考式营销策略通过启发智力,运用惊奇、计谋和诱惑,创造性地让消费者获得认知和解决问题的体验,引发消费者产生统一或各异的想法。思考式营销策略往往被广泛使用在高科技产品宣传中。在其他许多产业中,思考营销也已经被使用在产品的设计、促销和与顾客的沟通上。

4. 行动式营销策略

人们生活形态的改变有时是自发的,有时是外界激发的。行动式营销策略就是一种通过名人、明星来激发消费者,增加他们的身体体验,指出做事的替代方法、替代的生活形态,丰富他们的生活，使其生活形态予以改变，从而实现销售的营销策略。在这一方面耐克公司可谓经典，该公司出色的“ Just do it”广告，经常用来描述运动中的著名篮球运动员充满激情的夸张表演，从而深化身体运动的体验。

5. 关联式营销策略

关联式营销策略包含感官、情感、思考与行动式营销等层面。关联营销超越私人感情、人格、个性，加上“个人体验”，而且与个人对理想自我、他人或是文化产生关联。让人和一个较广泛的社会系统产生关联，从而建立个人对某种品牌的偏好，同时让使用该品牌的人们进而形成一个群体。关联营销已经在化妆品、日用品、私人交通工具等许多不同的产业中使用。

（三）效用、价值和满意

效用是指产品满足人们欲望的能力。每种产品都有不同的能力构成来满足不同需要。例如，同样交通工具，自行车省钱，但速度慢也不太安全；飞机速度快但成本高；汽车速度中等，成本中等，安全性不高。产品效用是消费者购买选择时的基本考虑，但除此之外，价格甚至情感也同样是其最终决定购买与否的重要因素。这就涉及价值的概念。

早在20世纪80年代，德鲁克就提出：“营销的真正意义在于了解对顾客来说什么是有价值的”。价值是消费者对产品满足其某种需要的程度的评价，它可以用顾客所得到的满足与所付出的成本之间的比值来表示。消费者借助产品所得到的满足一般包括功能利益和情感利益，所付出的成本包括时间、金钱、精力、体力等。由此，消费者价值可以用下面的公式[1]来表示：

$$价值=\frac{利益}{成本}=\frac{功能利益+情感利益}{金钱成本+时间成本+精力成本+体力成本} \tag{1.1}$$

从公式（1.1）可以看出，营销人员可以通过增加顾客获得的利益、降低顾客付出的成本、增加利益的同时降低成本、利益增加幅度比成本增加幅度大、成本降低幅度比利益降低幅度大等几种方法来提高购买者所得到的价值。

如果满意解释为顾客通过对某商品可感知的效果与他的价值期望相比较后所形成的愉悦或失望的感觉状态，则满意水平可表示为感知效果与价值期望之间的差异函数，即：

满意水平=感知效果 − 价值期望

如果效果超过期望，顾客就会高度满意；如果效果与期望相等，顾客也会满意；但如果效果低于期望，顾客就会不满意。

（四）交换和交易

1. 交换

交换（exchange）发生必须具备以下5个条件：

（1）至少有买卖（或交换）的双方；

（2）交换的每一方都拥有对方认为有价值、想要的东西；

（3）每一方都能够沟通信息和传送货物；

（4）每一方都可自由地接受和拒绝对方的东西；

---

[1] [美]菲利普·科特勒著：《营销管理》（第11版），梅清豪译，上海人民出版社，2003年版，第15页

（5）每一方都认为与对方进行交易是值得的、适当的或称心如意的。

具备了上述条件，就有可能发生交换行为。但交换能否真正产生，取决于交换后的双方是否感到都比交换前好（或至少不比以前差）。

2. 交易

交换应看作一个过程而不是一个事件，如果双方正在进行谈判，并趋于达成协议，这就意味着他们正在进行交换，一旦达成协议，我们就认为发生了交易行为。交易（transaction）是交换活动的基本单元，是由双方之间的价值交换所构成的行为。

一次交易包括三个可以量度的实质内容：

（1）至以有两个有价值的事物；

（2）买卖双方所同意的条件；

（3）协议时间和地点。

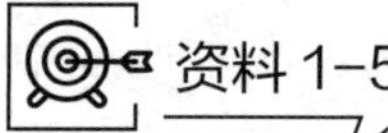
资料 1-5

交换障碍

我们将实际市场活动中所可能存在的交换障碍略作排列，主要可归纳为以下几个主要方面：

（1）顾客需求的障碍　所提供的产品或服务不符合顾客的需求，或是顾客没有足够的购买能力来满足自己的需求。

（2）时间与空间的障碍　产品或服务提供的时间和地点同顾客需要的时间和地点不一致。

（3）信息沟通的障碍　顾客无法获得如何能买到其所需要的产品和服务的有关信息，或信息获得不及时；产品提供者也不了解到底哪些顾客需要他的产品。

（4）交换心理的障碍　因交换双方在心理上的差异而形成的交换障碍，这里不仅包含着顾客的心理障碍，如对产品或服务的认知不足（或偏差）、对环境或舆论的屈从与逆反、对企业或品牌的偏好或厌恶以及不同的购买动机等等；也包含着产品或服务提供者的心理障碍，如对顾客认知的失误、受传统观念的束缚以及经营者个人的性格与心态等。

（5）分销渠道的障碍　分销渠道存在的本身是为了克服交换在时间和空间的障碍。但是分销渠道或分销网络的结构与形式，又可能对交换的顺利实现形成正反两方面的作用，其有可能对交换的实现起到推动的作用，也可能阻碍交换的顺利实现。

（6）竞争干扰的障碍　竞争者的存在是企业实现其交换目标的重要障碍，因为竞争者必然要同企业争夺顾客（交换的对象），企业若不能排除这一障碍，就有可能失去相当一部分交换对象，其交换就不可能充分实现。

（7）内部行为的障碍　如前所述，有一些交换活动的失败纯粹是由于企业内部的原因，如企业营销人员对营销活动不尽力，或是对顾客采取了不友好的态度和行为，甚至是由于无法准确及时地解答顾客所提出的疑问，都可能使交换活动失败。最近一些学者对内部员工忠实度的提高与建立外部顾客忠诚度之间的关系的研究，就说明了内部行为对保证交换顺利实现的重要性。

（8）政策法规的障碍　政府的政策法规会在一定程度上影响交换行为的实现。这里除了包括对一些不良消费行为的抑制之外，也存在着某些经营（交换）权利和范围方面的限制，甚至对交换对象的限制。这是政府对市场实施调控的必要手段，但也是营销活动中不能不考虑的“交换障碍”之一。

如果从障碍产生的原因和人为作用的程度来分析，以上八个方面的交换障碍又可以分为两种类型：前四种为“基本障碍”（或称客观障碍），即它们是在各种交换活动中经常存在的，非人为作用而形成的障碍，营销活动可以在一定程度上克服这些障碍，但难以将其完全消除。如供求不平衡的矛盾会永远存在、信息不对称的情况也不可能完全克服。而后四种障碍则可称之为“行为障碍”（或称主观障碍）。因为他们都是在市场活动中因人们的决策行为所造成的，如果能对人们的决策行为进行适当的调整，就能在很大程度上减少和克服它们对交换活动的影响。

（五）市场、关系和网络

在市场营销活动中，企业为了稳定自己的销售业绩和市场份额，就希望自己与顾客群体之间的交易关系能长期保持下去，并得到不断的发展。要做到这一点，企业市场营销目标就不能仅仅停留在一次交易的实现上，而应通过营销努力来发展同自己的供应商、经销商和顾客之间的关系，使交易关系能长期稳定地保持下去。

生产者、中间商以及消费者之间的关系直接推动或阻碍着交易的实现和发展，企业同与其经营活动有关的各种群体（包括供应商、经销商和顾客）所形成的一系列长期稳定的交易关系构成了企业的市场网络（market network）。在现代市场营销活动中，企业市场网络的规模和稳定性成为形成企业市场竞争力的重要方面，从而也就成为企业营销的重要目标。

（六）营销和营销者

在一般意义上，市场交易是买卖双方处于平等条件下的交换活动。但市场营销学则是站在企业的角度研究如何同其顾客实现有效交换的学科，所以说市场营销是一种积极的市场交易行为，在交易中主动积极的一方为市场营销者，而相对被动的一方则为营销者的目标市场，市场营销者采取积极有效的策略与手段来促进市场交易的实现。营销活动的有效性既取决于营销人员的素质，也取决于营销的组织与管理。

三、市场营销与企业职能

迄今为止，市场营销的主要应用领域还是在企业。在第六节中我们将会看到，市场营销学的产生与发展，与在不同时期企业经营所面临的问题及其解决方式是紧密联系在一起的。在市场经济体系中，企业存在的价值在于它能不断提供合适的产品和服务，有效地满足他人（顾客）需要。因此，管理大师彼得·德鲁克（ Peter F. Drucker）指出：“顾客是企业得以生存的基础，企业的目的是创造顾客，任何组织若没有营销或营销只是其业务的一部分，则不能称之为企业。”“市场营销和创新，这是企业的两个职能。”并且，“营销是企业与众不同的独一无二的职能”。具体原因如下：

（1）企业作为交换体系中的一个成员，必须以对方（顾客）的存在为前提。没有顾客，就没有企业。

（2）顾客决定企业的本质。只有顾客愿意花钱购买产品和服务，才能使企业资源变成财富。企业生产什么产品并不重要，顾客对他们所购物品的感受与价值判断才是最重要的。顾客的这些感觉、判断及购买行为，决定着企业命运。

（3）企业最显著、最独特的职能是市场营销。企业的其他职能，如生产、财务、人事等职能，只有在实现市场营销职能的情况下，才是有意义的。因此，市场营销不仅以其“创造产品或服务的市场”标准将企业与其他组织区分开来，而且不断促使企业将营销观念贯彻于每一个部门。

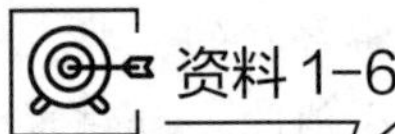
资料 1-6

管理大师 彼得·德鲁克

彼得·德鲁克（1909—2005）1909年生于维也纳，先后在奥地利和德国受教育，1929年后在伦敦任新闻记者和国际银行的经济学家。1931年获法兰克福大学法学博士学位。1937年移民美国，曾在一些银行和跨国公司任管理顾问。1946年他将心得成果写成《公司的概念》一书出版，对企业组织与结构有独到分析。1950年起任纽约大学商学院管理学教授。德鲁克在1954年出版的《管理实践》中首次将管理学开创成为一门学科，奠定了他的管理大师地位。1966年出版的《卓有成效的管理者》成为"管理者必读的经典之作"。1973年出版的巨著《管理：任务、责任、实践》则是一本奉献给企业经营者的系统化管理手册和教科书。他一生出版著作30多本，传播并畅销至全球130多个国家和地区。2002年，德鲁克获得美国公民最高荣誉奖"总统自由勋章"。

德鲁克最受推崇的是他的原则、概念及创新，主要包括：将管理学开创成一门学科；目标管理与自我控制是管理哲学；组织的目的是创造和满足顾客；企业的基本功能是营销和创新；高层管理者在企业策略中的角色；成效比效率更重要；分权化；民营化；知识工作者的兴起；以知识和资讯为基础的社会等。

在现实中，许多企业尽管对市场营销及其方法颇为重视，但并未真正把它作为企业核心职能进行全面贯彻。如一些经理认为营销就是"有组织地执行销售职能"。他们着眼于用"我们的产品"寻求"我们的市场"，而不是立足于顾客需求、欲望和价值的满意。但是，市场营销并不等于销售。市场营销的核心是清楚地了解顾客，并使企业所提供的产品（服务）适合顾客需要。不做好这一工作，即使拼命推销，顾客也不可能积极购买。因此，企业尽管也需要做销售工作，但市场营销的目标却是要减少推销工作，甚至使得销售行为变得多余。

第三节 市场营销活动的过程

任何一种经营活动的完成，都是在一定的观念与理论指导下，制定相应的战略，然后规划保证战略得以实现的策略（战术），并且对战略、策略的实施进行计划、组织、协调、控制，市场营销也不例外。市场营销是市场经济条件下企业经营活动的一项重要内容，其活动过程可以概括为以下几个方面（见图1-2）。

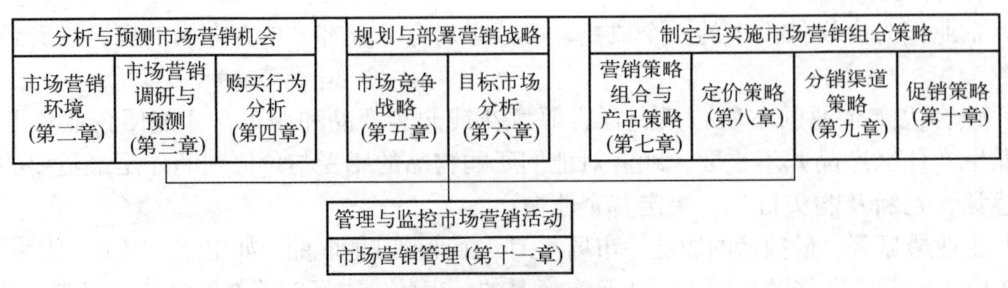

图1-2 市场营销活动过程

1. 树立与贯彻营销观念

企业要有效开展市场营销，首先必须树立正确的营销观念，这是企业市场营销活动过程的第一步。

2. 分析与预测市场营销机会

企业市场营销战略规划的制定必须建立在对营销环境分析、消费者市场与组织市场购买行为分析、市场营销信息研究的基础之上。通过这些分析寻找市场营销机会，这是市场营销的第二步。

3. 制定市场竞争战略和企业的目标市场营销战略

市场营销活动的第三步便是制定市场竞争战略和确定企业的目标市场营销战略。市场竞争战略包括市场战略规划，对竞争者进行分析并制定竞争战略；企业的目标市场营销战略包括市场细分、确立目标市场、市场定位等工作。

4. 制定与实施市场营销策略组合

市场营销活动的第四步是制定或规划保证战略目标得以顺利实现的营销策略组合，主要包括产品策略、价格策略、分销策略和促销策略（见图1-3）。这四个策略因其英语的第一字母都是“P”，所以通常也称之为“4P”。这四个方面在营销活动中不能孤立看待，而是要综合分析考虑，选择最有效的组合，以最好地实现营销战略目标。

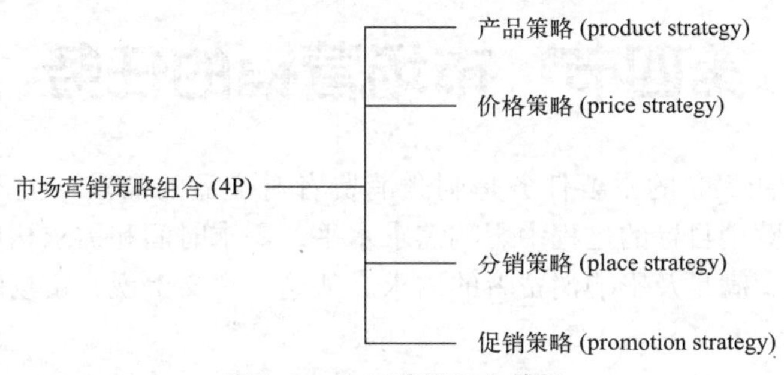

图1-3 市场营销组合策略

5. 管理与监控市场营销活动

管理活动具有计划、组织、协调、控制、领导等职能。市场营销是企业经营管理活动中的一项重要内容，同样也具有计划、组织、控制等职能。所以，市场营销管理最后一步是对市场营销活动全过程的计划、组织与控制。具体来说，就是要做好市场营销的计划、市场营销的组织安排、市场营销控制等管理性工作。

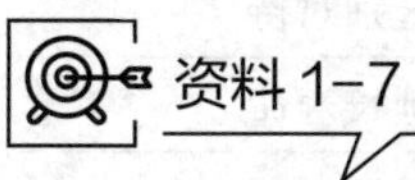

资料 1-7

市场营销岗位

市场营销岗位是综合性的、多元化的，既包括宏观的市场营销策划，也包括微观的市场销售与客户服务。所有的岗位都有一个共同的特点，即：以消费者（客户）需求为出发点，以满足消费者（客户）需求为目标的企业经营活动。具体的营销岗位分析如表1-4所示。

表1-4 市场营销相关岗位分析

行业 职务	快消品行业、零售业	批发贸易行业	房地产、汽车等行业	产业市场	服务行业
初级	促销员 营业员 导购员 理货员 收银员	业务代表（经销商开发 、维护） 内勤员	销售代表 销售助理 销售内勤 推销员 产品助理 采购员 促销员	市场专员 客户服务员 公关员、业务代表 市场助理、理货员 市场助理 市场管理员 渠道管理员	广告业务员、业务代表、商务助理 企划文案、营销策划 客户代表、市场信息专员、市场调查员、服务员、银行卡市场营销管理员
中级	促销、营业、导购、理货主管 / 主任 部门主管 / 经理	经理助理 业务主管	销售主管 销售经理区域 经理促销主管 采购主管 采购经理	市场调查主管 市场经理 客户经理 公关经理 渠道经理 营销主管 / 经理	广告业务主管 商务经理 客户经理 银行卡市场营销主管
高级	商店经理	公司营销经理	营销副总 市场总监	营销总监	营销副总

第四节 市场营销的任务

市场营销（marketing）的主要任务是刺激消费者对产品的需求，但不能局限于此，它还要帮助企业在实现其营销目标的过程中影响需求水平、需求时间和需求构成。因此，市场营销的任务是刺激、创造、满足及影响消费者的需求。从这一意义上说，市场营销的本质是需求管理（demand management）（见表1-5）。

表1-5 市场营销的任务

需求状态	需求特征（对产品的态度）	任务	措施（分析原因、对症营销）
负需求	厌恶、回避	转变营销	转变观念、培养习惯、重新设计产品
无需求	漠不关心	激发营销	消费者教育、引导需求、激发需求
潜在需求	不具备满足的条件	开发营销	创设条件、消除壁垒、降低门槛
下降需求	需求呈下降趋势	重振营销	促销激励、产品开发、激发人气
不规则需求	供求时空上不协调	协调营销	差别定价、促销协调、区别对待
充分需求	供求基本平衡	维持营销	保证质量、维持充分、延长寿命
过度需求	远远供不应求	限制营销	提高价格、减少促销、增加供给
有害需求	需求有害社会或个人	反营销	劝说引导、资格认证、身份限制

1. 转变市场营销：负需求→正需求

负需求（negative demand），是指市场上绝大多数消费者对产品不喜欢的一种需求状况。在这种需求状况下，市场营销管理的任务是转变市场营销，即分析市场上消费者为什么不喜欢该产品，并采取适当的营销措施，如重新设计新产品或完善老产品、改变价格、加大促销力度等，改变人们对该产品的态度或信念，变负需求为正需求。

2. 激发市场营销：无需求→有需求

无需求（no demand），是指人们对某种商品毫无兴趣或漠不关心的一种需求状况。形成这种状况的原因通常有三个：人们认为某些产品无价值；人们认为其有价值，但在特定的目标市场却无价值，如沙漠地区对游泳衣、救生圈的需求；新产品或消费者不熟悉的产品，人们不了解或买不到，所以无需求。针对无需求的状况，市场营销管理的任务是激发市场营销，即采取各种营销措施，激发人们的兴趣和欲望，创造新的需求。

3. 开发市场营销：潜在需求→现实需求

潜在需求（latent demand），是指相当一部分消费者对某种产品或服务有强烈的需求，而现有产品或服务又无法使之满足的需求状况。针对潜在市场需求状况，市场营销管理的任务是开发市场营销，即企业通过市场调查研究及预测工作，开发出满足消费者潜在需求的新产品，使潜在需求转变为现实需求。

例 1-2

心理学家认为：人从0～100岁都需要玩具，人在不同的年龄都会有不同的心理需求，成人又是有消费能力和绝对自主权的，他们有资金将这个虚幻世界的游戏进行到底。中国社会调查事务所的一项调查显示，在中国的大城市中，33%的成人认为自己喜欢并愿意购买适合自己的玩具，成人玩具年需求至少为500亿元。但中国轻工业协会的调查统计数据表明，在中国，成人几乎没有玩具，在国内玩具市场；99%为儿童玩具。

4. 重振市场营销：下降需求→上升需求

下降需求（declining demand），是指某种产品或服务的需求呈下降趋势的状况。针对下降需求，市场营销的任务是重振市场营销，即企业采取适当的市场营销措施，改变引起下降的因素，如完善产品性能、改变广告宣传内容、销往新的目标市场、开发新的销售渠道等，使下降趋势得以抑制，变下降需求为上升需求。

例 1-3

美国的小麦曾一度过剩，于是他们把目光瞄准了日本市场。然而，日本人的饮食习惯是吃米不吃面。美国人无偿向日本人赠送科普电影、举办各种展览，大力宣传吃面有利健康、能长高个。自愧个子矮的日本人对这些宣传深信不疑，许多人硬着头皮吃起面食，学校供应的午餐也把米饭改成了面食，直到把美国小麦吃得差不多了，美国电影才停止放映。

5. 协调市场营销：不规则需求→有规则需求

不规则需求（1rregular demand），是指有些商品或服务的需求在一年的不同季节、不同月份，或者在一周的不同时间，甚至在一天的不同时点上下波动很大、有时多有时少不规则的状况。针对不规则的需求状况，市场营销管理的任务是协调市场营销，即通过各种措施协调需求。例如，采取需求差别定价策略，在需求少时降低价格，鼓励人们在淡季消费，在需求多时提高价格，限制消费。

6. 维持市场营销：充分需求→持续充分

充分需求（full demand），是指某种产品或服务需求的时间和水平正好等于预期需求的时间和水平的状况。这是一种理想的需求状况。针对这种需求状况，市场营销管理的任务是维持市场营销，即企业采取措施维持目前的需求水平。例如，保持产品的质量、广告频率及次数等，努力降低产品营销成本。

7. 限制市场营销：过度需求→适度需求

过度需求（overfull demand），是指某种产品或服务的现实需求水平超过了企业或组织所能提供或愿意提供的水平。针对该种需求状况，市场营销管理的任务是减少市场营销，即企业采取各种营销措施，暂时或永久地减少需求。例如，提高价格、减少促销等，使需求水平降低到正常水平。

8. 反市场营销：有害需求→无需求或负需求

有害需求（unwholesome demand），是指市场对某种有害产品或服务的需求。例如烟、酒、毒品等。针对这种需求，市场营销管理的任务是反市场营销，即企业采取措施劝导人们放弃某种需求，或停止供应有害的产品或服务。例如劝人们戒烟、戒酒等，以法律形式禁止供应毒品等。

第五节 市场营销哲学

营销哲学是指企业对其营销活动及管理的基本指导思想、观念、态度或思维方式，其核心是如何处理企业、顾客及社会之间的利益关系，如图1-4所示。现实中，三者的利益经常发生冲突，营销者应该奉行何种营销哲学，处理好企业、顾客和社会之间的利益关系呢？

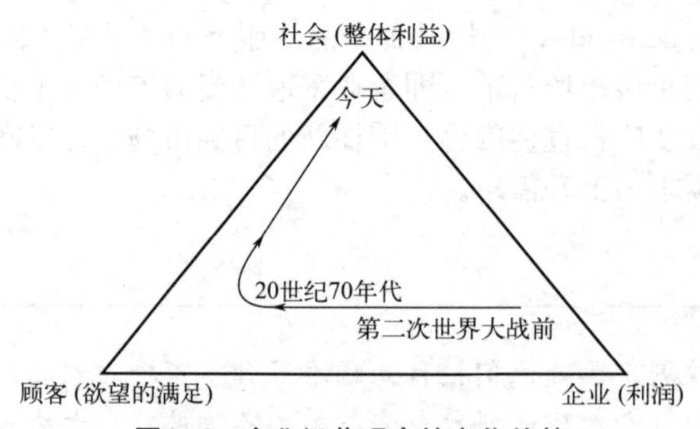

图1-4 企业经营观念的变化趋势

营销哲学有五种典型的经营观念：生产观念、产品观念、推销观念、市场营销观念、社会营销观念。各种组织无一不是在其中某一种观念的指导下从事其营销活动的。

一、五种经营观

（一）生产观念

生产观念（production concept）是指导销售者行为的最古老的观念之一。生产观念认为，消费者喜欢那些可以随处买得到而且价格低廉的产品，企业应致力于提高生产效率和分销效率，扩大生产，降低成本以扩展市场。显然，生产观念是一种重生产、轻营销的商业哲学。

在西方，生产观念盛行于19世纪末20世纪初期，是在卖方市场条件下产生的。在资本主义工业化初期以及第二次世界大战末期和战后一段时期内，由于物资短缺，市场商品供不应求，生产观念在企业经营管理中颇为流行。我国在计划经济体制下，由于商品短缺，企业不愁其产品没有销路，工商企业在经营管理中也奉行生产观念。具体表现为：工业企业集中力量发展生产，轻视市场营销，实行以产定销；商业企业集中力量抓货源，工业企业生产什么就收购什么，工业企业生产多少就收购多少，根本谈不到市场营销。

除了物资短缺、产品供不应求的情况之外，有些企业在产品成本过高，需提高生产效率来使成本降低时，其市场营销管理也受产品观念支配。

例1-4

20世纪初，汽车大王亨利·福特所奉行的便是这种经营哲学。美国的福特在汽车发明后不久，于1903年创办了福特汽车公司，从1914年开始生产T型汽车——一种4个汽缸、20马力的低价汽车。这种汽车到1921年时，在美国汽车市场上的占有率已升到56%。当时福特的经营哲学便是如何使T型汽车生产效率趋于完善，从而降低成本，使更多的人买得起汽车。他曾开玩笑地说，福特公司可供应消费者任何颜色的汽车，只是他要的是黑色汽车。这是只求产品价廉而不讲花色式样的生产观点的典型表现。

（二）产品观念

产品观念（product concept）认为，消费者最喜欢高质量、多功能和具有某种特色的产品，企业应致力于生产高附加值产品，并不断加以改进。这种观念产生于市场产品供不应求的“卖方市场”形势下。最容易滋生产品观念的场合，莫过于当企业发明一项新产品时，此时企业最容易导致“市场营销近视”，即不适当地把注意力放在产品上，而不是放在市场需要上，在市场营销管理中缺乏远见，只看到自己的产品质量好，而看不到市场需求的变化，致使企业经营陷入困境。

例1-5

美国爱尔琴钟表公司自1869年创立到20世纪50年代，一直被公认为是美国最好的钟表制造商之一。该公司在市场营销管理中强调生产优质产品，并通过由著名珠宝商店、大百货公司等构成的市场营销网络分销产品。1958年之前，公司销售额始终呈上升趋势，但此后其销售额和市场占有率开始下降。造成这种状况的主要原因是市场形势发生了变化：这一时期的许多消费者对名贵手表已经不感兴趣，而趋向于购买那些经济、方便、新颖的手表；而且，许多制造商迎合消费者需要，已经开始生产低档产品，并通过廉价商店、超级市场等大众分销渠道积极推销，从而夺走了爱尔琴钟表公司的大部分市场。爱尔琴钟表公司竟没有注意到市场形势的变化，依然迷恋于生产精美的传统样式手表，仍旧借助传统渠道销售，认为自己的产品质量好，顾客必然会找上门。结果，企业经营遭受重大挫折。

（三）推销观念

推销观念（selling concept）是被许多企业所奉行的另一种观念。这种观念认为，消费者通常表现出一种购买惰性或抗衡心理，如果顺其自然，他们一般不会主动购买某一企业的产品，因此，企业必须积极推销和大力促销，以刺激消费者大量购买本企业产品。推销观念在现代市场经济条件下被大量用于那些非渴求物品，即购买者一般不会想到要去购买的产品或服务。许多企业在产品过剩时，也常常奉行推销观念。

推销观念产生于西方国家由“卖方市场”向“买方市场”的过渡阶段。在20世纪20年代至40年代间，由于科学技术的进步，科学管理和大规模生产的推广，产品产量迅速增加，逐渐出现了市场产品供过于求，卖主之间竞争激烈的新形势。许多企业家感到，即使有物美价廉的产品，也未必能卖得出去。企业要在日益激烈的市场竞争中求得生存和发展，就必须重视推销工作。

（四）市场营销观念

1. 营销观念与推销观念的区别

市场营销观念（marketing concept）是作为对上述观念的挑战而出现的一种新的企业经营哲学。尽管这种思想由来已久，但其核心原则直到20世纪50年代中期才基本定型。市场营销观念认为，实现企业各项目标的关键，在于正确确定目标市场的需要和欲望，并且比竞争者更有效地传送目标市场所期望的物品或服务，进而比竞争者更有效地满足目标市场的需要和欲望。西奥多·莱维特（Theodore Levitt）曾对推销观念和市场营销观念作过深刻的比较，指出推销观念注重卖方需要，市场营销观念则注重买方重要。推销观念以卖主需要为出发点，考虑如何把产品变成现金；而市场营销观念则考虑如何通过制造、传送产品以及与最终消费产品有关的所有事物，来满足顾客的需要（见图1-5）。从本质上说，市场营销观念是一种以顾客需要和欲望为导向的哲学，是消费者主权论在企业市场营销管理中的体现。

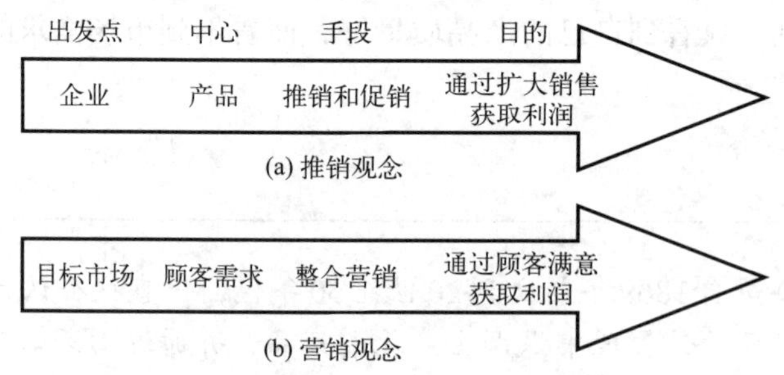

图1-5 营销观念和推销观念的主要区别

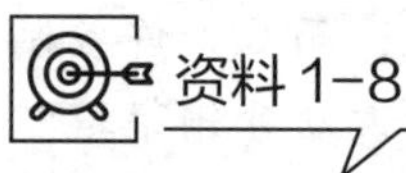

市场营销管理的实质是降低“信息不对称”程度

市场营销环境本身是个不对称信息场。市场的主体主要有：消费者、企业、政府。因此形成三组经济人对偶：企业和消费者；企业和企业；企业与政府。

1. 企业和消费者对偶是目前市场营销学研究的主要对象

在产品开发之前，该对偶面对的信息环境是：消费者更多地了解自身的消费需求(需求信息)，企业(厂商)对需求信息则了解较少。随着产品处于开发阶段、生产阶段、直到最终销售阶段，企业和消费者之间信息不对称变化导致消费者了解的有关产品的信息较少(因受专业知识的局限、被排斥在开发、生产过程之外或成为局外人)；生产者了解的有关信息较多(比如更知道产品的质量、性能、技术特性、成本构成等)。

2. 企业与企业对偶也存在信息不对称问题

竞争性企业在实施营销策略时，应了解对手的策略，否则再好的策略也可能失败。因为，单个厂商的效用函数不仅依赖他自己策略的选择，而且依赖于其他厂商的选择；单个厂商最优选择是其他厂商的函数(博弈论思想)。简单地说，就是竞争厂商之间的决策行为互相影响。然而，竞争企业之间因为商情保密性能差异，商情调研、收集、整理系统完善程度和功能优劣的不同，使彼此对对方的了解不对等，构成了该对偶间的信息不对称。

3. 企业和政府之间同样存在信息不对称的情况

企业拥有更多的私人信息(比如经营范围、纳税情况、质量和环保情况等)，而政府则对此类信息拥有较少；加剧两者不对称的另一方面是，政府本身的某些信息(经济政策、经济法规等)是一种公共产品，政府的职能决定它不能将其作为私人信息而单方拥有。

整个市场营销环境就是由上述三组对偶形成的不对称信息场，市场营销活动全部是在这样的场中进行。因此企业应通过市场调研、市场促销、销售渠道决策等方式降低三组信息的不对称。

（资料来源：芮明杰. 市场营销管理——定位、联盟、策略[M]. 上海：复旦大学出版社，2001. 有删减）

2. 市场营销观念与顾客让渡价值

在现代市场营销观念指导下，企业应致力于顾客服务和顾客满意。而要实现顾客满意，需要从多方面开展工作，并非人们所想象的“只要价格低，则万事大吉”。事实上，消费者在选择卖主时，价格只是其考虑因素之一，消费者真正看重的是“顾客让渡价值”（customer delivered value）。

顾客让渡价值（customer delivered value）是指顾客总价值与顾客总成本之间的差额。顾客总价值（total customer value）是指顾客购买某一产品与服务所期望获得的一组利益，包括产品价值、服务价值、人员价值和形象价值等。顾客总成本（total customer cost）是指顾客为购买某一产品所耗费的时间、精力、体力以及所支付的货币资金等。因此，顾客总成本包括货币成本、时间成本、精力成本和体力成本等（见图1-6）。

由于顾客在购买产品时，总希望把有关成本包括货币、时间、精力和体力等降到最低限度，而同时又希望从中获得更多的实际利益，以使自己的需要得到最大程度的满足，因此，顾客在选购产品时，往往从价值与成本两个方面进行比较分析，从中选择出价值最高、成本最低，即顾客让渡价值最大的产品作为优先选购的对象。

企业为战胜竞争对手，吸引更多的潜在顾客，就必须向顾客提供比竞争对手具有更多顾客让渡价值的产品，这样，才能使自己的产品为消费者所注意，进而购买本企业的产品。为此，企业可从两个方面改进自己的工作：一是通过改进产品、服务、人员与形象，提高产品的总价值；二是通过降低生产与销售成本，减少顾客购买产品的时间、精力与体力的耗费，从而降低货币与非货币成本。

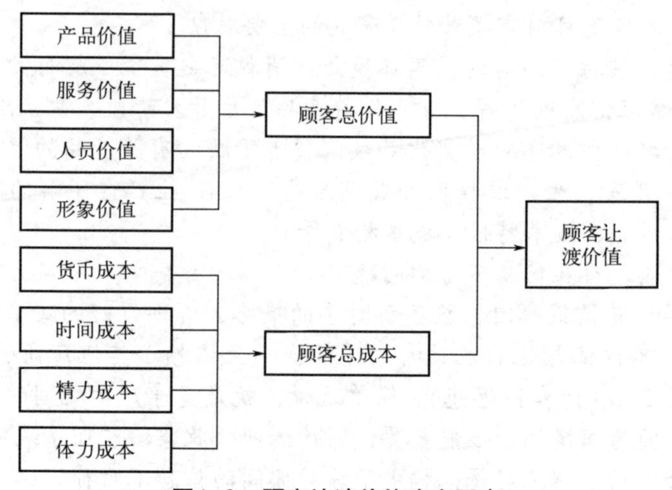

图1-6 顾客让渡价值决定因素

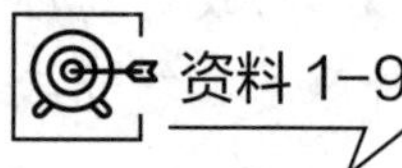

资料 1-9

注重顾客满意——价值营销

随着世界经济的飞速发展，企业竞争日趋激烈，对“顾客导向”的认识也在不断地深化和拓展。企业纷纷从注重满足顾客需求发展到注重顾客满意，以实现顾客忠诚。卡多佐（Cardozo）在1965年将顾客满意（Customer Satisfaction，CS）的概念引入市场营销学的范畴，这一概念在20世纪80年代末90年代初普遍受到重视。“顾客满意”是指顾客通过一个产品的可感知的效果（或结果）与他们的期望值相比较后所形成的感觉状态。顾客价值的提高是实现顾客满意的基础，以追求顾客满意为宗旨形成了价值营销观念。

价值营销观念将企业的营销过程看作价值的探索、创造和传递过程，并强调运用全面营销的思维方式，从顾客、企业和协作者三方面去考虑营销问题，如图1-7所示。

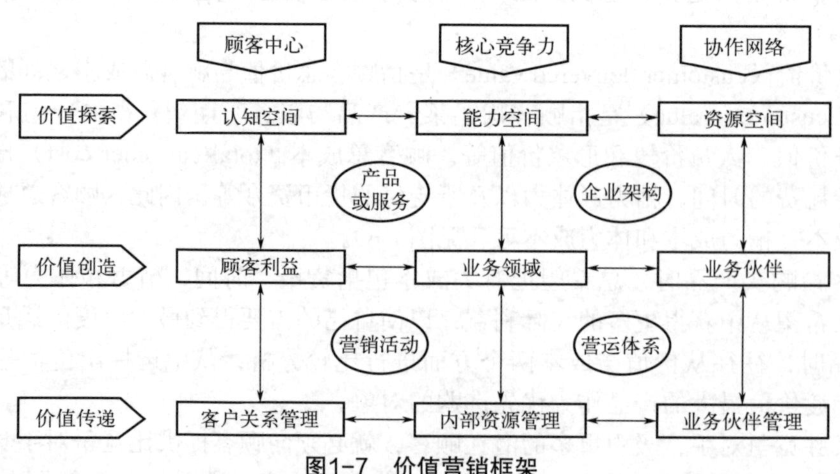

图1-7 价值营销框架

1. 价值探索过程

营销的起点是一个价值探索过程，在此过程中，通过对顾客的认知空间（顾客的现实和潜在需求的了解）、本企业的能力空间（企业的核心能力）和协作者的资源空间的了解和把握，探索如何发现新的价值机会。

2. 价值创造过程

首先，通过了解顾客的所想、所需、所忧，从顾客的角度重新认识顾客利益并考虑如何去满足新的顾客利益。

其次，根据顾客新的价值需求和自身的核心能力进行业务重组，重新定义公司的业务领域，确定产品线、确定品牌定位，使核心能力得到最好的发挥。

最后，选择新的价值创造过程中所需要的业务伙伴，以整合利用协作网络中业务伙伴的资源，共同开发、创造新的价值。

3. 价值传递过程

通过客户关系管理、企业内部资源的整合协调管理和协作网络中的业务伙伴的关系管理，以更有效地传递价值。

（五）社会市场营销观念

这种经营思想是对市场营销观念的重要补充和完善。它的基本内容是：企业提供产品，不仅要满足消费者的需要与欲望，而且要符合消费者和社会的长远利益，企业要关心与增进社会福利，营销要有利于并促进社会的持续发展。它强调，要将企业利润、消费需要、社会利益三个方面统一起来。

社会营销观念（societal marketing concept）出现于20世纪70年代。在西方，它的提出一方面是基于“在一个环境恶化、人口爆炸性增长、全球性通货膨胀的忽视社会服务的时代，单纯的市场营销观念是否合适”这样的认识；另一方面也是基于对广泛兴起的、以保护消费者利益为宗旨的消费者主义运动的反思。有人认为，单纯的市场营销观念提高了人们对需求满足的期望和敏感，加剧了满足眼前消费需要与长远的社会福利之间的矛盾，导致产品过早陈旧，环境污染更加严重，也损害或浪费了一部分物质资源；有人则指出，“消费者主权”“顾客至上”之类的口号对许多企业来说不过是骗人的漂亮话，它们在“为消费者谋利益”的旗号下干着种种欺骗顾客的勾当，诸如以次充好、以假乱真、广告欺骗等等。正是在这样的背景下，人们提出了社会营销观念。应当说，这种经营思想的正确性无可置疑，但在资本主义条件下或在唯利是图的环境中很难得到真正彻底的贯彻。

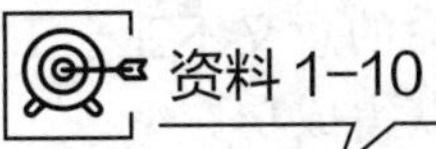

社会责任营销的战略框架与策略

社会责任营销应从企业的战略层面上，将社会预期融入其制定业务战略的核心架构之中，包括确定企业利益相关群体及相应的社会责任；建立利益相关者社会责任的营销导向，从利益相关者的角度定义企业营销行为规范；选择企业应关注的社会问题作为社会责任营销主题；开展具体的社会责任事件营销活动；制定和实施计划；评估社会责任营销的效果。

在社会责任营销实践中，一般有以下具体策略：

1. 诚信营销

诚信是传统道德中最重要的原则之一，崇尚契约精神，一诺千金，是企业生产、经营、管理活动中，处理各种关系的基本准则。

实施诚信营销的措施包括：经营诚信产品；加强与各方的诚信合作（如供应商、经销商）；

创建诚信文化；营造诚信环境（明晰产权制度，完善诚信法律保障体系、企业信用评价体系、消费者诚信体系，舆论监督体系等）。

2. 道德营销

道德营销是指个人和组织在通过产品和价值交换来实现自己利益时，对道德、良知与正义的向往和坚持的一种社会活动过程。道德的核心理念是善，概括地说，道德营销就是以善取利，自利必先利他。

3. 事业关联营销

事业关联营销，即将企业与非营利机构，特别是慈善组织相结合，将产品销售与社会问题或公益事业相结合，在为相关事业进行捐赠、资助其发展的同时，达到提高产品销售额、实现企业利润，改善企业社会形象的目的。

4. 环境营销

环境营销是企业承担环境社会责任的一种营销方式。只要在营销中考虑到环境责任，或以保护环境作为其出发点之一，或与传统营销相比更有利于环境改善的营销观念及活动，就可称为环境营销。环境营销的内容比较广泛，具有代表性的是生态营销、绿色营销，可持续发展营销。

二、比较与分析

市场营销理论的发展是建立在市场的变化和企业经营观念相应变化的基础上的。从企业经营观念的变化过程来看，先后经历了生产观念、产品观念、推销观念、营销观念、社会营销观念等有代表性的观念形态，其变化给予了我们相关的启示。

1. 企业经营观念的变化和市场变化息息相关

在供不应求的市场态势下，企业产品制造出来后不愁销售，生产什么销售什么，生产多少就能销售多少。在市场经济发展比较成熟、市场竞争十分激烈的环境条件下，供大于求的态势业已形成，企业只能以顾客为中心，市场需要什么就生产什么、销售什么，只能“以销定产”，而不是“以产定销”。并且，在产品售出后还要了解顾客的意见，据此改进产品和经营。

2. 企业经营观念从生产导向转变为营销导向

经济的发展和市场环境的变化，促使企业的经营观念从生产导向转变为营销导向，这两种导向有很大区别（见表1-6）。这种转变是企业经营观念的一场革命，这场革命的意义不亚于工业革命。在这场革命中，哪个企业能尽快觉悟，摆脱生产导向的束缚，就能获得成功。

表1-6 生产导向和营销导向的区别

项目	中心	起点	手段	促销重点	终点
生产导向	企业销售能够生产的产品	企业	推销与促销	产品的特征和质量	通过销售获得利润
营销导向	企业生产可以销售的产品	目标市场需求	营销组合	产品提供给顾客的价值	通过满足顾客需求获利

3. 现代企业营销必须兼顾企业、消费者、社会三者利益

市场营销发展到近十几年，由于部分企业在经营活动中不顾社会利益，其行为造成了环境恶化和资源短缺，影响了整个社会发展。

在现代法制社会，这样的企业可能得逞于一时，但必然会受到社会压力而影响企业的进一步发展，从而迫使企业改变做法，即把企业对利润的追求建立在兼顾社会利益和消费者利益的基础上（见图1-8）。

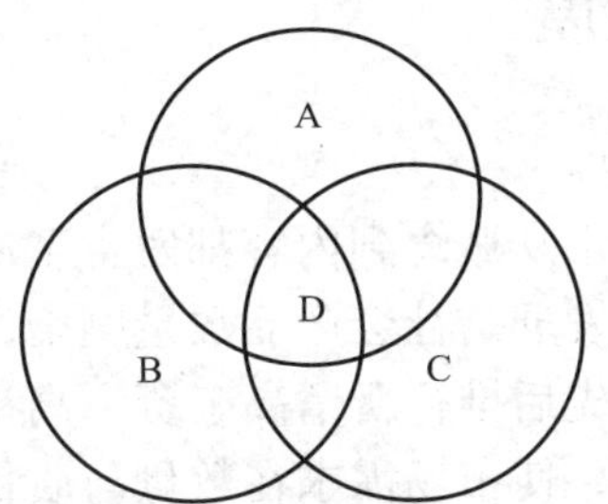

A. 企业利益　B. 社会利益　C. 消费者利益　D. 三者利益的结合点

图1-8　现代市场营销与社会利益关系

4. 企业不仅要满足市场需求，还应致力于创造市场需要

传统的市场营销理论认为，需求源于消费者自身心理和生理各方面的需要，企业以发展和满足市场需求为营销活动的核心。但随着现代市场经济的迅猛发展，市场需求从形式到内容愈来愈复杂多变，企业若仅仅停留在满足市场需求上，不仅会使企业局限于静态市场和原有市场而因循守旧，而且还往往会使企业疲于应付不断变化的需求而晕头转向，无所适从。因此，现代企业欲领先市场，不仅要"跟着市场走"，还要力求同时"市场跟我走"，主动引导市场消费潮流。坚持不懈的营销宣传和促销努力会产生潜移默化的作用，使消费者在不知不觉中改变价值观念和生活方式，从而改变消费者需求偏好，创造市场。

第六节　市场营销理论的产生与发展

一、市场营销理论的产生

市场营销理论于20世纪初创建于美国，并在实践中得到不断完善和发展。它的形成阶段大约在1900年到1930年之间。

人类的市场经营活动，从市场出现就开始了，直到20世纪之前，市场营销尚未形成一门独立的学科。19世纪末20世纪初，美国开始从自由资本主义向垄断资本主义过渡，社会环境发生了深刻的变化。工业生产飞速发展，专业化程度日益提高，人口急剧增长，个人收入上升，日益扩大的新市场为创新提供了良好的机会，产业界对市场的态度开始发生变化。所有这些变化因素都有力地促进了市场营销思想的产生和市场营销理论的发展。

1902～1905年，密歇根大学、加利福尼亚大学、伊利诺伊大学和俄亥俄大学等相继开设了市场营销课程。1910年，执教于威斯康星大学的巴特勒教授正式出版了《市场营销方法》一书，首先使用marketing作为学科名称。但是，此时的市场营销学，讲授的还只是推销、广告等知识，真正的市场营销管理哲学还没有形成。

1929～1933年，资本主义国家发生震惊世界的经济危机，生产严重相对过剩，产品销售困难，直接威胁着企业的生存。从20世纪30年代开始，主要资本主义国家市场明显进入供过于求的买方市场。激烈的市场竞争，促进了市场营销活动和市场营销理论研究的不断深化，使市场营销学有了很大的发展，学术著作日渐增多，理论体系逐步建立。但是，真正的现代市场营销学是在第二次世界大战后的50年代开始形成的。

二、市场营销理论的发展

1. 市场营销理论的革命

第二次世界大战后，市场营销学从概念到内容都发生了深刻的变化。战后的和平条件和现代科技进步，促进了生产力的高速发展。社会产品数量剧增，花色品种日新月异，买方市场全面形成。另一方面，西方国家政府先后推行所谓高工资、高福利、高消费的政策，并且缩短了工作时间，大大刺激了市场的需求，使市场需求在数量与质量方面都得到很大提高。在这种情况下，传统的市场营销学不能继续适应企业市场经营的需要，必须进行重大变革。于是，营销理论出现了重大突破，现代市场营销管理哲学以及一整套现代企业的营销战略、策略和方法应运而生。西方国家有人把这一变化称为“营销革命”，甚至把它同产业革命相提并论。

2. 市场营销理论的蓬勃发展

20世纪50年代以后，各种营销学理论层出不穷，各种营销学著作如雨后春笋般纷纷出版，市场营销的地位得到空前的提高，在实践中取得显著的效果，受到社会各界的普遍重视。与此同时，美国的市场营销学又先后传入日本、西欧等国家与地区。可以说，市场经济越发达的地方，市场营销学也越盛行。市场营销学术界每隔几年就有一批有创见的新概念出现（见表1-7）。这些概念推动了市场营销学从策略到战略、从顾客到社会、从外部到内部、从一国到全球，并使其得到了全面系统的发展和深化。

表1-7 市场营销学新概念举例

年代	新概念	提出者
20世纪50年代	市场营销组合（1950年） 产品生命周期（1950年） 品牌形象（1955年） 市场细分（1956年） 市场营销观念（1957年） 营销审计（1959年）	尼尔·鲍顿 西德尼·莱维 温德尔·史密斯 约翰·麦克金特立克 艾贝·肖克曼 齐尔·迪安
20世纪60年代	“4P”组合（1960年） 营销近视症（1961年） 生活方式（1963年） 买方行为理论（1967年） 扩大营销概念（1969年）	杰罗姆·麦卡锡 西奥多·莱维特 威廉·莱泽 约翰·霍华德 杰克逊·西斯 西德尼·莱维 菲利普·科特勒
20世纪70年代	社会营销（1971年） 低营销（1971年） 定位（1972年） 战略营销（早期） 服务营销（1977年）	杰拉尔德·泽尔曼 菲利普·科特勒 西德尼·莱维 菲利普·科特勒 阿尔·赖斯 杰克·特鲁塔 波士顿咨询公司 林恩·休斯塔克

续表

年代	新概念	提出者
20 世纪 80 年代	营销战（1981 年） 内部营销（1981 年） 全球营销（1983 年） 关系营销（1985 年） 大市场营销（1986 年）	雷维·辛格 克里斯琴·格罗路斯 西奥多·莱维特 巴巴拉·本德·杰克逊 菲利普·科特勒
20 世纪 90 年代	4C 营销（1990 年） 整合营销传播（1993 年） 4R 营销 网络营销 差异化营销 绿色营销	罗伯特·劳特朋 唐·E. 舒尔茨 史利丹·田纳本 罗伯特·劳特伯恩 唐·E. 舒尔茨 葛斯·哈伯 肯·毕提

（资料来源：[美]菲利普·科特勒.市场营销思想的新领域[M]//邝鸿.现代市场营销大全.北京：经济管理出版社，1990：921-924.）

三、市场营销学在我国的传播与发展

市场营销学是一门以市场经济为前提的应用学科。1949年以前，我国曾一度引进市场营销学。早在20世纪30年代复旦大学丁馨伯先生就编著出版了有关著作。然而，1949年以后，我国（除台湾、香港、澳门等地以外）市场营销学的引进和研究工作整整中断了30年。1978年以后，重新开始引进、推广和运用，市场营销学在我国的引进和发展可分为四个阶段：

1. 引进与吸收阶段（1978 ~ 1982年）

中国共产党十一届三中全会（1978年）以后，我国开始了改革开放的历程。市场营销学在商品经济发达的国家被视为经济管理类的重要课程，并指导企业的经营活动，在提高企业经营水平方面起到了重要作用。我国实施改革开放政策以后，市场营销学很快被国内学者所认识，并开始着手引进和研究。通过引进、翻译或编译国外的市场营销学书籍，通过请进来（请国外专家、学者来讲学）、走出去（出国访问、学习），将市场营销学这门学科引进国内。在引进、学习过程中，由于当时国内学者长期处于计划经济体制下，且来自不同的学科领域（大多来自商品流通研究领域），对学科的发展背景不了解，因此，在学科引进之初，对于学科的命名、性质及一些基本概念等方面的认识均存在一定的分歧。

在学科命名方面，对于学科的英文名“ Marketing”，在国内曾一度被译为“市场学”“销售学”“市场经营学”“市场营销学”等不同的名字。在学科性质的认识方面，主要分歧在于市场营销学与商业经济学的关系的认识。一部分学者认为，市场营销学主要研究商品的销售问题，与商业经济学同属于商品流通领域的学科，只不过商业经济学侧重于流通经济理论的研究，而市场营销学则侧重于商品流通实践的研究。因此，我国早期研究市场营销学的学者多为从事商业经济学研究的专家和学者。另一部分学者则认为，市场营销学是一门不同于商业经济学的新兴学科，市场营销学以企业的经营活动为研究对象，其研究领域不仅限于流通领域，而是从生产前的市场需求研究开始，从确定企业“生产经营什么”开始；其研究主体也不限于商业企业，而是包括工业企业及一切面向市场进行经营的各类企业。

研究者对于市场、市场营销等市场营销学科的基本概念的界定均存在分歧。

通过多次组织讨论，20世纪80年代中期以后，国内对以上问题才得到统一的认识。

2. 传播与推广阶段（1983 ~ 1984年）

1983年以后，在国内开始建立市场营销方面的研究机构，将致力于研究市场营销学的专家、学者组织在一起，共同研究、推广市场营销学这门具有应用价值的学科。

1983年6月在南京成立了中国内地第一个市场营销方面的研究机构——江苏省市场调查、市场预测和经营决策研究会。1983年12月在广州成立了“广东市场营销学会”，并吸收香港学术界、企业界的人士参加。

这是我国内地最早的两个市场营销研究机构，为推进江苏、广东两省企业的市场营销观念的确立和市场营销水平的提高做出了贡献。

1984年1月，在中国人民银行总行的支持下，在湖南长沙成立了全国性的市场营销组织——全国高等综合大学、财经院校市场学教学研究会（后更名为中国高等院校市场学研究会），为我国市场营销理论和应用的发展奠定了组织基础。学会的主要成员为国内各个大专院校从事市场营销教学和研究的人员，也吸引了少数企业界的人士参加。在学会的组织下，每年以年会的形式研究各个时期市场营销理论和实务的新发展；市场营销教学内容和方法的改革；为国家制定营销方面的宏观政策提出建议。

此后，各个省市、各个行业、各类市场的市场营销团体纷纷成立，在搞好市场营销学术研究、学术交流和应用研究的同时，还通过举办培训班、研讨班和讲座等形式开展了大量的市场营销知识推广和传播工作，各综合大学、财经院校及经济管理干部学院等院校纷纷开始开设市场营销课程，一些有条件的院校还开始招收市场营销方向的硕士研究生。

3. 普及与应用阶段（1985 ~ 1991年）

1985年以后，我国经济体制改革在各个领域全面开展，各项改革措施相继出台。在商品流通领域取消了统购包销的政策，将商品经营、采购的自主权交给了企业。这样，迫使一些生产企业不仅要注重商品的生产，还必须注重商品的适销对路和商品的销售，企业对掌握和应用市场营销知识的愿望愈来愈迫切。一些省市的市场营销团体开始组织市场营销理论研究者深入企业，为企业解决市场营销中的困难与问题；一些企业也积极参与市场营销学会的活动，主动向市场营销理论研究者请教，主动邀请市场营销方面的专家、学者到企业去出谋划策，解决企业营销中的问题。

1986年以后，经当时的国家教育委员会批准，我国一些院校开始试点招收市场营销专业（或专门化）本科生。1992年，当时的国家教育委员会公布的本科招收目录中首次增添了“市场营销专业”，市场营销专业开始在全国招生，除综合大学、财经院校以外，很多理工院校、医学院校、农林院校及各类专业院校也都纷纷开设了市场营销专业。

1991年，第二个市场营销方面的全国性组织“中国市场学会”在北京成立。学会由国内一些大型企业的主要负责人、市场营销理论研究者以及有关政府部门的负责人共同组成，其业务主管单位为中国社会科学院。该学会的主要工作是研究和解决企业市场营销中的有关问题，并为国家制定市场营销方面的宏观政策提出对策建议。中国市场学会的成立，进一步推动了市场营销实践和应用方面的发展。

4. 研究与发展阶段（1992 ~ 2000年）

经过十多年的研究和应用，在早期从事市场营销学研究的老一辈学者的指导和培育下，通过与世界各国营销学界的广泛交流，我国已拥有了一大批高水平的市场营销专家和学者，并开始关注市场营销学发展的国际动向，开始与世界同步研究市场营销学发展中的一些新的前沿性的问题，并承担了一些国家课题的研究，出版了一大批市场营销方面的学术专著。

5. 营销科学化与本土化阶段（2000年以后）

进入21世纪以后，营销的科学化与本土化日益受到我国营销界的重视。清华大学经济管理学院和北京大学光华管理学院联手创办的《营销科学学报》（JMS）的问世，象征着我国营销研究范式进入了一个与国际接轨的科学化的轨道。同时，以中山大学“中国营销研究中心”的研究者为代表的一批学者针对中国营销问题的研究，使营销研究进入了本土化研究阶段。

四、市场营销理论新发展的着重点

随着经济全球化的进程和信息技术的发展，市场营销思想已发生了一系列的变化，新的营销思想着重点已逐步确立。根据菲利普・科特勒的总结，这些着重点主要有以下几个方面。

1. 日益注重质量、价值和顾客满意

不同的购买动机（方便、地位、式样、性能、服务等）在不同的地点和时间起着强有力的作用。今天的顾客在做出购买决定时，越来越重视质量和价值。一些著名公司在降低成本的同时，大大提高了产品的质量。它们的指导原则是不断以较低的成本提供更多更好的东西，并使顾客更加满意。

2. 日益注重建立关系和保持顾客

过去的营销理论着眼于如何“实现销售”，但现在不仅要实现销售，还要了解顾客是否会重购。今天营销者的注意力集中于创造终身顾客，也就是把交易思想转变为建立关系。不少公司忙于建立顾客数据库，包括顾客的人文统计资料、生活方式、对不同营销刺激的反应水平、过去的交易情况，以及特意安排各种礼物以取悦顾客，保持他们对公司的忠诚度。

3. 日益注重管理业务过程和业务职能的一体化

今天企业的思想，正从管理一个个独立的部门，转变成为管理一系列的业务过程——每一业务过程都将影响顾客服务和满意。企业要安排跨职能督导人员管理各个过程。营销人员不仅在营销部的领导下工作，而且与督导小组的接触日益增多。这是一种积极的发展，它扩大了营销人员的业务视野，并给他们更多的与其他部门合作的机会。

4. 日益注重全球观念下的本土化营销计划

企业都在日益追求境外的交易。当进入这些市场时，企业必须使商品适应这些国家的人文要求。它们必须把决策权下放给当地的代表，因为这些代表更熟悉当地的经济、政治、法律等各种社会关系。企业的思维是全球化的，但行动计划是本土化的。

5. 日益注重建立战略联盟和网络

当企业全球化时，它们认识到，一个企业无论多么强大，都缺少获得成功的全部资源和条件。从价值产生的全部供应链来看，它们需要同其他组织进行合作。例如大众、麦当劳等之所以成功，是因为它们根据不同的要求建立了全球性的伙伴联盟。企业的高层管理者正在把越来越多的时间用于设计战略联盟网络，并为它们的伙伴企业创造竞争优势。

6. 日益注重直复营销

直复营销（direct response marketing）是指利用一定的传播媒体，通过互动的营销系统，进行产品宣传，并随时接受受众反应和达到交易的营销方式。直复营销包括邮购营销、目录营销、电话营销、电视营销、网络营销及其他媒体营销。信息和传播革命促使买卖双方改变了原有的交易方式。在世界的任何一个地方，人们都能方便地进入互联网和公司的网页审视报价单和订购商品。通过网上服务，他们能发出和获得在产品和服务上的告示，还能与其他用户交谈，确定最优的价值，签发订单，并在第二天收到货物。由于这些数据库的技术优势，公司能更多地直接营销，并减少对批发和零售中间机构的依赖。除此之外，越来越多的公司通过与关联公司的电子数据交换自动地完成购买。所有这些趋势预示着购买与销售的更有效性。

7. 日益注重服务营销

大多数人将从事服务业。由于服务是无形的、不可分离的、可变的和易消失的，因此，它们增加了在实体商品营销中所没有的挑战。营销者越来越多地为服务公司开发战略，销售保险、软件、咨询服务和其他知识服务项目。

8. 日益注重高技术行为

许多经济增长依赖于高技术公司的兴旺，与传统公司不同，高技术公司面临着较高的风险、较低的产品接受率、较短的产品生命周期和较快的技术淘汰率，它们必须掌握和精通营销技术，还应有融资的本领，并能说服足够多的顾客购买它们的产品。

9. 日益注重营销行为中的职业道德

一般公众对广告和销售方式中的歪曲与诱导开始警惕，人们不会仓促地购买商品。市场上的欺诈和损人利己的行为不受欢迎并得到防范。营销者在履行自己的职能时必须树立高标准的职业道德。

五、具有代表性的营销新观念

20世纪80年代以来，随着国际形势的变化，市场营销理论得到了进一步的发展，出现了许多新型的营销观念。下面介绍几个具有代表性的营销新观念：

（一）关系营销

关系营销观念（relationship marketing concept）最早由美国营销专家巴巴拉·本德·杰克逊于1985年提出。这个观念的提出是各种社会因素共同作用的结果。首先，20世纪80年代末以来，企业面临的市场环境发生了很大变化，由于物质产品供给剧增，市场竞争激烈，在这种情况下，谁与顾客建立稳定的交易关系，谁就能拥有更多的未来销售机会。其次，企业从经济利益出发，认识到市场营销不仅要争取新顾客，而且要保住老顾客。因为统计表明，争取新顾客所花费的支出是保住老顾客的5倍。还有资料说，公司只要降低5%的顾客损失率，就能增加25%～85%的利润。因此，关系营销在实践中逐渐被认同和加以运用。其基本涵义是：企业要与顾客、经销商创造更亲密的工作关系和相互依赖的关系，从而发展双方的连续性交往，以提高品牌忠诚度，巩固和扩大市场销售。关系营销与传统的交易营销有着明显的区别（见表1-8）。

表1-8　关系营销与传统的交易营销的区别

项目	交易营销	关系营销
适合的顾客	目光短浅和低转换成本的顾客	具有长远眼光和高转换成本的顾客
核心概念	交易、你买我卖	建立与顾客之间的长期关系
企业的着眼点	近期利益	长远利益
企业与顾客的关系	不牢固，如果竞争者用较低的价格、较高的技术解决顾客的问题，关系可能会中止	比较牢固、竞争者很难破坏企业与顾客的关系
对价格的看法	是主要的竞争手段	不是主要的竞争手段
企业强调的重点	市场占有率	顾客回头率、顾客忠诚度
营销管理追求的目标	单纯交易的利润最大化	追求与对方互利最佳化
市场风险	大	小
了解对方的文化背景	没有必要	非常必要
最终结果	未超出“营销渠道”的范畴	超出“营销渠道”的范畴，可能成为战略伙伴，发展成为营销网络

关系营销的本质特征可以概括为以下几个方面：

（1）双向沟通。在关系营销中，沟通应该是双向而非单向的。只有广泛的信息交流和信息共享，才可能使企业赢得各个利益相关者的支持与合作。

（2）合作。一般而言，关系有两种基本状态，即对立和合作。只有通过合作才能实现协同，因此合作是“双赢”的基础。

（3）双赢。即关系营销旨在通过合作增加关系各方的利益，而不是通过损害其中一方或多方的利益来增加其他各方的利益。

（4）亲密。关系能否得到稳定和发展，情感因素也起着重要作用。因此关系营销不只是要实现物质利益的互惠，还必须让参与各方能从关系中获得情感需求的满足。

（5）控制。关系营销要求建立专门的部门，用以跟踪顾客、分销商、供应商及营销系统中其他参与者的态度，由此了解关系的动态变化，及时采取措施消除关系中的不稳定因素和不利于各方利益共同增长的因素。此外，通过有效的信息反馈，也有利于企业及时改进产品和服务，更好地满足市场需求。

（二）大市场营销

1986年，“营销学之父”菲利普·科特勒提出这样一个观念，他认为，企业为了成功地进入特定市场，并在那里从事业务经营活动，在策略上施用经济的、心理的、政治的和公共关系的手段，以博得外国或地方各有关方面的合作与支持。这里所讲的特定市场，主要是指贸易壁垒很高的封闭型或保护型的市场。在这种市场上，已经存在的参与者和批准者往往会设置种种障碍，使得那些能够提供类似产品，甚至能够提供更好的产品和服务的企业也难以进入，无法开展经营业务。

大市场营销观念（macro-marketing concept）发展了市场营销观念和社会营销观念：

一是在企业与外部环境关系上，突破了被动适应的观点，认为企业不仅可以通过自身的努力来影响，而且可以控制和改变某些外部因素，使之向有利于自己的方向转化；

二是在企业与市场和目标顾客的关系上，突破了过去那种简单发现、单纯适应与满足的做法，认为应该打开产品通道，积极引导市场和消费，创造目标顾客需要；

三是在市场营销手段和策略上，在原有的市场营销组合中，又加进了政治权力（power）和公共关系（public relations）两种重要手段，从而更好地保证了市场营销活动的有效性。

例1-6

20世纪80年代，由于印度国内软饮料公司反跨国公司议员们的极力反对，可口可乐公司被迫从印度市场撤离。与此同时，百事可乐开始琢磨如何打入印度市场。百事可乐明白，要想占领印度市场就必须消除当地政治力量的对抗情绪。百事可乐公司认为要解决这个问题就必须向印度政府提出一项使该政府难以拒绝的援助。百事可乐表示要帮助印度出口一定数量的农产品以弥补印度进口浓缩软饮料的开销；百事可乐公司还提出了帮助印度发展农村经济，转让食品加工、包装和水处理技术，从而赢得了印度政府的支持，迅速占领了印度饮料市场。

（三）4C营销

随着市场竞争日趋激烈，媒介传播速度越来越快，4P理论越来越受到挑战。1990年，美国学者罗伯特·劳特朋（Robert Lauterborn）教授提出了与传统营销的4P相对应的4C营销理论。4C（Customer、Cost、Convenience、Communication）营销理论以消费者需求为导向，重新设定了市场营销组合的四个基本要素。

Customer（顾客）主要指顾客的需求。企业必须首先了解和研究顾客，根据顾客的需求来提供产品。同时，企业提供的不仅仅是产品和服务，更重要的是由此产生的客户价值（Customer Value）。

Cost（成本）不单是企业的生产成本，或者说4P中的Price（价格），它还包括顾客的购买成本，同时也意味着产品定价的理想情况，应该是既低于顾客的心理价格，亦能够让企业有所盈利。此外，这中间的顾客购买成本不仅包括其货币支出，还包括其为此耗费的时间，体力和精力消耗，以及购买风险。

Convenience（便利），即所谓为顾客提供最大的购物和使用便利。4C营销理论强调企业在制订分销策略时，要更多的考虑顾客的方便，而不是企业自己方便。要通过好的售前、售中和售后服务来让顾客在购物的同时，也享受到了便利。便利是客户价值不可或缺的一部分。

Communication（沟通）则被用以取代4P中对应的Promotion（促销）。4C营销理论认为，企业应通过同顾客进行积极有效的双向沟通，建立基于共同利益的新型企业/顾客关系。这不再是企业单向的促销和劝导顾客，而是在双方的沟通中找到能同时实现各自目标的通途。

在4C的营销理论的基础上，整合营销正在成为营销人员的新宠，它把广告、公关、促销、消费者购买行为乃至员工沟通等曾被认为相互独立的因素，看成一个整体，进行重新组合。有关整合营销内容放在本书第十章促销策略第三节整合营销传播中。

在实践过程中，4C的一些局限也渐渐显露出来。4C以顾客需求为导向，但顾客需求有个合理性问题，如果企业只是被动适用顾客的需求，必然会付出巨大的成本，根据市场的发展，应该寻求在企业与顾客之间建立一种更主动的关系；4C虽然是以顾客为中心进行营销，长期地拥有客户的关系营销思想，没有解决满足顾客需求的操作性问题。

4P理论与4C理论的比较见表1-9。

表1-9　4P理论与4C理论的比较

类别	4P		4C	
阐释	产品（Product）	服务范围、项目，服务产品定位和服务品牌等	客户（Customer）	研究客户需求欲望，并提供相应产品或服务
	价格（Price）	基本价格，支付方式，佣金折扣等	成本（Cost）	考虑客户愿意付出的成本、代价是多少
	渠道（Place）	直接渠道和间接渠道	便利（Convenience）	考虑让客户享受第三方物流带来的便利
	促销（Promotion）	广告，人员推销，销售促进和公共关系等	沟通（Communication）	积极主动与客户沟通，需找双赢的认同感
时间	20世纪60年代中期（麦卡锡）		20世纪90年代初期（劳特朋）	

资料1-11

4R营销理论

4R营销理论是由美国学者唐·舒尔茨在4C营销理论的基础上提出的新营销理论。4R分别指代Relevance（关联）、Reaction（反应）、Relationship（关系）和Reward（回报）。该营销理论认为，随着市场的发展，企业需要从更高层次上以更有效的方式在企业与顾客之间建立起有别于传统的新型的主动性关系。

1. 与顾客建立关联

在竞争性市场中，顾客具有动态性。顾客忠诚度是变化的，他们会转移到其它企业。要提高顾客的忠诚度，赢得长期而稳定的市场，重要的营销策略是通过某些有效的方式在业务、需求等方面与顾客建立关联，形成一种互助、互求、互需的关系，把顾客与企业联系在一起，这样就大大减少了顾客流失的可能性。特别是企业对企业的营销与消费市场营销完全不同，更需要靠关联、关系来维系。

2. 提高市场反应速度

在今天的相互影响的市场中，对经营者来说最现实的问题不在于如何控制、制定和实施计划，而在于如何站在顾客的角度及时地倾听顾客的希望、渴望和需求，并及时答复和迅速做出反应，满足顾客的需求。目前多数公司都倾向于说给顾客听，而不是听顾客说，反应迟钝，这是不利于市场发展的。

3. 关系营销越来越重要了

在企业与客户的关系发生了本质性变化的市场环境中，抢占市场的关键已转变为与顾客建立长期而稳固的关系，从交易变成责任，从顾客变成拥趸，从管理营销组合变成管理和顾客的互动关系。

4. 回报是营销的源泉

对企业来说，市场营销的真正价值在于其为企业带来短期或长期的收入和利润的能力。一方面，追求回报是营销发展的动力；另一方面，回报是维持市场关系的必要条件。企业要满足客户需求，为客户提供价值，但不能做“仆人”。因此，营销目标必须注重产出，注重企业在营销活动中的回报。一切营销活动都必须以为顾客及股东创造价值为目的。

 讨论

社群营销特点

现如今，社群营销已然成为一种极为火爆的营销方法。它的核心就是企业与用户建立起“朋友”之情，不是为了广告而打广告，而是以朋友的方式去建立感情。

概括来说，社群营销就是利用某种载体来聚集人气，通过产品或服务满足具有共同兴趣爱好群体的需求而产生的商业形态。社群营销的载体，就是各种平台，如微信、微博、论坛，甚至是线下的社区，都是社群营销的载体。

在互联网时代，不管是PC端，还是移动端，社群营销都占据着主导地位。从一定程度上说，社群是最好的营销对象，因为社群有着巨大的优势。社群营销有着自己的特点，主要表现在以下几个方面。

1. 多向互动性

社群营销通过社群成员之间的互动交流，也包括信息和数据的平等互换，使每一个成员成为信息的发起者，同时又成为信息的传播者和分享者。正是这种多向的互动为企业营销创造了良好的机会。

2. 去中心化

社群营销是一种扁平化网状结构，人们可以一对多、多对多地实现互动，进行传播，并不是只有一个组织人或一个具有话语权的人才能传播，而是每个人都能说，这使传播主体由单一走向多重，由集中走向分散，是一个去中心化的过程。

3. 具有情感优势

社群成员都是基于共同的爱好、兴趣而聚集在一起的，因此，彼此间很容易建立起情感关联。社群成员能够产生点对点的交叉情感，并且能协同产生叠加能量，从而合力创造出更大的价值，使企业从中获得利益及有价值的信息。

4. 自行运转

由于社群的特性，社群营销在一定程度上可以自我运作、创造、分享，甚至进行各种产品和价值的生产与再生产。在这个过程中，社群成员的参与和创造能催生出多种有关企业产品的创新理念或针对服务功能的建议，使企业的交易成本大幅下降。

5. 呈现碎片化

社群的资源性和多样性特点，使社群在定位上也呈现出多样化、信息发布方式松散的特点，这就意味着社群在产品设计、内容、服务上呈现碎片化的趋势。虽然碎片化会使社群缺乏统一性，为企业的社群营销带来很多不确定因素，但只要企业善于挖掘、整理就能从中挖掘出社群的价值。

讨论：你身边有哪些行业与产品正在使用社群营销进行传播？他们的具体操作方式是怎样的？社群营销如何与顾客建立联系？

（四）新媒体营销

1. 新媒体概念

新媒体（New Media）的概念是由美国哥伦比亚广播电视网技术研究所所长戈尔德马克

（P. Goldmark）于1967年率先提出的。

新媒体是一个相对的概念，与媒介技术的不断推陈出新紧密相关。相对于报刊、户外媒体、广播、电视四大传统意义上的媒体，新媒体被形象地称为“第五媒体”。

广义而言，新媒体指利用数字技术、网络技术，通过无线通信网、宽带局域网、互联网等传播渠道，结合手机、计算机等输出终端，向用户提供文字、图片、音频、视频等信息及服务的新型传播形式与手段的总称。

狭义上讲，“新媒体”可以理解为“新兴媒体”，即以数字技术为基础，以网络为载体进行信息传播的媒介。常见的新媒体平台，主要包括但不限于微博、微信、今日头条、百家号、优酷等。

2. 新媒体的特征

新媒体的特征主要表现在六个方面，即信息主体多元化、信息沟通共享化、信息传播及时化、信息服务个性化、信息形式多样化和信息内容碎片化。

（1）信息主体多元化　新媒体的出现使用户可以在社交网络上分享各种信息，“人人拥有麦克风，人人都是自媒体”。

（2）信息沟通共享化　新媒体的出现使用户不仅可以从社交平台获取各种新闻消息，而且可以在社交平台上发表自己的观点，参与事件讨论，互动沟通，分享自己的感悟。

（3）信息传播及时化　新媒体的出现不仅使用户可以随时随地获取信息，而且，新兴的移动社交应用如微博、微信，以及各大短视频平台等媒介更是可以将用户分享的内容第一时间发布出去，让信息直达受众。

（4）信息服务个性化　新媒体时代，受众细分化趋势加深，新媒体融合了传统媒体的很多优点，能够为受众提供个性化的服务，用户可以自主选择内容和服务。

（5）信息形式多样化　新媒体的出现不仅扩大了用户的参与范围，而且带来了海量的传播信息。每个人都可以使用各式各样的社交平台分享内容，信息在表现形式上也更为丰富多样。新媒体能够集文字、图片、音频、视频等多种表现形式于一体，带给用户的是更加震撼的视听享受。

（6）信息内容碎片化　随着互联网时代的到来，数字技术、网络技术、传输技术的大量应用，大大强化了受众作为传播个体处理信息的能力，碎片化现象不但让受众群体细分呈现为碎片化现象，也引发了受众个性化的信息需求，整个网络传播呈现为碎片化语境。“碎片化”是遍及所有新媒体平台最重要的趋势。

思政园地

自媒体人应遵守的规范

自媒体是指通过互联网平台，利用自己个人影响力或专业知识，向公众传播信息或提供服务的个人或组织。自媒体在当今社会已经成为一种重要的信息传播方式和商业模式，越来越多的人加入了自媒体的行列，希望通过自媒体实现个人价值和收入增长。

然而，做自媒体不是一件无规则的事情，必须遵守一些基本的原则和规范，否则可能会遭到平台的惩罚，甚至触犯法律法规，造成不必要的麻烦和损失。

1. 尊重版权，不抄袭

这是做自媒体最基本的道德准则和法律规定。任何形式的抄袭都是对原创作者的不尊重和侵权行为，不仅会损害自己的信誉和形象，也会面临平台的封号、降权、罚款等处罚，甚至可能被原创作者起诉索赔。因此，做自媒体要坚持原创，如果需要引用他人的内容或素材，一定要注明出处和来源，并尽量征得原作者的同意。

2. 遵守法律法规，不传播违法信息

这是做自媒体最重要的底线和红线。任何形式的违法信息都是对社会秩序和公共利益的危害和破坏，不仅会受到平台的严厉打击和清理，也会面临司法机关的调查和追究。因此，做自媒体要遵守国家法律法规，不传播涉及政治、色情、暴力、谣言、诽谤、侮辱、歧视等违法信息。

3. 尊重用户，不刷流量

这是做自媒体最基本的职业素养和诚信原则。任何形式的刷流量都是对用户和平台的欺骗和伤害，不仅会失去用户的信任和支持，也会受到平台的监测和惩罚。因此，做自媒体要尊重用户，不使用机器人、水军、作弊软件等手段刷流量，而是通过提供有价值、有质量、有特色的内容来吸引用户。

4. 保持更新，不断优化

这是做自媒体最基本的工作态度和进取精神。任何形式的停更或懈怠都是对用户和平台的不负责任和不尊重，也会影响自己在平台上的排名和曝光度。因此，做自媒体要保持更新，定期发布新内容，并根据用户反馈和数据分析不断优化内容质量和形式。

5. 注重互动，建立用户关系

这是做自媒体最基本的运营技巧和用户维护方法。任何形式的互动都是对用户的尊重和感谢，也是增加用户黏性和忠诚度的有效途径。因此，做自媒体要注重互动，及时回复用户的评论、留言、私信等，与用户建立良好的沟通和信任，甚至可以根据用户的需求和建议来调整内容方向和策略。

6. 保持学习，提升专业水平

这是做自媒体最基本的成长要求和发展保障。任何形式的学习都是对自己的投资和提升，也是应对市场变化和竞争压力的必要手段。因此，做自媒体要保持学习，不断更新自己的知识储备和专业技能，关注行业动态和前沿趋势，学习优秀同行的经验和方法，不断创新自己的内容形式和风格。

7. 遵守平台规则，合理变现

这是做自媒体最基本的商业目标和收益实现。任何形式的变现都是对自己劳动成果的回报和激励，也是实现个人价值和收入增长的重要途径。因此，做自媒体要遵守平台规则，不违反平台的变现政策和规范，合理选择适合自己内容和用户的变现方式，如广告分成、付费阅读、电商推广、知识付费等，实现内容变现。

（资料来源：好奇的心知识共享. 做自媒体人的必读：7个不可忽视的规范. 有删减）

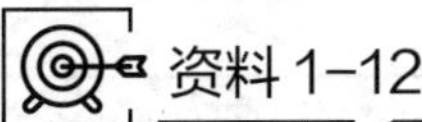

资料 1-12

以网络整合营销为目标的4I营销组合

随着营销活动在新媒体时代的发展，营销理论又发生了新的变化。4I营销理论的出现，可以有效解决这一问题。4I理论最早源于“网络整合营销”，标志着从“以传播者为中心”到“以受众为中心”的传播模式的战略转移。4I营销理论包含四个要素：个性原则（individuality））、趣味原则（interesting）、互动原则（interaction）和利益原则（interests）。

1. 个性原则

核心是个体识别，企业需要充分关注每一个顾客的独一无二的个性，按照不同个体的差异化需求对市场进行细分。企业可以针对不同的目标人群，开展特色的业务和服务，打造不同的品牌，获得稳定的顾客群。

2. 趣味原则

强调营销传播过程要有趣味性、有话题感，要尽量选择一些目标顾客群关心和感兴趣的话题，策划和构思要能激发消费者的想象力，激发其参与的冲动。企业可以通过这些趣味性的话题，引导公众关注产品或品牌理念、功能、价值。

3. 互动原则

互动的目的就是要吸引客户，找到双方的利益共同点。只有抓住了客户的兴趣点，才能引起关注、引发共鸣和参与，持续吸引客户。企业才能在顾客的参与和互动中传播经营理念、引导市场。

4. 利益原则

利益是贯通商业活动始末的重要元素，是商户进行经营活动的根本目的，也是用户进行消费活动的动因。如果一个营销项目仅仅符合趣味、个性原则，那么它很难将商家、媒体及用户等不同类型的机构与个人汇聚到一起。而利益则是连接营销活动中不同参与者的纽带和桥梁，只有共同的利益才能真正促使各种要素参与到整合营销中来，利益具有串联不同参与者的功能。

资料 1-13

4P仍是企业营销的根本

从以满足市场需求为中心的4P到以顾客满意为中心的4C，到以顾客忠诚为重点的4R，再到以网络整合营销为中心的4I，市场营销组合概念的演变不仅代表了营销理论的发展，还体现了企业所处营销环境的深刻变革。需要注意的是，无论采取哪一种营销组合策略，企业呈现在消费者面前的永远是4P（产品、价格、渠道、促销）这几个要素的组合，只不过营销组合出现的路径发生了变化。在4C营销组合中，企业是通过4C策略影响4P；在4R策略组合中，企业通过4R影响4C进而作用于4P；而在4I组合中，企业依次通过4I、4R、4C和4P将营销组合呈现在消费者面前，上述观点如表1-10所示。通过上面的分析可以看出，4C、4R、4I确实在一定程度上对4P进行了丰富和完善，但是它们的出现并不代表传统的4P组合已经被后者完全取代。企业在营销实践中需要根据自身所处的不同环境来选取适宜的营销组合策略。

表1-10 营销组合影响路径

营销组合	影响路径
4P	企业→4P
4C	企业→4C→4P
4R	企业→4R→4C→4P
4I	企业→4I→4R→4C→4P

习题

阅读材料 市场营销学习方法建议

一、名词解释

市场、市场营销、市场营销任务、市场营销管理过程、生产观念、产品观念、推销观念、市场营销观念、社会营销观念、顾客让渡价值、关系营销、大市场营销、4C营销、4R营销理论、4I营销组合、网络营销

二、基本训练

1. 现代市场的概念包含哪几种含义?
2. 如何全面理解市场营销概念?
3. 简述市场营销与企业职能。
4. 简述市场营销管理的过程。
5. 试对五种经营观念进行分析和比较。
6. 试述市场营销理论的产生与发展。
7. 试述市场营销理论新发展的着重点。
8. 试述具有代表性的营销新观念。

三、思考题

1. 根据本章所学的知识，谈谈你对市场营销的认识。
2. 社会上有人认为："市场营销就是推销，把产品卖掉。"，你同意这种观点吗？为什么?
3. 我国一些较出色地奉行市场营销观念的企业，它们在行业上有哪些特点？在其他主客观因素方面有何共同点?
4. 中国目前在市场营销理论的普及应用方面存在哪些主要障碍？应当怎样予以克服?
5. 结合自身的网购经历，谈谈对新时代营销特征的理解。
6. 查阅资料了解：体验营销、关系营销、整合营销、绿色营销等营销理论的主要思想，并举例说明。

四、操作练习

1. 运用市场和市场营销的有关概念选择某个实际的市场，如对食品店、百货商店、家电市场等进行实地观察，收集资料并进行分析。

2. 把市场营销理论应用到你所在的社团工作，看看会有哪些帮助。
3. 网红直播已俨然成为一个成熟的产业链，在这个流量为王的互联网时代，各大平台也在不断推出各种各样的网红吸引着消费者注意力。假设你是某直播平台的负责人，如何运用营销理论和方法，在原有的基础上对直播节目进行改进和创新，以延续之前的营销奇迹？
4. 根据以下资料，为餐饮企业等培养忠实客户提出建议。

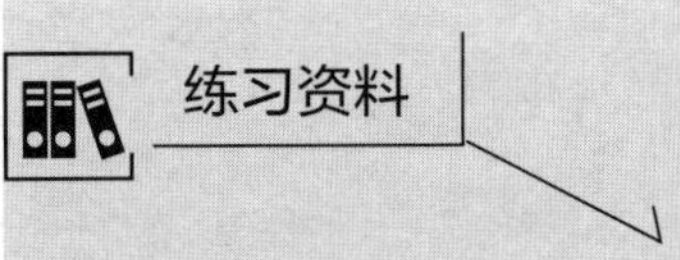

怎样培养忠实客户

客户是企业生存和发展的基础，如何与客户保持沟通，为客户创造价值，满足客户的需求，与之建立牢固的关系，并发展客户的忠诚度，谁就能获得竞争优势，使企业立于不败之地。为你梳理一些关键因素：

（1）提升产品质量：产品质量是企业开展优质服务、提高顾客忠诚度的基础。客户对品牌的忠诚在一定意义上也可以说是对其产品质量的忠诚。

（2）提高服务质量：公司每位员工都应该致力于为顾客创造愉快的购买经历，并时刻努力做得更好，超越顾客的期望值。

（3）掌握自身产品专业技能：员工必须完全充分地了解公司产品，传授关于产品的知识和提供相关的服务，从而让公司赢得顾客的信赖。

（4）满足客户个性化要求：企业必须满足顾客的个性化要求，个性化服务是以标准化和多样化为基础，通过不断地沟通、了解客户真实需求，使产品和服务在最终执行环节上能够更多地融合顾客需求。

（5）超越客户的期待：在行业中确定“常规”，有目的性地整理顾客信息和业务反馈，做到及时总结，提出合理性建议，给予顾客超出“正常需要”的更多的选择，让顾客注意到企业的高标准服务。

（6）及时响应客户问题：要与顾客建立长期的相互信任的伙伴关系，就要善于处理顾客的抱怨或异议，设法解决其遇到的问题。

忠实客户与一般客户不同的是，忠实的客户还能为企业带来更多的客户，老客户的传播和介绍，会让其他用户会更相信公司产品，而且忠实客户更具有稳定性，持续稳定消费也是这类客户的特征。

（资料来源：互联网营销杂谈.怎样培养忠实客户[EB/OL].）

第二章

市场营销环境

本章要点

- 市场营销环境的分类
- 影响企业营销活动的微观营销环境因素
- 影响企业营销活动的宏观营销环境因素
- 行业分析
- 营销环境分析

本章导读

达尔文（Darwin）曾在《物种起源》中写道：“不是最强的物种能生存下来，也不是最聪明的，而是最能适应环境变化的。”“物竞天择，适者生存”的道理不仅适用于生物界，在竞争激烈的市场环境中亦如此。每个企业的营销活动都是在不断发展、变化的社会环境中进行的，它既受到企业内部条件的约束，又受到企业外部条件的制约。这两种来自企业内、外部的约束力量，就是市场营销环境。市场营销环境是一个多变、复杂的因素，企业营销活动成败的关键，就在于能否适应不断变化着的市场营销环境。实践证明，许多国际知名企业之所以能发展壮大，就是因为善于辨别环境，适应新的市场挑战和机会；而许多著名公司受挫、倒闭，也正是因为没有及时预测、分析并适应环境的变化。

第一节　市场营销环境概述

一、市场营销环境的含义

按照现代系统论，环境是指系统边界以外所有因素的集合。菲利普·科特勒认为市场营销环境（Marketing Environment）是指能够影响企业建立并保持与目标顾客良好关系的能力的各种因素和力量。从这个定义可以看出，市场营销环境是一种客观存在的，并对企业营销活动产生直接或间接影响的因素或力量。企业市场营销环境的内容既广泛又复杂。一方面，不同的环境因素对企业营销活动的影响和制约不尽相同；另一方面，同样的环境因素对不同的企业所产生的影响也大小不一。

二、市场营销环境的分类

菲利普·科特勒根据影响范围的大小把市场营销环境划分为微观营销环境和宏观营销环境两大部分。

（1）微观营销环境　企业微观营销环境是指与企业的市场营销活动紧密相连，直接影响其营销能力的各种参与者。

（2）宏观营销环境　企业宏观营销环境是指影响整个企业的广泛的社会性因素，宏观营销环境是一种社会约束力量，它是企业所不能或基本上不能控制的环境因素。

这两种环境之间不是并列关系，而是包容和从属的关系，微观营销环境受宏观营销环境的大背景的制约，宏观营销环境则借助于微观营销环境发挥作用（见图2-1）。

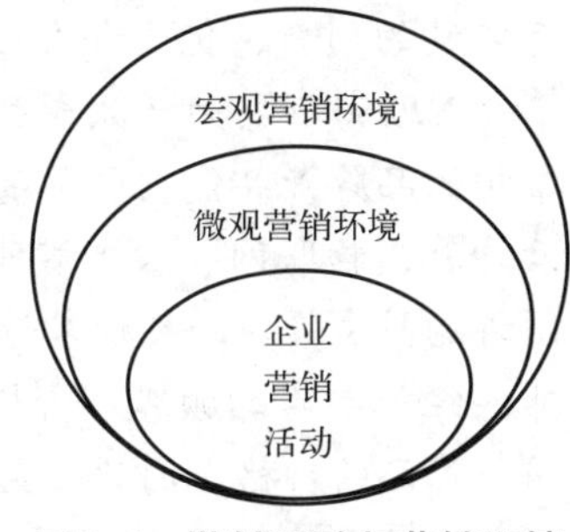

图2-1　营销活动与营销环境

三、市场营销环境的特征

1. 客观性

环境作为企业外在的不以营销者意志为转移的因素，对企业营销活动的影响具有强制性和不可控性的特点。一般说来，企业无法摆脱和控制营销环境，特别是宏观环境，难以按企业自身的要求和意愿随意改变它，但企业可以主动适应环境的变化和要求，制定并不断调整市场营销策略。

2. 差异性

不同的国家或地区之间，宏观环境存在着广泛的差异，不同的企业之间，微观环境也千差万别。正因为营销环境的差异，企业为适应不同的环境及其变化，必须采用各有特点和针对性的营销策略。环境的差异性也表现为同一环境的变化对不同企业的影响不同。

3. 多变性

市场营销环境是一个动态系统，构成营销环境的诸因素都随社会经济的发展而不断变化。营销环境的变化，既会给企业提供机会，也会给企业带来威胁，虽然企业难以准确无误地预见未来环境的变化，但可以通过设立预警系统（ warming system），追踪不断变化的环境，及时调整营销策略。

4. 相关性

营销环境诸因素之间相互影响、相互制约，某一因素的变化会带动其他因素的连锁变化，形成新的营销环境，新的环境会给企业带来新的机会与威胁。例如，竞争者是企业重要的微观环境因素之一，而宏观环境中的政治法律因素或经济政策的变动，均能影响一个行业竞争者加入的多少，从而形成不同的竞争格局。又如，市场需求不仅受消费者收入水平、爱好以及社会文化等方面因素的影响，而政治法律因素的变化，往往也会产生决定性的影响。

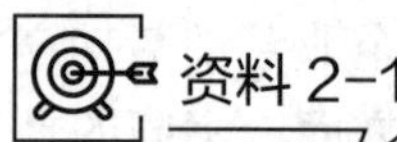

资料 2-1

当代营销面临的新环境

随着市场竞争不断加剧，追求实惠的消费者的要求日趋苛刻，企业面临着愈加不确定的营销环境。

1. 产品转型升级的要求越来越高。顾客渴望以合理的价格和快捷的服务满足自己的需求，而不同顾客的欲望和需求并不一样。正因为如此，企业才有机会选择一个使产品尽可能与需求吻合或接近的市场，集中资源创建竞争优势。从长期来看，顾客需求缺乏稳定性。产品如果没有持续的创新、优化和升级，消费者就会转向其他供应商。

2. 顾客不愿为产品或服务支付高价。在营销实践中，与无品牌产品相比，精心打造和妥善维护的品牌产品能收取更高的价格，然而这种区别较之过去变得越来越微不足道。由于大数据、云计算、物联网、人工智能等创新技术的应用，信息壁垒被打破，消费者越来越依靠口碑信息制订购买决策。而且顾客越来越能看透商家的营销技巧，低质低价产品和几张广告图片很难吸引那些经验丰富的顾客。价格比较网站能使顾客迅速比较相互竞争的产品，了解零售商不同网点同种产品的价格。因此，企业必须向顾客提供显而易见的高价值，以此为基础实施差异化营销。

3. 竞争范围不断扩大，强度不断提升。互联网在产品和服务营销中得到广泛运用，这意味着沟通无国界，市场范围空前扩展。越来越多的企业开始以全球化视野来实施营销战略，从快餐、玩具、电脑到汽车等各种产品和服务均出现了跨国细分市场。竞争者的不断加入不仅使得市场竞争更为激烈，而且使那些有幸存活下来并持续发展的企业更加富有竞争力。一些弱小公司则因缺乏明确的定位和足够的规模而在市场上相形见绌，日渐衰退。这意味着，不管是国内市场还是国外市场，竞争都愈发激烈，企业需要更加谨慎地选择业务领域和目标市场。

4. 合作共赢与企业社会责任意识逐渐增强。随着市场需求更加苛刻，竞争越来越残酷，企业需要与其他机构谋求合作。近年来，企业与供应商、消费者甚至竞争者之间的协作日渐增多。顾客在要求生产者提供价廉物美产品的同时，还要求企业能够证明其道德水准。企业在应对激烈的市场竞争的同时，还要善于谋求合作共赢，在提供受顾客欢迎的优质产品或服务的同时，自觉承担社会道义和环境责任。新模式经济效益和社会责任的有机融合可以为企业创造更加可持续的竞争优势。

第二节 微观营销环境

微观营销环境（micro marketing environment）指对企业服务其目标市场的营销能力构成直接影响的多种力量，包括企业的供应商、企业自身、营销中介、目标顾客、竞争者和多种公众等与企业具体业务密切相关的个人和组织（见图2-2）。

一、供应商

供应商（supplier）是向企业及其竞争者供应原材料、部件、能源、劳动力等资源的企业和个人。供应商是能对企业的经营活动产生巨大影响的力量之一。其提供资源的价格往往直接

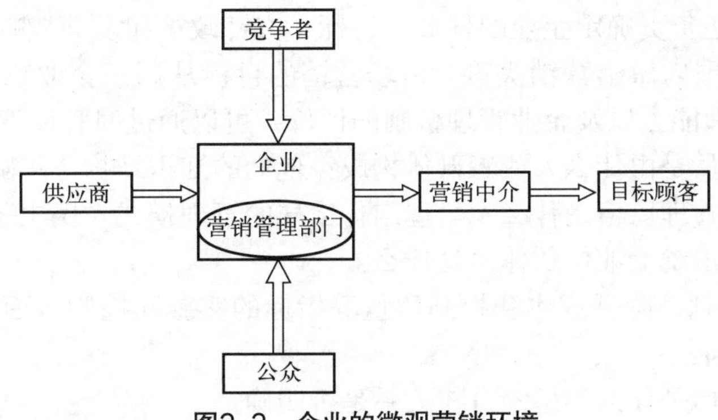

图2-2　企业的微观营销环境

影响企业的成本，供货的质量和时间的稳定性直接影响了企业服务于目标市场的能力。所以，企业应选择那些能保证质量、交货期准确和低成本的供应商，并且避免对某一家供应商过分依赖，不至于受该供应商突然提价或限制供应的控制。

对于供应商，传统的做法是选择几家供应商，按不同比重分别从他们那里进货，并使他们互相竞争，从而迫使他们利用价格折扣和优质服务来尽量提高自己的供货比重。这样做，虽然能使企业节约进货成本，但也隐藏着很大的风险，如供货质量参差不齐，过度的价格竞争使供应商负担过重放弃合作等。认识到这点后，越来越多的企业开始把供应商视为合作伙伴，设法帮助他们提高供货质量和及时性。

1992年，菲利普·科特勒提出了整体市场营销（total marketing）的观点。他认为，从长远利益出发，企业的市场营销活动应囊括构成其内外环境的所有重要行为者。“供应商市场营销”即是其中很重要的内容。因这种市场营销活动与产品流动的方向相反，故也称为“反向市场营销”。

“供应商市场营销”主要包括两个方面：

其一，为选择优秀的供应商严格确定资格标准，如技术水平、财务状况、创新能力和质量观念等；

其二，积极争取那些业绩卓越的供应商，与他们建立良好的合作关系。

二、企业

企业的营销活动是企业经营中的重要内容，它的成功与否与企业内部营销部门和其他部门的相互配合、协调、支持有着很大关系。它们的直接关系如图2-3所示。

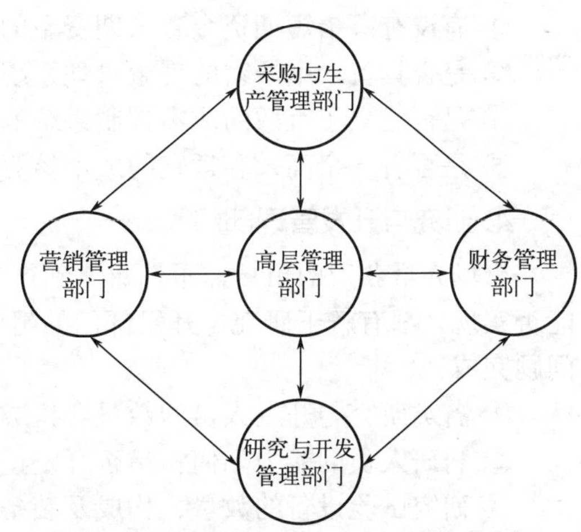

图2-3　营销管理部门与其他部门的关系

1. 高层管理部门

企业市场营销的各项活动，需要各个部门的支持与协助。虽然企业是一个有机的整体，但是由于资源的有限性，各个部门之间常常会因为资源的争夺出现一些冲突，这就需要企业的高层人员进行合理的计划和分配，营销部门所制定的计划也必须在高层管理部门的批准和推动下实施。

同时，高层管理人员还负责确定企业的任务、目标、方针政策和发展战略，营销部门在高层管理部门规定的职责范围内做出营销决策，市场营销的目标从属于企业总目标，并为总目标服务。对于企业高层管理能力以及企业管理机制的评价，可以通过回答以下问题完成：

① 最高层管理人员是由什么人或者群体构成？他们的知识结构、年龄结构如何？

② 最高层管理的管理风格是什么？呈现出什么样的管理模式（民主还是专制）？

③ 最高层管理中占统治地位的体系是什么？

④ 在涉及完成计划、降低成本和提高质量等指标的实施和控制方面，中层管理人员和基层管理人员的素质如何？

⑤ 现有的组织结构是什么类型？责权关系是否明确？

⑥ 现有组织结构在实现企业目标的工作中是否有效并且是高效率的？

2. 采购与生产管理部门

采购部门负责与生产相关的原材料和部件的采购，采购部门的采购活动对生产计划以及生产的及时性有着直接的影响，同时，原材料的价格是产品成本的重要组成部分。对于采购部门采购的质量和及时性的评价可通过回答以下问题完成：

① 采购部门是否有严格的采购流程？

② 采购原材料和相关部件的质量如何？

③ 采购活动是否及时？

生产部门承担着配置生产要素、匹配生产能力和人力与物力，以及产品生产的任务。如果没有好的产品，营销第一线的人员即使再优秀也无法将产品售出。同时，营销计划的实施也需要生产部门的充分支持。对于企业生产能力和设备状况的评价可通过回答以下问题完成：

① 生产设备的数量是否充足？构成怎样？自动化程度如何？有无过剩的能力和扩充的可能？效率如何？

② 所有生产设置（包括厂房面积等）是否有效率？是否充足？有无扩充余地？

3. 财务管理部门

企业的各项营销活动都需要相应的财务支持。财务部门为每一项活动做收支预算，这样才能确保所有活动都是为了产出而合理规划的。一般而言，对企业财务能力的评价可通过回答以下问题完成：

① 利润来源的分布如何？有无提高投资收益率的规划？

② 有没有筹措短期资金和长期资金的能力？渠道如何？

③ 是否具备一个严密的现金管理系统？

④ 是否建立了有效的成本控制系统？

⑤ 是否有一个高效和适宜的成本核算系统？

4. 研究与开发管理部门

市场人员获取的市场需求信息、新产品开发以及消费者对产品在功能、外观等方面的要求能否实现，都有赖于研究与开发部门的努力。对于企业研究与开发能力的评价可通过回答以下问题完成：

① 各类研究与开发人员的数量、构成、知识结构如何？

② 科研人员的能力如何？是否开发过新产品？

③ 研究试验设备的数量、构成及装备程度如何？

④ 研究经费是否充足？能否满足市场不断变化的需要？

⑤ 研究与开发的组织管理能力如何？

5. 营销管理部门

除了以上介绍的企业其他部门的辅助之外，企业营销管理部门自身具备较强的实力才能顺利完成与营销相关的各项工作。对营销管理部门的能力评价可通过回答以下问题完成：

① 企业的营销人员是否充足？素质如何？能否有效开展营销工作？

② 企业收集市场信息的能力如何？能否对顾客的需求有充分的了解？

③ 企业是否具备开拓新市场的能力？

④ 本企业能否为顾客提供满意的售前售后服务？

三、营销中介

企业的市场营销活动都需要一些营销中间环节的协助。因为集中生产和分散消费的矛盾，必须通过中间商的分销来解决；实体分配要靠运输公司来解决，即提供地点效用、时间效用、数量效用、品种效用等。

营销中介（marketing intermediary）是指直接或间接协助企业产品销售涉及的所有的公司、组织和个人，可分为4类：中间商、实体分配机构、营销服务机构、金融机构。与营销中介建立良好的关系在企业经营中具有举足轻重的作用。

（1）中间商　按产品流通过程中有无所有权转移分为商人经销商和代理商等。经销商从事商品的购销活动，对商品拥有所有权，如商业批发商和零售商。代理商推销产品、协助达成交易，对产品没有所有权，如经纪人和制造商的代理商等。大批商业机构崛起和销售形式的出现，为营销者提供了更多的选择。

（2）实体分配组织　是指为商品交换和物流提供便利，并不直接经营商品的组织或机构，如运输公司、仓储公司等。发达的交通运输业形成了“铁路—公路—航空—水路”相结合的立体的物流分配体系，可供营销者选择迅捷、安全、低成本的物流通道。

（3）营销服务机构　是指提供信息、策划、设计和执行的组织和个人，如广告公司、媒体组织、市场营销调研公司等。企业可以通过外购而获得高水平的广告策划、制作和发布服务，获取制定营销决策所需的信息。

（4）金融机构　如银行、信托公司和保险公司等。它们不直接参与商品的经营活动，但为企业提供正常经营所需的资金支持。

四、目标顾客

目标顾客（target customer）是企业的服务对象，是企业产品的直接购买者或使用者。企业与市场营销渠道中的各种力量保持密切关系的目的就是为了有效地向其目标顾客提供产品和服务。顾客的需求正是企业营销努力的起点和核心。因此，认真分析目标顾客需求的特点和变化趋势是企业极其重要的基础工作。

市场营销学根据购买者和购买目的来对企业的目标顾客进行分类（见图2-4），包括：

① 消费者市场（consumer market）。消费者市场由为了个人消费而购买的个人和家庭构成。

② 生产者市场（business market）。生产者市场由为了加工生产来获取利润而购买的个人和企业构成。

③ 中间商市场（reseller market）。中间商市场由为了转卖来获取利润而购买的批发商和零

售商构成。

④ 政府市场（government market）。政府市场由为了履行政府职责而进行购买的各级政府机构构成。

⑤ 国际市场（international market）。国际市场由国外的购买者构成，包括国外的消费者、生产者、中间商和政府机构。

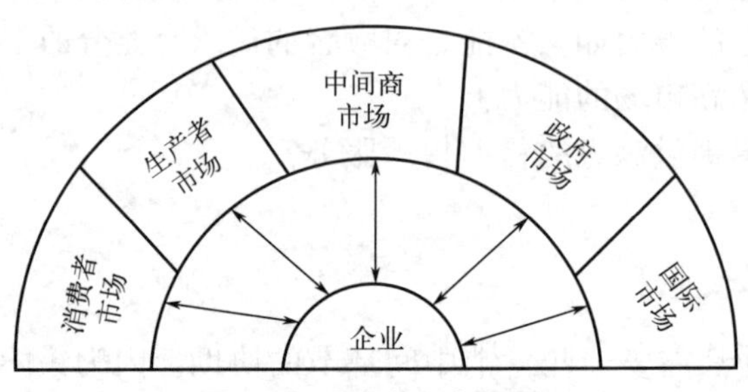

图2-4 企业与目标顾客

每种市场类型在消费需求和消费方式上都具有鲜明的特色。企业的目标顾客可以是以上五种市场中的一种或几种。也就是说，一个企业的营销对象可以不仅包括广大的消费者，也包括各类组织机构。企业必须分别了解不同类型目标市场的需求特点和购买行为。

五、竞争者

从消费需求来看，企业必须面对4类竞争者（competitors）：欲望竞争者、形式竞争者、行业竞争者、品牌竞争者。

（1）欲望竞争者　也称愿望竞争者，是指来自不同行业的提供商向同一消费者群体提供不同的产品或服务，以满足不同需求的竞争者，如食品制造商、家用电器制造商等之间为争夺同一消费者不同需求而展开的竞争。

（2）形式竞争者　也称属类竞争者，是指向同一消费者群体提供能够满足同一种需求但产品形式不同的竞争者，如自行车、摩托车、汽车等都可以做家庭交通工具，但它们是可以相互替代的，因而构成竞争关系。

（3）行业竞争者　也称产品形式竞争者，是指制造同样或同类产品的不同公司，它们以同类但不同品种、不同规格的产品，争夺有着相同需求的消费者，如计算机的各种形式，有台式机、一体机、液晶电脑、笔记本等，提供这些不同形式产品的企业构成竞争关系。

（4）品牌竞争者　指以相近的价格向相同的顾客群提供不同品牌的相同产品服务的竞争者，如笔记本电脑的品牌有惠普、联想、宏基、戴尔、三星等，这些品牌制造商之间展开的激烈竞争。

六、公众

公众（public）是指对企业实现其市场营销目标构成实际或潜在影响的任何团体，包括：

（1）金融公众　即影响企业取得资金能力的任何集团，如银行、投资公司等。

（2）媒体公众　即报纸、杂志、广播、电视等具有广泛影响的大众传播媒体。

（3）政府公众　即对企业生产经营活动负有服务、监管等功能的有关政府机构。

（4）市民行动公众　即各种消费者权益保护组织、环境保护组织、少数民族组织等。

（5）地方公众　即企业所在地的居民、地方官员等。

（6）企业内部公众　如董事、经理、职工等。

第三节　宏观营销环境

宏观营销环境（macro marketing environment）指那些作用于微观营销环境，并因而造成市场机会或环境威胁的主要社会力量，包括人口、经济、政治和法律、自然、社会文化、科技环境等企业不可控制的宏观因素（见图2-5）。

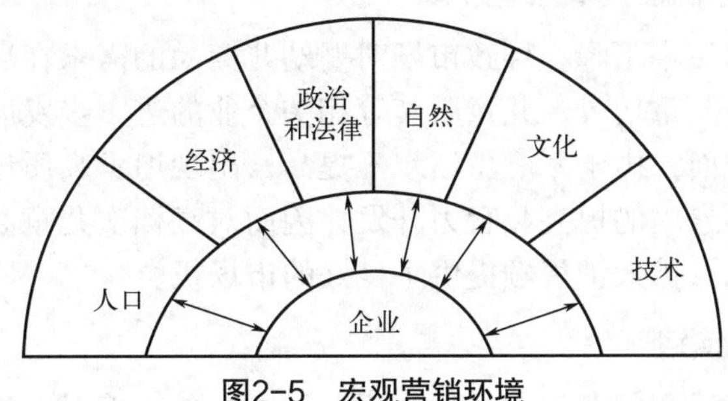

图2-5　宏观营销环境

一、人口环境

（一）人口结构

分析人口结构主要考虑人口的数量、人口的自然增长率、年龄结构分布、婚姻与家庭结构状况、人口的文化结构、人口的地理分布状况等因素。

1. 人口的数量

人口的数量与市场的容量有着密切的关系，尤其是企业开展市场营销活动的目标市场的人口总量对企业的经营规模起着决定性作用。

2. 人口的自然增长率

对人口自然增长率的研究，可以预测人口因素对未来市场的影响。如某一时期出生率高峰会导致某特定年龄人口的高峰，这将对企业的营销活动产生一定的影响。

3. 年龄结构分布

不同年龄结构层客观上存在着生理和心理上的差别，因此所需的产品和服务也不尽相同，对同一事件的评价角度、价值观等也会存在很大的差别。如年轻人喜欢求“新”，求“名”，而老年人则一般喜欢求“实”，求“廉”。

4. 婚姻与家庭结构状况

婚姻状况与家庭的数量、规模在很大程度上会影响家庭耐用消费品和其他各类商品的需求状况。

5. 人口的文化结构

人口文化素质的高低对商品款式、功能以及对商品的评价选择会产生较大的差异，从而影响企业的营销活动。

6. 人口的地理分布状况

不同的地理环境、地理位置，人口的分布是不同的。如城市人口密度相对比农村高，同是城市，不同地区人口密度也不同，在人口密度不同的地区开展营销活动就需要采取不同的措施。由于所处的地理位置不同，南方与北方居民在生活习惯上有明显差别，农村和城市居民在消费上也存在很大差异，这些都会影响企业的营销活动。

（二）现阶段我国人口环境变化的特征和发展趋势

1. 人口出生率总体呈平稳下降的趋势

一方面，由于人口出生率下降，导致市场对婴幼儿商品的需求在数量上增长缓慢，甚至下降，这对经营儿童食品、儿童玩具、儿童服装等相关企业的进一步发展产生不利影响，促使其改变经营战略。但另一方面，由于家庭生活水平提高，出现追求高质量生活的趋势，消费者目前普遍比较重视孩子身体素质的提高和智力开发，因而对高档次儿童商品的需求旺盛，这又为有关企业更新婴幼儿商品、扩大销售额提供了良好的市场机会。

2. 人口年龄结构老化趋势

这一变化特征表明今后我国老年市场将会逐步扩大，预示着对老年营养食品和滋补品、老年医疗卫生用品（如药物、眼镜、助听器等）、老年健身运动器材、老年娱乐用品和老年社区服务（敬老院、养老院）等需求逐步上升。这就为经营和开拓老年人商品提高良好的机会。原经营老年人市场的企业要针对当前及今后老年人市场的特点及时开发新产品，结合市场营销的价格、渠道、促销策略，以满足老年人市场的特殊需求；原不经营老年人市场，但有条件经营的企业要把握机会，适时地进入老年人市场。近几年，有许多企业看好老年人市场的潜力，纷纷投入大量的资金和人力，开发各种老年商品，取得令人瞩目的成绩。

3. 家庭规模趋向小型化

家庭规模小型化已经成为世界性的发展趋势。在我国这种趋势也已十分明显。这一变化趋势，要求企业在产品设计和包装制作时，必须考虑到如何使产品更适应小家庭的需要。

4. 整个社会的文化素质不断提高，但各地区发展不平衡

随着我国九年制义务教育的普及和实施，国家对教育投入的增加，我国人民文化水平将不断提高。由于不同文化层次的人对同一事物有不同的爱好和审美标准，这势必会影响消费者对商品的评价和选择。从总体上看，我国人民的文化素质不断地提高，同时，也应看到不同地区之间的文化水平差异还是很大的，企业营销人员应充分重视这种差异，有针对性地开展市场营销活动。此外，企业在选择促销方式时，也应考虑目标市场的文化水平状况，如企业在受教育状况较差的落后地区经销产品，则不仅需要文字说明及配以简明图示，必要时要派专人现场操作示范。企业在利用广告媒体传播商品信息时，也应注意文化水平的差异，如在教育普及程度低的地区，尽量少用报刊杂志广告，而代之以电视、广播等形式。

5. 人口城市化趋势

这种趋势在今后相当长的一段时间里会继续下去。人口城市化意味着城镇人口的迅速增加，城镇人口密度增大，这为企业增加商业网点，扩大城市市场提供了良好的机会。同时，人口城市化会加强城乡之间的经济联系，城市作为一个地区的经济、政治、信息中心，必然会带

动周围农村经济的发展，从而也加强了城市和乡村之间的社会经济联系，这使得一些中心城市的近郊也成为城市市场的一部分。由于长期受经济、文化、习惯等因素影响，虽然相当一部分农村居民在地理位置上已转移到城镇，然而农村居民与城市居民在消费上仍有很大的差别，因此，企业市场营销人员要在产品的设计及其他营销活动中充分考虑这种差别。

二、经济环境

经济环境（economic environment）指企业营销活动所面临的外部社会经济条件，其运行状况和发展趋势会直接或间接地对企业营销活动产生影响。经济环境一般研究经济发展阶段、消费者收入水平、消费者支出、消费者储蓄和信贷的变化等内容。

1. 经济发展阶段

经济发展阶段的划分，比较流行的是美国学者罗斯特（W. W. Rostow）的“经济成长阶段理论”。罗斯特将世界各国的经济发展归纳为以下六种类型：传统社会阶段、准备起飞阶段、起飞阶段、通向成熟阶段、大量消费阶段、追求生活质量阶段（见表2-1）。凡属前三个阶段的国家称为发展中国家，而处于后两个阶段的国家则称为发达国家。对不同发展阶段的国家在市场营销上采取的策略也有所不同。

表2-1 经济成长阶段特征比较

阶段划分	传统社会阶段	准备起飞阶段	起飞阶段	通向成熟阶段	大量消费阶段	追求生活质量阶段
阶段特征	① 农业是主导产业 ② 家族和氏族关系起主要作用	① 投资率提高超过人口增长率水平 ② 农业和开采业得到足够发展	① 积累在国民收入比例提高10%以上 ② 制造业成为主导部门 ③ 制度改革推动经济起飞	① 现代技术广泛运用 ② 有效使用各类资源 ③ 农业人口减至20%～40%	① 耐用消费品产业成为主导产业 ② 高度发达的工业化社会形成	① 服务业成为主导产业 ② 政府致力于解决环境问题

2. 消费者收入水平

消费者的购买力来自消费者收入，但是并不是全部收入都用来购买商品和劳务，购买力只是收入的一部分。因此，在研究消费收入时，要注意以下几点：

① 国民收入，是指一个国家物质生产部门的劳动者在一定时期内（通常为一年）新创造的价值的总和。

② 人均国民收入，即用国民收入总量除以总人口。这个指标大体上反映一个国家的经济发展水平。根据人均国民收入，可以推测不同的人均国民收入相应地消费哪一类耐用消费品或服务；在什么样的经济水平上形成怎样的消费水平和结构会呈现出一般的规律性。

③ 个人收入，是指所有个人从多种来源中所得到的收入。对其可从不同方面进行研究。一个地区个人收入的总和除以总人口，就是人均收入。该指标可以用作衡量当地消费者市场的容量和购买力水平的高低。

④ 个人可支配收入（disposable personal income），即在个人收入中扣除税款和非税性负担后所得余额。它是个人收入中可以用于消费支出或储蓄的部分。

⑤ 个人可任意支配收入（discretionary income），即在个人可支配收入中减去用于维持个

人与家庭生存不可缺少的费用（如房租、水电、食物、燃料、衣着等项开支）后剩余的部分。这部分收入是消费需求变化中最活跃的因素，也是企业研究营销活动时所要考虑的主要对象。因为从个人可支配的收入中开支的维持生存所必需的基本生活资料部分，一般变动较小，相对稳定，即需求弹性小；而满足人们基本生活需要之外的这部分收入所形成的需求弹性大，它一般用于购买高档耐用消费品或用于旅游等开支，所以是影响商品销售的主要因素。

3. 消费者支出模式和消费结构

德国统计学家厄恩斯特·恩格尔（Ernst Engel）1857年根据对美国、法国、比利时许多家庭的收支预算所作的调查研究，发现了关于家庭收入变化与各方面支出变化之间比例关系的规律性，得出了恩格尔定律（Engel's law）。恩格尔定律表明，在一定的条件下，当家庭个人收入增加时，收入中用于食物开支部分的增长速度要小于用于教育、医疗、享受等方面的开支增长速度。食物开支占总消费数量的比重越大，恩格尔系数越高，生活水平越低；反之，食物开支所占比重越小，恩格尔系数越小，生活水平越高。整个社会经济水平越高，用于食品消费部分占总支出的比重就越小。

与恩格尔系数相联系的是消费结构。消费结构指消费过程中人们所消耗的各种消费资料（包括劳务）的构成，即各种消费支出与总支出的比例关系。优化的消费结构是优化的产业结构和产品结构的客观依据，也是企业开展市场营销的基本立足点。

4. 消费者储蓄和信贷水平

消费者储蓄一般有两种形式：a.银行存款；b.购买有价证券。

储蓄的增多会使消费者现实的需求量减少，购买力下降，但储蓄作为个人收入则增加潜在需求量，使企业产品价值在未来的实现容易一些。影响储蓄的因素有：

① 收入水平。一个人、一个家庭只有当收入超过一定的支出水平时，才有能力进行储蓄。

② 通货膨胀的因素。当物价上涨接近或超过储蓄存款利率的增长，则货币的贬值将会刺激消费、抑制储蓄。

③ 市场商品供给状况。当市场上商品短缺或产品质量不能满足消费者需要时，则储蓄上升。

④ 对未来消费和当前消费的偏好程度。如果消费者较注重未来消费，则他们宁愿现在较为节俭而增加储蓄；如果消费者重视当前消费，则储蓄倾向较弱，储蓄水平降低。

在现代西方国家，消费者不仅以货币收入购买他们需要的商品，而且可以通过借款来购买商品，所以消费者信贷（consumer credit）也是影响消费者购买力和支出的一个重要因素。

三、政治与法律环境

政治、法律环境（political & legal environment）是强制和约束企业市场营销活动的各种社会力量的总和。一家企业总是在一定的政治、法律环境下进行市场营销活动的，政治、法律环境的变化对企业的经营活动有着十分重大而深远的影响，尤其是进行国际市场营销的企业更要注重目标市场的政治、法律环境。因而，企业在分析市场营销环境时，必须把对政治、法律环境的分析放在十分重要的地位。

1. 政治环境

政治环境是指由政府、政府的方针政策以及相关联的政治局势等因素所构成的对企业的市场营销活动造成影响的环境。一个国家或地区政治形势的变动，特别是像政变、国家动乱等重大的变动，会对目标市场的经济形势造成重大影响，进而从宏观上对目标市场的市场格局、营销战略和投资方向产生深远的强制性的影响。而且，政治形势的变化，往往引起产业结构的变化和某些实力财团之间的力量对比的变化。因此，企业必须研究目标市场的政治环境，以避免政治上的风险，减少经济损失，或者充分利用政治环境的变化，创造良好的市场机会。

2. 法律环境

法律环境是指那些对企业的市场营销活动构成影响的各种法令、法规，包括国家和地方的两类。这两类法律对企业市场营销的影响主要是范围和程度的不同。法律是国家政权强制实行的行为规范，经济立法的目的旨在最大限度地维护正常的经济秩序。企业在市场营销活动中，一定要熟悉目标市场的有关法律状况，并密切注视其变化，以免造成重大的不可挽回的损失。目前，有关市场营销方面的法律大致可以分为三大类，即有关保护市场公平竞争的法律、有关保护消费者利益的法律、有关保护社会长远利益的法律。例如消费者权益保护法、价格法、广告法、专利法、计量法和反不正当竞争法等。近年，随着环境污染的日益严重，有关环境保护的各种立法也不断增多。同时，在考察市场营销的法律环境问题时，还应注意不同国家的法律环境的差异，由于文化传承的不同，这类差异有时还比较难以理解。

在我国，与企业营销有关的我国部分法令法规如表2-2所示。

表2-2 与企业营销有关的我国部分法令法规

名称	主要内容
《中华人民共和国价格法》	价格的制定和管理、价格管理职责、企业的价格权利与义务、价格监督检查等
《中华人民共和国食品卫生法》	食品的卫生、食品添加剂卫生、食品卫生标准和管理办法，食品卫生监督、法律责任等
《中华人民共和国消费者权益保护法》	消费者的权利、经营者的义务、国家对消费者合法权益的保护、消费者组织、争议的解决、法律责任等
《关于禁止侵犯商业秘密行为的若干规定》	商业秘密定义、商业秘密内容、商业秘密认定、处罚等
《中华人民共和国商标法》	商标注册的必要性、商标注册程序、商标的使用管理等
《中华人民共和国专利法》	保护发明创造的鼓励及推广等
《中华人民共和国广告法》	广告准则、广告活动、广告审查、法律责任等
《中华人民共和国反不正当竞争法》	不正当行为、监督检查、法律责任等
《中华人民共和国产品质量法》	产品质量的监督管理、生产者和销售者的产品质量责任和义务，损害赔偿等
《中华人民共和国海关法》	海关的权力，进出口运输工具的海关规定，进出口货物和物品的海关规定、关税、法律责任等
《中华人民共和国公司法》	有限责任公司的设立和组织机构、股份有限公司的设立和组织机构、股份有限公司的股份发行和转让，公司财务会计、公司合并分立、公司破产等

3. 企业营销的社会压力集团

这里所说的社会压力集团是指对企业的市场营销活动产生一定限制和影响作用的社会活动团体，主要包括一些群众利益团体。如保护消费者利益的团体、保护生态环境的各种团体等，像绿色和平组织、消费者协会等组织。

有关企业营销的各种社会压力集团，经常去了解消费者对产品及其服务的意见和要求，接受他们对商品的投诉，以限制、监督、制约企业的不当营销行为，即向营销企业施加压力，以保护消费者和社会的长远、整体的利益。企业公共关系部门的主要任务之一，就是要处理好与这些“压力集团”的关系，研究改进措施，树立企业良好的社会形象。

四、自然、文化、技术环境

（一）自然环境

自然环境（natural environment）涉及地理（如地理位置、地形地貌）、自然条件（如自然资源、气候条件、生态环境等）、能源供应、交通设施、交通状况、公共设施等诸多方面的因素。

企业所处的自然环境也会对企业的营销活动产生影响，有时这种影响对企业的生存和发展起决定性作用。企业要避免由自然环境带来的威胁，最大限度利用环境变化可能带来的市场营销机会，就应不断地分析和认识自然环境变化的趋势。

1. 某些自然资源紧缺

地球上的自然资源有三类。第一类是“无限”的资源，如空气、水等。但近十年来，许多国家的空气、水的污染日益严重。有些地区，随着工业化和城市的发展，缺水问题已被提到议事日程。第二类是有限但可以更新的资源，如森林、粮食等。这类资源中的木材资源，目前虽然不成问题，但从长远来说，可能会出现短缺。因此，许多国家政府都要求人们重新造林，以保护土壤，保证将来对木材日益增长的需要；至于粮食供应，有些国家和城市由于人口增长太快，连年的动乱和旱灾，已面临粮食严重缺乏的问题。第三类是有限但又不能再生的资源，如石油、锡、铀、煤、锌等矿物。这类资源，由于供不应求或在一段时间内供不应求，有些国家需要这类资源的企业正面临着或将面临着威胁，而必须寻找替代品，这样又给某些企业带来了新的营销机会。

2. 环境污染程度日益加剧

在发展中国家，随着工业化和城市化的发展，环境污染程度日益加剧，公众也纷纷指责污染的危害性。这种动向对那些制造污染的企业和行业是一种“环境威胁”，它们在社会舆论的压力和政府的干预下，不得不采取措施控制污染；另一方面也给控制污染设备的生产企业提供了市场和营销机会。

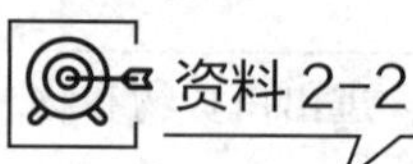
资料 2-2

环保主义对市场营销决策的影响

环保主义是关心环保的公民和政府为了保护和改善人们的生活环境所进行的有组织的运动。环保主义者关注着掠夺式采矿、滥伐森林、工厂排烟、户外广告牌和乱丢的垃圾、资源再生机会的丧失，越来越多的不洁空气、不洁水源和化学污染的食品导致的健康问题。

环保主义者并不反对市场营销和消费，他们只希望企业和消费者更多地遵守生态原则。他们认为市场营销系统的目标是最大程度地提高生活质量。而生活质量不只是消费的商品与服务的数量和质量，还有环境的质量。

环保主义者希望生产者和消费者决策时应考虑到环境成本的因素。它们赞成通过征税和立法来限制有损环境的行为。他们认为企业投资处理污染的设备，对不能回收的瓶子征税，禁止含磷量高的洗涤剂等等对于引导企业和消费者保护环境是必要的。

环保主义者对某些行业的抨击非常强烈。钢铁公司和公用事业公司不得不在污染控制设备与昂贵的能减少污染的燃料上投资数十亿美元；汽车业只能在汽车上安装昂贵的排气控制器；制造业必须提高产品的生物降解能力；汽油业只得提炼低铅或无铅汽油。这些行业怨恨环保条例，尤其是在环保条例的实施使他们难以很快调整时，这些公司耗费的高成本就会转嫁到消费者头上。

识别亚洲不断增长的环保消费者的特征对市场营销人员来说是非常重要的。同非环保消费者相比，环保消费者的特征是：

① 更愿意牺牲舒适来保护环境；

② 更忧虑环境问题可能带来的危险；

③ 认为自己更有权力保护地球；

④ 更固执己见；

⑤ 更好交际；

⑥ 更具有国际主义。

（资料来源：菲利普·科特勒等著. 市场营销管理（亚洲版）. 北京：中国人民大学出版社，2001: 151.）

（二）文化环境

文化环境（cultural environment）是一个复杂的系统，从广义上看，它由物质文化、制度文化和精神文化构成（见图2-6）。

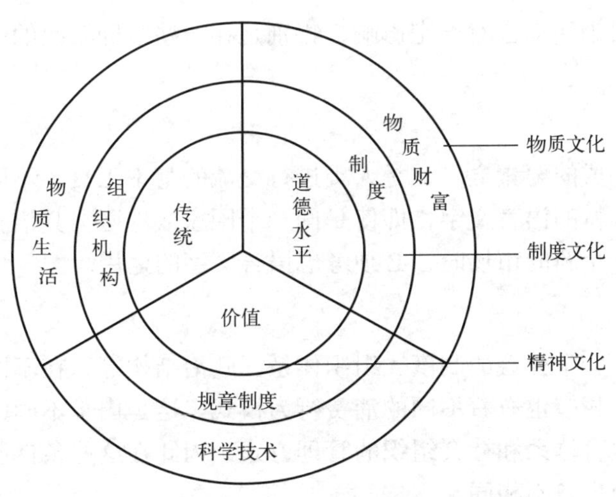

图2-6 文化基本框架

物质文化是人们改造自然世界的物质成果，它具体表现为人们物质生产的进步、物质财富的积累和物质生活的改善。精神文化是人们在改造客观世界的过程中的精神成果，它具体表现为价值观、传统、道德水平等状况。而制度文化则是一种中介文化，它通过制度、组织机构、规章制度等对物质文化内容产生影响并制约精神文化发展的规模、方向和速度。同时，精神文化和制度文化也制约物质文化的发展。

有人认为，在营销环境的诸多因素中，文化因素对市场营销的影响相对要小一些。其实，文化因素的影响在其深度和广度上都要超过其他因素。

1. 传统

传统是文化环境中的一个重要组成部分，它是在长期的历史过程中逐步形成和发展起来的。作为一个相对稳定的环境因素，它对人们的消费心理和消费行为有着不可低估的影响。在一定的文化传统影响下，人们形成了一定的风俗习惯，它在饮食、服饰、居住、婚丧、节日、人际关系等方面，表现出独特的心理特征、道德伦理、行为方式和生活习惯。了解目标市场消费者的禁忌、习俗、避讳、信仰、伦理等，是企业开展市场营销活动的重要前提。所以，营销人员必须分析、研究和了解目标市场的历史传统和风俗习惯，因为这是市场定位和营销策略组合的基础。

2. 价值观

价值观是指生活在某一社会环境下的多数人对事物的普遍态度、看法或评价。一般而言，生活在相同的社会环境中，人们的价值观念就相近；相反，生活在不同的环境中，人们的价值观就不同。消费者对商品的需求和购买行为深受价值观念的影响。例如：近几年，有几本外国人写的书颇受我国读者青睐。如英特尔公司的高级副总裁虞有澄博士的《我看英特尔》，美国微软公司总裁比尔·盖茨的《未来之路》，还有《父与子：IBM发家史》《松下管理大全》、《惠普之道》等等。这些书不仅理论层次高，而且还有一定的专业性，深受中国读者欢迎。从表面上看，外国老板在销售书籍，而实质上，他们利用“书”来塑造企业形象，用文化来展示经营者的价值观及其素质。一旦这种价值观和素质烙印到消费者心中，给消费者留下深刻的印象，其影响要比单纯广告宣传“硬式推销”不知要强多少倍。

3. 宗教信仰

宗教信仰对市场营销活动也有一定影响，特别是在一些信仰宗教的国家和地区，其影响更是不可低估。

4. 语言文字

语言文字是文化构成的要素之一，是人类进行交流的基本工具。不同国家、不同地区、不同民族往往都有自己独特的语言文字，即使是同一个国家或地区，其语言文字也可能不完全相同。所以企业在进入一个新的市场时，必须考虑语言文字的运用。

5. 社会组织制度

社会组织制度包括一个社会的制度、组织体系、政治结构等。在不同的制度和组织中，个人扮演了不同的角色，相应也有着不同的消费行为模式。这是由于不同的制度和组织结构决定了不同的政治环境、教育体系和社会组织的管理方式，因此在这些条件制约下，消费者对产品的鉴别能力、接受能力也各不相同。

（三）技术环境

技术（technologic）是影响企业营销活动诸多因素中，作用最直接、力度最大、变化最大、变化最快的因素。随着社会的发展，科技在一个国家发展中的影响与作用也表现得越来越明显，科技的进步深刻地改变着企业的生产与人们的生活。

1. 科技的变革给企业带来营销机会的同时，也形成了发展威胁

新技术对企业的发展来说，是一种“极具创造性与毁灭性的力量”。技术的每一次进步都会给某些企业带来新的市场机会，甚至会催生一些新的行业。同时，新技术的出现，特别是科技浪潮的推动，也会给某些行业带来环境威胁，甚至会给某些企业带来灭顶之灾，使旧行业受到冲击甚至被淘汰。

2. 科技的变革为企业改善经营管理提供了有力的技术保障

科技的发展不仅对企业经营管理提出了更高的要求，也为企业改善经营管理提供了物质条件和技术手段。

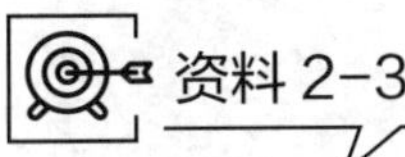
资料 2-3

大数据为什么这么热

随着信息技术的深入应用，大数据时代即将来临。谁会管理数据、分析数据，谁将成为竞争中的赢家！但遗憾的是，我们很多企业甚至连基础的运营数据都没有，企业运管与管理的基本建设（尤其是数据系统）任重而道远。

按照哈佛商学院教授托马斯·达文波特的观点，大数据技术就是利用广泛信息源来推动实时决策的一种数据分析技术，常和云计算联系到一起。大数据的特征是数量多（volume）、变化速度快（velocity）、来源多样（variety）、数据真实（veracity），这是一种需要新的数据处理模式才能具有更强决策力、洞察力和流程优化能力的信息资产。

在传统数据分析时代，企业更多分析的是内部数据，而在大数据时代，企业需要将数据延伸到企业之外，尽可能将所有相关数据不计来源地结合起来。大数据不只是分析，更重要的是对数据的管理。企业必须知道从哪里找到所需的数据，如何组织这些数据以便管理和分析它们，如何将这部分数据与其他所有信息流整合在一起。例如，一家农产品公司可以参考农场主的实时订单、存货水平、竞争情报、当地天气预报、农作物价格、消费趋势等数据，为不同市场制订具体的、有针对性的促销方案，并微调自己的供应链。显然，如果能用好大数据，企业就可以大幅提升收入和利润。

3. 科技的变革创造出许多新的营销方式

近年来，由于新技术的发展与应用，在我国，“电视购物”、“网络购物”、“网络营销”、“电子商务”、“无人售货机”、“商业自动化”等新的营销方式，已不再是什么新鲜的事物了。

第四节 行业分析

企业所面临的环境范围很广，但企业所面临的直接环境因素是企业所在行业。行业的结构同样对企业的营销活动具有强烈的影响。因此，行业结构分析是企业营销环境分析的一个重要方面。

迈克尔·波特在其经典著作《竞争战略》中提出了行业分析模型，认为：一个行业中的竞争，存在着五种基本的力量，即供应者的讨价还价能力、购买者的讨价还价能力、潜在的加入者、替代品的替代能力、行业内竞争者现在的竞争能力。这五种竞争力量的状况及其综合强

度，决定了行业的竞争激烈程度和行业的盈利能力，如图2-7所示。

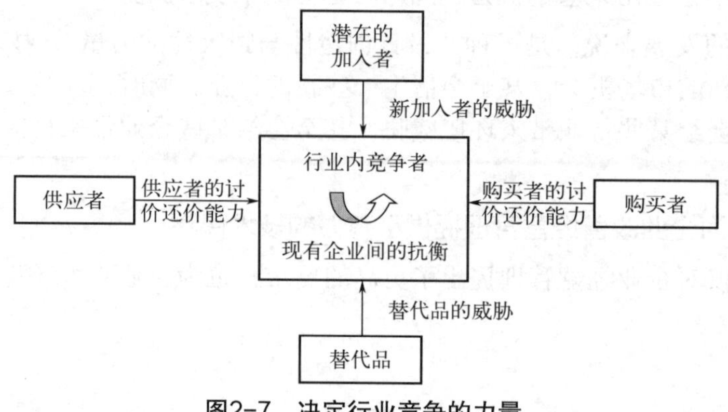

图2-7　决定行业竞争的力量

一、供应者的讨价还价能力

供应者主要通过其提高投入要素价格与降低单位价值质量的能力，以影响行业中现有企业的盈利能力与产品竞争力。供应者力量的强弱主要取决于他们所提供给买方的是什么投入要素，当供方所提供的投入要素其价值构成了买方产品总成本的较大比例、对买方产品生产过程非常重要或者严重影响买方产品的质量时，供方对于买方的潜在讨价还价能力大大增强。一般来说，满足如下条件的供方会具有比较强大的讨价还价能力：

① 供方行业为一些具有比较稳固市场地位而不受市场激烈竞争困扰的企业所控制，其产品的买方很多，以至于每一单个买方都不可能成为供方的重要客户。

② 供方各企业的产品各具有一定特色，以至于买方难以转换或转换成本太高，或者很难找到可与供方企业产品相竞争的替代品。

③ 供方能够方便地实行前向联合或一体化，而买方难以进行后向联合或一体化。

二、购买者的讨价还价能力

购买者主要通过其压价与要求提供较高的产品或服务质量的能力，以影响行业中现有企业的盈利能力。一般来说，满足如下条件的购买者可能具有较强的讨价还价力量：

① 购买者的总数较少，而每个购买者的购买量较大，占了卖方销售量的很大比例。

② 卖方行业由大量相对来说规模较小的企业所组成。

③ 购买者所购买的基本上是一种标准化产品，同时向多个卖主购买产品在经济上也完全可行。

④ 购买者有能力实现后向一体化，而卖主不可能前向一体化。

三、新加入者的威胁

新加入者是行业的重要竞争力量，它会给本行业带来很大威胁，这种威胁称为进入威胁。进入威胁的状况取决于进入障碍和原有企业的反击强度。如果进入障碍高，原有企业反击激烈，进入者就很难进入本行业，进入威胁就小；反之进入威胁就大。

进入障碍主要包括规模经济、产品差异、资本需要、转换成本、销售渠道开拓、政府行为与政策、不受规模支配的成本劣势、自然资源、地理环境等方面，这其中有些障碍是很难借助复制或仿造的方式突破的，预期现有企业对进入者的反应情况，主要是采取报复行动的可能性大小。这取决于有关厂商的财力情况、报复记录、固定资产规模、行业增长速度等。总之，新企业进入一个行业的可能性大小，取决于进入者主观估计进入所能带来的潜在利益、所需花费的代价与所要承担的风险这三者的相对大小情况。

四、替代品的威胁

替代品是指那些与本行业的产品具有同样功能的其他产品。替代品的价格一般比较低，它投入市场，会使本行业产品价格的上限只能处于较低水平，这限制了本行业的收益。替代品的价格越有吸引力，这种限制作用越牢固。两个处于不同行业中的企业，可能会由于所生产的产品是互为替代品，从而在它们之间产生相互竞争行为，这种源自替代品的竞争会以各种形式影响行业中现有企业的竞争。总之，替代品价格越低、质量越好、用户转换成本越低，其所能产生的竞争压力越强，而这种来自替代品生产者的竞争压力的强度，可以具体通过考察替代品销售增长率、替代品厂家生产能力与盈利扩张情况加以描述。

五、行业内现有竞争者的竞争

行业内现有企业之间总是存在竞争，但是不同行业现有企业之间竞争激烈程度不同。现有企业之间的竞争常常表现在价格、广告、产品介绍、售后服务等方面，其竞争强度与许多因素有关。

一般来说，出现下述情况将意味着行业中现有企业之间竞争的加剧：行业进入障碍较低，势均力敌竞争对手较多，竞争参与者范围广泛；市场趋于成熟，产品需求增长缓慢；竞争者企图采用降价等手段促销；竞争者提供几乎相同的产品或服务，用户转换成本很低；一个战略行动如果取得成功，其收入相当可观；行业外部实力强大的公司在接收了行业中实力薄弱的企业后，发起进攻性行为，结果使得刚被接收的企业成为市场的主要竞争者；退出障碍较高，即退出竞争要比继续参与竞争代价更高。其中，退出障碍主要受经济、战略、感情以及社会政治关系等方面的影响，具体包括资产的专用性、退出的固定费用、战略上的相互牵制、情绪上的难以接受、政府和社会的各种限制等。

根据上面对于五种竞争力量的讨论，企业可以采取尽可能地将自身的经营与竞争力量隔绝开来、努力从自身利益需要出发影响行业竞争规则、先占领有利的市场地位，再发起进攻性竞争行动等手段对付五种竞争力量，以增强自己的市场地位和竞争实力。

第五节　营销环境分析

由于企业市场营销环境具有动态多变性、差异性和不可控性等特征，企业要想在多变的市场环境中处于不败之地，就必须对营销环境进行调查分析，以明确其现状和发展变化趋势，从中区别出对企业发展有利的机会和不利的威胁，并且根据企业自身的条件做出相应的对策。

一、市场营销环境分析的基本态度

市场营销环境分析的目的是寻求营销机会，避免环境威胁。按系统论和生态学的观点，企业与外部环境共同形成一个大系统。企业内部与外部环境是这个大系统中的两个系统，两者必须相互配合，才能产生系统效应。但从企业角度来看，外部环境这一子系统是企业不能控制的客观条件，时刻处于变动之中。因此，企业必须经常对自身系统进行调整，才能适应外部环境的变化。这正像生态学中生物体与外界环境的关系一样，也遵循“适者生存，优胜劣汰”的原则。一般来说，企业营销者对环境分析的基本态度有以下两种。

1. 消极适应

消极适应即认为环境是客观存在、变化莫测、无规律可循的，企业只能被动地适应，而不能主动地利用，因此，企业只能根据变化的环境来制定或调整营销策略。持这种态度的营销者忽视了人和组织在营销环境变化中的主观能动性，而始终跟在环境变化的后面走，维持或保守经营，缺乏开拓创新精神，故而难以创造显著的营销业绩，容易被竞争激烈的市场所淘汰。

2. 积极适应

积极适应即认为在企业与环境的对立统一中，企业既依赖于客观环境，同时又能够主动地认识、适应和改造环境。营销者积极主动地适应环境，主要表现在三个方面：

一是认为不可控的营销环境的发展变化是有规律可循的，企业可以借助科学的方法和现代营销研究手段，揭示环境发展变化的规律，预测其趋势，及时调整营销计划与策略；

二是把适应环境的重点放在研究环境发展的变化趋势上，根据环境的变化趋势制定营销战略，使得环境发生实际变化时，企业不至于措手不及，也不会跟在变化了的环境后面而被动挨打；

三是通过各种宣传手段，如广告、公共关系等，来创造需求、引导需求，以影响环境、创造环境，促使某些环境因素向有利于企业实现其营销目标的方向发展变化。

二、企业营销的SWOT分析

对企业内外部环境进行分析的方法有很多，最常用的方法之一就是SWOT分析法。SWOT分析法即态势分析法，20世纪80年代初由美国旧金山大学的管理学教授韦里克提出，经常被用于企业战略制定、竞争对手分析等场合。

SWOT分析是指企业系统地考虑其内部环境和外部环境，确定企业可行性方案的逻辑或理论框架。其中，S（Strengths）表示优势，W（Weaknesses）表示劣势，O（Opportunities）表示环境机会，T（Threats）表示环境威胁。这四个方面综合起来就可以全面地分析企业的内部环境和外部环境，能够为企业营销策划的制定提供参考依据。

外部环境变化对任何一个企业产生的影响都可以从三个方面进行分析：

一是对企业市场营销有利的因素，它对企业市场营销来说是环境机会；

二是对企业市场营销不利的因素，它是对企业市场营销的环境威胁；

三是对企业市场营销无影响的因素，企业可以把它视为中性因素。

针对机会和威胁，企业必须采取相应的措施，才能得以生存和发展。

1. 环境机会分析

环境机会是指营销环境中对企业市场营销有利的各项因素的总和。有效地捕捉和利用市场机会，是企业营销成功和发展的前提。企业只有密切注视营销环境变化带来的市场机会，适时做出适当评价，并结合企业自身的资源和能力，及时将市场机会转化为企业机会，就能开拓市场，扩大销售，提高企业产品的市场占有率。

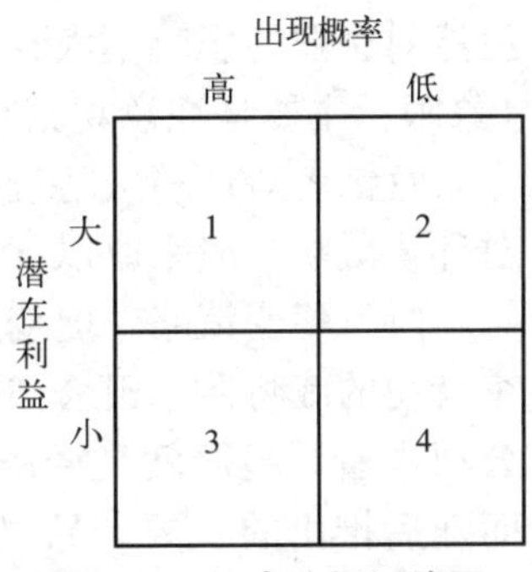

图2-8 机会分析矩阵图

分析评价环境机会主要考虑两个方面：

一是考虑机会给企业带来的潜在利益的大小；

二是考虑机会出现的概率大小，如图2-8所示。

在图2-8中的四个象限中，第1象限是企业必须重视的，因为它的潜在利益和出现概率都很大。第2和第3象限也是企业不容忽视的，第2象限虽然出现概率小，但一旦出现就会给企业带来很大的潜在利益；第3象限虽然潜在利益不大，但出现的概率很大，因此，企业需要注意，制定相应对策。对第4象限，主要是观察其发展变化，并依据变化情况及时采取措施。

针对机会矩阵把握环境机会的同时，企业应掌握的应对策略主要有：

（1）抢先抓住经营决策时机，选择投资方向

市场机会的均等性和时效性决定了企业在利用机会的过程中必须抢先一步，争取主动。在市场营销活动中，抢先利用机会包含两个方面：一是先，二是快。企业在利用市场机会的过程中，谁能抢先，谁就赢得了时间和空间，就赢得了主动，赢得了胜利。其他落后的企业要利用同一市场机会，往往要付出几倍乃至几十倍的努力。

（2）抓住资源利用的时机，获取比较利益

市场机会的均等性决定了企业利用机会的均等，然而，自己觉察到的机会别人也能觉察到。这就要求企业在利用市场机会时一定要大胆创新。如果说抢先利用市场机会是力求做到人无我有，则创新就是人有我优，获取比较利益。

（3）抓住产品销售的时机，占领目标市场

企业不可能一劳永逸地利用同一市场机会，为了在竞争中取得主动，企业必须在利用市场机会之初，就主动考虑市场机会的均等性和可变性，有预见性地提出应变对策。

2. 环境威胁分析

环境的发展变化给企业营销带来的影响大致可分为两大类，即环境威胁和市场机会，分析研究市场营销环境，目的在于抓住和利用市场机会，避免环境威胁。

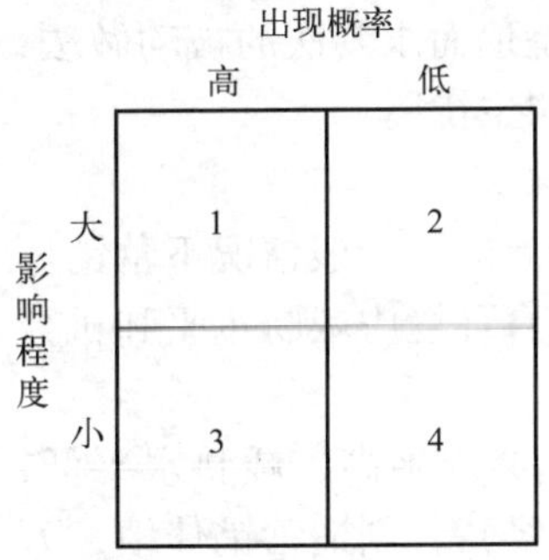

图2-9 威胁分析矩阵

所谓环境威胁，是指营销环境中对企业营销不利的各项因素的总和。企业面对环境威胁，如果不果断地采取营销措施，避免威胁，其不利的趋势势必损害企业的市场地位，甚至使企业陷于困境。因此，营销者要善于分析环境发展趋势，识别环境威胁或潜在的环境威胁，并正确认识和评估威胁的可能性和严重性，以采取相应的对策措施。

营销者对环境威胁的分析主要从两个方面考虑：一是分析环境威胁对企业的影响程度；二是分析环境威胁出现的概率大小，并将这两个方面结合在一起，如图2-9所示。

在图中的四个象限中，第1象限是企业必须高度重视的，因为它的危害程度高、出现概率大，企业必须严密监视和预测其发展变化趋势，及早制定应变策略。第2和第3象限也是企业所不能忽视的，第2象限虽然出现概率小，但一旦出现就会给企业带来极大的危害；第3象限

虽然对企业的影响不大，但出现的概率很大，对此企业也应该予以注意，准备应对措施。对第4象限，主要是注意观察其发展变化，看其是否有向其他象限发展变化的可能。

营销者对环境威胁进行分析，目的在于采取对策，避免不利的环境因素带来的危害。企业对环境威胁一般采取以下几种不同的对策：

（1）促变策略　促变策略即试图努力设法限制或扭转不利因素的发展。例如，针对大众汽车公司的威胁，丰田公司的反抗是全面的。针对大众汽车比美国汽车价格低的特点，丰田汽车公司本着“皇冠就是经济实惠的原则”，毅然将价格定得更低，每辆“皇冠”只有2000美元，而随后推出的主要产品“花冠”系列每辆还不到1800美元；丰田汽车公司吸收了大众汽车公司售后服务系统很完善的优点，做得比大众更出色，力所能及地在自己的销售阵地设立各种服务站，并且保证各种零配件“有求必应”，消除了顾客的后顾之忧。

（2）减轻策略　威胁总是存在的，企业应当通过各种手段改变营销策略，以减轻环境威胁的程度。例如，丰田公司在美国的广告设计和促销过程中，极力掩饰汽车的日本来源和特性及风格，强调产品的美国特点和对美国的消费者的适应性，从而减轻了美国消费者对丰田企业的抵触心理。

（3）转移策略　转移策略即“避实击虚”，躲开环境威胁，钻对手的空子和薄弱环节，将产品或业务转移到其他盈利更高、市场环境更好的行业中去。

（4）改良策略　改良策略即对自身产品进行改良，增强对环境威胁的防御能力。例如，丰田公司为汽车增加新功能，使其全面适应美国市场，从品质、价格、型号、促销、分销等方面进行全面改进。

（5）利用策略　利用可以理解为利用机会。例如，丰田汽车公司在美国利用“美国汽车公司正忙于比豪华”“大众汽车按日本人的习惯设计”“美国消费者对汽车的消费观念正在转变，开始趋于实用化”“核心家庭出现，家庭规模变小，因而总收入减少”形成了对小型、实用、便宜的汽车的需求这些机会，推出的“皇冠”汽车不仅外形美观、操纵灵活、省油、价低、方便，而且内部装备了美国人渴望的装饰，如柔软舒适的座椅、柔色的玻璃，连边扶手长度和脚部活动空间的大小都按美国人的身材要求来设计，因而取得了极好的效果。

在市场营销的大环境中，“威胁”与“机会”是相对的，没有绝对的利，也没有绝对的害，关键是企业如何去努力设法驾驭它们，使“威胁”转化成“机会”。前四种对策都是针对外部环境威胁所采取的被动策略，都是“解忧”的措施，但“解忧”并不是说可以“无忧”。第五种策略“利用”则是一个新的思路。与“利用”有异曲同工之妙的是“防备”，这也可以认为是从另一个侧面来认识“利用”。前四种方式有“忧”而能解之，这是退而求其次的被动做法，更主动的策略则是“利用”或称“防备”，防患于未然，根本不让它“生忧”。

3. 综合环境分析

在企业实际面临的客观环境中，单纯的环境威胁或市场机会是少有的。一般情况下营销环境都是机会与威胁并存，利益与风险结合在一起的综合环境。根据综合环境中威胁水平和机会水平的不同，形成如图2-10所示的矩阵。

（1）面临理想环境应采取的策略　由图2-10可见，理想环境的机会水平高、威胁水平低、利益大于风险，是企业难得遇上的好环境，企业必须抓住机遇，开拓经营，创造营销佳绩，万万不可错失良机。

（2）面临冒险环境应采取的策略　冒险环境的机会和威胁同在、利益与风险并存，在有很高利益的同时存在很大的风险。面临这样的环境，企业必须加强调查研究，进行全面分析，发挥专家优势，审慎决策，以降低风险，争取利益。

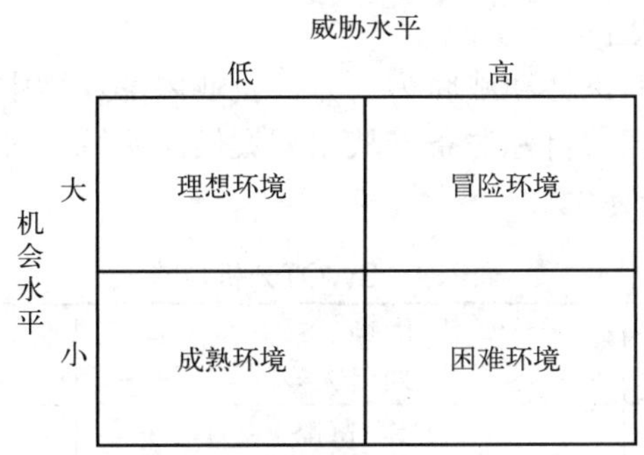

图2-10　综合环境分析矩阵

（3）面临成熟环境应采取的策略　成熟环境是机会和威胁水平都比较低，是一种比较平稳的环境。面对这样的环境，企业一方面按常规经营，规范管理，以维持正常运转，取得平均利润；另一方面积蓄力量，为进入理想环境或冒险环境做准备。

（4）面临困难环境应采取的策略　困难环境是风险大于机会，企业处境已十分困难。企业面临困难环境，必须想方设法扭转局面；如果大势已去，无法扭转，则必须采取果断决策，撤出该环境，另谋发展。

4. 企业内外环境对照法（SWOT分析法）

进行SWOT分析，一般要经过下列步骤：

首先对企业内部的优势与劣势和外部环境的机会与威胁进行综合分析，如表2-3所示。

表2-3　企业内外部环境分析的关键要素

	潜在内部优势	潜在内部劣势
内部环境	产权技术 成本优势 竞争优势 特殊能力 产品创新 具有规模经济 良好的财务资源 高素质的管理人员 公认的行业领先者 买方的良好印象	竞争劣势 设备老化、资金拮据 战略方向不明 竞争地位恶化 产品线范围太窄 技术开发滞后 销售水平低于同行业其他企业 管理不善，相对于竞争对手的高成本 战略实施的历史纪录不佳 不明原因的利润率下降
	潜在外部机会	潜在外部威胁
外部环境	纵向一体化 市场增长迅速 可以增加互补产品 能争取到新的用户群 有进入新市场的可能 有能力进入更好的企业集团 在同行业中竞争业绩优良 扩展产品线满足用户需要及其他	市场增长较慢 竞争压力增大 不利的政府政策 新的竞争者进入行业 替代品销售额正在逐步上升 用户讨价还价能力增强 用户偏好逐步转变 通货膨胀递增及其他

其次，绘制SWOT分析矩阵。

这是一个以外部环境中的机会和威胁为一方，企业内部环境中的优势和劣势为另一方而形成的二维矩阵。结合企业的经营目标对备选战略方案做出系统评价，最终制定出一种正确的经营战略（如表2-4及图2-11所示）。

表2-4　SWOT分析矩阵

外因＼内因	优势（S） 列出优势	劣势（W） 列出劣势
环境机会（O） 列出机会	SO 战略 成长型战略	WO 战略 扭转型战略
环境威胁（T） 列出威胁	ST 战略 多经营战略	WT 战略 防御型战略

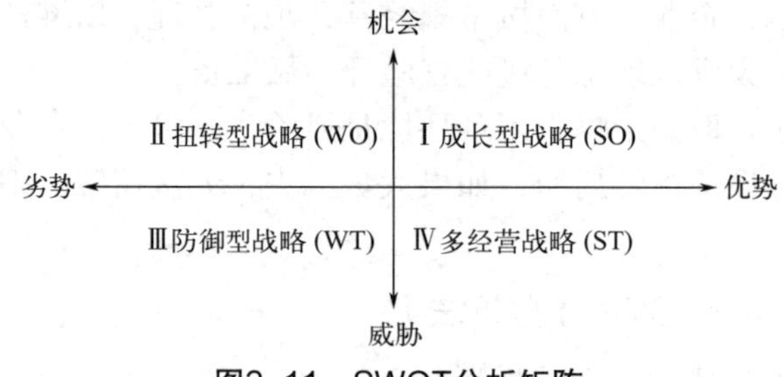

图2-11　SWOT分析矩阵

（1）成长型战略　对企业来说，这种组合是最理想的状况，企业能够利用它的内在优势并把握良机。可采用的成长型战略包括开发市场、增加产量等。

（2）扭转型战略　处于这种局面的企业，虽然面临良好的外部机会，却受到内部劣势的限制。采用扭转型战略可以设法清除内部不利的条件，或者在企业内发展弱势领域，或者从外部获得该领域所需要的能力（如技术或具有所需技能的人力资源），以尽快形成利用环境机会的能力。

（3）防御型战略　处于这种局面的企业，内部存在劣势，外部面临巨大威胁，企业要设法降低劣势和避免外来的威胁。例如，通过联合等形式取长补短。

（4）多经营战略　企业利用自身的内部优势去避免或减轻环境中的威胁，其目的是将组织优势扩大到最大程度，将威胁降到最低。如企业可能利用技术的、财务的、管理的和营销的优势来克服来自新产品的威胁。

需要指出的是，在任何一种组合内可能会发现有多种因素，它们之间形成多种错综复杂的组合，而这些组合又成为企业进行战略选择的基础。

5. SWOT 模型的局限性

与很多其他的战略模型一样，SWOT模型已由麦肯锡提出很久了，带有时代的局限性，以前的企业可能比较关注成本、质量，现在的企业可能更强调组织及流程。SWOT模型没有考虑到企业改变现状的主动性，企业可以通过寻找新的资源来创造企业所需要的优势，从而达到过去无法达到的战略目标。

在运用SWOT分析法的过程中，企业或许会碰到一些问题，例如它的适应性。目前基础SWOT分析法所产生的问题可以由更高级的POWER SWOT分析法得到解决。

6. POWER SWOT分析法

POWER是个人(personal)、规则(order)、加权(weighting)、重视细节(emphasize detail)、等

级与优先(rank and prioritize)的首字母的组合，这就是所谓的高级SWOT分析法。

（1）个人　作为市场营销经理，运用SWOT分析法时，将你的经验、技巧、知识、态度与信念结合起来，你的洞察力与自觉力将会对SWOT分析法产生影响。

（2）规则　市场营销经理经常会不由自主地把机会与优势、劣势与威胁的顺序搞混。这是因为内在优势与劣势和外在机会与威胁之间的分界线很难鉴定。例如针对全球气温变暖与气温变化，人们会错将环境保护主义当作一种威胁而非潜在的机会。

（3）加权　通常人们不会将SWOT分析法所包含的各种要素进行加权。某些要素肯定会比其他的要素更具争议性，因此企业需要将所有的要素进行加权从而辨别出轻重缓急。企业可以采用百分比的方法，比如威胁A=10%，威胁B=30%，威胁C=60%（总威胁为100%）。

（4）重视细节　SWOT分析法通常会忽略细节、推理和判断。人们想要寻找的往往是分析列表的几个单词而已，重视细节将极大地帮人们决定如何最佳地评价与比较各种要素。

（5）等级与优先　一旦添加了细节并评价了要素，企业便能够进入下一个步骤，即给SWOT分析法一些战略意义，例如企业可以开始选择那些能够对企业的营销战略产生最重要影响的要素。企业将它们按照从高到低的次序进行排列，然后优先考虑那些排名最靠前的要素，比如说机会A=50%，机会B=35%，机会C=15%（总机会为100%），那么企业的营销计划就得首先着眼于机会A，然后是机会B，最后才是机会C。

讨论

酒店如何进行数字化转型

大华饭店数字化转型

杭州大华饭店于1935年开业，共有客房总数193间套。大华饭店在向百年老店跃进的过程中，始终坚持对客服务第一的原则。酒店管理层充分意识到数字化转型是住宿酒店行业的未来之路，大华饭店管理层就数字化转型事宜专门成立“饭店数字化专班”。

如何通过数字化转型实现服务数字化，从而提升对客服务体验，成为了饭店首要实现的目标。大华饭店携手绿云，根据分析宾客入住动线，从预订、入住、住中、住后四个环节展开了服务数字化建设。

网上查找资料，讨论：

1. 酒店行业发展趋势是什么？
2. 如何进行酒店环境分析？
3. 如何设计酒店数字化转型方案？

思政园地

营销道德

我们了解市场、市场营销和市场营销观念等专业技术性问题以后，还必须了解有关营销道德的问题，例如什么是营销道德，营销道德兴起的原因，营销道德的功能及运行机制，以及怎样培养营销人员的营销道德能力等问题。

一、营销道德的含义

市场营销活动既是企业的经营行为，也是企业的社会行为，对每一种具体的市场营销行为，社会要依据一定的标准评价其是否合乎道德，某种程度上这些标准的总和就是市场营销道德，简称营销道德。营销道德是用来判断企业营销行为、营销活动正确与否的道德标准和道德规范，借助于这些标准和规范，可以分析现代企业营销行为的道德性与非道德性。

二、营销道德兴起的原因和发展动力

在市场经济条件下，市场营销在企业生产经营中处于越来越重要的地位，但由于营销活动的逐利性特点，引发了许多不道德的现象，营销中可能引起道德争议或者需要进行道德评价的问题得到了越来越多的关注。具体来说，营销道德问题的兴起存在四个方面的原因。

（一）参与营销活动各方存在的期望差异

营销活动涉及顾客、批发商、零售商、广告公司、媒体、政府部门、公众等利益相关者，每一方利益相关者都从自身角度出发考虑期望，例如，顾客在购买产品时期望受到销售人员公平的对待，所购买的产品和服务价格合理；营销者则希望扩大市场份额，增加销售额等。公司利益与顾客利益、公司利益与社会利益、顾客利益与社会利益之间常常发生冲突，正因为几乎每一个营销决策都会给利益相关者带来一定程度的利益或伤害，因此这些决策都涉及营销道德决策。

（二）市场竞争压力加大

营销者比企业中其他人员（生产人员、财务人员等）面临更大、更直接的市场竞争压力。一般来说，竞争越激烈，决策行为的道德水平越低，营销人员会在营销活动中使出不同的手段和招数应对市场压力，有些做法虽不违反法律，但是处在道德的边缘，道德水平较低，由此受到各方的质疑和关注。

（三）营销活动中存在的信息不对称

由于信息不对称，使企业有可能通过损害顾客利益的方式获取自身利益。消费品市场中信息不对称现象常常出现于交易双方之间，而且不对称的程度因为交易双方的身份不同而有所区别。消费品市场存在着生产者、中间商和顾客三方之间的相互博弈，而要在博弈中获得较有利的结果，所占有的信息无疑至关重要，因此，参与博弈的各方都会尽力设法改善自己的信息地位，了解众多信息。顾客主要从以下渠道获取商品信息：媒体和销售人员，他人及自身的消费经验。源于媒体和销售人员的信息通常是片面的、他人和自己的消费经验虽然可信，但消费经验是从反复消费中获取的，对于一次性消费或购买率较低的商品不一定有足够的经验，特别是在垄断竞争市场情况下，销售者拥有影响市场的强大实力，顾客面对千差万别的产品和各种促销活动，其有限的消费经验难以真正改变自己信息劣势的地位。可见，生产者、中间商与顾客博弈是在信息不对称的状况下进行的，顾客处于明显的信息劣势，而这种信息不对称给不道德营销行为提供了机会。

（四）营销活动受关注的程度高

营销活动与公众的关系最密切，消费者时刻处在营销的包围之中，企业的营销活动受到社会广泛关注。市场营销行为中不道德行为也更容易被外部人士发现并讨论，由此引发各方对营销道德的探讨。

当前我国经济改革取得了很大成就，人们生活水平不断提高，但伴随经济的发展，出现了许多不和谐的音符。在经济活动中，出现了一些不道德现象，如虚假广告、侵犯消费者隐私、价格歧视、假冒伪劣商品盛行等，这些不道德现象不仅严重损害了广大消费者和纳税人利益，引起各种矛盾和人们普遍的不满情绪，成为社会不安定的一个因素，而且破坏市场秩序，造成人与人之间的不信任，使市场交易过程中增加了许多不必要的收集信息、甄别信息的程序，提高了交易成本。

三、市场营销活动中营销道德的基本准则和规范

企业从营销调研到产品设计开发，从市场细分到识别竞争者，从广告到促销，从发现顾客需要到满足顾客需要，营销的各个环节都可以看到营销道德的力量。

（一）市场调研中的道德规范

企业不能为了获得市场信息侵犯消费者个人隐私；不能利用不正当手段窃取商品情报；不能收买竞争对手员工以获得重要的商业秘密；不能明知第三者是以不正当手段获得有关竞争对手的商业秘密，仍通过给第三者好处而获取商业秘密等。

（二）产品营销中的道德规范

企业不能故意夸大产品功效或者隐瞒有害信息；企业不能不考虑消费者是否真正需要，而在市场上大量倾销过时淘汰的产品；企业不能故意用超常尺寸的包装来吸引消费者的眼球，使不同商品之间价格比较困难；企业不能故意在品牌名称和商标上假冒品牌，以使消费者产生混淆；企业不能在产品生产和经营中，不注意资源的利用效率，严重污染环境，破坏生态平衡等。

（三）定价中的道德规范

目前我国市场经济活动中不道德的定价行为主要包括：价格欺诈，如误导标价、虚假标价、两套价格、虚夸标价、虚假折扣、模糊赠售、隐蔽价格附加条件、虚假价格、不履行价格承诺、谎称价格、质量或数量与价格不符、假冒政府定价等；误导性定价，如促销价、价格比较、生产企业建议零售价等；暴利价格，违反公平交易自愿原则，强迫对方接受高价；掠夺价格，在竞争性市场上将价格定到不合理的低水平或亏损性低价，达到将竞争者逐出市场的目的；歧视价格，在同一市场上对同一商品的不同买主制定不同的价格；串谋定价，生产者和经营者之间互相串通、订立价格协议或达成价格默契，以共同占领销售市场，获取高额利润等。以上这些都违反了公平、合法和诚实信用的原则，因此均是不道德的定价行为。

（四）分销渠道中的道德规范

在分销渠道中违背道德规范的行为有：违背合同约定，如互相推诿售后服务的责任，争抢经营获利高的商品等；流通假冒伪劣产品；转嫁渠道成本，如虚报广告费、店庆等资助获利，加大生产商负担等；采用灰色营销手段，如采用贿赂、送礼、宴请、娱乐等不正当行为和方式，寻求与其他中间商实行差别待遇等。

（五）广告中的道德规范

目前广受关注的广告道德问题有：虚假广告、恶俗广告等，误导消费者，在社会上造成不良影响。

（六）人员推销和促销中的道德规范

人员推销中的道德规范有：推销人员不得采用高压、夸大其词手段推销产品；为了达到推销目的，不得对顾客纠缠不休或刻意隐瞒有关产品的实际情况；不得歧视顾客；不得在推销过程中对其他企业人员进行不道德行为，如排他行为、阻挠对手、指责对手、窃取商业秘密等。企业不得为了推销滞销积压产品滥用有奖销售；不得以重金为诱饵虚设奖项，欺骗顾客或大奖不投放，或设奖不兑现，从中牟取暴利；不得在促销活动中传播一些文化糟粕以及不健康的价值观。

四、企业营销伦理失范的后果分析

目前我国市场体制在法律、制度等方面仍然存在不完善之处，加之一些企业营销观念不端正，逐利本性暴露无遗，使得营销活动中屡屡有损害消费者利益和社会利益的事件发生。这些营销道德失范的事件对大众利益和社会公德造成了直接或潜在的危害，对于我国建设社会主义市场经济制度也是一个不小的障碍。

（一）营销道德失范，危害企业的生存与发展

无论是制造、销售假冒伪劣产品，还是用虚假广告进行骗买骗卖，以及采用其他不正当手段营销，从短期来看，企业由于欺骗消费者获取了眼前的利益，但从长远来看，其不法活动一旦被曝光，必然危及企业本身的声誉和信誉，受到社会舆论的谴责，遭到消费者的唾弃，最终会失去顾客，失去市场。

（二）营销道德失范，危害消费者和社会利益

企业营销的对象是广大消费者，而不良营销行为表现出来的制售假冒伪劣，乱宰顾客、广告欺诈等行为，对广大消费者而言，会造成经济损失，影响身心健康，严重者甚至会危及生命安全。

一些企业大量制售假冒伪劣产品对名优产品造成很大的冲击，使得名牌企业利润减少，造成国家税收下降，而且国家还要支付巨额资金对假冒伪劣产品进行查处。同时某些不法分子为了使制售假冒伪劣产品合法化，不惜重金贿赂政府官员，或在销售过程中拉关系、走后门，加剧社会风气的败坏。

（三）营销道德失范，破坏了公平竞争秩序

在正常的市场环境下，每个企业都是平等的，通过正当的手段赢得竞争优势，由此获得的利益才是正当的、合法的。然而，有些企业为了排挤竞争对手、独占市场，通过不正当营销手段，损害了公正性原则，破坏了市场竞争秩序，严重影响其他企业的生产经营活动，使之处于不利的竞争对位，使其正当利益遭受损害。

五、努力培育市场营销道德建设能力

市场营销道德建设是一项繁杂的系统工作，它涉及营销道德决策、营销道德宏观环境建设、营销道德微观环境建设和营销人员个人道德素质建设等问题。这里我们主要介绍一下营销人员道德素质建设的问题。

（一）提升员工营销道德素质的重要性

企业员工素质的高低深刻地影响企业营销道德水平。许多成功的企业，员工的营销道德教育始终是和企业命运紧密结合在一起的，企业的发展不仅取决于员工的业务素质，更取决于其道德潜力。实践证明，企业营销道德教育过程中，将明确的教育内容和

多样的方式方法相结合，才能激发员工的营销道德情感，磨炼营销道德意志，树立营销道德信念，培养员工履行营销道德规范的能力，提高员工营销道德境界。员工的营销道德素养提升了，企业营销道德水平和道德形象也就会提升，从而为企业的生存和发展创造良好的条件。

（二）强化员工营销道德素质的途径

企业要不断培养员工的营销道德，增强员工的诚信观念，使营销道德成为全体员工的行为准则。企业塑造员工的营销道德可以从三个层次入手。

1. 观念层

观念层实际上也就是一个企业的经营文化，它具有凝聚力和约束力，其主要包括营销观念、敬业精神、以人为本的价值观、道德观，还有员工形成的共性的目标、责任、观念、态度和习惯传统等。

2. 制度层

制度层是企业围绕营销道德制定的各种规章制度、道德规范和员工行为准则。其是由观念向行为转化的中介，表现为企业中员工的观念、习惯、态度等内容的规范和统一化。正确的营销道德和系统的规章制度可以引导员工的行为。

3. 行为层

成功的企业往往运用正确的观念引导员工的正确营销行为。企业会运用行为道德规范和防范机制等规范员工个人的行为，只有员工有了卓越的表现，企业才会走向辉煌。

总之，只有强化员工的营销道德意识，提升道德素养，才能为企业发展奠定良好的道德基础。

（资料来源：杜明汉，孙金霞.市场营销知识[M].北京：中国财政经济出版社，2019.有修改）

习题

一、名词解释

市场营销环境、微观营销环境、宏观营销环境、机会分析矩阵图、威胁分析矩阵、综合环境分析矩阵、SWOT分析矩阵。

二、基本训练

1. 微观营销环境包括哪些内容？这些内容对企业的市场营销活动有什么影响？
2. 举例说明新闻媒体对企业营销活动的影响。
3. 选择一个行业分析四类竞争者：品牌竞争者、行业竞争者、形式竞争者、欲望竞争者。
4. 宏观营销环境包括哪些内容？这些内容对企业的市场营销活动有什么影响？
5. 用两、三个实例分别说明经济环境对企业市场营销活动的影响。
6. 用两个实例说明文化环境对企业营销活动的影响。
7. 结合我国实际说明法律环境对企业市场营销活动的影响。

8. 简述影响行业竞争的五种力量。
9. 如何进行营销环境分析？请用SWOT分析法分析任意一个行业中一个企业的经营战略。

三、思考题

1. 中国市场营销环境的主要特征是什么？
2. 人口环境如何影响企业的市场营销活动？
3. 目前企业的技术环境方面的主要动向是什么？它们对企业的市场营销有何影响？
4. 如何分析评价环境威胁与市场机会？举例说明企业对其面临的威胁与机会应做什么？
5. 在激烈的市场竞争中，世界许多汽车制造公司削减生产，缩短工时，裁减人员，而德国奔驰公司不仅保持生产，而且产量略有增加。奔驰公司之所以成为世界汽车工业的佼佼者，根本原因在于优质、创新和服务。除了以上分析，你还能指出奔驰公司成功的关键因素吗？

四、操作练习

1. 选择一家小企业如小餐馆、书店、电脑公司等，分析其微观营销环境的有关要素。
2. 以你毕业后要开服装店为例，分析你所面临的环境威胁与机会，运用SWOT分析法制定你的经营战略。
3. 根据以下资料，对故宫等文创产品文化营销进行分析，并提出建议。

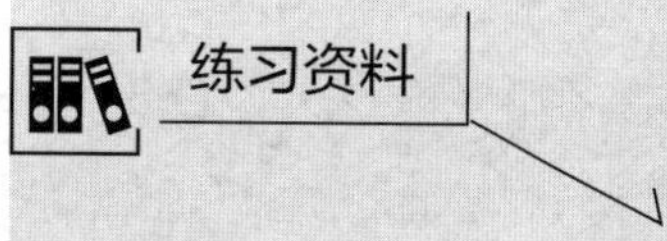

文化营销

文化营销是指把商品作为文化的载体，通过市场交换进入消费者的意识，它在一定程度上反映了消费者对物质和精神追求的各种文化要素。文化营销既包括浅层次的构思、设计、造型、装潢、包装、商标、广告、款式，又包含对营销活动的价值评判、审美评价和道德评价。

它包括三层含义：

① 企业需借助于或适应于不同特色的环境文化开展营销活动；

② 文化因素需渗透到市场营销组合中，综合运用文化因素，制定出有文化特色的市场营销组合；

③ 企业借助商品，将自身的企业文化推销给广大的消费者，使企业能够更好的被广大消费者所接受。

（资料来源：百度百科）

第三章

市场营销调研与预测

本章要点

- 市场营销信息系统的内容
- 市场营销调研的类型、内容及程序
- 市场预测的方法

本章导读

市场信息是指市场经济运行中各种事物发展变化和特征的真实反映，是反映它们的实际状况、特性、相关关系的各种消息、资料、数据、情报等的总称。现代市场营销理论把市场营销信息系统、市场调研、市场预测作为企业掌握经营环境、分析市场动向以及供求发展趋势和相互联系的三大支柱，企业为了寻求市场机会和避开市场风险，就必须经常收集市场信息并进行分析和研究。

第一节　市场营销信息系统

一个有效的市场营销信息系统（marketing information system，MKIS）由四个子系统组成，即企业内部报告系统、营销情报系统、营销调研系统、营销分析系统。整个市场营销信息系统如图3-1所示。

图3-1中左边的方框表示营销经理们必须注意观察的市场环境的组成内容。中间的方框表示市场营销信息系统的组成部分。右边的方框表示得出的信息流向营销经理，以帮助他们对营销工作进行分析、计划、执行和控制。然后，他们的营销决策和信息沟通又反馈回市场。

一、内部报告系统

内部报告系统（internal reports system）又称内部会计系统或订货处理系统，是一个处理订单、销售、存货水平、应收账款、应付账款等信息的系统，是营销信息系统中最基本的系统。通过分析这些信息，企业能够发现重要的市场机会和问题。

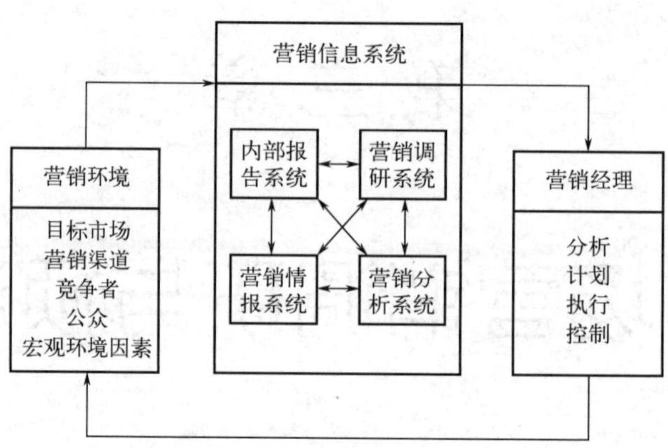

图3-1 市场营销信息系统

内部报告系统的核心是订单—发货—账务处理循环。这类信息应及时提供给有关经营者使用，以便帮助经营者制定各种营销政策，加强对营销活动的控制。

营销信息在该系统中的传递过程如下：

① 企业收到客户的订货单以后，先审核其信用资料，并检查企业可以供应的存货；

② 将订单复印数份，分送顾客和销售部门，作为凭证；

③ 登入发货账册和发出提货单；

④ 到仓库提货并发运；

⑤ 通知会计做账。

以上五个步骤在作业上就是订货处理、发货处理和账务处理。这些工作的好坏对于客户的服务质量、销售成本和时效都有很大的影响。内部报告系统一般有征信的作用，营销部门通过这一系统，可以分析出该订单是否值得接受和存货供应是否有问题。一项有效的顾客服务，需要营销人员随时掌握存货数量与发货日期。对于季节性的商品更是如此。

二、营销情报系统

营销情报系统（marketing intelligence system）是指向营销决策人员提供营销环境中各种因素发展变化情报的一整套信息来源和程序。

企业内部报告系统与营销情报系统是有区别的。内部报告系统为经营者提供营销结果的数据，而营销情报系统则为经营者提供营销活动正在发生的信息。

一般而言，经营决策者大多数自行收集情报，但这种方法带有相当的偶然性，一些有价值的信息可能没有抓住或抓得太迟。为了改进营销情报的质量和数量，经营决策人员一般需要采取以下措施：

① 训练和鼓励销售人员去发现和报告营销环境发展变化的新情况；

② 鼓励分销商、零售商和其他伙伴把重要的情报报告公司；

③ 向外界的情报供应商购买信息；

④ 建立信息中心以收集和传送营销情报。

三、营销调研系统

营销调研系统（marketing research system）除了收集内部会计信息和营销情报以外，经营决策者还需要经常对特定的问题和机会进行集中的研究，需要作一个市场调查，一个产品偏好试验，一个地区的销售预测或一个广告效益研究。经营者自己往往没有技能或时间去获得这一信息，需要委托别人来进行正式的营销调研。所谓营销调研是指系统地设计、收集、分析和提出数据资料以及提出跟公司所面临的特定的营销状况有关的调查研究结果。因此，营销调研系统是指对与企业所面临的特定的营销状况有关的信息进行调查、收集、整理、分析和研究的信息系统。

良好的营销调研必须具备五个特征：科学方法、创造性、多种方式、模式和数据的互依性、信息的价值和成本衡量。

四、营销分析系统

营销分析系统（marketing analysis system）是由分析市场营销数据和问题的先进技术所组成。它包括一个统计库和一个模型库（见图3-2）。

统计库是用统计方法从数据中提取有意义信息的一个集合。模型库是一个能够帮助营销人员做出比较好的市场营销决策的一系列数学模型的集合。而模型本身就是设计出来用以表述某些真实的系统或过程的一组变量和它们之间的相互关系。

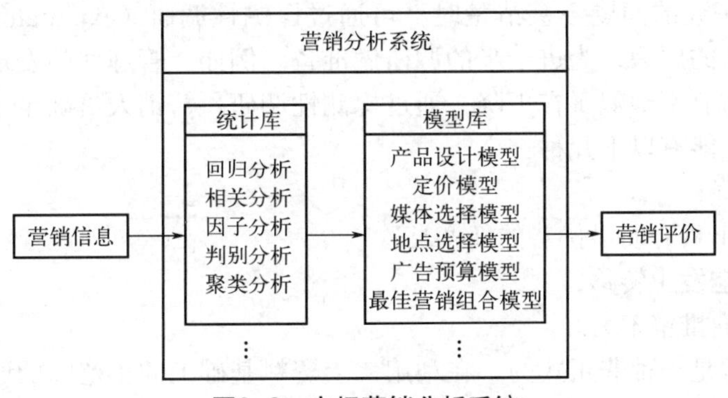

图3-2 市场营销分析系统

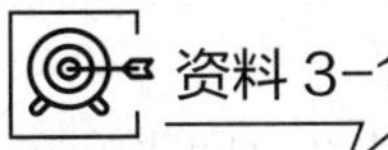

资料 3-1

大数据，大挑战

大数据的精髓在于我们分析信息时的三个转变，这些转变将改变我们理解和组建社会的方法。

第一个转变，在大数据时代，分析更多的数据，有时候甚至可以处理和某个特别现象相关的所有数据，而不再依赖于随机抽样。抽样分析是信息缺乏时代和信息流通受限制的模拟数据时代的产物。与局限在小数据范围内相比，使用大数据为我们带来了更高的精确性。

第二个转变，研究数据如此之多，以至于不再热衷于追求精确度。大数据纷繁多样，优劣掺杂，分布在全球多个服务器上。拥有了大数据，我们不再需要对一个现象刨根究底，只要掌握大方向即可。

第三个转变，不再热衷于寻找因果关系。在大数据时代，我们无须再紧盯事物之间的因果关系，而应该寻找事物之间的相关关系，这会给我们提供非常新颖且有价值的观点。我们不再需要在还没有收集数据之前，就把分析建立在假设之上。让数据发声是大数据时代的关键。

（资料来源：迈尔·舍恩伯格，库克耶. 大数据时代——生活、工作与思维的大变革[M]. 盛杨燕，周涛译. 杭州：浙江人民出版社，2013: 17.）

第二节　市场营销调研

一、调研的类型

根据调研目的的区别，营销调研（marketing research）的类型有所不同。按调研目的可以分为探测性调研、描述性调研、因果性调研，三类营销调研的比较见表3-1。

表3-1　三类营销调研比较

项目	探测性调研	描述性调研	因果性调研
调研目的	发现存在的是什么问题	明确存在的问题是什么状况	发现问题产生的原因
适用方法	观察法	询问法	实验法
适用阶段	初步调查	正式调查	追踪调查与深入调查

1. 探测性调研

当企业对所需研究的问题不甚清楚时，可通过探测性调研（exploratory research）帮助确定问题的关键或产生的原因，为进一步的调研做准备。例如，管理部门发现某产品销量一直在稳步上升，但市场占有率却似乎在下降，通过探测性调研，营销人员确定了该产品市场占有率确实在下降，原因可能有以下几种：

① 产品质量下降；

② 竞争对手推出具有明显优势的新产品；

③ 消费者的兴趣发生转移；

④ 原有的经销商推销不力。

探测性调研通常是一种非正式的、在利用二手资料基础上的小范围的调查，往往为正式调查中初步调查或明确问题阶段所采用。

2. 描述性调研

这是一种对客观情况进行如实描述的调研。回答诸如“消费者要买什么？什么时间买？在哪儿买？怎样买？”之类的问题。描述性调研（descriptive research）注重对实际资料的记录，因此多采用询问法。

3. 因果性调研

因果性调研（causal research）主要回答为什么，通常是在收集、整理资料的基础上，通过逻辑推理和统计分析方法，找出不同事实之间的因果关系或函数关系。因此，因果性调研最理想的方法是采用实验法收集数据，再运用统计方法或其他数学模型进行分析，这样得出的结果最为可靠。当然，在调研实践中，难度也较大。

二、市场营销调研的内容

为制定正确的市场营销决策，市场营销调研人员必须广泛地收集所需的各种资料或信息。不仅在资料来源上要注意广泛性，而且要注意资料内容的全面性和完整性。

一般来说，有关产品、市场、消费者、竞争者等因素以及宏观环境，都是营销调查的内容

（如图3-3所示）。每次市场营销调研都应根据特定的营销决策问题，具体界定调研搜集的资料范围。

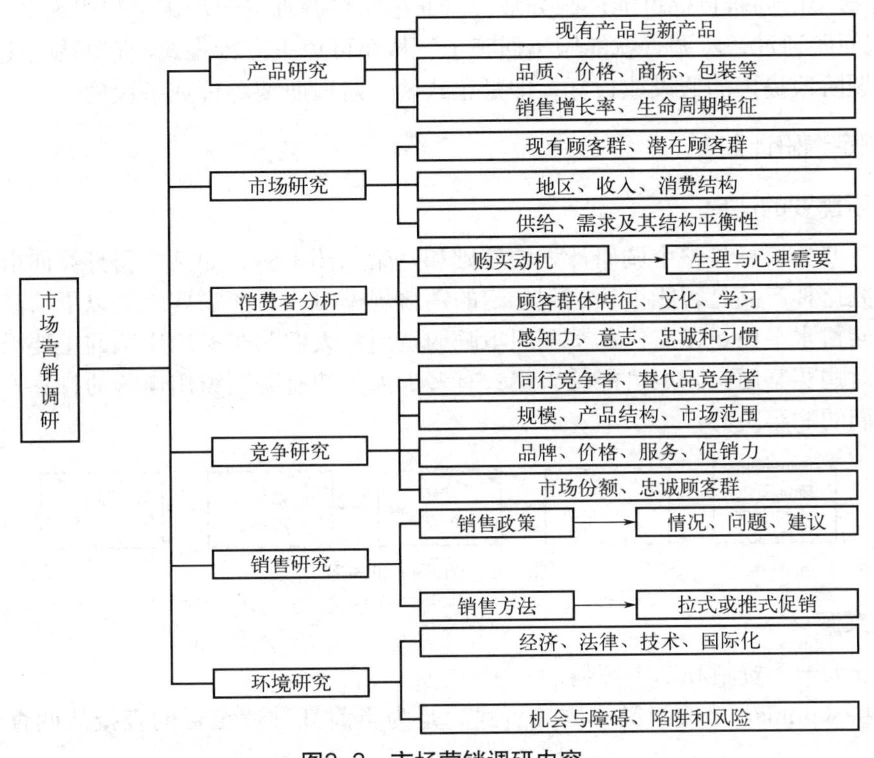

图3-3　市场营销调研内容

在正式调研过程中，为保证调研结果的准确、可靠及不至花费过高，遵循科学的调研程序和掌握必要的调研技术十分必要。

三、营销调研程序

典型的市场营销调研大都可分为三个阶段：调查准备阶段、正式调查和结果处理阶段。这三个阶段又可进一步分为五步（见图3-4）：明确问题，制定调研计划，组织实施计划，分析调查资料，提出研究报告。

调查准备	正式调查		结果处理	
明确问题	制定调研计划	组织实施计划	分析调查资料	提出研究报告

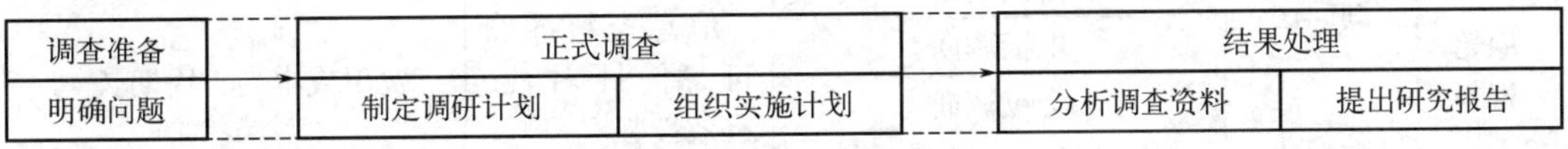

图3-4　市场营销调研程序

（一）明确问题

企业总会面临这样或那样的问题，但一项调研的目标不能漫无边际，只有将每次调研所要解决的问题范围限定在一个确切的限度内，才便于有效地制定计划和实施调研。而且，问题提得越明确，越能防止调研过程中不必要的浪费，将信息采集量和处理量减至最低。如前述探测性调研的例子，列出了产品市场份额下降原因的四种假设，如果能通过初步调查将这四种假设进一步减少到两个，调研工作量自然会大大减少。

所谓初步调查，主要是利用二手资料或通过与企业内有关人员进行讨论获得信息。其目的有两个：

① 已经提出的调研目标可能还嫌分散，可通过初步调查进一步集中和明确；

② 有些问题通过初步调查就能做出回答了，从而可免去进行正式调查的复杂过程。

明确问题阶段提出的假设或目标，即是正式调查阶段所要验证或解决的。

（二）制定调研计划

1. 确定所需要的信息

确定所需要的信息是整个调研计划的基础和开始（图3-5）。如某公司打算向市场推出家用电脑，在研究这种产品是否能很快达到一定的销售规模时，可能需要收集以下信息：有多少家庭的收入和储蓄水平已足以支付购买家用电脑的费用？人们购买家用电脑的主要目的是什么？哪部分人群对购买家用电脑更可能感兴趣？有多少人近期有购买家用电脑的打算？有哪些因素可能阻止人们的购买决心？

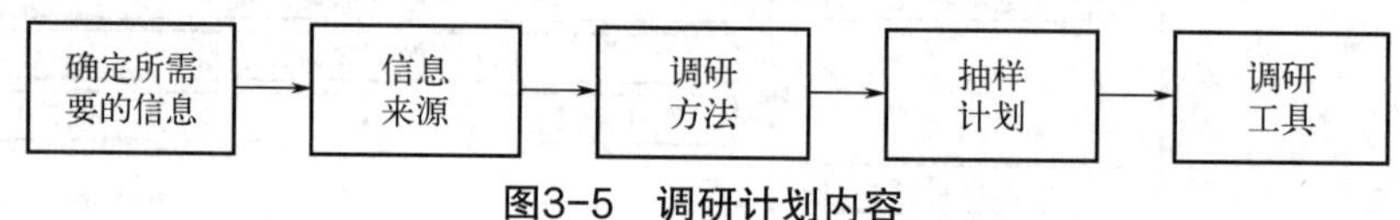

图3-5 调研计划内容

2. 信息来源

信息可分为一手资料和二手资料。

一手资料（primary data）又称原始资料，是为当前某种特定目的直接从调查对象那里获取的信息；

二手资料（secondary data）则是已由别人收集、整理且通常是已经发表过的信息，如各种公开出版物，各类咨询单位、信息公司和网上数据库服务商提供的信息，企业营销信息系统内储存的各种数据，营销调研的信息来源（见表3-2）。

表3-2 营销调研的信息来源

项目		方法	具体方法	优点	缺点
资料来源	二手资料	案头调研	内部资料查询	费用成本低、快捷方便	缺乏针对性、可靠性、准确性、客观性需进一步验证
			外部资料收集		
	原始资料	询问法	问卷调研	信息资料准确可靠，针对性、有效性强	费用成本高、周期长
			访谈调研		
			电话调研		
			会议调研		
		观察法	人工观察、机器观察		
		实验法	无控制实验、有控制实验		

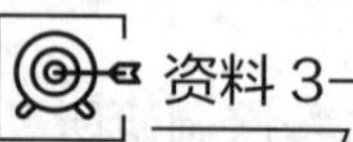
资料 3-2

收集二手资料要求

收集二手资料往往是资料收集工作的第一步，为更好地发挥二手资料的优势，使之成为营销决策的依据，或为后续的实地调查活动创造条件，收集二手资料时应严格遵循以下原则：

1. 真实性原则

真实性原则也叫可靠性原则，是指对所获二手资料要认真鉴别和筛选，以保证获得准确的、有效的而且是可靠的信息，能够真实地描绘出现实情况。

2. 及时性原则

二手资料大多是历史资料，而营销领域瞬息万变，过时的信息很容易导致错误决策，所以调查人员在信息收集过程中，要考虑所收集资料的时间是否能保证调查的需要，摒弃过时的、与市场当前状况不相符的资料内容，确保资料能准确反映市场变化的规律性。

3. 针对性原则

这是二手资料调查的首要原则，也是选择二手资料的最主要标准。调查人员必须研究找到的资料是否最能切中问题的有关方面，所收集的信息必须有助于营销问题的认识和解决，所有信息最终都应该与营销决策有关，任何牵强附会只能使调查结果得出错误的结论。

4. 完整性原则

必须全面、广泛，从不同渠道，利用各种机会，采集系统、完整的信息资料。一般来说，收集的二手资料既要有宏观资料，又要有微观资料；既要有历史资料，又要有现实资料；既要有综合资料，又要有典型资料。这样才能在分析中保持二手资料的准确性，并有效地加以利用。

5. 经济性原则

二手资料调查最主要的优点是省时省费用。因此，人们在选用二手资料时应该考虑这些问题：所需的资料是否能被调查人员迅速、方便、经济地使用；另外，还要注意二手资料取得的阶段性任务，切不可为求深入全面，而使得工作拖沓，费用过高，违反经济效益原则。

---

3. 调研方法

调研方法（survey research）即收集一手资料的方法。主要有三种：观察法、实验法和询问法。

（1）观察法（observational research）　通过调研人员直接到现场观察调查对象收集信息，也可通过照相机、摄像机等工具达到观察的目的。有经验的调研人员可通过观察法方便地得到某些在其他场合很难得到的信息，并能排除被调查对象的紧张心理或主观因素的影响。

（2）实验法（experimental research）　这是最科学的方法，最适合因果型调研，如研究包装、广告或价格对产品销量的影响。运用实验法，需挑选被实验者，组成若干相互对照的小组，给予不同的条件，同时对其他变量加以控制，然后观察不同条件下所得结果的差异是否具有统计学上的意义，以找出因果关系。采用实验法的难点在于保持外部环境中所有因素不变是一件耗费高且不易做到的事。

（3）询问法　介于观察法的探索性和实验法的严密性之间，是最常见的方法，更适合于描述性调研。询问法在具体做法上又有多种形式：邮寄问卷、电话询问和直接面谈等。

① 邮寄问卷就是将设计好的问卷邮寄给被调查者，请他们填好后寄回。这种方法的优点是询问面广，被调查者有充分的时间回答问题；缺点是时间周期长，问卷回收率低。

② 电话询问可望立即得到所需信息，且提问灵活，成本也低；但交谈时间有限，很难提较复杂的问题，还可能因消费者受到打扰而引起反感。

随着互联网的发展，通过电子邮件向被调查者发送电子调查问卷成为一种可行的方式，它比向全国发送传统邮件快得多，反应率也高得多。当然，目前这种方式还只适用于面对上网人群的调查。

③ 直接面谈的形式最为灵活。根据每次面谈的地点和人数的多少，又可分为上门采访、商场现场采访、个别询问、集体询问、座谈会等。面谈中调查人员可充分地提问题，被调查者也能充分发表自己的意见。主要缺点是成本太高，能访问的人数有限，故更适合探测性调研。

上述三类调研方法的比较见表3-3。

表3-3 三类调研方法比较

项目	询问法	观察法	实验法
优点	调研方法灵活方便 调研问题全面深入	调研方法直接有效 调研结果客观准确实用	验证因果关系 发现内在规律
缺点	周期长、组织难度大	重于表象缺乏深度	时间长、费用大

还有一种做法是调查人员携带问卷访问被调查者，并帮助被调查者填写问卷。这种方式可弥补邮寄问卷回收率低、被调查者不理解问卷而导致回答不准确的问题；还可弥补询问法提问随意性大、结果难以进行统计分析的不足，但所需人力、物力较大。

4. 抽样计划

这一计划要解决下述三个问题：谁是抽样对象？调查样本（sample）有多大？样本应如何挑选出来？抽样方法常见的有随机抽样和非随机抽样两大类。随机抽样包括简单随机抽样、分层随机抽样、分群随机抽样和机械随机抽样等几种具体方法；在非随机抽样中包括任意抽样、判断抽样和配额抽样等几种具体方法。这些方法各有利弊，需根据实际情况权衡之后选择使用。

另外，只要在调查中采用的是样本，就会产生两种类型的误差：测量误差和抽样误差。前者发生于被调查者未能根据要求提供事实时；后者则发生于样本不能代表目标顾客群时，包括随机误差和非随机误差。

5. 调研工具

在收集原始数据时，有两类可供选择的调研工具：一是前面已提到的问卷；二是某些机械工具，如录音机、照相机、摄像机、收视测试器、印象测试机、交通流量计数器等。其中，最常用的是问卷。问卷最适合做描述性调研，可用于多种形式的调查，如人员面访、电话访谈、留置调查、邮寄调查、网上调查等。

（三）组织实施计划

计划报上级主管部门批准后，就要按计划规定的时间、方法、内容着手信息的收集工作。这一阶段的实际工作量最大，支出费用最多，最容易出错。主要任务包括，根据调研任务和规模的要求建立调查组织或外请专业调查公司，训练调查人员，准备调查工具，实地展开调查等。

（四）分析调查资料

收集来的信息必须经过分析和处理才能使用。这一阶段的任务包括：

① 检查资料是否齐全；

② 对资料进行编辑加工，去粗取精，找出误差，剔除前后矛盾处；

③ 对资料进行分类、制图、列表，以便于归档、查找、使用；

④ 运用统计模型和其他数学模型对数据进行处理，以充分发掘从现有数据中可推出的结果，在看似无关的信息之间建立起内在联系。

（五）提出研究报告

调研的目的显然不是让大量的统计数字、表格和数学公式搅乱决策者的头脑，而是要对决策者关心的问题提出结论性的建议。正规的市场调研必须就所研究问题的结论提出正式的报告。

不管市场调研报告的格式如何，每个调研报告都应该有一些特定的主题。即报告本身在结构安排和写作手法上必须能够及时、准确和简洁地把信息传递给决策者。所撰写的报告应该尽量简洁，特别应该避免使用晦涩的文字。市场调研报告的结构一般是由题目、目录、摘要、正文、结论和建议、附件等几个部分组成的。报告的结构不是固定不变的，不同的调研项目、不同的调研者或调研公司、不同的用户等，都可能会有不同的结构和风格。

1. 题目

题目包括市场调研标题、报告日期、委托方、调查方等，一般应打印在扉页上。标题必须准确揭示报告的主题思想，做到题文相符。标题要简单明了，高度概括，具有较强的吸引力。

2. 目录

提交调研报告时，如果涉及的内容很多，页数很多，为了便于读者阅读，把各项内容用目录或索引形式标记出来。这能使读者对报告的整体框架有一个具体的了解。目录包括各章节的标题，包括题目、大标题、小标题、附件及各部分所在的页码等。

3. 摘要

摘要是市场调研报告中的内容提要。摘要包括的内容主要有为什么要调研；如何开展调研；有什么发现；其意义是什么；如果可能，应在管理上采取什么措施等。摘要不仅为报告的其余部分规定了切实的方向，同时也使得管理者在评审调研的结果与建议时有一个大致的参考框架。

摘要由以下几个部分组成：

① 调研目的。即为什么要开展调研，为什么公司要在这方面花费时间和金钱，想要通过调研得到些什么？

② 调研对象和调研内容。如调查时间、地点、对象、范围、调查要点及要解答的问题等。

③ 调研研究的方法。如问卷设计、数据处理是由谁完成，问卷结构，有效问卷有多少，抽样的基本情况，研究方法的选择等。

以上概要与方案设计应基本一致。

4. 正文

正文是市场调研报告的主要部分。正文部分必须正确阐明全部有关论据，包括问题的提出到引起的结论，论证的全部过程，分析研究问题的方法等。正文包括开头部分和论述部分。

（1）开头部分

开头部分的撰写一般有以下几种形式：

① 开门见山，揭示主题。文章开始就先交代调查的目的或动机，揭示主题。

② 结论先行，逐步论证。先将调查的结论写出来，然后逐步论证。许多大型的调查报告均采用这种形式。特点是观点明确，使人一目了然。

③ 交代情况，逐步分析。先交代背景情况、调查数据，然后逐步分析，得出结论。

④ 提出问题，引入正题。用这种方式提出人们所关注的问题，引导读者进入正题。CCTV的很多调查分析报告都是采用这种形式。

（2）论述部分

论述部分必须准确阐明全部有关论据，根据预测所得的结论，建议有关部门采取相应措施，以便解决问题。论述部分主要包括基本情况部分和分析部分两部分。

① 基本情况部分：对调查数据资料及背景做客观的介绍说明、提出问题、肯定事物的一面。

② 分析部分：包括原因分析、利弊分析和预测分析。

5. 结论和建议

结论和建议应当采用简明扼要的语言。好的结语，可使读者明确题旨，加深认识，启发读者思考和联想。结论一般有以下几个方面：

① 概括全文。经过层层剖析后，综合说明调查报告的主要观点，深化文章的主题。

② 形成结论。在对真实资料进行深入细致的科学分析的基础上，得出报告的结论。

③ 提出看法和建议。通过分析，形成对事物的看法，在此基础上，提出建议和可行性方案。

④ 展望未来、说明意义。通过调查分析展望未来前景。

6. 附件

附件是指调查报告中正文包含不了或没有提及，但与正文有关且必须附加说明的部分。它是正文报告的补充或更详尽说明。包括如下内容：

① 调查问卷。

② 技术细节说明，比如对一种统计工具的详细阐释。

③ 其他必要的附录，比如调查所在地的地图等。

报告交出后，调研人员的工作并未结束，他们还须跟踪了解该报告的建议是否被决策者采纳？如果没有采纳，是因为什么？如果采纳了，采纳后的实际效果如何？是否需要提出进一步的补充和修正意见？

（六）追踪调查

提出市场调查报告并不意味着市场调查的终结，一般还需要做进一步的追踪调查。其内容一般有以下三个方面：

（1）对调查报告中所提出的关键问题组织人员进一步深入、连续的调查。

（2）对调查报告中所得出的调查结论和提出的建议的采用率、转引率及对实际工作的使用价值的调查，同时检验调查结论和建议的正确程度与可行情况。

（3）了解调查报告中所得出的调查结论在实际执行中是否被曲解。

总之，追踪调查对评估该项市场调查的成果具有重要意义。

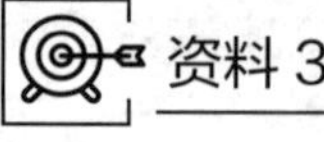

资料 3-3

调查偏差的控制方法

从调查误差的来源上划分，一部分误差是由研究者的研究方法导致的，另一部分则是由数据信息质量导致的。由数据信息质量导致的误差通常又被称为调查偏差，主要来自两个主体：①市场调查的核心实施者——访问员；② 市场调查的对象——被调查者。两个主体均会产生调查偏差（故意错误)和非故意偏差（非故意错误）。各类调查偏差的控制方法如表3-4所示。

表3-4 各类调查偏差的控制方法

偏差	偏差类型	控制方法
访问员故意偏差	欺骗、诱导被调查者、懈怠和不重视	监控、验证、替换和超额抽样
访问员非故意偏差	访问员的个性特征、误解、疲劳	选择和训练访问员、实习和角色训练、休息或改变调查方法
被调查者故意偏差	不真实地回答	确保匿名和保密、激励、检查比较
	不响应	确保匿名和保密、激励
被调查者非故意偏差	误解、猜测、缺乏兴趣、干扰、疲劳	周密设计的问卷 对答案进行检验审核

第三节 调查问卷

一、调查问卷的结构

调查问卷的设计是一个系统工程，它体现了设计人员对调研项目的总体思路。一份完整的调查问卷通常包括眉头部分、开场白、筛选部分、主体部分、背景资料部分和结束语六大部分。

（1）眉头部分　顾名思义，它出现在问卷的最开端。开头一般由问卷名称、问卷编号、调查组织名称、城市编号、访问员、问卷复核人、问卷编码员、录入人员等信息组成。

（2）开场白/前言　开场白是由调研人员读出的或印在问卷上的调研情况的说明部分，其作用是要引起被调查者对调查的重视，争取他们的帮助与合作。具体内容一般包括问候语、调查主题、调查组织、访问者身份、调查用途、访问请求以及其他信息，如承诺对调研的保密性等。开场部分的文字要简洁明确，语气要谦虚诚恳，能够激发被调查者的兴趣，促进其积极合作。

例如：

亲爱的同学：

我们是某大学二年级的学生，目前正在进行大学生学习情况调查工作。本次调查不记名，绝对保密。你的看法和意见将对此次调查产生直接的影响，希望能得到你的合作，谢谢！

（3）筛选部分　本部分主要是为了选择符合调研要求的受访者而设。如在收集电脑资料方面的调研中，就需要在调研主题介绍前先提出过滤题“您购买过电脑吗？”如果是，则可继续提问，否则就退出提问。同样，在某品牌冰箱的用户满意度调查中，首先要筛选受访者是否是某品牌冰箱的用户，否则后续的问卷就很难进行。

而在一些要求特殊配比，如性别/年龄/居住区域比例/品牌偏好等特别要求的调研中，进行过滤也是必要的。如家住海淀区，男女比例为2：1，年龄在18~22岁之间的手机用户对手机通信质量的调研，就必须做出多重过滤。

（4）主体部分　调研的主题内容是调研所要收集的主要信息，是问卷的主要部分。主体部分由一系列问题和相应的选择答案组成。问卷设计是否合理，能否满足调研目的的要求，关键就在于这一部分内容的设计水平和质量。主体内容的问题设计需根据调查目的确定，具体设计参见本节第二部分。

（5）背景资料部分　这部分一般放在问卷的最后（也有放在问卷前面的），主要是为了防止过早地遭到不必要的拒绝。背景资料主要是一些人文统计信息，在不同的问卷设计者的笔下措辞不同，但内容大多相近。一般包括受访者的性别、年龄、婚姻状况、家庭人数、家庭个人收入、职业、教育程度等信息。至于收入、职业、教育程度的应答项目分配的宽些还是窄些，一般由问卷设计人根据调研的特定状况设计，想深入体会这部分的设计细节需要多深入实践，并多阅读探讨不同问卷范例。

（6）结束语　结束语的任务就是要告诉受访者和访问员问卷结束，访问完毕。不过问卷的结束语会略有不同。如邮寄问卷的结束语可能是“再次感谢您参与访问，麻烦您检查一下是否还有尚未回答的问题，然后请将问卷放入随附的回邮信封并投入信箱”。而一份拦截访问中的问卷的结束语可能会是:“访问到此结束，谢谢您，这里有一份小礼品送给您，请签收。再会。”

调查问卷可以按照上述结构形式设计，但并非一定拘泥于此，可以适当地简化变通。因为调查问卷最重要的功能是帮助收集调研所必需的信息，任何问卷的结构形式都是为了帮助问卷设计者更加便利地设计问卷而提出的。反对追求所谓近乎完美和华而不实的问卷结构。

二、调查问卷的设计

调查问卷的设计一般要由经验丰富的研究人员来担任，在设计之前还要亲自到市场上去访问调查，询问一些与调研主题有关的问题，尽管有经验的调研人员能按自己的模式来设计调查问卷，然而，对开始学习调研的人来说比较困难，图3-6所示的程序不失为一种可以参考的方法。

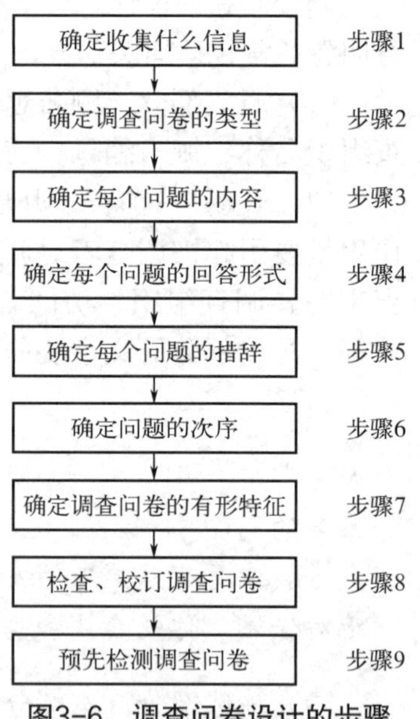

图3-6　调查问卷设计的步骤

尽管图3-6给出了设计过程中各步骤的顺序排列，然而，调研人员很少能按照上述步骤一步步地进行下去，往往会出现一些重复和来回打转的现象，例如，当调研人员发现可能的回答无法提供所需的信息或所需的信息不完全一致时，很自然地要回到前面的某个步骤做必要的修改。

当然，营销调研人员也必须注意，在实际设计过程中，不能太教条，上述步骤只是作为一种参考，不能盲目地信奉教条，不能忽视实际设计中的灵活性与创造性。此外，还必须进行预先检测，预先检测可以发现被调查者是否真正理解每个问题，是否能够且愿意提供需要的信息。

下面我们就按图3-6所示的程序分述调查问卷的设计。

1. 确定收集什么信息

在营销调研的设计阶段，无论是描述性调研还是因果性调研，都需要有充分的知识为调研制定一些具体的假设，以指导调研。这些假设也指导调查问卷的设计，因为这些假设决定了应该收集什么信息以及向谁收集信息。

在调查问卷的设计过程中，可以提出更深入的假设。如果新的假设对理解某个现象很重要，在设计调查问卷时就要千方百计地加上，并运用这个假设。如果这个假设仅仅“有趣”面对调查结果并非重要，就不必考虑。因为有趣但无用的内容只能增加调查问卷的长度，带来分析上的麻烦。

探测性调研重在发现问题，而不是作系统性调研。因此，这种营销调研的调查问卷结构松散，只需有粗略的大意即可。

2. 确定调查问卷的类型

确定了应该收集什么信息后，调研人员必须确定如何收集这些信息，在设计调查问卷时，这个问题就是要决定调查问卷的结构以及调研目的的公开与否，按照调查问卷的内容是否结构（系统）化和研究目的的公开与否，可以将调查问卷分为四类：①结构化（公开式）；②非结构化（公开式）；③非结构化（非公开式）；④结构化（非公开式）。

3. 确定每个问题的内容

为了使调查问卷中设计的每个问题都能收集到所需的资料，必须认真确定每个问题的内容。为此，必须注意以下几点：

（1）所提问题是否必需　即所列问题必须完全抓住重点，其问答只须提供所需的细节。例如，在市场调研中，我们经常运用家庭生命周期来研究家庭消费行为，而家庭生命周期阶段是一个综合变数，在把它作为变量的调研中，如果一个家庭中有几个孩子，就没有必要询问每个孩子的年龄，只需询问最小孩子的年龄即可。

（2）是否需要用几个问题来代替一个问题　在问题设计中经常会有这种情况，比如说“你为何使用佳洁士牙膏？”回答可能是：“减少龋齿”，也可能是“牙医推荐”。很明显，这个问题是从两个不同角度来回答的，第一个人回答的是为什么他现在使用佳洁士牙膏，而第二个人回答的是他是怎么开始使用的。所以最好把这个问题分成两个独立的问题，以体现不同的侧重点。例如“您是如何开始使用佳洁士牙膏的？您使用佳洁士牙膏的主要原因是什么？”

（3）回答者能否提供必需的信息　一般来说，回答者都会给出答案，至于答案是否有意义，那是另外一回事。为了使回答有意义，问题本身就应该有意义。这就意味着：

首先，回答者必须了解所提问题的信息；其次，必须记住有关信息。

例如，在问“您家在购买水果方面要花多少钱？”在问这一问题之前，最好先问一个“过滤性的问题”——“您家谁购买水果？”以判断某人是否真正了解信息，至于回答者能否记住有关信息，一般取决于事件本身的重要性、事件的发生距回答问题时的时间长度以及能唤起回忆的刺激物存在与否。设计问题时应考虑这些因素，千方百计唤起回答者的记忆，这样才能得到有意义的回答。

（4）回答者是否愿意提供信息　有时会出现这样的情况，即回答者有营销调研者所需的信息，但他们不愿意提供这些信息。回答者是否愿意提供信息，取决于回答问题所需工作量、清楚地回答问题的能力及问题的敏感程度。因此，在设计中应注意整个调查问卷的长度，注意帮助回答者清楚地回答问题。比如，回答者不能表达清楚他们所喜欢的汽车款式，但如给他们看不同汽车款式的照片，他们就很容易地说出最喜欢哪种式样；对敏感性问题应该注意问题的提法，尤其是问题的位置和问题的措辞。

4. 确定每个问题的回答形式

一旦确定了每个问题的内容，下一步就要决定回答问题的形式了，问题的回答类型主要有以下几种：

（1）自由回答式　在调查问卷上不事先拟定可供回答的答案，让被调查者自由回答问题，如你喜欢哪一种牌子的电视机？

自由回答式的优点是能收集到调查者事先估计不到的答案和资料；其缺点是资料的整理分析困难，这是由于被调查者的答案可能各有不同，而且用词各异。

（2）选择式　对调查问题得出若干不同的答案，供被调查者选择，包括二项选择和多项选择，只提供两个答案的叫二项选择，它要求被调查者任择其一。例如，“你游过黄山吗？”答案是：有□、没有□；答题者只需在两个方框中择一打“√”即可。多项选择是列出几个答案，让被调查者从中选择一个。例如：“您家现在使用的彩色电视机屏幕是多大的？”在你认为合适的答案方框中划“√”

选择式的优点是答案明确，调查结果便于分类整理；缺点是被调查者不能自由发表意见。其意见可能不包括在备选答案中，选择的答案不一定能反映其真正的意见。若用大量备选答案，则会使人无所适从；若用“其他”作为一个备选答案，那么，如果有许多人选择了“其他”就会使这项调研变得没什么意义。

（3）顺位式　就是从列举的若干调查项目中，由被调查者依照自己的判断决定高低优劣的顺序。例如，您喜欢哪种牌子的汽车？请对下列牌子注明序号。

奔驰□　宝马□　沃尔沃□　福特□　大众□　奇瑞□

顺位式的优点是既便于被调查者衡量比较，也便于对调查结果进行统计；其缺点是不能回答顺序间的差距及其原因。

（4）评判式　评判式是要求被调查者表明对某个问题的态度，它应用于对同质问题的研究。例如，您是否想购买一辆汽车？请在□打“√”。

很想买□　　想买□　　不一定□　　不想买□

程度评判式的优点是可测量被调查者对某一问题的态度和看法；其缺点是对问题不能深入分析。

5. 确定每个问题的措辞

确定每个问题的措辞是一项很重要的工作，如果问题表述不清，即使回答者答应给予合作，也可能导致他们拒绝回答或错误回答。确定每个问题措辞时，应注意以下几点：

（1）尽量使用简单的词

（2）避免模棱两可的词和问题　即尽量避免使用“普通”“时常”“很多”“一些”等等各人理解不同的词，而应用具体明确的词，如“1周2次”“每天1小时”等。

（3）避免诱导性问题　诱导性问题给回答者如何做出回答提供了线索，比如“你认为看电视会影响孩子学习吗？”这句问话会引导回答者回答“是的”，这种问题常常会引出和事实相反的结论，当然，诱导性问题也包括暗示性的选择项和暗示性的假设。

（4）避免一般性的问题　例如，“你对苏果超市的印象如何？”这样的问题太一般化，对实际工作并无指导意义，因此必须分项提问：“你感到苏果超市商品品种是否齐全？”“你认为苏果超市的营业时间是否适当？”等。每个问题只涉及一个侧面，只有这样，才能得到实际资料。

（5）避免提双重或多重问题　例如，“你为什么由A奶粉换B奶粉？”就很难让人回答。有的可能回答不用A的原因，有的可能回答选用B的原因，有的可能说明换品牌的动机，诸如“你认为宝马汽车的价格和款式如何？”这类问题就更让人难回答了，所以，应强调一个问句仅包含一个要点。

6. 确定问题的次序

回答的形式和每个问题的确切措辞定下来以后，调研人员就开始将它们整合成一份调查问卷。此时，问题的排列顺序对于能否取得成功将是至关重要的，以下一些原则可以作为参考：

① 开始的几个问题必须简单、有趣，而且不对回答者形成威胁，要求回答者表述自己对某一问题的看法，问题一般都应是开放型的。

② 采用“漏斗型”提问顺序，即先提大的问题，然后再逐渐缩小其范围，例如，“在公司的服务措施中有哪些地方需要改进？和“你对公司的维修服务有何看法?”第一个问题必须先提出来。此外，问题还存在着逻辑上的顺序，应该避免突然性的转变话题。

③ 最后询问一些分类信息，典型的调查问卷包括两种类型的信息，即基本信息和分类信息。基本信息是指研究的主题，例如，回答者的意图和态度；分类信息是指所收集的其他信息，通过这些信息的收集可以对回答者进行分类，以取得更多的信息。若对A产品的需求是否受收入的影响这一主题感兴趣，这里的“收入多少”就成了分类信息。常规的调查问卷排列顺序是先提出收集基本信息的问题，然后再提出收集分类信息的问题。

④ 把难回答的、敏感的问题放在调查问卷的后面。即基本信息和分类信息本身也存在着顺序的问题，一般应把难以回答、敏感的问题放在后面。

7. 确定调查问卷的有形特征

这里指设计的调查问卷必须精致，必须用优质的纸张印刷，调查问卷的规模要适当，布局要合理，字体大小要得当；同时要给问题编号，以便于编辑、编码和列表等。

8. 检查、校订调查问卷

调查问卷的初稿确定后，就应认真检查、校订。只有这样才能使调查问卷明确、客观，不带有诱导性，并使回答者容易回答，为此，可以在模拟环境下进行检查、校订。

9. 预先检测调查问卷

所谓预先检测，就是将初步设计出来的调查问卷在小范围内进行试验性调查，以便在试验调查中发现问题，做最后的修改，这样就可以最后定稿，制定出正式的调查问卷。

讨论

如何应对拒访

拒绝访问是市场调研资料收集常见的事，也是市场调研过程中应努力解决的问题。拒访情况一般有两种，一种是访问开始时拒访；另一种是访问中途拒访。拒访的原因可分为主观和客观两个方面，如表3-5所示。

表3-5 拒访的原因分析

	主观原因	客观原因
开始时拒访	反感接受访问 对访员不信任	家中有客人 有事需要处理 身体不适
中途拒访	问题不好或不便回答（如开放性问题、个人隐私问题等） 问卷较长、需花费较长时间完成问卷	有人（或电话）拜访、需要接待、突然有急事需要处理等

你认为拒访还有哪些原因，应如何解决拒访问题？

思政园地

市场调查人员应具有的素质

市场调查人员需要具备以下素质：

1. 思想品德素质

访问员的思想品德素质应表现为：遵纪守法、具有良好的职业道德修养、谦虚谨慎、平易近人、诚实而有责任感。访问员往往需要单独走访调研对象，这样的工作性质容易导致访问员的欺诈行为。除了加强对访问员的监督之外，在挑选访问员时坚持一定的道德标准是非常重要的。

2. 心理素质

访问员的心理素质应表现为：外向、细心、耐心、有信心。访问员需要经常与陌生人打交道，外向、开朗的性格是其成功的基础。访问员的细心有助于问卷填写的完整性与逻辑性。访问员必须有足够的耐心进行说服、询问，有足够的耐心面对各种挫折与冷遇。信心十足的访问员定能顺利完成调研任务。

3. 业务素质

在正式调研开始前，访问员要清楚以下问题：访问员在市场调研中的作用及其工作质量对整个市场调研工作的重要性；访问员在调研过程中要保持中立；了解调研计划的相关信息；懂得一定的访谈技巧；熟悉问题的正确程序；知道记录答案的方法；对被访者的个人信息、商业秘密等要保密。但更为根本的是访问员应具备一定的沟通能力、应变能力和一定的文化基础。访问员必须具有较强的读、写能力。大部分调研公司都要求访问员有高中以上的文化程度，许多公司更愿意接受受过高等教育的访问员。

4. 身体素质

访问员的身体素质应表现为：健康、仪表端庄、具有亲和力。

第四节　市场预测

市场预测的方法按预测的性质划分，可以划分为定性预测与定量预测（见表3-6）。

表3-6　市场营销预测方法

<table>
<tr><th>项目</th><th colspan="2">方法</th><th>优点</th><th>缺点</th></tr>
<tr><td rowspan="5">定性预测</td><td colspan="2">购买者意向调查法</td><td rowspan="5">不需收集大量数据、简单易行、能对事物的性质进行预测</td><td rowspan="5">难以做出精确的量的说明，难以估计其误差和评价其可信程度</td></tr>
<tr><td colspan="2">销售人员综合意见法</td></tr>
<tr><td rowspan="2">专家意见集中法</td><td>专家会议</td></tr>
<tr><td>德尔菲法</td></tr>
<tr><td colspan="2">市场试验法</td></tr>
<tr><td>定量预测</td><td colspan="2">时间序列分析法、回归分析法</td><td>精确度较高，还可估算出预测误差和可信度</td><td>对数据资料的数量、质量、时效要求比较高，要掌握良好的数学知识</td></tr>
</table>

一、定性预测

1. 购买者意向调查法

潜在市场总是由潜在购买者构成的，预测就是预估在给定条件下潜在购买者的可能行为，即要调查购买者。这种调查的结果是比较准确可靠的，因为只有购买者自己才知道将来会购买什么和购买多少。一般而言，购买者意向调查法用于工业品预测准确性较高，耐用品次之，用于日用消费品的准确性最差。

2. 销售人员综合意见法

在不能直接与顾客见面时，企业可以通过听取销售人员的意见估计市场需求。销售人员综合意见法的主要优点是：

① 销售人员经常接近购买者，对购买者意向有较全面和深刻的了解，比其他人有更充分的知识和更敏锐的洞察力，尤其是对受技术发展变化影响较大的高科技产品。

② 由于销售人员参与企业预测，因而他们对上级下达的销售任务有较大的信心完成。

③ 通过这种方法，也可以获得按产品、区域、顾客或销售人员划分的各种销售预测。

一般情况下，销售人员所作的需求预测必须经过进一步修正才能利用。这是因为：

① 销售人员的判断总会有某些偏差，易受近期销售业绩的影响，其判断可能会过于乐观或过于悲观，即常常走极端。

② 销售人员可能对经济发展形势或企业的市场营销总体规划不了解。

③ 为使其下一年度的销售大大超过任务指标，以获得升迁或奖励的机会，销售人员可能会故意压低其预测数字。

④ 销售人员也可能对这种预测没有足够的知识、能力或兴趣。

尽管有这些不足之处，但是这种方法仍常为人们所利用。因为各销售人员的过高或过低的预测可能会相互抵消，这样使预测总值仍比较理想。有时，销售人员预测的偏差可以预先识别并及时得到修正。

3. 专家意见集中法

企业也可以利用诸如分销商、供应商及其他一些专家的意见进行预测。现在应用较普遍的方法是德尔菲法（Delphi Method）。其基本过程是：先由各个专家针对所预测事物的未来发展趋势独立提出自己的估计和假设，经调查主持者审查、修改、提出意见，再发回到各位专家手中，这时专家们根据综合的预测结果，参考他人意见修改自己的预测，即开始下一轮估计。如此往复，直到各专家对未来的预测基本一致为止。

4. 市场试验法

企业收集到的各种意见的价值，不管是购买者、销售人员的意见，还是专家的意见，都取决于获得各种意见的成本、意见可得性和可靠性。如果购买者对其购买并没有认真细致的计划，或其意向变化不定，或专家的意见也并不十分可靠，在这些情况下，就需要利用市场试验这种预测方法。特别是在预测一种新产品的销售情况和现有产品在新的地区或通过新的分销渠道的销售情况时，利用这种方法效果最好。

 资料 3-4

网络调查法

在互联网时代，网络调查成为市场营销信息调研的利器。网络调查法(Web Survey)是指企业利用互联网了解和掌握市场信息的方式。网络调查法具有自愿性、定向性、及时性、互动性、经济性与匿名性的特点。网络调查不受时空限制，节省了人力、物力，节约了成本和时间，省略了印刷、邮寄等过程，问卷回收效率高，还可以增加调查的信息量；其缺点就是上网的人群不一定代表被研究的对象，针对性不强，无法深入调查，真实度不高，这些都是制约网络调查法的重要因素。网络调查法是一种新兴的调查方法，它的出现是对传统调查方法的创新和补充。网络调查法包括网上问卷调查法、网上讨论法、网上测验法、网上观察法四种方法。

二、定量预测

定量预测法是根据比较完备的历史和现状统计资料，运用数学方法对资料进行科学的分析、处理，找出预测目标与其他因素的规律性联系，从而推算出未来的发展变化情况。

定量预测法可以分为两大类，一类是时间序列分析法，一类是因果关系分析法，这里主要介绍时间序列分析法。

时间序列是指同一经济现象或特征值按时间先后顺序排列而成的数列。时间序列分析法是运用数学方法找出数列的发展趋势或变化规律，并使其向外延伸，预测市场未来的变化趋势。

时间序列分析法应用范围比较广泛，如对商品销售量的平均增长率的预测、季节性商品的供求预测、产品的生命周期预测等。

时间序列分析法的种类主要有简单平均法、移动平均法、指数平滑法、直线趋势法等，下面分别进行介绍。

（一）简单平均法

简单平均法以一定观察期的数据求得平均数，并以所求的平均数作为下一期预测值的一种最简便的预测方法。简单平均法中的具体方法很多，这里介绍最常用的简单算术平均法和加权算术平均法。

1. 简单算术平均法

简单算术平均法是以观察期内数据之和除以求和时使用数据个数（或资料期数），求得算术平均数，并将其作为下期预测值。用公式表示为：

$$x_{n+1}=\overline{x}=\frac{x_1+x_2+x_3+\cdots+x_n}{n}=\frac{\sum_{i=1}^{n}x_i}{n}$$

式中　$\overline{x}$为算术平均数，x_{n+1}为下期预测值；x_i为观察期内的数据；n为资料期数。

例 3-1

某企业2004年1～7月份A产品的销售量见表3-7，要求用简单平均法预测8月份A产品的销售量。

表3-7　销售资料表　　单位：万个

月份	1	2	3	4	5	6	7
销售量 x_i	20	50	40	90	50	40	60

解：根据公式，8月份销售量的预测值为：

$$x_8 = \overline{x} = \frac{20+50+40+90+50+40+60}{7} = 50（万个）$$

由于观察期长短不同，得到的预测值也随之不同，故观察期长短的选择对预测结果很重要。一般说来，若时间序列数据的变化倾向小，或呈现有规律的波动，观察期可以短些，所用的数据可以少一些；当时间序列的变化倾向较大时，观察期应长些，所用的数据可以多一些，预测值相对精确些。

2. 加权算术平均法

加权算术平均法就是在求平均数时，根据观察期各资料重要性的不同，分别给以不同的权数后加以平均的方法。用公式表示为：

$$x_8 = \overline{x} = \frac{w_1 x_1 + w_2 x_2 + \cdots + w_n x_n}{w_1 + w_2 + \cdots + w_n} = \frac{\sum w_i x_i}{\sum w_i}$$

式中 $\overline{x}$为加权算术平均数，x_{n+1}为下期预测值：x_i为观察期内的数据；w_i为与x_i相对应的权数；n为资料期数。

使用加权算术平均法预测的关键是确定权数，而权数的确定完全是基于预测者个人的经验判断。一般而言，离预测期越近的数据对预测值的影响就越大，应确定较大的权数，离预测期越远的数据对预测值的影响就越小，应确定较小的权数。

例 3-2

根据例3-1的资料，并且确定某企业2004年前7个月各月销售量相对应的权数为等差数列，试运用加权算术平均法预测该企业2004年8月份A产品销售量。

解：根据公式，8月份销售量的预测值为x_8，则

$$x_8 = \overline{x} = \frac{1\times20+2\times50+3\times40+4\times90+5\times90+6\times40+7\times60}{1+2+3+4+5+6+7} = 53.93（万个）$$

通过预测，该企业2004年8月份A产品的销售量为53.93万个。

（二）移动平均法

移动平均法是将观察期内的数据由远及近按一定跨越期进行平均，随着观察期的“逐期推移”，观察期内的数据也随之向前移动，每向前移动一期，就去掉最前面一期的数据，而新增的数据为原来观察期之后的那一期的数据，以保证跨越期不变，然后逐个求出其算术平均数，并将预测期最近的那一平均数作为预测值。

1. 简单移动平均法

简单移动平均法指对由移动期数的连续移动所形成的各组数据，使用算术平均法计算各组数据的移动平均值，并将其作为下一期预测值。用公式表示为：

$$M_{t+1} = \frac{x_t + x_{t-1} + x_{t-2} + \cdots + x_{t-n+2} + x_{t-n+1}}{n}$$

式中 M_{t+1}为移动平均数，作为下期x_{t+1}的预测值；x_t、x_{t-1}、…、x_{t-n+1}为观察期内的数据；n为移动期数；t为资料期数。

例 3-3

表3-8是某副食品商店2004年各月食用油的销售量，试用简单移动平均法预测2005年1月食用油的销售量（设n=3，4，5）。

表3-8 2004年各月食用油销售量

单位：公斤

月份	销售量（x）	三期移动平均 n=3	四期移动平均 n=4	五期移动平均 n=5
2004．1	60			
2004．2	80			
2004．3	70			
2004．4	90	70		
2004．5	80	80	75	
2004．6	70	80	80	76
2004．7	75	80	77．5	78
2004．8	80	75	78．75	77
2004．9	85	75	76．25	79
2004．10	90	80	77．5	78
2004．11	80	85	82．5	80
2004．12	85	85	83．75	82
2005．1		85	85	84

解：当n=3时，$M_4=\dfrac{x_3+x_2+x_1}{3}=\dfrac{70+80+60}{3}$=70（公斤）

……

2005年1月份销售量的预测值为：

$$M_{13}=\frac{x_{12}+x_{11}+x_{10}}{3}=\frac{85+80+90}{3}=85\text{（公斤）}$$

该种方法可以消除远期资料对预测值带来的不合乎实际的影响，从而较好地反映数据波动的发展趋势，但存在着对各数据“等量齐观”的弊端。该方法主要适用于未来销售量同近期销售关系密切，而同远期销售联系不大的情形。

2. 加权移动平均法

加权移动平均法是对观察值分别给予不同的权数，按不同权数求得移动平均值，并以最后的移动平均值为基础确定预测值的方法。用公式表示为：

$$M_{t+1}=\frac{w_1x_t+w_2x_{t-1}+\cdots+w_nx_{t-n+1}}{w_1+w_2+\cdots+w_n}$$

式中　M_{t+1}为加权移动平均数，即x_{t+1}的预测值；x_t、x_{t-1}、…、x_{t-n+1}为观察期内的数据；w_1、w_2、…、w_n为与观察期内时间序列各个数据相对应的权数；n为移动期数；t为资料期数。

权重的大小表示某一期数据在平均值中所占比重的大小，通常按照“近重远轻”的原则取值。但是应注意的是加权移动平均中各权数之和为1。该方法主要适用于对销售量有明显的上升或者下降趋势的商品预测。

例 3-4

利用例3-3的资料，使用加权移动平均法预测该企业2005年1月份食用油的销售量（如表3-9，设n=3，w_1=0.2，w_2=0.3，w_3=0.5）。

表3-9　利用加权移动平均法预测该企业食用油的销售量

月份	销售量	n=3
2004．1	60	
2004．2	80	
2004．3	70	
2004．4	90	60 × 0.2+80 × 0.3+70 × 0.5=71
2004．5	80	80 × 0.2+70 × 0.3+90 × 0.5=82
2004．6	70	70 × 0.2+90 × 0.3+80 × 0.5=81
2004．7	75	90 × 0.2+80 × 0.3+70 × 0.5=77
2004．8	80	80 × 0.2+70 × 0.3+75 × 0.5=74.5
2004．9	85	70 × 0.2+75 × 0.3+80 × 0.5=76.5
2004．10	90	75 × 0.2+80 × 0.3+85 × 0.5=81.5
2004．11	80	80 × 0.2+85 × 0.3+90 × 0.5=86.5
2004．12	85	85 × 0.2+90 × 0.3+80 × 0.5=84
2005．1		90 × 0.2+80 × 0.3+85 × 0.5=84.5

（三）指数平滑法

指数平滑法，可分为一次指数平滑法和多次指数平滑法，在这里着重介绍一次指数平滑法，即指以最后的一个第一次指数平滑为基准，确定市场预测值。指数平滑法是加权平均法的一种特殊形式，是在预测值同实际值之间的一种平均。一次指数平滑法的公式是：

$$F_t=\alpha D_{t-1}+（1-\alpha）F_{t-1}$$

式中　F_t表示t期的预测值；D_{t-1}表示最近一期的实际销售量；F_{t-1}表示最近一期的预测销售量；

α表示平滑系数（$0\leqslant\alpha\leqslant1$）。$\alpha$的确定原则是，当原预测值同实际值差距较大时，$\alpha$要取得大一些；当差距较小时，要取得小一些，因为差距较小说明预测值较准确。

例 3-5

某公司2005年某产品的实际销售量为1000件，而预测销售量为1200件，设平滑系数α为0.2，要求预测2006年的销售量。

解：根据以上公式有：

$$F_{2006}=0.2\times1000+(1-0.2)\times1200=1160（件）$$

（四）直线趋势法

直线趋势法将预测目标随时间变化的规律近似为一条直线，通过似合直线方程描述直线的上升或下降趋势来确定预测值。设直线方程为：

$$y_t=a+bx$$

式中 y_t为预测值；x在直线趋势法中为时间编号；a、b为常数

根据最小二乘法原理，求得

$$a=\frac{1}{n}\left(\sum y_i-b\sum x_i\right)$$

$$b=\frac{n\sum x_i y_i-\left(\sum x_i\right)\left(\sum y_i\right)}{n\sum x_i^2-\left(\sum x_i\right)^2}$$

为了简化计算，通常按$\sum x_i=0$的原则编号，这样，原公式简化为：

$$a=\frac{\sum y_i}{n}$$

$$b=\frac{\sum x_i y_i}{\sum x_i^2}$$

当n为奇数时，则令资料的中间一项x的编号为0，与中间一项对称的其他各期之和也应为0，则时间序列的时间间隔为1，即…−2，−1，0，1，2，…

当n为偶数时，则令中间两项x的编号之和为0，与这两期相邻的其他各期之和也应为0，则资料的时间间隔为2，即…，−5，−3，−1，1，2，3，5，…

例 3-6

表3-10是一家家具公司1999～2005年的总收入情况，试利用直线趋势法预测2006年该公司的总收入。

表3-10 家具公司1999～2005年的总收入

单位：百万元

年份	总收入（y_i）	x_i	$y_i x_i$	x_i^2	y_t
1999	10	−3	−30	9	7.96
2000	8	−2	−16	4	8.07
2001	7	−1	−7	1	8.18

续表

年份	总收入（y_i）	x_i	$y_i x_i$	x_i^2	y_t
2002	6	0	0	0	8.29
2003	8	1	8	1	8.4
2004	9	2	18	4	8.51
2005	10	3	30	9	8.62
Σ	58	0	3	28	—

根据$\sum x_i=0$，计算出

$$a=\frac{\sum y_i}{n}=\frac{58}{7}=8.29$$

$$b=\frac{\sum x_i y_i}{\sum x_i^2}=\frac{3}{28}=0.11$$

则直线趋势方程为　　　$y_t=8.29+0.11x$

利用直线趋势方程可知2006年的总收入，即$x=4$时，

$$y_{2006}=8.29+0.11\times4=8.73\text{（百万元）}$$

例3-7

液态奶消费调查问卷

（受访者尊称）或________女士/先生：

您好！我是××大学营销专业的大学生，我叫________（访问员报出自己姓名）。我们利用暑假开展大学生社会实践活动，正在本地进行一项有关液态牛奶的研究。我们很想听听您和您家人的宝贵意见。这是一点小礼品（拿出礼品），希望您能喜欢。耽搁您一些时间，可以吗？

S鉴别区分问卷

S1. 请问您家里决定购买牛奶产品的家庭成员都有谁？【开放式提问】

（我指的家庭成员是指一周中至少有5天住在这里的人。）

____

〖开放式提问中，不列备选回答项目，被调查者可自由回答问题〗

S2. 比较而言，他们之中，谁是购买牛奶产品的最主要的决定者？【单选】

S3. 请问，在家里您是不是购买牛奶产品的最主要的决定者？【是否式提问】

是……………………………………………………………1继续调查。

不是…………………………………………………………2中止调查。

〖是否式提问只列出两个备选项目，也称分支问题，使用定类尺度（用以对事物进行分类的尺度）〗

S4. 请问您本人，或您的家人，有没有在这些地方工作的？

奶制品/冰淇淋生产厂家 ……………………………………1

奶及奶制品/冷饮的销售柜台、摊点 ………………………2

广告公司/市场研究机构/咨询公司 ……………………3
以上都没有——继续调查……………………………4
S5.请问，您在最近三个月内接受过类似的调查吗?
是…………………………………………………1终止调查。谢谢!
没有………………………………………………2继续调查。

B购买形态问卷

B1a.平时，您家里买鲜牛奶吗?
B1b.平时，您家里买酸牛奶吗?
B1c.平时，您家里买鲜豆浆吗?

	B1a	B1b	B1c
几乎天天买（一星期5次以上）…………	1	1	1
经常买（一星期3～4次）………………	2	2	2
偶尔买（一星期1～2次）………………	3	3	3
很少买（平均一星期不到1次）…………	4	4	4
不一定……………………………………	5	5	5
从不买，原因是…………………………	6	6	6

B2.您一般是在什么地方买酸牛奶?【复选】
连锁商店/大型超市/食品店 ……………………1
卖冷饮的小商店/小商贩 ………………………2
附近的零售点……………………………………3
路边的售奶点……………………………………4
现挤现卖点（牵着奶牛卖鲜牛奶）……………5
送到住宅附近卖奶的商贩………………………6
其他地点（请注明________ ……………………7
B3.平时，您一般一次买多少鲜牛奶?
不足半斤/250克以下 ……………………………1
半斤/250克～一斤/500克 ………………………2
一斤/500克～二斤/1000克 ……………………3
二斤以上/1000克以上 …………………………4
一整箱……………………………………………5
B4.您一般买何种包装的牛奶?【复选】
散装牛奶…………………………………………1
塑料袋牛奶………………………………………2
玻璃瓶装牛奶……………………………………3
塑料瓶装牛奶……………………………………4
铝箔包装牛奶……………………………………5
利乐包装牛奶……………………………………6
其他（请注明）…………………………………7
B5.您买牛奶通常是【复选】
认准一个牌子买…………………………………1
以你认的牌子为主，有时也买其他牌子………2

不一定，看到什么牌子就买什么……………………………3
总是尝试新品牌…………………………………………4
广告做得多的品牌相对多买一些…………………………5
B6a.您在选购牛奶时较注重产品本身的哪三个因素？
B6b.您在选购牛奶时较注重有关营销方面的哪三个因素？

B6a		B6b	
口味口感…………	1	购买便利 ……………	1
新鲜………………	2	价格 …………………	2
品牌………………	3	有抽奖 ………………	3
卫生………………	4	有礼品 ………………	4
不含抗生素………	5	打折 …………………	5
非还原奶…………	6	广告宣传 ……………	6
产地………………	7	其他（请注明）………	7

C消费形态

C1.您认为喝鲜牛奶对身体健康是：【重要性量表】
非常重要……………………………………………………1
重要…………………………………………………………2
无所谓………………………………………………………3
不重要………………………………………………………4
非常不重要…………………………………………………5

〖重要性量表对某些属性测量其相对重要程度，使用定序尺度（不仅能区分事物的类别，还能反映事物在高低、大小、先后、强弱等顺序上的差别）〗

C2.假如你家中同时有以下几种饮品可以选择，您最喜欢的三种饮品是：【排序量表】

C2a		C2b	
可乐饮料…………	1	矿泉水 ……………	1
鲜豆浆……………	2	啤酒 ………………	2
酸牛奶……………	3	果汁 ………………	3
葡萄酒……………	4	鲜牛奶 ……………	4
优酸乳……………	5	白酒 ………………	5
热咖啡……………	6	纯净水 ……………	6

〖排序量表是对所列的备选项目进行排序，以了解被调查者的行为、态度或观点，定序尺度〗

C3.有同事两人晚上去餐厅吃自助餐，饮品柜台摆着许多饮品。【图画完成法】
其中一人说："你看我该喝点什么？"
另一个人说："你该喝点________。"（请被调查填写）

〖图画完成法一般使用的图画中有两个人，其中一人说的话已在图中标出，另一人的对话框是空白的，需要由被调查者来回答或填写。而被调查者的回答会折射出他本人的一些真实想法〗

P产品与品牌认知问卷

P1.您认为牛奶对您自己来说：（请在□内划√）（李克特量表）

	非常同意	同意	无所谓	不同意	很不同意
1.作为食品	□	□	□	□	□

2. 作为饮料 □ □ □ □ □
3. 作为保健品 □ □ □ □ □
4. 能增强体质 □ □ □ □ □
5. 能补充钙质 □ □ □ □ □

〖李克特（Likert）量表是属评分加总式量表最常用的一种。因此，有时也称求和量表（Summated scales）。属同一构念的这些项目是用加总方式来计分，单独或个别项目是无意义的。它是由美国社会心理学家李克特于1932年在原有的总加量表基础上改进而成的。该量表由一组陈述组成，每一陈述有"非常同意"、"同意"、"无所谓"、"不同意"、"很不同意"五种回答，分别记为1，2，3，4，5，每个被调查者的态度总分就是他对各道题的回答所有分数的加总，这一总分可说明他的态度强弱或他在这一量表上的不同状态〗

P2. 您认为现在商店销售的鲜牛奶:【语义差别量表】

品牌形象好⊥⊥⊥⊥⊥⊥⊥⊥⊥⊥⊥ 品牌形象差
促销少⊥⊥⊥⊥⊥⊥⊥⊥⊥⊥⊥⊥⊥ 促销多
质量好⊥⊥⊥⊥⊥⊥⊥⊥⊥⊥⊥⊥⊥ 质量差
价格太高⊥⊥⊥⊥⊥⊥⊥⊥⊥⊥⊥⊥ 价格便宜
不含抗生素⊥⊥⊥⊥⊥⊥⊥⊥⊥⊥⊥ 含抗生素
新鲜⊥⊥⊥⊥⊥⊥⊥⊥⊥⊥⊥⊥⊥⊥ 不新鲜
包装差⊥⊥⊥⊥⊥⊥⊥⊥⊥⊥⊥⊥⊥ 包装好
卫生⊥⊥⊥⊥⊥⊥⊥⊥⊥⊥⊥⊥⊥⊥ 不卫生
让人不放心⊥⊥⊥⊥⊥⊥⊥⊥⊥⊥⊥ 让人放心

〖语义差别量表两端为互不相容的极端态度，中间可用5,7,9刻度，了解被调查者的态度〗

P3. 您能说出哪些比较熟悉的鲜牛奶品牌？（尽可能多地）【回想法】

1.__________ 2.__________ 3.__________
4.__________ 5.__________ 6.__________
7.__________ 8.__________ 9.__________

〖回想法是让被调查者回忆自己熟悉的事物，上述提问是最常用的无帮助品牌提及率的测试提问〗

P4. 对您最先提及的两个鲜牛奶品牌，请您随便谈谈您的看法或想法。

____

P5. 在您提及的所有牛奶品牌中【填空式】

1. 您最常购买的是哪一个品牌的鲜牛奶？品牌:__________
2. 它的价格是多少？ 价格:__________元/瓶，盒，袋

〖填空式提问中给出的空白由被调查者自由填写，回答结果可以是定性数据或定量数据〗

P6. 如果同时有另一品牌在做"买3送1"的促销活动。您是否还会购买原来常买的品牌呢？【倾向偏差询问】

是……………………………………………………1
不是…………………………………………………2

〖倾向偏差式提问是一种带有条件的诱导式提问，以了解被调查者在任何条件下会转换品牌〗

T概念测试

T1. 当您看到"牛奶"这个词汇时，您首先想到的是________。【词汇联想】

〖词汇联想提问给出一个经过精心选择的词，被调查者要迅速说出他所想到的事物或情景〗

T2.“当我选择购买某个品牌的牛奶时，我最看重的是________。”【语句完成法】

〖语句完成法给出一个不完整的句子，空白处由被调查者回答，其回答能反映出他的所思所想〗

T3. 有一个人在听别人说了“牛奶是婴儿的食品，所以喝奶的人都十分幼稚。”【故事完成法】这句话，使他产生了一些想法和感慨。您能否讲出他的想法和感慨。

〖故事完成法给出一个主题，然后让被调查者按这一主题编故事，所编的故事能反映其心中所思〗

T4. 当您看到下面的图画时，您会产生什么样的联想。请讲出您联想到的事情。

一幅婴儿抱着奶瓶吃奶的情景图画。【主题联想测试法】

（主题联想法给的一幅图画设置了一个情景，由被调查者讲出自己产生的联想）

E背景资料问卷

最后，我想了解一下你个人的情况。这些资料用做统计分析，并且为您保密。请不要介意。

E1. 在您家里一周内有5天以上和您住在一起（包括您）有几人？

2人及以下 ………………………………………………………1

3人 ………………………………………………………………2

4人 ………………………………………………………………3

5人及以上 ………………………………………………………4

E2. 您的文化程度是：

未受过正规教育………… 1　　中专 …………………… 5

小学……………………… 2　　大专/电大 ……………… 6

初中……………………… 3　　大学本科 ……………… 7

高中/职校/技校 ………… 4　　研究生 ………………… 8

E3. 您从事的职业属于下列哪一种？

离/退人员 ……………… 1　　工厂/制造业工人 ……… 1

公务员…………………… 2　　个体经营者 …………… 2

专业人员/教师/科技人员 3　　农民 …………………… 3

医护人员………………… 4　　家庭主妇 ……………… 4

企业经理/私营企业主 …… 5　　大学生 ………………… 5

企业一般职员/工人 ……… 6　　其他职业（请注明）…… 6

E4. 您的年龄属于哪一个年龄段？

18岁以下 ……………… 1　　40～50岁 …………… 5

18～22岁 ……………… 2　　50～60岁 …………… 6

22～30岁 ……………… 3　　60岁以上 …………… 7

30～40岁 ……………… 4　　拒绝回答 …………… 8

E5. 您全家平均月收入（包括工资/奖金/兼职等所得）属于哪一档？

1000元以下 …………… 1　　3000～4000元 ……… 4

1000～2000元 ………… 2　　4000～5000元 ……… 5

2000～3000元 ………… 3　　5000～6000元 ……… 6

6000 ～ 8000元 ………… 7　　　10000元以上 ………… 9
8000 ～ 10000元 ………… 8　　　拒绝回答 ………… 10

E6. 记录受访者的性别：
男……………………………………………………1
女……………………………………………………2

（资料来源：吴涛.市场营销管理[M].北京：中国发展出版社，2005. 略有改动）

习题

一、名词解释

内部报告系统、营销情报系统、营销调研系统、营销分析系统、探测性调研、描述性调研、因果性调研、定量预测

二、基本训练

1. 简述市场营销信息系统。
2. 市场营销调研包括哪几种类型？
3. 简述营销调研的内容。
4. 简述营销调研的程序。
5. 简述调查问卷的设计。
6. 定性预测包括哪几种方法？
7. 定量预测分为哪两大类？简述时间序列分析法。

三、思考题

1. 加强市场调研工作对参与市场竞争有何重要意义？
2. 对比几种调研方法的优缺点。
3. 怎样根据不同情况，选择不同的调研方法？
4. 比较分析定性预测法与定量预测法的优缺点。

四、操作练习

1. 选择一个实际的营销调研问题，做二手资料的收集和分析。
2. 任选一个产品设计调查问卷。
3. 参考下面的调查方案，设计一个你所在学校的饮食状况调查方案并进行调研。

练习资料

关于学校周边饮食经营状况的市场调查策划方案

1. 调查主题

当代高校餐饮业消费需求和供应状况调查及市场前景预测（以×大学市场为例）。

2. 背景环境

随着高校的大规模扩招，各高校学生的数量大幅度增长，传统的大学食堂已不能满足大学生进餐的需要。

各高校加速后勤的社会化进程，也为当今高校餐饮业变革提供了新的机遇和新的商机。

高校周围遍布的快餐店、饮食城为行业市场调查提供了可能性，为行业发展提供了发展策略借鉴。

3. 目标确定

市场调查应以环境调查为中心，在了解高校餐饮业面临的新政策和发展的新趋势的情况下，了解高校餐饮业需求状况（消费心理、基本情况、饮食观点等），掌握高校餐饮业供应状况（竞争状态、销售努力等），为相关部门和经济实体提供有价值的参考资料。

4. 调查方法及调查单位确定原则

本次调查采用观察法、抽样调查法、访问法、问卷调查法、二手资料法。

高校餐饮业将面临的政策调查：对相关政策调整采用二手资料法；对校后勤服务集团等相关部门采用访问法。

大学生消费（消费者环境）调查：抽样调查法（100份问卷，抽样率大约为1%）。

生源、性别、年级比例调查：二手资料法、抽样调查法（注意各地区生源、性别、年级比例）。

行业竞争状况和利润空间（供应者环境）调查：观察法、非随机抽样的重点调查（在消费者调查的基础上确定调查单位）和抽样调查相结合（50份问卷，抽样率大约为40%）。

5. 调查资料整理和分析方法

本次调查资料整理和分析方法包括：定量分析和定性分析相结合；实地调查结果分析和二手资料研究相结合；因子分析等多种分析方法相结合。

6. 调查步骤和时间安排

第一阶段：总体方案论证，初步设计出调查问卷（调查项目）（时间：10月15日～10月19日）。

第二阶段：收集一些必需的二手资料（时间：10月20日—10月25日）。

第三阶段：确定调查项目，完成问卷修改和制作（时间：10月26日—11月1日）。

第四阶段：收集二手资料，实地调查（时间：11月2日—11月20日）。

第五阶段：统计调查资料，分析调查结果，撰写调查报告（时间：11月21日—11月）。

7. 资金预算及项目安排

（1）调查问卷设计与制作（100份+50份）：50元。

（2）交道费用及其他费用：100元。

（3）调查报告写打印费用：30元 。

8. 小组成员确定和工作安排

小组人数14人，分工合作情况如下：

（1）制定总体方案：2人

（2）调查项目、调查设计、修改和制作：3人主要负责，全部成员参加。

（3）收集二手资料：2人。

（4）实地调查：10人，其中2人负责供应状况调查。

（5）统计调查资料：2人。

（6）分析调查结果，撰写调查报告：2人。

附录：

× 大学餐饮业消费状况调查问卷

亲爱的同学们：

您好！本卷是为调查 × 大学学生和教师的饮食消费状况而设计的，希望您能抽出宝贵的时间参与本次查，我们保证对您的个人信息予以保密。谢谢！

1. 您的籍贯是________；您比较喜欢的菜系是________；您所在的年级是________。

2. 您平时就餐时主要考虑的因素是（限选三项）：

□饮食营养含量　□价格　□服务态度

□饭菜质量口味　□方便/快捷　□卫生状况

□食堂名气　□环境（氛围）　□其他

3. 认为在以下几个方面，你去过的食堂的良好次序：

饭菜质量口味：________；　服务态度：________；

饮食环境氛围：________；　价格合理：________；

① 食堂；　②二食；　③三食堂；　④四食堂；　⑤五食堂

4. 您认为当前几个学生食堂中普遍存在的不足有（可多选）：

□高峰期服务态度差　□环境卫生不好　□定价不合理

□口味不能满足要求　□员工素质低　□工作效率低

5. 您每周平均有几次在校外餐馆就餐：

□三次以下　□四至六次　□七至十次　□十次以上

6. 您在什么时候会到校外餐馆就餐（限选三项）：

□周末　□节假日　□朋友聚餐

□平时　□错过就餐时间　□食堂大拥挤

□朋友生日　□班集体活动　□无所谓

7. 若到校外就餐，一般会在哪个餐馆就餐：________。

8. 当您和朋友聚餐时最注重的是：

□良好的环境氛围　□实惠（价格合理）　□优质的服务

□便利的位置　　□健康的饮食（营养）　□不清楚

9. 您认为校外餐馆中普遍存在的不足有：

□高峰期服务态度差　　□环境卫生差　　□宣传力度不够

□口味不能满足要求　　□员工素质低　　□工作效率低

10. 学生食堂和校外餐馆相比，您认为各自突出的优势是：

学生食堂＿＿＿＿＿＿；校外餐馆＿＿＿＿＿＿。

A. 地理位置　B. 学校帮扶　C. 方便快捷　D. 价格合理　E. 服务态度

F. 卫生状况　G. 饭菜口味　H. 就餐环境　I. 无优势

11. 您认为一个大学生一个月花在饮食上的费用应是（意愿消费额）：

A.500 元以下　　B.501 ～ 700 元　　C.701 ～ 800 元

D.801 ～ 900 元　　E.901 ～ 1000 元　　F.1000 以上

12. 您在刚刚过去的一个月中在饮食上大约花费（选项同上）：＿＿＿＿。

13. 在过去的一年里，各食堂或餐馆的下列营销努力对您造成积极影响的有：

□赞助学生活动　　□加大卫生监督力度　　□举办饮食活动

□改进饭菜口味　　□提高员工素质　　□改善就餐环境

□扩大业务范围　　□加大宣传力度　　□其他

14. 您所满意的大学食堂应该是什么样的？请您用简短的话语予以形容：＿＿＿。

访员编号：＿＿＿＿＿＿；调查时间：＿＿＿＿＿＿。

第四章

购买行为分析

本章要点

- 消费者市场购买行为的基本模式
- 影响消费者购买的主要因素
- 消费者的购买决策过程
- 组织市场购买行为分析

本章导读

现代市场营销的基本特征是以满足顾客需求为导向，而企业对顾客需求的了解则是建立在研究购买行为的基础之上。对企业而言，目标顾客可能有两种：一种是为了个人和家庭使用的需要而进行购买的消费者，另一种是为了组织正常运营或赢利的需要而进行采购的组织型购买者。这两种类型的购买者在购买行为上有较大的区别。由于消费者的购买行为更为复杂且具有一般性，本章将着重对其进行研究。

第一节　消费者市场购买行为概述

市场营销学研究消费者市场（consumer market），核心是研究消费者的购买行为（consumer buying behavior），即消费者购买商品的活动和与这种活动有关的决策过程。购买行为是与购买商品有关的各种可见的活动，如收集信息、比较、购买和购买后的反应等。而这些活动必然受消费者心理活动的支配，并受消费者个人特性和社会文化因素的影响，是这些复杂因素相互制约和作用的结果。

一、消费者市场的含义

消费者市场是指为满足生活需要而购买产品和服务的一切个人和家庭，消费者市场是市场体系的基础，是市场体系中起决定作用的基础市场。因此，生活消费是产品和服务流通的终点，消费者市场是现代营销理论研究的主要对象。消费者购买行为是最终消费者，即个人或家庭，为了个人消费而购买产品或服务的行为。

二、消费者市场特点

1. 广泛性、复杂性、差异性

消费者市场的购买者是个人和家庭，他们在年龄、性别、受教育程度、宗教信仰、收入、职业、个性等方面都存在较大差异，这些差异性直接导致了其对产品品种、规格、质量、式样、外观、价格等方面要求的不同。

2. 交易数量小、但交易次数频繁

以个人和家庭为单位的消费品购买，一次性购买的数量零星，但交易次数非常频繁，这点在非耐用品的购买中表现得尤为明显。"不急不买，现用现买"是消费者市场的一大特点。基于这一特点，绝大部分消费品都是通过零售商及电商平台销售的，以方便消费者购买，增加企业销售量。

3. 分散性、多变性

一方面，消费者市场的基本单位是个人和家庭，人数众多，遍及城乡各地，分布广泛；另一方面，随着新产品的不断问世、消费者收入水平的不断提高及消费观念的不断更新，其消费需求呈现出个性化、多样化的发展趋势。

4. 可诱导性、非专业性、非营利性

消费者在购买决策过程中具有自发性、感情冲动性，其购买行为具有很大程度的可诱导性。消费者大多缺乏相应的商品知识和市场知识，其购买行为属非专业性购买，他们对产品的选择容易受到企业产品包装、价格、广告、宣传等方面的影响。另外，从购买目的看，消费者市场的购买不以营利为目的。

5. 层次性

由于消费者的收入水平不同，所处社会阶层不同，消费者的需求会表现出一定的层次性。一般来说，消费者总是先满足最基本的生存需要和安全需要，购买衣、食、住、行等生活必需品，而后才能视情况逐步满足较高层次的需要，购买享受型和发展型商品。

6. 除生活必需品以外，消费品需求弹性较大

一般而言，生活必需品的需求受价格和收入变动的影响不大，属于需求缺乏弹性。但选购品和高档消费品受价格及收入变动的影响较大，属于需求富有弹性。

三、消费者购买行为的基本模式

消费者市场涉及的内容千头万绪，从哪里入手进行分析？市场营销学家归纳出以下7个方面：

市场由谁构成？（who）	购买者（occupants）
消费者购买什么？（what）	购买对象（objects）
消费者为何购买？（why）	购买目的（objectives）
消费者的购买活动有谁参与？（who）	购买组织（organizations）
消费者怎样购买？（how）	购买方式（operations）
消费者何时购买？（when）	购买时间（occasions）
消费者何地购买？（where）	购买地点（outlets）

由于7个英文单词的开头字母都是O，所以称为“7O”研究法。营销人员在制定针对消费者市场的营销组合之前，必须先研究消费者购买行为。

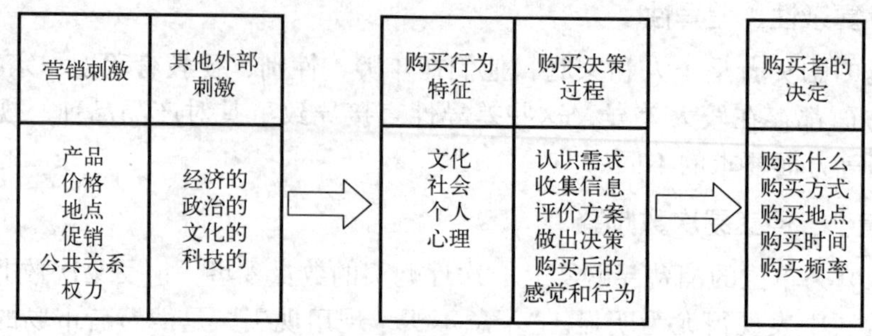

图4-1　刺激-反应模式

认识消费者购买行为的起点是心理学上的“刺激-反应”模式（见图4-1）。这种模式之所以被称为“刺激-反应”模式，是因为它将消费者的购买决策看作是对外界刺激做出反应的结果。一方面，具有一定特征的消费者受到外界的刺激，产生购买的意向。所在生活圈的消费潮流、企业的营销活动等，都会对消费者产生刺激。另一方面，不同的消费者又会基于其内在的特征和决策方式，对于各种外界刺激做出不同的反应，产生不同的购买决定。这样，内在因素和外在因素共同作用，导致了消费者的购买行为，这就是消费者购买行为的一般规律。

第二节　影响消费者购买行为的主要因素

消费者的购买决策深受其不同的文化、社会、个人和心理因素组合的影响。下面（见表4-1）分别阐述这四方面因素的具体内容及其对购买者行为的影响。

表4-1　消费者购买行为的影响因素

文化因素	社会因素	个人因素	心理因素
文化 亚文化 社会阶层	相关群体 家庭	年龄 性别、职业及受教育程度 经济状况 生活方式 个性和自我形象	动机 知觉 学习 信息与态度

一、文化因素

社会文化因素主要包括文化和亚文化群、社会阶层等。

1. 文化

文化（culture）是指人类在社会发展过程中所创造的物质财富和精神财富的总和，是根植于一定的物质、社会、历史传统基础上形成的特定价值观念、信仰、思维方式、宗教、习俗的综合体。作为一种观念，“文化”看不见，摸不着，但人们能感觉到它的存在，如东方、西方文化的巨大差异，同属东方文明的中国、日本文化之间的差异等。

文化是影响人们欲望和行为的基本因素。大部分人尊重他们的文化，接受他们文化中共同的价值观，遵循他们文化的道德规范和风俗习惯。所以，文化对消费者的购买行为具有强烈的和广泛的影响。例如，几乎所有成功的日本品牌，首先都是一个地地道道的日本民族品牌，比如松下英文的含义是民族化；尼康是日本的光学仪器的缩写；日立代表站起来的意思；富士通象征着日本的图腾。

2. 亚文化

亚文化（subculture）是指某一文化群体所属次级群体中的成员所共有的独特信念、价值观和生活习惯。每一种亚文化都会坚持其所在的更大群体中大多数主要的文化信念、价值观和行为模式，同时，每一种文化都包含着多种较小的亚文化。通常可以根据人口特征、地理位置、宗教信仰等将一种主体文化分为若干种亚文化分支（表4-2）。

表4-2 亚文化的类型

人口统计指标	亚文化举例
年龄	少年、青年、中年、老年
宗教信仰	佛教、基督教、伊斯兰教
种族	汉族、回族、蒙古族等
国籍	中国人、美国人、法国人等
性别	男人、女人
职业	技工、会计、秘书、科学家等
收入水平	富有阶层、中产阶级、贫困阶层
地理位置	东南部、西南部、西北部
家庭类型	单亲家庭、双亲家庭

同一亚文化群体中的成员具有某些共同的信仰、价值观念、爱好和行为习惯，而不同亚文化群体之间在价值观、爱好和行为习惯等方面则呈现出较显著的差异。如不同的民族都具有独特的风俗习惯和消费传统，回族喜爱白色，饮食方面有严格的禁忌；蒙古族习惯住帐篷，吃牛羊肉，喝烈性酒等。不同宗教的亚文化也具有不同的文化倾向、习俗和禁忌，如伊斯兰教、基督教和佛教在文化方面表现出的差异。地理环境上的差异也导致许多方面的差别，如中国北方人喜欢吃饺子，南方人喜欢吃米饭，西部人则喜欢吃面食等。

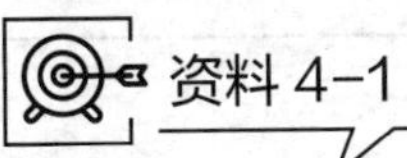

中国白酒利用文化进行品牌命名

现代企业非常重视文化特别是亚文化的研究。在文化营销中，识别不同的亚文化又是非常关键的。因为亚文化是影响某种特定产品消费行为的决定性因素，会促成某一群体特别钟情于某种产品进而产生偏爱。因此，白酒营销者需要识别不同的亚文化群并开展有针对性的营销工作。

首先，根据不同的亚文化进行白酒命名，使品牌名称成为品牌文化的载体。就目前我国白酒市场而言，利用文化进行品牌命名的大体有如下几种情况：

① 地域文化：茅台酒、古井贡、杏花村、孔府家、洋河大曲、德山大曲、泸州老窖、浏阳酒、青岛啤酒、烟台红葡萄酒等；

② 名人文化：杜康酒、曹雪芹酒、屈原酒、太白酒、张裕葡萄酒等；

③ 历史故事文化：红楼梦酒、水浒酒、景阳冈酒、剑南春酒等；

④ 喜庆吉祥文化：金六福酒、喜临门酒、女儿红、恭喜礼酒等；

⑤ 所用原料：五粮液、椰岛鹿龟酒、北京桂花陈、荔枝酒、山楂酒、龟蛇酒等；

⑥ 神话传说：开口笑酒、酒鬼酒、醉仙楼酒、东方龙酒等。

其次，抓住内涵进行文化传播，通过白酒消费引导消费者树立正确的价值观。如“舍得酒”，其核心内涵是：为了远大的目标，执着追求崇高的理想，舍弃蝇头小利成就伟业，舍弃安逸享乐永夺胜利，舍得是一种大智慧。再如小糊涂仙酒的“难得糊涂”等。

3. 社会阶层

人们在社会中所处地位不同。社会阶层（social class）是社会中按某种层次排列，较同质且具有持久性的群体。同一阶层中的人有相似的社会经济地位、利益、价值取向和地位。

在不同社会形态下，社会阶层划分的依据不同。在现代社会，一般根据经济因素、相互关系因素、政治因素将人们归入不同的社会阶层（见图4-2）。

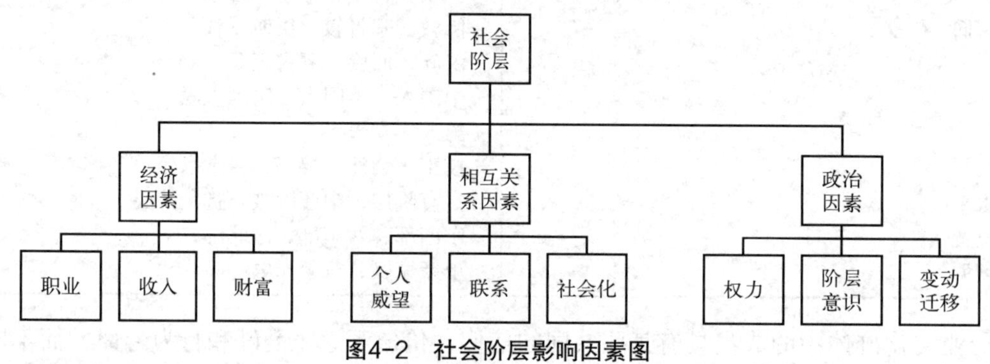

图4-2 社会阶层影响因素图

同一阶层中的人，因经济状况、价值取向、生活背景和受教育程度相近，其生活习惯、消费水准、消费内容、兴趣和行为也相近，甚至对某些商品、品牌、商店、闲暇活动、传播媒体等都有共同的偏好。

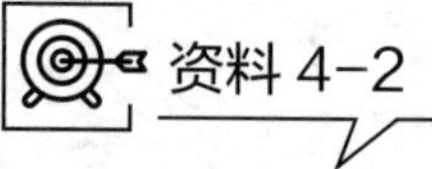

资料 4-2

调查显示：中国富裕群体普遍有五种消费心态

与以前相比，中国富裕群体不再单纯地积累财富留给下一代，而是乐于犒劳自己、享受生活。美国运通公司在沪发布了一份针对上海、北京两地富裕群体、供货商和品牌商户所做的《探索富裕群体的世界》白皮书，这份调查报告最引人注目的一点，就是揭示了中国富裕群体目前普遍存在的5种消费心态。报告同时预测，到2011年，流动资产超过30万美元的中国富裕群体将从2006年的224万人增至420万人，年增长率为13.4%，中国百万富翁（指流动资产超过100万美元的人士）总数将从2006年的46.7万人增至2011年的90.81万人，年增长率为14.2%。

心态一：努力工作，享受生活。调查显示，中国富裕群体为创造和积累财富不懈努力的动力，在于享受优质生活，而不是像上一代人那样将钱存下来留给子孙后代。典型案例：“我买了一个檀木床，我工作很辛苦，自从买了这张床后，感觉睡眠质量更好了，每天醒来都觉得精力充沛！”

心态二：“第一次”永远是最美好。对于中国的富裕群体而言，他们通过自己的努力第一次得到的梦寐以求的产品、服务或是体验，总会使他们拥有无比的成就感和满足感。他们难忘自己的“第一次”，也极力搜索下一个个人或者社会中的“第一次”。典型案例：“我珍惜我的第一款名表，我正在寻找能带给我新体验的下一个大目标。”

心态三：下一个潮流是什么？富裕群体热衷于学习并了解代表世界级优质生活形态的“下一个潮流”，“最新”、“最好”或“新奇”的物品或体验。典型案例：“我听说迪拜有世界上最好的酒店，我要亲自体验一下。”

心态四：追求世界级客户服务。中国富裕群体渴望本地供货商能赶超世界一流的服务水平，提供优质的产品、贴心的五星级客户服务。典型案例：“我出国旅游时住的酒店真的不错，接待员、客房服务员甚至是清洁工都能叫出我的名字、向我问好，这种服务真让人印象深刻。”

心态五：根植过去，面向未来。调查显示，中国富裕群体追求高端品牌的同时，意识到自己还需回报社会。典型案例：“我组织了一个慈善团体探访残疾儿童，送给他们食品和玩具，还陪他们玩。”

（资料来源：中国新闻网.）

二、社会因素

1. 相关群体

相关群体（reference group）指对个人的态度、意见偏好和行为有直接或间接影响的群体。相关群体有两种基本类型：一种是个人具有成员资格并因而受到直接影响的群体，这其中又分为主要群体和次要群体，主要群体是给个人以最大影响的群体，如家庭、朋友、邻居、同事；次要群体是给个人以较次要影响的群体，如职业协会、学生会。另一种是个人并不具有正式成员资格，而是期望成为其中一员的群体，典型的如青少年对明星的崇拜，故也称之为崇拜性群体。

资料 4-3

社群分享

社群分享是指社群成员围绕某一话题，开展关于知识、心得、体会、感悟等内容的讨论。通过一系列线上活动，充分调动社群成员的积极性，保证社群内容持续输出，以此吸引更多新成员，促进社群发展。

社群分享分为四种类型。

（1）灵魂人物分享　灵魂人物是指具有极高威望的重要社群人员，通常为社群创始人或者领导者，灵魂人物在社群中的存在感、高质量的分享内容两者叠加，能够提高社群的威望以及社群成员的凝聚力。

（2）嘉宾分享　邀请与社群主题相关的嘉宾进行分享，分享主题一般是社群成员感兴趣的议题或社会热点。

（3）成员内容分享　社群成员轮流分享个人的兴趣爱好等信息，从自身出发，向其他社群成员传达对产品的认识和使用经验，这是社群中最主要的信息分享方式。

（4）总结分享　经验总结分享比较适合企业内部的社群，以及熟悉社群运营、有一定运营成果的团队，输出的内容一定要是新鲜的“干货”。此类分享能动员社群中的每个成员，分享在社群中的经验或收获，培养社群成员主动思考和复盘的能力，以促进社群成员的共同进步。

社群/知识付费业态一般通过“内容生产+粉丝沉淀”的模式实现社群经济的发展和转型，其商业变现方式包括图书出版、付费课程、内容电商、影视节目开发等。

相关群体促使人们在消费上做出相近的选择，因为人们从相关群体中获得大量经验和知识，受群体成员观点和行为准则的影响和制约；或者因为个人相信在群体影响下做出购买决策可以减少失误，而不遵守群体准则的行为会受到谴责；或者因为个人希望通过与群体交往来提高自我形象，相关群体的三种影响表现见表4-3。

在相关群体对购买行为影响较强烈的情况下，企业应设法影响相关群体中的意见领导者。意见领导者既可以是首要群体中在某方面有专长的人，也可以是次要群体的领导人，还可以是期望群体中人们仿效的对象。

意见领导者（opinion leader）的建议和行为，往往被追随者接受和模仿，因此，他们一旦使用了某种产品，就会起到有效的宣传和推广作用。企业应首先针对他们做广告，或干脆就请他们做广告，以对追随者起到示范或号召作用。

表4-3　相关群体的三种影响表现

	表现
获取信息	个人向专业协会或独立的专家群体寻求关于各种品牌的信息 个人向专业生产或销售产品的人寻求信息 个人向拥有可靠的品牌信息的朋友、邻居、亲戚或同事寻求相关品牌知识和经验（如A品牌和B品牌哪个更好） 个人观察独立测试机构的认同与否会影响个人对品牌的选择 个人对专家行为的观察（如维修人员购买的商品品牌）会影响其对品牌的选择
维系关系	为了迎合同事的希望，个人购买某一特定品牌的决策受到同事偏好的影响 个人购买某一特定品牌的决策受到与其有社会交往的人的影响 个人购买某一特定品牌的决策受到家庭成员偏好的影响 为满足他人对自己的期望，个人的品牌选择会受到影响
展现价值	个人认为购买某一特定品牌会提高他在别人心目中的形象 个人认为购买或使用某一特定品牌的人拥有他所希望拥有的品质 个人有时会觉得像广告中使用某一特定品牌的人那样也不错 个人认为购买某一特定品牌的人会受到他人的羡慕与尊重 个人认为购买某一特定品牌有助于向别人展示他希望成为什么样的人

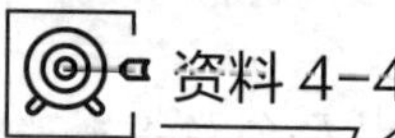
资料4-4

“明星级”带货主播现象

从直播间走出来的带货主播，屡屡冲上热搜，赚足了大众的注意力和流量，有的还吸引了不少忠实粉丝，成为“明星”。

直播带货火热背后的商业逻辑，其实是传统电商向社交电商的转化。信息的传递方式，越来越多地从图文转向视频。同时，消费者的购物习惯正从传统货架式的搜索、比价，转变为熟人、关键意见领袖推介的社交电商购买方式。

KOL（关键意见领袖）不仅会介绍商品，而且还会特别介绍自己销售的商品要比其他地方更便宜。如此一来，他们就是在用自己的公信力来进行直播带货，如果售卖的商品是假货，或者质量不达标，就会波及自身的公信力。因此聘请网红进行“直播带货”的销售方式在中国非常普遍。

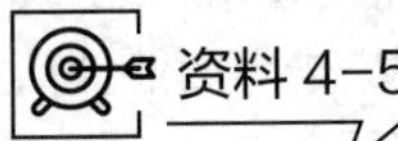
资料 4-5

相关群体对消费者购买行为的影响

1.从众

从众现象在消费领域中是一种普遍存在的心理现象。从众行为既有积极意义，也有消极意义。一方面，可以引导消费者创造消费流行趋势，在消费行为中量力而行、合理安排、讲究实效等。而另一方面，可能会导致消费者不顾自己的收入水平，盲目攀比，以借债甚至非法手段来达到消费目的。

从众产生的原因：（1）行为参照。在很多情境中，人们由于缺乏进行适当行为的知识，必须从其他途径来获得行为引导，在情境不确定的时候，其他人的行为是最具有参照价值的。为了简化人的认知过程，个体会采取一定的从众行为。（2）偏离恐惧。“木秀于林，风必摧之”，这说明当一个人与群体不同时，所承受的压力会更大。为了不受到群体的排斥甚至是更大的处罚，个体通过从众来降低内心的恐惧。

2.暗示

所谓暗示，是指人或环境以含蓄、间接的方式向他人发出某种信息，而使之无意识地接受并作出相应的反应。营销活动中运用暗示对消费者的心理和行为施加影响，可以使消费者产生顺从性的反应，或接受暗示者的观点，或按暗示者要求的方式行事。如聘请名人为企业打广告；看到有人排队，马上就会有人跟着盲目抢购，这都是行为暗示的结果。

2. 家庭

家庭是最重要的相关群体之一，应受到特殊的重视。家庭由居住在一起的、彼此有血缘、婚姻或抚养关系的人群组成。家庭的重要性，在于从一个人幼年时就开始给他以种种倾向性的影响，这种影响可能终其一生。

家庭又是一个消费单位和购买决策单位。在不同家庭中，夫妻参与购买决策的程度不同；在同一家庭中，夫妻参与购买决策的程度又因产品的不同而有很大差异。

一般把家庭决策方式概括为四种类型：妻子主导型、丈夫主导型、自主决定型、联合决定型（见表4-4）。企业营销者应了解哪些商品的购买是夫妻双方甚至子女都参与购买决策的，谁有较大的影响力，或谁在哪些方面更具影响力。

表4-4　家庭决策方式

妻子主导型	丈夫主导型	自主决定型	联合决定型
厨具、食品、化妆品 清洁用品、服装 室内装饰用品	汽车 家电、家具 保险	个人生活用品 家庭日常用品	子女教育 住宅购买和装修 度假

三、个人因素

个人因素包括年龄、性别、职业和受教育程度、经济状况、生活方式、个性和自我形象等。

1. 年龄

不同年龄的消费者的欲望、兴趣和爱好不同，他们购买或消费商品的种类和式样也有区别。不同年龄的消费者的购买方式也各有特点。青年人缺少经验，容易在各种信息影响下出现冲动性购买；中老年人经验比较丰富，常根据习惯和经验购买，一般不太重视广告等商业性信息。企业可以制定专门的营销计划来满足处于不同年龄段消费者的需要。

例 4-1

泡泡玛特的核心用户画像

潮流玩具的核心人群介于15～40岁，潮玩用户更注重于个性表达与自我愉悦。在某种意义上，潮玩产品具备较强的文化属性，所以业内又把潮流玩具称为Art Toy或者Designer Toy，设计师将自己的创作灵感，通过玩具载体来进行艺术表达，从而受到消费者与粉丝的追捧。

潮流玩具及其潮玩IP能够快速突破次元壁、破圈增长，背后离不开社会人文环境的变化。一是更多元繁荣的泛娱乐文化环境，为文创精神消费提供了良好的物质基础；二是消费观念的演变，以“Z世代”及白领人群为代表的悦己型消费兴起以及专注且不断扩大的潮玩粉丝圈层。

从消费者视角出发，泡泡玛特的核心用户画像集中表现在三类人群：都市白领、精致妈妈、Z世代，构成了泡泡玛特的消费主力。其中女性用户的占比超过七成，出于悦己减压，治愈陪伴，个性表达等多层次的用户需求，这些核心人群也表现出更强的购买力与忠诚度。

（资料来源：三文娱.泡泡玛特的潮玩用户画像.有删减）

2. 性别、职业和受教育程度

由于生理和心理上的差异，不同性别的消费者的欲望、消费构成和购买习惯也有不同。多数男性顾客购买商品时比较果断和迅速，而女性顾客则往往仔细挑选。他们订阅的杂志和观看的电视节目亦有不同，如足球、拳击等体育节目常吸引大量男性观众，连续剧的女性观众则较多。受教育程度较高的消费者对书籍、报刊等文化用品的需求量较大，购买商品的理性程度较高，审美能力较强，购买决策过程较全面，更善于利用非商业性来源的信息。职业不同的消费者由于生活、工作条件不同，消费构成和购买习惯也有区别。

3. 经济状况

一个人的经济状况，取决于他的可支配收入水平、储蓄或资产、借贷能力以及他对开支与储蓄的态度。由此决定的个人购买能力，在很大程度上制约着个人的购买行为。消费者一般都在可支配收入的范围内考虑以最合理的方式安排支出，以便更有效地满足自己的需要。收入较低的顾客往往比收入较高的顾客更关心价格的高低。如果企业经营与居民购买力密切相关的产品，就应特别注意居民个人收入、储蓄率的变化及消费者对未来经济形势、收入和商品价格变化的预期。

4. 生活方式

生活方式（life style）反映了消费者对怎样花费时间和金钱的态度，及其所做的消费抉择的形式，可简单理解为“一个人怎样生活”。生活方式是个体在成长过程中，在与社会诸因素交互作用下表现出来的活动、兴趣和态度模式。即消费者如何生活、如何花费和如何消磨时间等。它是由过去的经历、固有的个性和现有的情境所定的。生活方式影响消费行为的所有方面（见图4-3）。

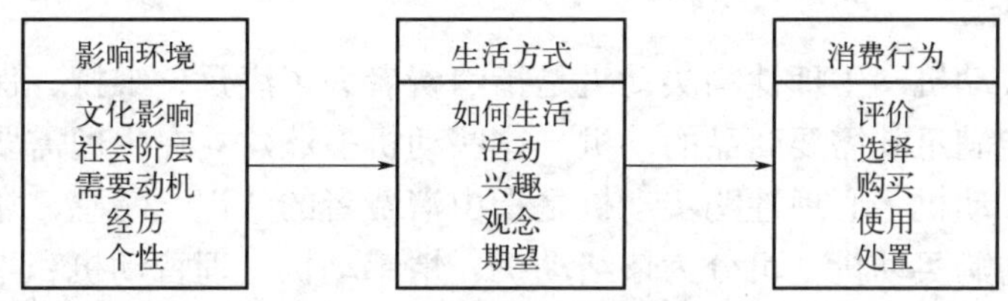

图4-3 生活方式与消费行为

5. 个性和自我形象

个性（personality）是一个人比较固定的特性，如自信或自卑、冒险或谨慎、倔强或顺从、独立或依赖、合群或孤高、主动或被动、急躁或冷静、勇敢或怯懦等。个性使人对环境做出比较一致和持续的反应，可以直接或间接地影响其购买行为。例如，喜欢冒险的消费者容易受广告的影响，成为新产品的早期使用者；自信的或急躁的人购买决策过程较短；缺乏自信的人购买决策过程较长。

直接与消费者个性相联系的六种购买风格是：

① 几乎不变换产品的种类和品牌的习惯型；

② 经冷静、慎重地思考后购买的理智型；

③ 特别重视价格的经济型；

④ 易受外来刺激而购买的冲动型；

⑤ 感情和联想丰富的想象型；

⑥ 缺乏主见或没有固定偏好的不定型。

自我形象（self-image）是与个性相关的一个概念，即人们怎样看待自己。但自我形象又是一个十分复杂的图像：一个是实际的自我形象；一个是理想的自我形象，即希望怎样看自己；还有社会自我形象，即认为别人如何看待自己。一般认为，人们总希望保持或增强自我形象，并把购买行为作为表现自我形象的重要方式，因此，消费者一般倾向选择符合或能改善其自我形象的商品或服务。

四、心理因素

消费者的购买行为会受其心理的支配，影响消费者购买行为的心理因素包括购买动机、感觉和知觉、学习、信念和态度等心理过程。

（一）购买动机

1. 购买动机的内涵

购买动机是直接驱使消费者实行某种购买活动的一种内部动力，反映了消费者在心理、精神和感情上的需求，实质上是消费者为达到需求采取购买行为的推动力。

消费者动机理论要研究的中心问题，是消费者行为中的“为什么”问题。例如，消费者为什么需求某种商品或劳务？为什么从多种商品中选购了某种牌号的商品？为什么消费者对商品广告有截然不同的态度？为什么消费者经常惠顾某些零售商店？等等。回答消费者行为的“为什么”的问题，是最重要、最中心的问题，也是最难理解、最难调查的问题。这个问题解决了，消费者动机的根源就找到了。同时，对消费者行为现象的解释和说明也就有了坚实的基础。

2. 购买动机的类型

（1）生理性购买动机　生理性购买动机是指消费者为了满足、维持、保护、延续及发展自身生命，产生购买能满足其需要商品的动机。这些动机多数建立在生理需要的基础上。

（2）心理性购买动机　心理性购买动机是指由消费者的认识、情感、意志等心理过程引起的心理需要而产生的购买动机，可分为情绪动机、情感动机、理智动机和惠顾动机。心理性购买动机较之生理性购买动机更为复杂多变，难以掌握。

① 情绪动机由人的喜、怒、哀、乐等情绪引起的购买动机。情绪动机下产生的购买行为一般具有冲动性、情景性和不稳定性的特点。

② 情感动机由人的道德感、群体感和审美感等人类的高级情感而引起的购买动机。例如，人们出于爱国情感购买本国产品。这种购买行为一般具有稳定性和深刻性特点。

例 4-2

中国人的福酒——金六福酒

金六福酒业销售有限公司诞生于1996年，现已发展成为中国优秀的白酒生产和销售企业之一。金六福酒以其上乘的酒质、新颖的包装和深厚的文化底蕴，深受消费者的青睐，畅销海内外。

“金六福”从中国传统“福文化”中，挖掘出“祝福、吉祥、美满”的寓意，将“金六福”与消费者联系起来。它聚焦于人类本性中最富情感煽动力和最充满情感向心力的“幸福、吉祥、美满”，并着眼于超越物质满足、体验情感圆满的追求和愿景，通过富有情感煽动力的传播方式和传播渠道（如：结伴奥运、连接世界杯；独特的情感诉求，从最初的“好日子离不开它——金六福酒”“喝金六福酒，运气就是这么好”“中国人的福酒”“幸福团圆，金六福酒”，到后来的“奥运福、金六福”等），将这种幸福的情感传递给广大消费者。这触动人类情感深处的“幸福琴弦”，驱动越来越多的消费者情不自禁购买“金六福”品牌的产品，由此获得了真正的成功！

金六福是一个富有情感号召力的品牌，它深度挖掘出的“福文化”，代表了越来越多的消费者的心理需求。同时它花费大量的精力去深刻体会消费者对“福文化”的认识和接受，并通过产品创新、服务创新和传播创新，最大限度满足消费者对“福文化”的需求，最终以“中国人的福酒”形象，从中国众多的白酒品牌中脱颖而出。

③ 理智动机消费者经过对商品的质量、价格、用途、款式、品种等进行分析、比较后而产生的购买动机。它是建立在消费者对商品进行客观评价的基础上的。在理智性购买动机驱使下的购买活动，比较注重商品的质量，讲究商品的实际使用价值，要求价格便宜、使用安全、服务周到等。理智动机推动下的购买行为具有客观性、周密性和控制性的特点。随着收

入水平与消费水平的提高，原来属于理智性购买动机的商品会逐步转化为情感性购买动机的商品。

④ 惠顾动机建立在以往购买经验基础之上，对特定的商品、品牌、商店等产生特殊的信任和偏爱，使消费者重复地、习惯地前往购买的一种购买动机。它具有明确的经常性、习惯性的特点。

3. 消费者购买动机的具体表现

消费者每一次具体的购买行动的动机，都会通过其在购买活动过程中的言谈举止、行为方式显现出来。一般来讲，常见的购买动机主要有：

（1）求实动机　消费者以追求商品的使用价值为主要目标，购买商品时特别注重商品实际效用、功能和质量，讲究经济实惠、经久耐用，而不过分要求商品的美观、新颖。具有这种动机的消费者，多属于中低档商品和大众化商品的购买者。

（2）求新动机　消费者以追求商品新颖、独特为主要目标。购买时注重商品在设计、构造、式样等方面的创新。具有求新动机的消费者往往富于幻想、渴望变化，轻视传统追潮流。

（3）求名动机　消费者通常注重商品的商标与品牌，对名牌产品、优质产品有一种信任感和忠诚感，乐意认购著名商标的商品。这类消费者一般经济条件较好，购买过程中以要求商品质优名优为首，不计较价格。

（4）从众动机　消费者以追求同众人一致为主要目标，购买商品中注重群体规范，把相关群体中大多数成员的行动作为自己的行动标准，以满足从属于某一群体，进行社会交际，获得社会承认的心理需要。这种购买心理最突出的表现在时兴服装与耐用消费品的购买上。

（5）炫耀动机　消费者以显示或树立自己的地位、声望权威为主要目标，有意追求某些特殊商品、高级奢侈品，要求商品在某个方面出类拔萃，具有一定的象征意义且价格为一般人不敢问津。有的消费者希望博得别人对自己的鉴赏能力或学识水平的赞赏，而有的则是仅仅为了炫耀自己的富有和优越。

（6）选价动机　消费者对商品价格极为敏感，视为选择商品的重要因素。他们在购买商品时，希望付出较少的货币，获得较大的物质利益，即物美价廉、经济实惠。但也有一些消费者在购买馈赠礼品时，往往购买价格较高的商品，求廉和求贵都属选价心理。

（7）便利动机　消费者以追求商品使用方便、购买方便或维修方便为主要目标，注重省事、省力，对商品的外观、质量没有过多的要求，价格也不是重要的选择条件。消费者购买商品都希望能获得方便、快捷的服务，同时，还要求商品携带方便、使用方便、维修方便。

（8）惠顾动机　具有这种心理的消费者，由于他们长期使用的习惯，或对某个商店、某种商品产生特殊的好感，往往不假思索地、习惯地购买某个商标的商品，或长期地到某个值得信赖的商店去购买，甚至乐于充当义务宣传员，去树立某个商店或某种商品的良好形象，扩大它们的影响。

（9）偏好动机　某些消费者由于受习惯爱好、学识修养、职业特点、生活环境等因素的影响，会产生对某类特殊商品稳定、持续的追求与偏好。

（10）好奇动机　不少消费者对造型奇特，式样、装潢新颖，或富有科学趣味、别开生面的商品，或是某些传统风味的食品，会自然产生一种好奇的感觉，希望能亲自试用，满足其求新求异的欲望。

（11）习俗动机　消费者以追求信仰、遵守规范、继承传统等为主要目标，这在很大程度上是由于文化和亚文化因素对人的影响所致。具有习俗心理的消费者，大多对自己出生地、成长地的文化有着强烈的热爱、敬仰和遵从心理，也有的是慑于违背文化规范必须承受无形的心理压力。

（12）预期动机　消费者在进行现实购买时，不仅注意眼前的商品，还会对未来市场进行粗略的估计。消费者预计某种商品近期市场可能供不应求，就会发生加速购买甚至抢购的行为；当消费者预计某种商品近期市场将会供过于求，就会持币待购，采取观望态度。

消费者的购买动机还有很多表现，这些动机错综复杂地交织在一起，可能几种动机兼而有之，也可能分出主次。深入洞察消费者的购买动机，对于企业市场营销有着重要的作用。

例 4-3

利用顾客的微妙心理——免费旅游

出门旅游却碰上下雨，总不是什么好事。有一家航空公司就抓住旅游者最怕遇到阴雨连绵的天气的心理，规定：如果天公不作美，在团体旅游期间的任何一个星期里，连续下了三天以上的雨，凡是参加该航空公司旅游团的人，都可以免费旅游。

在制定这项规定前，公司对旅游者作了调查分析，发现旅游者的三种心理："不下雨正好旅游，有雨还能免费。""见识一下是什么新鲜事，那个公司一定很有特色。""到哪里旅游都要花钱，何不到这里来，说不定正好赶上三天雨呢！"总经理经过仔细考虑后，决定采用这项策略。

结果，不少旅游者闻风而来，这一规定竟使得该公司每年的营业额增加了30%。

（二）感觉和知觉

消费者有了购买动机后，就要采取行动。至于怎样采取行动，则受到认识过程的影响。消费者的认识过程，是对商品等刺激物和店容、店貌等情境的反应过程，它由感性认识和理性认识两个阶段组成。感觉和知觉（perception）属于感性认识，是指消费者的感官直接接触刺激物或情境所获得的直观、形象的反应。这种认识由感觉开始。刺激物或情境的信息，如某种商品的形状、大小、颜色、声响、气味等，刺激了人的视、听、触、嗅、味等感官，使消费者感觉到它的个别特性。随着感觉的深入，各种感觉到的信息在头脑中被联系起来进行初步的分析综合，使人形成对刺激物或情境的整体反应，就是知觉。

由于每个人都以各自的方式注意、整理、解释感觉到的信息，因此不同消费者对同种刺激物或情境的知觉很可能是不同的，这就是知觉的三个特性：即注意的选择性、理解的选择性和记忆的选择性。

人们每天面对大量的刺激物，如广告，但其中大部分都不会引起注意，留不下什么印象。一般说，人们倾向于注意那些与其当时需要有关的、与众不同的或反复出现的刺激物。这就是注意的选择性。

人们接受了外界信息的刺激，但却并不一定会像信息发布者预期的那样去理解或客观地解释这些信息，而是按照自己的想法、偏见或先入之见来理解这些信息，这就是理解的选择性。

记忆的选择性是指消费者常常记不住所获悉的所有信息，仅记住某些信息，特别是证实了他的态度和信念的信息。例如，人们可能很容易记住自己所喜欢品牌的优点，而记不住其他竞争厂家产品的优点。

上述感觉和知觉的过程告诉企业营销者，必须精心设计促销活动，才能突破消费者记忆的选择性壁垒。

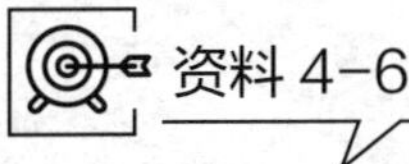

资料 4-6

刷卡消费减轻了购买者神经系统的痛苦

一笔钱的价值取决于它能买到的东西，也就是那笔钱买来的东西所获得的喜悦程度。如果金钱本身能让人开心，那么掏出钞票就一定让人痛苦。拿出钱包，一张一张地数出钞票，准备向这些钞票说再见的痛苦，绝不是掏出漂亮的信用卡的痛苦所能比拟的，所以大家喜欢用信用卡支付各种费用，以减少直接掏钱带来的痛苦。“好像花的不是自己挣的钱，没有痛感”，一个持卡消费者如是说。这就是金融系统和商业机构卖力地推销各种支付卡、VIP卡服务的隐蔽原因。

一旦消费者成为某商场、某品牌的VIP之后，人们可以享受一些特有的优惠或折扣，包括返利、提前预约、免费停车等特殊权利，不但有实惠，而且成为身份地位的象征。因此，越来越多的商家热衷于为顾客办理VIP卡，以打折、返利、积分等优惠吸引顾客购买。

（资料来源：[意大利]利玛窦·墨特里尼. 消费心理学[M]. 北京：新世界出版社，2014.）

（三）学习

人类的有些行为是与生俱来的，但大多数行为是从后天经验中得来的，这种通过实践，由于经验而引起的行为变化的过程，就是学习（learning）。

学习的过程由刺激、需求、响应、反馈四个部分组成。刺激是引导人们寻求满足方式的线索。看到合意的商品，人们常常会考虑自己有没有相应的需求。需求有两个方面的含义：一是原始的需要，比如饥饿、口渴等；二是满足需要的手段，如吃面包是充饥的手段，喝饮料是解渴的手段等。满足需要的手段一般是后天学来的，响应是对刺激采取行动。人们购买喜欢的面包解决饥饿问题就是对需求和刺激的响应。反馈是对响应的结果进行评价，这种评价对知识的形成有直接的意义。

作为消费者，人们通常会将购买的结果与事前的预期进行比较。当二者相一致时，形成肯定的反馈效应，使其在该项购买决策上的信心增强，会在将来决策时照搬自己所经历过的成功经验，也就是在需要的情况下习惯性地重复购买。如果二者不一致，会感到失望，这种否定的反馈表明其所进行的购买决策过程是不完善的，需要在将来的购买中做出修正。

综上所述，学习的过程可用图4-4表示。

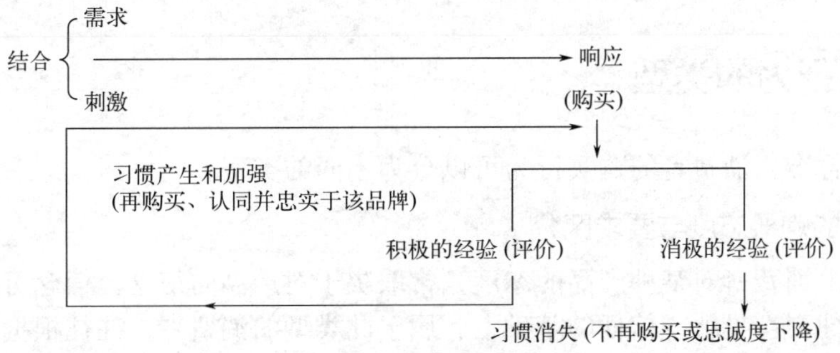

图4-4　学习的过程

（四）信念和态度

消费者在购买和使用商品的过程中形成了信念和态度，这些信念和态度又反过来影响人们的购买行为。

1. 信念

信念（belief）是人们对某种事物所持的看法，如相信某种电冰箱省电、制冷快、容量大、售价合理。一些信念建立在科学的基础上，能够验证事物的真实性，如认为电冰箱省电的信念可以通过测试证实；另一些信念却可能建立在偏见的基础上。企业应关心消费者对其商品的信念，因为信念会形成产品和品牌形象，影响消费者的购买选择。如果因误解限制了购买，企业应开展宣传活动，设法转变消费者的信念。

2. 态度

消费者在长期的学习和社会交往的过程中形成了态度。所谓态度（attitude），是人们长期保持的关于某种事物或观念的是非观、好恶观。消费者一旦形成对某种产品或品牌的态度，以后就倾向于根据态度做出重复的购买决策，不愿费心去进行比较、分析、判断。因此，态度往往很难改变。对某种商品的肯定态度可以使它长期畅销，而否定态度则可以使它一蹶不振。企业在一般情况下应使产品迎合人们现存的态度，而不是设法改变这种态度，因为改变产品设计和推销方法要比改变消费者的态度容易得多。

上述文化、社会、个人、心理等方面的因素，是影响消费者购买行为的主要因素。其中一些因素，如消费者的年龄、性别、职业、个性、经济状况、社会阶层、态度等，对企业来说是不可控制或难以施加影响的。但了解这些因素，可以使企业更好地识别可能对其产品或服务最感兴趣的购买者，为市场细分和选择目标市场提供必要的线索，也为制定营销策略组合提供依据。另一些因素，如消费者的购买动机、感觉、知觉、学习、信念、生活方式等，容易受到企业营销的影响，在了解这些因素的基础上，企业可以制定相应的营销策略，在一定程度上诱导消费者的购买需求。所以，现代企业应非常重视研究产品开发、价格确定、广告设计、商品陈列、营销网点设置和品牌、包装等营销刺激因素与消费者反应的关系，深入探讨影响消费者需求和购买行为的诸种因素。

第三节 消费者的购买决策过程

分析了支配和影响消费者购买行为的各种因素以后，下一步要研究消费者的购买决策过程，包括购买行为的类型和购买决策过程的阶段。

一、购买行为的类型

根据不同的标准，消费者的购买行为可以分为不同的类型。

1. 按消费者的购买态度与要求区分

（1）习惯型　消费者对某种产品的态度，常取决于对产品的信念。信念可以建立在知识的基础上，也可以建立在见解或信任的基础上。属于此类型的消费者，往往根据过去的购买经验和使用习惯采取购买行为，或长期惠顾某商店，或长期使用某个厂牌、商标的产品。

（2）慎重型　慎重型消费者的购买行为以理智为主、感情为辅。他们喜欢收集有关信息，了解市场行情，在经过周密的分析和思考后，做到对产品特性心中有数。在购买过程中，他们的主观性较强，不愿别人介入，受广告宣传及售货员的介绍影响甚小，往往要经过对商品细致的检查、比较，反复衡量各种利弊因素后，才做购买决定。

（3）经济型　经济型消费者选购产品多从经济角度考虑，对商品的价格非常敏感。例如，有人从价格是否昂贵的角度出发确认产品的质量优劣，从而选购高价商品；有人从价格是否低廉的角度出发评定产品的便宜程度，从而选购廉价商品。

（4）冲动型　冲动型消费者的心理反应敏捷，易受产品外部质量和广告宣传的影响，以直观感觉为主，新产品、时尚产品对其吸引力较大，一般能快速做出购买的决定。

（5）感情型　感情型消费者兴奋性较强，情感体验深刻，想象力和联想力丰富感觉也比较灵敏，因而在购买行为上容易受感情的影响，也容易受销售宣传的诱导，产品的品质是否符合其感情的需要来确定购买决策。

（6）疑虑型　疑虑型消费者性格具有内向性，善于观察细小事物，行动谨慎、体验深而疑心大。他们选购产品从不冒失仓促地做出决定，在听取营业员介绍和检查时，也往往小心谨慎和疑虑重重。他们挑选产品动作缓慢，费时较多，还可能因犹豫而中断购买；购买商品时虽"三思而后行"，但购买后仍放心不下。

（7）不定型　不定型消费者多属于新购买者，由于缺乏经验，购买心理不稳定，是随意购买或奉命购买商品。他们在选购商品时大多没有主见，一般都渴望得到营业员帮助，乐于听取营业员的介绍，并很少亲自再去检验和查证产品的质量。

2. 按消费者在购买现场的情感反应区分

（1）沉实型　沉实型消费者由于神经过程平静而灵活性低，反应比较缓慢而沉着，一般不为无所谓的动因而分心。因此，他们在购买活动中往往沉默寡言，情感不外露，举动不明显。他们购买态度持重，不愿与营业员交流那些离开产品内容的话题。

（2）温顺型　温顺型消费者由于神经过程比较薄弱、在生理上不能忍受或大或小的神经紧张，选购产品时往往尊重营业员的介绍和意见，做出购买决定较快，并对营业员的服务比较放心，很少亲自重复检查商品的质量。这类消费者对购买的产品本身并不过多考虑，而更注重营业员的服务态度与服务质量。

（3）健谈型　健谈型消费者神经过程平衡而灵活性高，能很快适应新的环境，但情感易变，兴趣广泛。在购买商品时，他们能很快与人们接近，愿意与营业员和其他顾客交换意见，并富有幽默感，喜爱开玩笑，有时甚至谈得忘掉选购商品。

（4）反抗型　反抗型消费者具有高度的情绪敏感性，对外界环境的细小变化都能有所警觉，显得性情古怪、多愁善感。在选购中，他们往往不能接受别人的意见和推荐，对营业员的介绍异常警觉，抱有不信任的态度。

（5）激动型　激动型消费者由于具有强烈的兴奋过程和较弱的抑制过程，因而情绪易于激动，暴躁而有力，在言谈和举止、表情中都有狂热的表现。这类消费者选购商品时表现有不可遏制的劲头，在言语表情上显得傲气十足，甚至用命令的口气提出要求，对商品品质和营业员的服务要求极高，稍不如意就可能发脾气。这类消费者虽然为数不多，但营业员要用更多的注意力和精力接待这类顾客。

3. 阿萨尔购买行为类型

消费者的购买决策随其购买决策类型的不同而有所变化。例如，在购买牙膏、网球拍、计算机和汽车之间，购买决策存在着很大的不同。阿萨尔（Assael）根据消费者在购买过程的介入程度和产品品牌差异程度的不同，把消费者购买行为区分为以下四种类型（见图4-5）。

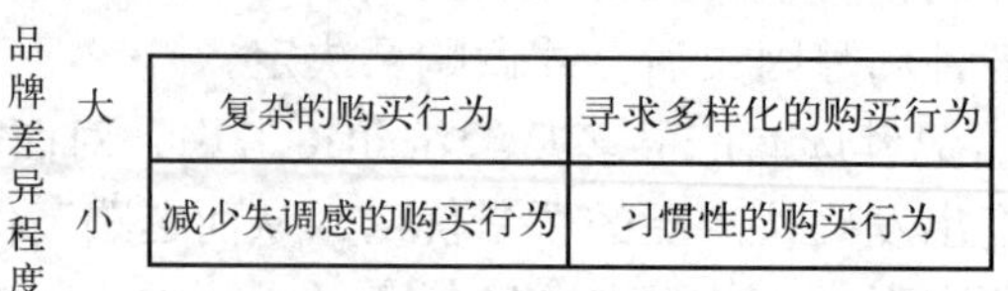

图4-5 消费者购买行为的四种类型

（1）复杂的购买行为（complex buying behavior） 当消费者选购价格昂贵、并对其性能缺乏了解的商品时，为慎重起见，他们往往需要广泛地收集有关信息，并经过认真地学习，产生对这一产品的信念，形成对品牌的态度，并慎重地做出购买决策。

对这种类型的购买行为，企业应帮助消费者了解与该产品有关的知识，让他们知道和确信本产品在比较重要的性能方面的特征及优势，使他们树立对本产品的信任感。这期间，企业要特别注意针对购买决策者制作介绍本产品特性的多种形式的广告。

（2）减少失调感的购买行为（dissonance-reducing buying behavior） 当消费者高度介入某项产品的购买，但又判断不出各品牌有何差异时，对所购产品往往容易产生失调感。为了改变这样的心理，追求心理的平衡，消费者广泛地收集各种对已购产品的有利信息，以证明自己购买决策的正确。为此，企业应通过调整价格和选择售货网点，向消费者提供有利的信息，帮助消费者消除不平衡心理，坚定其对所购产品的信心。

（3）寻求多样化的购买行为（variety-seeking buying behavior） 如果消费者购买的产品品牌差异虽大，但可供选择的品牌很多时，他们并不花太多的时间选择品牌，而且也不专注于某一产品，而是经常变换品种。这种品种的更换并非对自己已往购买的产品不满意，而是想换换口味。

面对这种购买行为，当企业处于市场优势地位时，应注意以充足的货源占据货架的有利位置，并通过提醒性的广告促使消费者形成习惯性购买行为；而当企业处于非市场优势地位时，则应以降低产品价格、免费试用、介绍新产品的独特优势等方式，鼓励消费者进行多种品种的选择和新产品的试用。

（4）习惯性的购买行为（habitual buying behavior） 消费者有时购买某一产品，并不是因为特别偏爱某一品牌，而是出于习惯。针对这种购买行为，企业要特别注意给消费者留下深刻印象，企业的广告要强调本产品的主要特点，要以鲜明的视觉标志、巧妙的形象构思赢得消费者对本企业产品的青睐。为此，企业的广告要不断反复，以加深消费者对产品的熟悉程度。

二、购买行为的发展趋势

消费者购买行为没有固定不变的模式，随着社会经济的发展，人们的消费习惯和购买行为也必然随着变化。近30多年来，在一些经济发达国家，消费者购买习惯已有显著变化，主要有以下三种趋势。

1. 冲动式购买行为大量增加

冲动式购买即事先没有计划、在现场临时决定的购买。在个人可支配收入增加的条件下，由于商品包装和广告的吸引、售货人员的良好服务以及自选售货等因素的作用往往在售货现场临时决定购买，这对企业扩大销售是很有意义的。

2. 对便利的要求更高

现代消费者由于收入增加和生活节奏加快，对便利的要求越来越高。他们要求产品的形式多样，数量充足，规格品种齐全，售货时间、地点、方式便利以及产品本身具有自动化、小型化、组合化等特点。近年来国际市场中流行的各种多功能产品都是适应上述趋势的产物。

3. 闲暇时间更充分地利用

由于工作时间缩短和休假增多，人们有越来越多的闲暇，因此，这方面有大量未满足的需求，潜在市场容量很大。例如，旅游业以及与之相关的一些产品和服务市场就很有潜力。

三、购买决策过程的阶段

购买决策过程可划分为以下五个阶段（见图4-6）。实际上，主要是复杂型购买行为才经过这样完整的五个阶段，在其他购买行为类型中，消费者往往省去其中的某些阶段，有时也会颠倒它们的顺序。

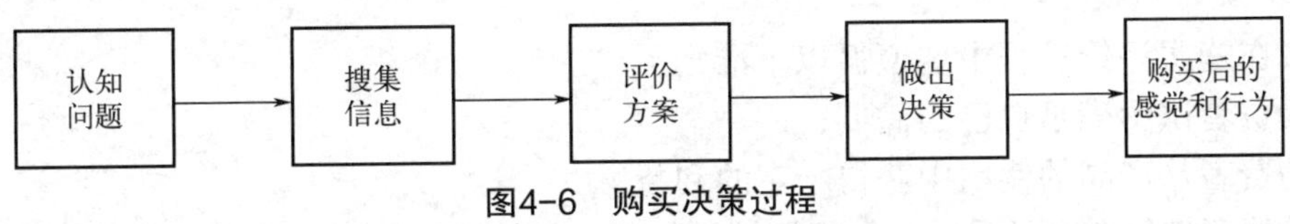

图4-6 购买决策过程

1. 认知问题

当消费者的实际状态和理想状态产生差距而需要采取行动进行满足的时候，问题就被认知了。但在意识到某个问题以后，是否真正采取行动由两个方面的因素决定：

一是理想状态与现在状态之间差距的大小；

二是该问题的相对重要性（如图4-7所示）。

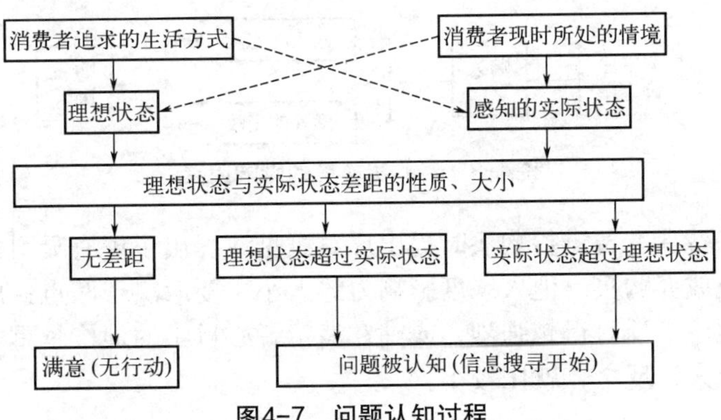

图4-7 问题认知过程

（资料来源：Hawkins D. J.， Best F.J.， Coney K. A. Consumer Behavior： Building Marketing Strategy [M]. Mc Graw- Hill,1988：503. ）

在此基础上，企业要善于激发消费者对问题的认知，如可以通过广告或者其他宣传方式影响消费者的现实状况，让消费者意识到其理想状态和现实状态间的差距。企业可以开发新产品或者提高新的服务来激发消费者的需要。

2. 搜集信息

问题一旦被认知后，消费者就会搜集相关信息。消费者一般从以下四种来源获得信息。

（1）个人来源　即从家庭、朋友、邻居和其他熟人处得到信息。

（2）商业性来源　即从广告、售货员介绍、商品展览与陈列、商品包装、商品说明书等得到信息。

（3）公众来源　即从报刊、电视等大众宣传媒介的客观报道和消费者团体的评论得到信息。

（4）经验来源　即通过触摸、试验和使用商品得到信息。从消费者的角度看，由企业控制的商业性来源信息起通知的作用；其他非商业性来源信息起验证和评价的作用。

经过信息搜集阶段，消费者逐步缩小了对将要购买的商品进行品牌选择的范围，余下的供选择的品牌，就是消费者在下个阶段评价的对象。

3. 评价方案

消费者在充分收集有关信息之后，就会进入购买方案的选择和评价阶段。在该阶段，消费者要对收集到的各种信息进行整理，形成不同的购买方案，然后按照一定的准则进行评价和选择。

消费者在购买评价过程中要遵循以下准则：

（1）消费者试图满足自己的需要；

（2）消费者从产品的使用中获得一定的利益；

（3）消费者把每个产品看成是一组属性的集合，每个属性都有让渡利益来满足需要的能力。

4. 做出决策

消费者在进行了评价和选择之后，就形成了购买意图，最终进入做出购买决策和实施购买的阶段。但是，在形成购买意图和做出购买决策之间，仍有一些不确定的因素存在，会使消费者临时改变其购买决策。这些因素主要来自两方面：一是他人的态度；二是意料之外的变故（见图4-8）。

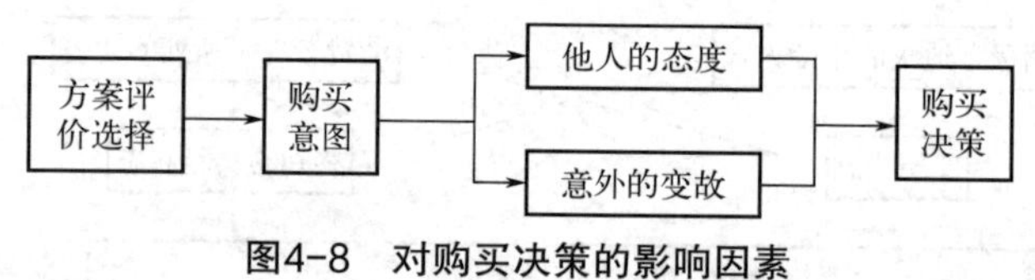

图4-8　对购买决策的影响因素

其他人如果在消费者准备进行购买时提出反对意见或提出了更有吸引力的建议，会有可能使消费者推迟购买或放弃购买。他人态度影响力的大小主要取决于两点：反对的强烈程度及其在消费者心目中的地位。反对得越强烈，或其在消费者心目中的地位越重要，其对消费者购买决策的影响力也就越大；反之，就比较小。

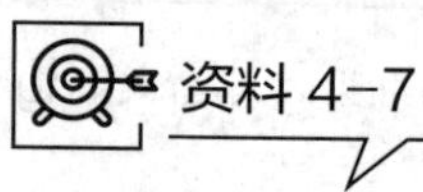

资料 4-7

美团外卖市场占有率持续增长

美团外卖作为中国知名外卖平台之一，其在中国市场的市场占有率一直处于领先地位。尽管市场竞争激烈，但美团外卖不断通过积极的市场推广和业务拓展，保持着持续的增长，得益于以下几个方面原因：

（1）广告宣传 美团外卖通过大规模的广告宣传提高了品牌知名度，吸引了更多的用户。例如，在电视、网络和户外媒体上频繁投放广告，将品牌形象深入人心。

（2）用户体验 美团外卖注重用户体验，提供便捷的点餐和配送服务，让用户能够方便地在手机上下单，并享受快速送达的服务。同时，用户可以通过美团外卖的APP查看菜单、评价餐厅和配送员，这种双向评价机制提高了用户的满意度和忠诚度。

（3）商家合作 美团外卖与众多餐饮商家建立了合作关系，为用户提供多样化的餐饮选择。同时，美团外卖还通过派单量和佣金比例等措施，吸引了更多商家入驻，增加了平台上的餐厅数量，满足了广大用户需求。

---

5. 购买后的感觉和行为

消费者购买了商品并不意味着购买行为过程的结束，因为其对于所购买的商品是否满意，以及会采取怎样的行为对于企业目前和以后的经营活动都会带来很大的影响，所以重视消费者买后的感觉和行为并采取相应的营销策略同样是很重要的。图4-9展示了消费者购买后的感觉及行为特征。

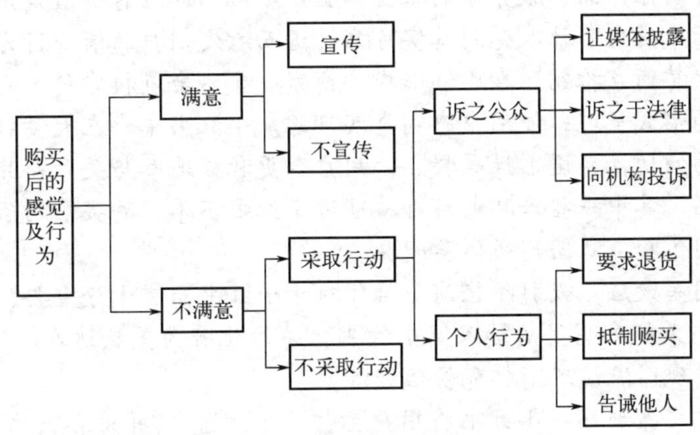

图4-9 购买后的感觉和行为

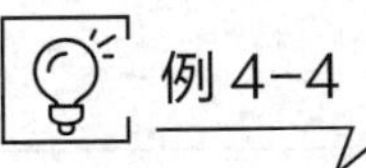

例 4-4

给顾客以信任——顾客定价餐馆

澳大利亚堪培拉市有一家餐馆，他们搞了一个创举，让顾客定价。他们打出广告，说你用餐过后，想给多少就给多少。很多人都感到奇怪，还有这样做生意的吗？奇怪归奇怪，也有许多愿意尝新的顾客来到店里。服务员殷勤备至，菜品也新鲜可口，环境也雅致宜人，一切都令人满意！顾客心里觉得既然对方都如此坦诚，自己少给钱，感觉也不好。于是，多半都给得超过“标准”。

店里统计了一下，来此就餐的顾客，有80%的人超“标准”付款，14%的人按“标准”付款，明显少付的占6%。他们的生意超过其他餐馆，而且利润不薄。如果你充分信任顾客，并把这也作为一种营销手段，你也会得到很好的回报。

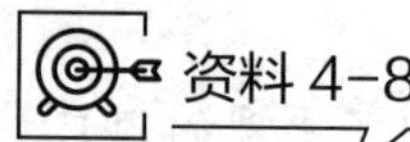

资料4-8

小红书

1.小红书的发展状况

小红书是一个社交电商平台，创办于2013年，起初社区内容主要为旅游购物类的指导攻略，后来逐渐成为涉及美妆个护、美食、汽车等各类内容的综合型攻略分享社区。由于刚好顺应中国跨境旅游市场高速上涨的阶段，小红书的发展十分迅速，2014年开始与电商合作，搭建起集社区分享与消费购物于一体的闭环消费链路。

在小红书中，用户可将产品体验、旅游心得等信息，通过图文、视频等多种方式分享，平台会根据用户兴趣，对内容进行精准高效地推送。小红书高互动、高真实的社区体验，为品牌建立了良好的种草场景，成熟的社区运营是小红书的核心竞争力。目前小红书已成为知名的商品点评平台，2019年小红书入选福布斯中国最具创新力的企业。

2.小红书的运营特点

（1）创新UGC内容分享方式　小红书的发展主要基于UGC，用户可发布原创文字、图片和视频等内容，分享对于产品、服务等的亲身体验。小红书的内容一般是用户的实际经历和真实感受，这使种草帖中的内容让人感到真实可靠，进而激发用户的消费行为。

（2）用户传播代替商家推销　在小红书中，商家一般不会直接宣传，而是倾向于让商品推广以“消费笔记”的形式呈现，使用户感到真实可靠。小红书中存在大量针对某产品的笔记和评论，基于互联网的便捷性、匿名性等特点，用户会更积极地参与关于商品的讨论，也更容易找到自己心仪的产品。其中一些产品也可直接通过小红书下单，购买使用后，用户又可以在小红书留下自己的使用体验，从而形成体验闭环。

（3）充分利用明星效应　吸引年轻消费群体对于小红书而言十分重要，明星效应能够带来巨大流量。目前，越来越多明星陆续入驻小红书，纷纷化身为美妆达人、穿搭达人进行发帖、种草，小红书由此实现引流，不断拓宽粉丝经济。

（4）美图美文，文案新颖　小红书将用户称作“小红薯”，并将客服称为“薯队长”，这种有趣的称呼拉近了用户与平台的关系。用户发布帖子时，往往会配上精美的文字和图片，来佐证自己的观点。此外，小红书帖子的标题往往会展示产品最突出的特点及优势，直击用户的心理需求，使用户即刻产生强烈的消费欲望。

第四节　组织市场购买行为

一、组织市场类型

组织市场（organizational market）是以某种组织为购买单位的购买者所构成的市场。买方是各种单位或团体，购买目的是为了实现本单位或团体的宗旨。组织市场涉及的销售金额和产品项目远大于消费者市场，因此组织市场的研究非常重要。

组织市场的购买行为是指各种正规组织机构确定其对产品和服务的需要，并在可供选择的品牌与供应商之间进行识别、评价和挑战的决策过程。组织市场是一种派生需求，组织机构购买产品是为了满足其顾客的需要。组织市场购买决策的过程是多人参与的。组织市场的购买行为过程会持续较长的时间。除了物质产品外，企业还必须为组织提供技术支持、人员培训、及时交货、信贷优惠等条件和服务。

组织市场分四种类型：产业市场、中间商市场、机构市场和政府市场。

（一）产业市场

产业市场（industrial market）是指购买产品或服务用于制造其他产品或服务，然后销售或租赁给他人以获得利润的单位或个人。

1. 产业市场的购买对象

产业市场的购买对象有生产装备、附属设备、零部件、原材料、初步加工的生产料，消耗品和服务等。

① 生产装备包括重型机械、设备、厂房建筑、大中型集成制造系统硬件等。

② 附属设备是指电动工具、叉车等设备，在购买时一次性支付能力强，决策参与者少，购买者可选择范围广。

③ 零部件是许多完工产品的一个组成部分，其本身也是完工产品。如仪表、紧固件，外部设备等。

④ 原材料是指那些处于生产过程起点的源头产品，如农产品、海产品、森林资源、矿产资源、原木、原油等。

⑤ 初步加工的生产资料，即经过初步加工的产成品，并且还会被其他生产者作为生产资料的一类中间产品，如钢板、玻璃、焦炭、合成树脂等。

⑥ 消耗品一般分为两类：一类指维持企业日常经营所需要的不构成产成品实体的必备品，如维修用品、清洁用品、办公用品等；另一类指维持正常生产的易耗品，如润滑油、耐用品等。

⑦ 服务是产业市场购买的所有无形产品的总称。

产业市场与消费者市场具有一定的相似性，在这两种市场中都有人为满足某种需要而担任购买者、制定购买决策等。两种市场在市场结构与需求、购买单位性质、决策类型与决策过程和其他方面又存在差异。

从组织市场结构与需求来看、组织市场的购买者数量少但规模较大；企业购买者的需求衍生于最终消费者的需求；许多组织市场的需求缺乏弹性，组织市场对产品或服务的需求总量在短期内受价格波动的影响较小；组织市场的需求波动幅度相对于消费者市场需求来说大很多。

从购买单位来看，企业采购涉及更多的购买参与者；企业购买涉及更专业的购买行为。

从决策类型和决策过程看，企业购买者常面对更加复杂的购买决策；购买过程也更加正式；买卖双方的联系更加紧密、通常会建立长久的密切关系。

2. 产业市场购买的交易模式

产业市场购买的交易模式有两种，即交易营销模式和关系营销模式。

① 交易营销模式适合于一笔笔单项交易，其主要对象是着眼于当前和近期利益的客户。他们随时可能转向新的供应者而不受损失，农产品和矿产品市场上常见这类客户。

② 关系营销模式在20世纪80年代后期盛行于欧美等地的发达国家。关系营销模式适合于销售技术性强、特色鲜明的产品。关系营销的对象是关心长远利益的客户，特别是那些全球性的大客户，营销人员应本着双方互利的目标密切注视和关心买方企业的业务进展，在定价时视数量和促销作用等给予优惠。

（二）中间商市场

中间商市场（middleman market）也叫转卖者市场，是指购买产品用于转售或租赁以获得利润的单位和个人，包括批发商和零售商。

中间商市场的购买者由各类商品买卖的中介组织构成，包括批发商、零售商和各类经销商、代理商。他们以盈利为目的而转售商品或服务。他们的购买行为与生产企业的购买行为极为相似，具有以盈利为目的、需求派生性、专业性强和关系长期性的特点。

中间商市场与产业市场购买行为相比，最大的区别是购买对象：他们更多的是在购买消费品。例如，零售商购买的不是原材料或零部件，而是与普通消费者一样，是已经生产出来并且可以直接消费的成品。这一特点决定了零售采购不需要在机器设备方面有很大的投入，但却需要较大的商品库存。

中间商市场与产业市场在采购的过程上相同。中间商企业与生产企业一样都是法人，其商品采购属于法人采购，有着与生产企业一样的目标和限制性条件——购买目的不是自己消费而是赚取利润，因此需要对采购活动进行严格的管理，购买行为也要比普通的消费者更为理智。

中间商市场的购买行为还表现出较强的选择性，即中间商代表消费者或其他购买者选择供应商，在进货时讲究商品合理搭配、花色品种齐全。

中商市场的购买行为还表现为具有较大的需求价格弹性，即中间商对采购成本极为敏感，其需求量会随着商品价格的涨落而变化。此外，中间商的进货时间和进货批量也较有规律。

（三）机构市场

机构市场（ institutional market）是指一些机构购买商品和服务，用于组织政治、经济活动和满足社会公众的需要，多为非盈利组织。

机构市场包括学校、医院、监狱和其他在其领域内提供产品和服务的机构。这是一个需求广泛的市场，他们购买的产品和服务品种繁多，包括文具、制服、公共设施、保险等。机构依靠国家财政拨款支付各项开支，购买商品和服务，用于组织政治、经济活动和满足社会公众的需要。

（四）政府市场

政府市场（ government market）是为满足各级政府部门包括各级行政机关的日常工作及公共消费需要而销售产品和服务的市场。

政府市场的主要特点有以下几点。

（1）需求受到较强的政策制约　国家的经济政策对政府消费的影响较大。财政紧缩时政府的需求会减少，反之会增加。

（2）需求计划性强　一国的政府开支会列入财政预算，各级政府购买产品的种类及数量等都会受到财政预算的约束，另外政府购买还需要制定购买计划进行预算和审批。

（3）购买方式多样　政府机构购买商品的主要方式有公开招标竞购、议价合约选购和例行选购三种。

公开招标竞购是政府部门向社会公开招标从而择优购买商品和服务的方式。一般由政府的采购部门在媒体上刊登广告或发出信函，说明需要采购商品或服务的名称、品种、规格、数量等的要求，邀请供应商在规定的期限内投标。之后由投标的供应商在规定期限内按规定填写标书，标明可供商品的名称、品种、规格、数量、交货日期、价格、付款方式等，密封后送达政府采购部门。最后政府采购部门在规定的日期开标，选择报价最低又符合政府要求的供应商为中标商。这种方式是各国政府普遍采用的一种购买方式，因为这种方式有利于形成规模优势、减少中间环节、节约成本，还能够利于政府进行廉政建设。

议价合约选购是指政府采购和一个或几个供应商接触，经过谈判协商，最后只和其中一个符合条件的供应商签合同并进行交易，当政府采购业务更复杂、风险更大、竞争性较小的时候，这种购买方式更适合。

例行选购是指政府部门对维持日常政务运行所需的办公用品、易耗物品和福利性用品等商品，向熟悉和有固定业务联系的供应商购买的方式。这种方式多是经常性的、常规性的连续购买，而交易的品种、规格、价格、付款方式等都相对稳定。

（4）购买需求受社会公众的监督　政府购买资金来源于财政拨款，社会公众有权对政府的购买活动进行监督，要求政府公正、廉洁。

（5）购买目标的多重性　政府在购买时除了考虑一般的经济方面因素之外，还会考虑政治性、军事性、社会性因素。出于这些因素的考虑，大多数政府采购倾向于购买本国企业的产品。除此之外，还特别会注意购买行为要避免影响到两国或多国之间的政治及外交关系，会注意对某些地区和产业的扶持等。

二、组织市场的特点

与消费者市场相比较，组织市场具有自己的特点。

1. 派生性需求

组织市场（organizational market）的需求具有派生性，它取决于消费者市场的相应需求。也就是说，没有消费者市场的相应需求，就不会有组织市场的需求。而且，组织市场的需求随消费者市场相应需求的变化而变化。组织市场需求的派生性，是多层次链状递进的，消费者市场的相应需求是这一链条的起点，是组织市场需求的动力与源泉。例如，消费者市场的皮鞋需求带来皮鞋制造商对皮革、制鞋设备等的需求，而这些需求又引发对养殖业、钢铁业等相关行业产品的需求。

2. 较小的价格弹性

组织市场需求的派生性，决定了它的需求缺乏价格弹性。也就是说，除非原材料成本成为影响企业经营的极重要的因素，企业需要考虑成本控制，因而在意价格的变动，一般情况下，组织市场需求对价格的敏感程度较弱，这是因为决定组织市场需求量变化的主要因素是消费者市场上相应需求的变化。

3. 波动性需求

由于组织市场与消费者市场的时空差异，组织市场上的需求变化要滞后于消费者市场相应需求的变化。并且，组织市场需求的变动幅度要大于消费者市场相应需求的变动幅度。因为消费者市场相应需求的变动幅度，是要通过组织市场更大的需求变动来追加满足的，这就是所谓的加速原理。有资料表明，消费者市场相应需求10%的升幅，有可能使下一阶段组织市场的需求增加100%。

4. 购买者数量少、比较集中，但购买规模大

组织市场购买者的数量比消费者市场的购买者少很多。并且，由于工业布局导向的影响，同类组织市场的购买者，其地理集中程度也明显高于消费者市场。同时，组织市场购买者的购

买规模要远远大于消费者市场的购买者。

5. 专业人员购买

与消费者市场不同，组织市场的购买通常由专业人员完成。由于专业采购人员经过专门的专业训练，具有丰富的产品及购买知识，因此，组织市场的购买是专业性的。

6. 直接购买

由于购买规模大，组织市场的购买往往是直接购买，而不经过其他的中间环节。在购买一些高价值、高技术新产品或项目时更是如此。

7. 供需双方密切的合作关系

由于组织市场购买者的上述特性，以及组织市场购买的连续性，要求组织市场的买卖双方建立密切的合作关系。买卖双方通过有效的合作，满足各自的需要，实现各自的目标。

8. 以租代买

组织市场的许多产品，有可能通过租赁方式取得。组织市场的购买者在需要一些价格昂贵的机械设备、设施时，为了节约成本而常常采用租赁的方式。

三、组织市场购买决策的参与者

组织市场用户的购买行为在一定程度上比消费者市场的购买更为复杂，因为他们更理性，是采购专家，参与人员更多。

组织市场参与购买决策过程的所有成员形成一个采购中心。参加采购中心的所有人员具有同一采购目标，并分担决策的风险。具体分析，其中每种角色又有不同，这些角色可概括为以下几种：

（1）实际使用者（user） 通常首先由他们提出购买建议。

（2）影响者（influencer） 企业内外一切对最后购买决策有影响的人，如使用者、技术人员、推销员均可能是影响者。

（3）决策者（decider） 拥有决定权的人。一般情况下，决策者就是采购者，但在交易大而复杂的情况下，决策者可能是企业主管，由他批准采购人员的采购方案。

（4）采购者（buyer） 被企业正式授权具体执行采购任务的人。

（5）控制者（gatekeeper） 能阻止卖方推销人员与企业采购中心成员接触，或控制外界与采购有关的信息流入企业的人，如采购代理人、接待员、电话员、秘书等。

针对上述情况，产业市场的营销人员应具体了解在用户企业中，谁是购买决策的主要参与者，他们各自的影响程度如何，他们的评价标准是什么等等，然后才能制定出有效的推销对策。

四、组织市场购买决策的类型

组织市场购买的类型可分为三种：直接重购、修正重购和新购。

1. 直接重购

直接重购（straight rebuy）是一种在供应者、购买对象、购买方式都不变的情况下而购买以前曾经购买过的产品的购买类型。这种购买类型所购买的多是低值易耗品，花费的人力较少，无须联合采购。面对这种采购类型，原有的供应者不必重复推销，而应努力使产品的质量和服务保持一定的水平，减少购买者的时间，争取稳定的关系。

2. 修正重购

修正重购（modified rebuy）指购买者想改变产品的规格、价格、交货条件等，这需要调整或修订采购方案，包括增加或调整决策人数。对于这样的购买类型，原有的供应者要清醒认识面临的挑战，积极改进产品规格和服务质量，大力提高生产效率，降低成本，以保持现有的客户；新的供应者要抓住机遇，积极开拓，争取更多的业务。

3. 新购

新购（new buy）指生产者首次购买某种产品或服务。由于是第一次购买，买方对新购产品心中无数，因而在购买决策前，要收集大量的信息，因而制定决策所花时间也就越长。首次购买的成本越大，风险就越大，参加购买决策人员就越多。“新购”是营销人员的机会，他们要采取措施，影响决策的中心人物；要通过实事求是的广告宣传，使购买者了解本产品。为了达到这一目标，企业应将最优秀的推销人员组成一支庞大的营销队伍，以赢得采购者的信任和采取行动。

五、影响组织市场购买决策的因素

影响组织市场购买活动的因素很多，如前述的购买决策类型、采购中心人员的构成等。一些西方学者进一步提出了各种“组织购买行为模型”。

韦伯斯特-温德（Webster-Wind）模型主要研究组织市场购买决策四组影响因素：环境、组织、人际关系及个人因素。各因素间的关系及所包含内容如图4-10所示。

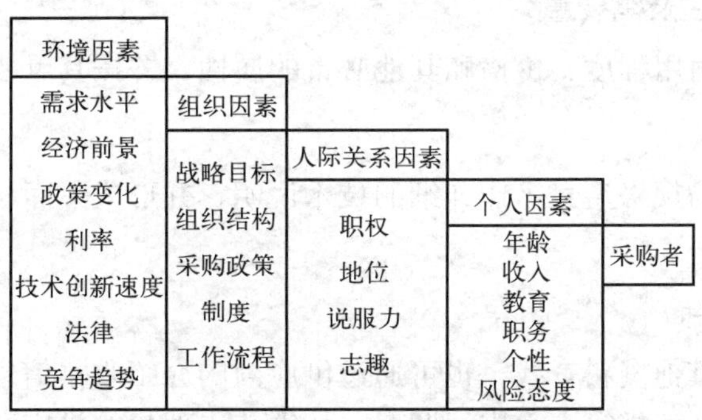

图4-10 影响组织用户购买的主要因素

在这个模型中，组织因素具有特殊地位。组织因素中最重要的是购买决策权限的集中或分散程度。这又受几方面因素影响：

① 采购部门在组织中的地位，要看它是专业职能部门还是参谋部门。显然，如果采购部门是参谋部门，就只能向生产、设计等部门提出咨询建议。

② 采购部门在组织内的级别如何，如果采购部门与生产、财务、技术等部门同级，直接向最高主管负责，那么权力就很大。

③ 采购责任是在总厂和分厂之间进行分工的，还是完全由公司总部决定，集中采购。

④ 具体的管理制度规定采购中心成员在购买过程中的职权范围。

客户企业的购买政策对其购买行为影响也很大，这些政策往往是客户在长期经营中逐渐形成的成文或不成文规定。常见的典型政策有：

① 尽可能地向当地供货者购买；

② 只买本国产品，或倾向购买某一外国产品；

③ 当购买金额超过一定范围时，要由上级部门决定；

④ 需与客户公司达成互惠协议，或照顾老客户的供应关系；

⑤ 每种货物至少向两个供货方采购；等等。

一般说，企业内只要存在这些政策，采购人员大多会无条件地遵循。

最后，购买者的个人特点不能因产业市场购买是有组织的购买而被忽视。实际上，所有组织的购买行为最终都是在有组织的相互影响的基础上产生的一种个人行为。即组织购买，归根结底要由个人作决定和采取行动，而参与决策过程的每个人都有自己的动机、感觉和偏好，这些又因个人年龄、教育水平、收入、职务及对风险态度的不同而异。营销工作的对象是各位决策参与者，而非抽象的企业，故对个人因素的影响须认真对待。

六、购买决策过程

组织市场购买过程与消费者购买过程有相似之处，但也有许多不同。可以说没有一个统一的格式支配各组织客户的实际购买过程，而仅能归纳出大多数情况下遵循的典型过程。这个过程可分为以下阶段。

1. 提出需要

组织中有人认识存在某个问题，且问题可以通过现有的某些产品和服务来解决时，采购过程便开始了。

2. 确定所需产品特性及需要量

如产品的可靠性、耐用程度、价格和其他必备的属性，并按其重要性加以排序。

3. 拟定规格要求

进一步对所需产品的规格型号等作详细的技术说明，并形成书面材料，作为采购人员采购时的依据。

4. 查寻可能的供应商

可通过工商名录或其他资料查找，也可通过供应商的介绍收集信息。然后对这些供应商的生产、供货、人员配备及信誉等方面进行调查，从中选出理想的供应商作为备选。

5. 征求报价

向合格的备选供应商发函，请它们尽快寄来产品说明书、价目表等有关资料，如果是复杂、贵重产品的新购买，更需详尽的材料。卖方企业为得到订单，在这一阶段要特别注意提供详尽的书面申请，除对产品详加介绍外，还须强调本企业的生产能力和资源条件等。

6. 选择供应商

买方采购中心的成员们将对各供应商提供的报价材料一一评价，经过比较，做出选择。他们通常特别重视以下因素。

① 交货能力；

② 产品质量、规格；

③ 价格；

④ 供应商的信誉及历来履行合同的情况；

⑤ 维修服务能力；

⑥ 技术和生产能力；

⑦ 财务状况；

⑧ 对顾客的态度；

⑨ 地理位置。

采购中心成员可以通过对每位供应商在上述诸方面的表现评分，从中选出最具吸引力的供应商。

此外，多数组织不愿仅依靠单一的供应商，而是选取若干供货方，然后将其中较大的份额给予它们其中的一个厂家，这样，买方不会仅依赖一个供应源，卖方为争得较大份额，则不得不竞相提供优惠条件。

7. 正式发出订单

选定供应商后，买方即正式发出订单，订单上写明所需产品的规格、数量、交货时间、退货条款、保修条件等。双方签订合同后，合同或订单副本被送到进货部门、财务部门及组织内其他有关部门。

8. 实际购进，验收入库

购买产品后，买方要认真验收产品，合格后才能入库。

9. 购后评价

产品购进使用后，采购部门将与使用部门保持联系，了解该产品使用情况、满意与否，并考察比较各供应商的履约情况，以决定今后对各位供应商的态度。

总之，组织市场的购买过程比消费者市场复杂得多，卖方营销人员应对买方内采购工作流程有详细的了解，营销工作才能有的放矢。

阅读材料

洞察“Z世代”消费特征

习题

一、名词解释

消费者购买行为的“7O”研究法、刺激—反应模式、相关群体、购买动机、产业市场、中间商市场、机构市场、政府市场、韦伯斯特-温德（Webster-Wind）模型

二、基本训练

1. 简述消费者市场特点。
2. 简述消费者购买行为的基本模式。
3. 影响消费者购买行为的主要因素有哪些？它们是如何影响企业市场营销活动的？
4. 简述购买动机的类型。
5. 简述消费者购买动机的具体表现。

6. 简述消费者的购买行为的不同的类型。
7. 简述消费者购买行为的发展趋势。
8. 简述消费者购买决策过程。
9. 简述组织市场的类型。
10. 简述组织市场的特点。
11. 简述影响组织市场购买决策的因素。
12. 简述购买决策过程。

三、思考题

1. 小王就职于一家商场，从事化妆品销售；小李就职于一家大型机械厂，从事挖掘机销售；小张就职于一家食品企业，从事客户开发。他们的工作都是销售，试分析：他们所面对的市场各属于什么类型？他们的销售特点有何差异？
2. 用两三个例子分别说明文化因素对消费者购买行为的影响，并说明我国现阶段传统文化有哪些变化趋势。
3. 举例说明相关群体如何影响消费者的购买行为。
4. 举例说明心理因素如何影响消费者的购买行为。
5. 企业按目标客户群的需求，开发产品，提供服务，往往只是就产品和服务的品质和推广进行优化，仅仅满足了消费者某一方面的需求，忽视了消费者却是跨行业进行品牌选择和组合的过程，来综合性的满足自己的需求，这就给我们一个新的营销途径，即如何找到我们的协同互补者，共同开发市场，满足消费者全面立体的需求和体验。请你分析一下在日常的营销工作中，如何进行互补式营销。
6. 仔细想一想，你最近所购买的商品或服务，描述从你开始思考购买到实际购买的全过程，并结合自己的购买体验，说明营销者应注意的问题。

四、操作练习

1. 调查分析本校大学生购买手机的影响因素。
2. 调查校内或校外商店，通过哪些方式影响大学生购买决策。
3. 根据以下资料，设计、发放、收集并分析“关键意见领袖KOL对消费者购买意愿影响”调查问卷，写出调查报告。

练习资料

关键意见领袖（Key Opinion Leader，简称KOL）是营销学上的概念，通常被定义为：拥有更多、更准确的产品信息，且为相关群体所接受或信任，并对该群体的购买行为有较大影响力的人。

与“意见领袖”不同的是，关键意见领袖通常是某行业或领域内的权威人士，在信息传播中，他们不依赖其自身活跃度，也容易被承认和识别出来。

把可以扮演不同“价值角色”的人叫做“关键人”，这些人中，其意见具有核心影响力的人即为“关键意见领袖”。“关键人”和“关键意见领袖”是销售过程中价值形成和交换的源点，他们是销售工作的着力点。

KOL作为移动互联网重点关注的人群，不同的KOL有着独特的人格属性和内容特质，通过对其受众画像的洞察，能够帮助品牌营销挖掘更精准的商业机会。

典型特征：

第一是持久介入：KOL对某类产品较之群体中的其他人有着更为长期和深入的介入，因此对产品更了解，有更广的信息来源、更多的知识和更丰富的经验。

第二是人际沟通：KOL较常人更合群和健谈，他们具有极强的社交能力和人际沟通技巧，且积极参加各类活动，善于交朋结友，喜欢高谈阔论，是群体的舆论中心和信息发布中心，对他人有强大的感染力。

第三是性格：KOL观念开放，接受新事物快，关心时尚、流行趋势的变化，愿意优先使用新产品，是营销学上新产品的早期使用者。

（资料来源：百度百科. 有删减）

第五章

市场竞争战略

本章要点

- 市场战略规划
- 对竞争者分析的一般步骤
- 制定竞争战略
- 在顾客导向和竞争者导向中寻求平衡

本章导读

竞争是广泛存在的现象。无论自然界还是人类社会，竞争都是各种事物生存发展的条件。博弈论认为，在不同系统之间，在同一系统不同元素之间，凡是通过某种较量而分出高低优劣、通过优胜劣汰而推动系统进化的活动，都是竞争。

企业的各项营销活动都可以说是与对手企业在市场上所展开的一场博弈。要赢得这场博弈，也必然遵循同样的规则，即企业与竞争对手的竞争不能是盲目的，要有对自身及对手的状态、所处环境的充分了解与把握，并在此基础上确定自己的行动战略。如何较好地做到这一切，是企业营销工作所要研究的一个重要课题。

第一节　市场战略规划

一、认识和界定企业使命

企业使命（ mission）反映企业的目的、特征和性质。明确企业使命，就是对本企业是干什么的、应该是怎么样的两个问题进行思考和解答。思考企业使命的结果，最后应当形成文字——撰写企业使命说明书，主要包括四个基本要素：活动领域、主要政策、远景及发展方向。例如：华为的愿景与使命是把数字世界带入每个人、每个家庭、每个组织，构建万物互联的智能世界。承接公司的愿景和使命，华为制定了可持续发展战略，并将可持续发展作为一项优先的准则，全面融入到企业的整体发展战略当中。

二、选择业务成长战略

当企业预期销售额和盈利率长期低于企业管理主管部门希望达到的水平，当若干业务需要淘汰而加以更新时，就需要发展新业务。企业一般可以遵循这样一种系统的思路规划新业务。

首先，在现有业务范围内，寻找进一步发展的机会；

其次，分析建立和从事某些与目前业务有关的新业务的可能性；

最后，考虑开发与目前业务无关，但是有较强吸引力的业务。

这样就形成了三种成长战略，即密集式成长战略、一体化成长战略、多角化成长战略（见表5-1）。

表5-1　企业三种成长战略

密集式成长	一体化成长	多角化成长
市场渗透 市场开发 产品开发	后向一体化 前向一体化 水平一体化	同心多角化 水平多角化 集团多角化

（一）密集式成长

如果企业尚未完全开发潜伏在其现有产品和市场的机会，可采取密集式成长战略。根据产品与市场的对应关系，可以将这一战略分为三种类型，如图5-1所示。

	现有市场	新市场
现有产品	市场渗透	市场开发
新产品	产品开发	多角化成长

图5-1　密集式成长战略

1. 市场渗透

市场渗透是指通过采取更加积极有效的、更富有进取精神的市场营销措施，如增加网点、短期调低价格、加强广告宣传等促销活动，努力在现有市场上扩大现有产品的销售量，从而实现企业业务成长。具体形式有三种：

① 使顾客更多地购买本企业现有的产品；

② 吸引竞争对手的顾客，提高产品的市场占有率；

③ 激发潜在顾客的购买动机，促使他们也来使用企业的这种产品。

很多成功的企业都是通过实施市场渗透策略，充分挖掘产品的现有市场需求，不但占领了国内市场，而且在国际市场上也争得一席之地。

2. 市场开发

市场开发是指通过努力开拓新市场来扩大现有产品销售量，从而实现企业业务的成长。主要形式是扩大现有产品的销售地区或使用范围，如开发尼龙产品的初衷是为制造降落伞，后来将其用于生产服装的布料，再后来又将其用于增强橡胶的强度与耐磨性……这些行动是在为尼龙这一产品不断开发新用途，执行的是市场开发战略。

3. 产品开发

产品开发是指通过向现有市场提供多种改型变异产品（如增加花色品种、增加规格、改进包装、增加服务等），以满足不同顾客的需要，从而扩大销售，实现企业业务的成长。实施这种战略的重点是增加产品的新品种，同时也大力开展以产品特色为主要内容的宣传促销活动。如娃哈哈多年来针对市场不断推出新产品，从儿童营养液、乳饮料、纯净水、八宝粥、碳酸饮料、茶饮料、果汁饮料、到功能水（激活）等。

（二）一体化成长

如果企业的基本行业很有发展前途，而且企业在供、产、销等方面实行一体化能够提高效率，加强控制，扩大销售，则可实行一体化成长，这种战略包括以下三种形式，如图5-2所示。

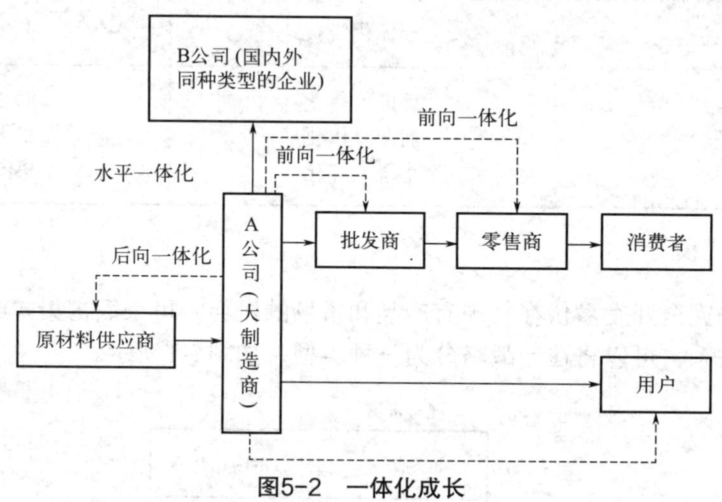

图5-2 一体化成长

1. 后向一体化成长

这是一种按销、产、供为序实现一体化经营而获得成长的策略。具体表现为：

① 企业通过自办、契约、联营或兼并等形式，对它的供给来源取得了控制权或干脆拥有所有权。冶炼或加工企业向原材料生产方向发展，实行产供一体化，如一家钢铁公司过去一直购买铁矿石，现在决定自办矿山，自行开采。

② 商业企业向生产产品的方向发展，实行产销一体化。例如一家服装店过去一直从服装厂进货，现在决定兼并一个濒临破产的服装加工厂。零售商向批发商方向发展，实行批零兼营，如此等等。

2. 前向一体化成长

与后向一体化成长正好相反，这是一种按供、产、销为序实现一体化经营使企业得到发展的策略。具体表现为：企业通过一定形式对其产品的加工或销售单位取得了控制权或干脆拥有所有权。例如，一个过去只生产原油的油田现在决定开办炼油厂；一家大型养鸡场现在决定自设或兼并几个销售网点；一家批发企业现在决定增设或接办几个零售商店，等等，都是在实施前向一体化成长策略。

3. 横向一体化（水平一体化）成长

一家企业通过接办或兼并它的竞争对手（同行业的中小型企业），或者与同类企业合资经营，或者运用自身力量扩大生产经营规模，来寻求成长的机会，都属于这种一体化成长。

讨论

60%的中国企业并购以失败告终，问题究竟出在哪里?

相关数据显示，从全球统计范围来看，企业并购失败概率超过50%；在中国，企业并购失败概率超过60%，跨国并购失败概率超过80%。过去几年，百年变局和世纪疫情交织叠加，全球金融市场受到一定程度的影响；作为亚太第一经济体，中国并购交易发展亦然，市场进入全新的战略调整期。

讨论：60%的中国企业并购失败的原因。

（资料来源：第一财经. 有删减）

（三）多角化成长

多角化成长就是企业有选择地增加产品种类，跨行业生产经营多种产品和服务，扩大企业的生产范围和市场范围，使企业的特长得到充分发挥，人力、物力、财力等资源得到充分利用，从而提高经营效益。这种战略包括以下三种形式。

1. 同心多角化成长

同心多角化成长是指利用现有物质技术力量开发新产品，增加产品的门类和品种，犹如从同一圆心向外扩大业务范围，以寻求新的成长。这种多样化经营有利于发挥企业原有的设备技术优势，风险较小，易于成功。如汽车制造商在原来生产汽车的基础上，又增加生产拖拉机、起重机等。例如：本田以发动机为基轴，从水、陆、空全方位实施多元化战略而获得成功。本田公司首先研制成功小型摩托车、轻骑、商用摩托、高档摩托；在研制摩托车的过程中派生出来的产品是农用机械；除此以外，由陆上车辆派生出来的产品还有很多，如轻型翻斗车、冷藏冷冻车、残疾人专用车、铲雪机等；其次研制成功用于赛艇、游艇和小型船只的船用发动机；再次研制成功小型喷气式飞机。本田公司的多元化始终是围绕着核心技术即发动机而展开的，属于典型的同心多元化。在世界500强中，像本田公司这样在同心多元化上获得巨大成功的企业也极为罕见。

2. 横向多角化成长

横向多角化成长又称水平多角化成长，即企业针对现有市场（顾客）的其他需要，增添新的物质技术力量开发新产品，以扩大业务经营范围，寻求新的成长。这就意味着，企业向现有产品的顾客提供他们所需要的其他产品。例如，一家农机制造企业，是为农民的农业生产服务的，现在决定增设一个化肥厂，实行跨行业经营，但仍然是为农民的农业生产服务。实行这种多样化经营，意味着向其他行业投资，有一定风险，企业应具相当实力；但由于是为原有的顾客服务，易于开拓市场，有利于塑造强有力的企业形象。例如：海尔是做冰箱起家的，之后又生产了空调、洗衣机、小家电等等；伊利生产了牛奶、酸奶、常规酸奶、低温酸奶、奶制品、冰激凌等等；因为这些产品有个共同的特点，面对的人群和渠道具有很高的相似性，而且技术端也有较高的趋同性，当企业掌握了一个产品的产业链资源或者渠道以后，那么这个品牌可以覆盖更多的同类产品，购买的人群也有较高的统一性。

3. 集团式多角化成长

企业通过投资或兼并等形式，把经营范围扩展到多个新兴部门或其他部门，组成混合型企业集团，开展与现有技术、现有产品、现有市场无联系的多样化经营活动，以寻求新的成长机会。例如：格力电器在2023年半年报这样描述自己的主营业务：格力电器是一家多元化、科技型的全球工业集团，旗下拥有格力、TOSOT、晶弘三大消费品牌及凌达、凯邦、新元等工业品牌，产业覆盖家用消费品和工业装备两大领域，产业链向上游延伸至压缩机、电机、芯片、漆包线、铜杆、电容器等，下游延伸至废旧家电绿色回收处理循环再利用，实现家电生命周期全覆盖。

通过分析我们知道，格力电器主要有家用电器和工业制造两大业务板块，具体分为空调、生活电器、工业制品、智能装备、绿色能源、其他主营、其他业务七大类。

实行这种成长又有两种情况：

（1）仍以原有产品业务为主，兼营别样。如美国柯达公司，除主要经营摄影器材外，还经营食品、石油、化工和保险公司。

（2）一业为主已不太明显。如美国国际电话电报公司，主营业务原是电话电报，但它却收购了一家庞大的旅馆集团。

实行集团式多角化成长，有财务上的原因，例如，为了在现时的经营中抵补季节性或周期性的各种波动，但更多的是出于战略上的考虑，如合理调配资金，或者避免能源危机、行业退化、政局变动给企业造成的威胁等，是为了企业的长远发展。然而，利用这种多样化的市场机会来寻求企业业务的成长，是冒着极大风险的，对大多数企业，尤其是中小企业，一般不宜采用，或者只能在低层次、小范围内采用。采用集团式多角化成长策略的企业，一般都是财力雄厚、拥有各种专家、具有相当声望的大公司。

三、优化投资组合

任何一个经营多项产品业务的企业，不论采用何种成长策略，其资金总是有限的，多项产品业务的成长机会也各不相同。因此，为了实现企业目标，在制定企业策略时，就必须对各项产品业务进行分析、评价，确认哪些应当发展，哪些应当缩减，哪些应当淘汰，并相应做出投资安排。这一过程就是制定产品投资组合，目的是合理使用资金，确保投资效益。

为了优化产品投资组合，企业高层管理人员应首先将企业所有的产品业务分成若干个“战略业务单位（strategic business unit）”，每个“战略业务单位”都是单独的业务或一组相关的业务单位，并能单独计划、考核其营销活动，它可以是企业组织中的一个部门或一个单位，也可以是企业所经营的一类产品或一种产品，然后，再逐个分析、评价它们的经营效益和成长机会，并做出或发展、或维持、或缩减、或淘汰的判断。

我国的企业现在大多也进行类似的工作，如对各项产品业务分类排队等。但多偏重于经验判断，缺乏具体科学的分析。这里简要介绍美国波士顿咨询集团和通用电气公司设计的两种分类评价方法。

（一）波士顿咨询公司模型

这种被称为波士顿矩阵法或BCG矩阵法（Boston Consulting Group Matrix）的方法是用“市场增长率/相对市场占有率”矩阵来分类和评价企业的所有产品业务（战略业务单位），如图5-3所示。

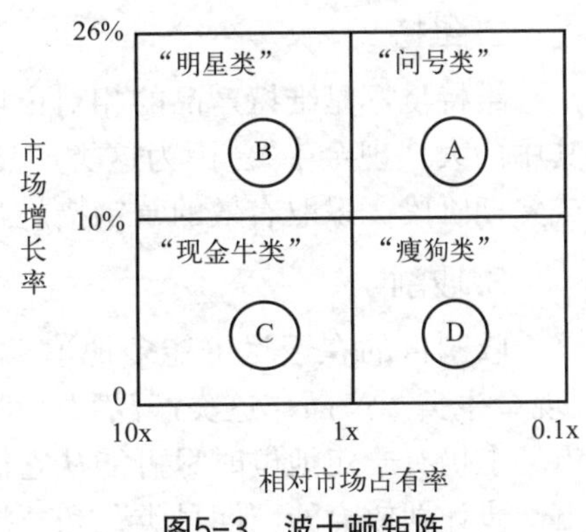

图5-3 波士顿矩阵

在矩阵中，纵坐标代表市场增长率，可以以年为单位。增长率高低可以视具体情况而定。假设以10%为分界线，则高于10%为高增长率，低于则为低增长率。横坐标为相对市场占有率，表示各经营单位与其最大的竞争者之间，在市场占有率方面的相对差异。某个经营单位的相对市场占有率为0.4，说明它的市场占有率为最大竞争者的40%；相对市场占有率为2.0，说明比最大的竞争对手的市场占有率多一倍，自己才是市场的"老大"。矩阵中的圆圈，代表企业所有的战略业务单位。圆圈的位置表示各单位在市场增长率及相对占有率方面的现状。圆圈的面积，表示各单位销售额的大小。该矩阵有四个象限，经营单位因而可划分为不同类型。

一般来说，市场占有率越高，这个单位的盈利能力就越强，利润水平似乎与市场占有率同向增长；另外，市场增长率越高，业务单位的资源需要量也越大，因为它要继续发展和巩固市场地位。

第一类：相对市场占有率高、市场增长率也高的产品。这类产品处于迅速成长阶段（可形象地称之为"明星类"产品），为支持其发展需要投入大量资金。因此，这是占用资金较多的产品。之所以要投入大量资金，是因为它们有希望成为提供大量现金的现金牛类产品。

第二类：相对市场占有率高、市场增长率低的产品。这类产品由于市场占有率高，盈利多，现金收入多，可以提供大量现金（据此可以形象地称之为"现金牛类"产品），企业可用这些现金支持其他需要现金的产品。因此，每个企业都十分重视这类"当家产品"，每个大中型企业总应当有几头强壮的"现金牛类产品（cash cows）"。

第三类：相对市场占有率低，市场增长率高的产品。多数产品最初都属这类产品。为提高这类产品的市场占有率，企业需要扩大生产，加强推销，因而需要大量现金，要靠"现金牛类"产品或贷款来支持。为此，企业应慎重考虑这样做是否合算（这类产品被形象地称之为"问号类"产品）。企业无疑要支持这类产品中确有发展前途的产品，但不宜过多，以免资金分散，效益不明显。

第四类：相对市场占有率低、市场增长率也低的产品。这类产品是微利、保本甚至亏本的产品，因而是"瘦狗类"产品。

由于绝大多数产品存在着市场生命周期，也由于企业营销管理的不同，以上四类产品在矩阵图中的位置会不断变化。例如，"明星类"的市场增长率最终会降下来，成为"现金牛类"；"现金牛类"有可能最终成为"瘦狗类"；如支持及时，"问号类"类有可能成为"明星类"；如经营成功，"瘦狗类"也有可能转化为"明星类"。

正因为如此，在制定企业战略时，就必须预测未来的市场变化，正确规划未来的矩阵，制定好产品投资组合计划。总的说来，"现金牛类"、"明星类"的产品不能太少，另两类产品相对不能过多，并且对不同类别的产品应持不同的投资策略。可供选择的企业投资策略有以下四种。

1. 发展

发展目标是提高产品的相对市场占有率。为达此目标，有时甚至不惜放弃短期收入。这种策略特别适用于"问号类"产品，与有效的促销组合相结合，使它们尽快转化为"明星类"产品。

2. 维持

维持目标是维持产品的相对市场占有率。这种策略特别适用于"现金牛类"产品，尤其是其中的大"现金牛"。因为这类产品能够提供大量现金。此类产品大多处于产品生命周期中的成熟期阶段，采取有效的营销措施维持相当长一段时间是完全可能的。

3. 收割

收割目的在于尽可能多地追求短期利润，而不顾长期效益。这种策略特别适用于弱小的"现金牛类"产品，这类产品很快就要从成熟期转入衰退期，前途暗淡，所以要趁这类产品在市场上仍有一定地位时尽可能从它们身上获取更多的现金收入。同样道理，这种策略也适用于下一步计划放弃的"问号类"和"瘦狗类"产品。具体方法包括减少投资、降低质量、减少促销费用、提高价格等。至于由此而减少需求所带来的后果，则不予考虑。

4. 放弃

放弃目的是清理、变卖现存产品，不再生产，并把各种资源用于生产经营其他经济效益好的产品。显然，这种策略适用于没有发展前途的，或者妨碍企业增加盈利的某些"问号类"或"瘦狗类"产品。

（二）通用电气公司模型

通用电气公司模型也叫多因素业务矩阵法或GE矩阵法。它是用两个由多种因素综合评价得出的指标——市场吸引力和竞争力指标来建立矩阵对企业目前业务组合进行分析的一种方法。这种方法是对波士顿方法的一种改进，使分析因素从两个因素变为多种因素，从而使分析更加全面，结论更为可靠。

1. 选择考察变量

GE矩阵认为，评估一项战略业务或决定其前景的关键因素有市场吸引力和公司业务能力两项。

对市场吸引力和企业不同业务竞争能力的综合评价，需要考虑许多因素。从表5-2中可以看出，市场吸引力常考虑总体市场规模、年市场增长率、历史毛利率、竞争程度、技术要求、通货膨胀、能源要求、环境影响等因素；企业不同业务的竞争能力常考虑市场份额、市场份额成长、产品质量、品牌知名度、分销网、促销效率、生产能力、生产效率、单位成本、物资供应、研发能力、管理人员等因素。通过评价两方面所包含的各种因素的权重和评分值（1～5），再进行加权平均，即可求得市场吸引力和企业不同业务竞争能力的综合评分。需要注意的是，对不同企业的不同业务单位，评价市场吸引力和竞争能力考虑的因素是不同的。

表5-2 引用GE方法评估某空调业务

评估变量	构成要素	权数 W_i × 分值 J_i（1~5）－ 值		
市场吸引力	总体市场规模	0.20	4.00	0.80
	年市场增长率	0.20	5.00	1.00
	历史毛利率	0.15	4.00	0.60
	竞争程度	0.15	2.00	0.30
	技术要求	0.15	4.00	0.60
	通货膨胀	0.05	3.00	0.15

续表

评估变量	构成要素	权数 W_i × 分值 J_i（1~5）= 值		
市场吸引力	能源要求	0.05	2.00	0.1
	环境影响	0.05	3.00	0.15
	总值	1.00		3.70
业务能力	市场份额	0.10	4.00	0.40
	市场份额成长	0.15	2.00	0.30
	产品质量	0.10	4.00	0.40
	品牌知名度	0.10	5.00	0.50
	分销网	0.05	4.00	0.20
	促销效率	0.05	3.00	0.15
	生产能力	0.05	3.00	0.15
	生产效率	0.05	2.00	0.10
	单位成本	0.15	3.00	0.45
	物资供应	0.05	5.00	0.25
	研发能力	0.10	3.00	0.30
	管理人员	0.05	4.00	0.20
	总值	1.00		3.40

2. 建立矩阵

在建立GE矩阵时，纵轴表示市场吸引力，横轴表示竞争能力。如果以5分分别表示市场吸引力和竞争能力的最大值，市场吸引力和竞争能力为1分以下不考虑，同时将1～5分范围内的市场吸引力和竞争能力的大小分为三等份，建立一个由9部分或9象限表示的矩阵（如图5-4所示）。将企业不同业务的市场吸引力和竞争能力的综合评价值标在图中，就可以得到一个企业的GE矩阵图。图中的圆圈大小表示该种业务的市场规模，圆圈中的阴影部分表示企业该种业务的市场占有率大小。

3. 确立发展战略，配备相应资源

这部分内容与BCG相似，但业务的划分与相关的战略更细致。对照图5-4及表5-3，可以看出左上角三格所代表的三项业务（A、B、D）最强，相关战略业务单位可以采取投资和扩张的战略；右下角三格表示三项业务（F、H、I）市场吸引力低且竞争能力弱，战略业务单位基本采取放弃的战略；从左下角到右上角这条对角线上三格所代表的三项业务（G、E、C）总的形势处于中间，战略业务单位采取选择好的项目集中力量发展或保持现有盈利水平的战略。

根据企业不同业务单位的综合评分，就可以反映一个企业目前经营的业务组合状况。根据企业不同业务单位在GE矩阵图中的不同位置，可以为企业的不同战略业务单位制定不同的投资对策（见表5-3）。

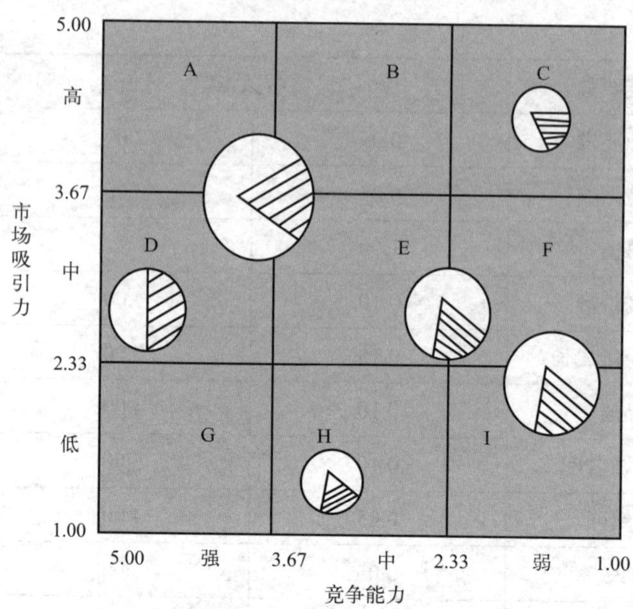

图5-4 市场吸引力-业务优势组合战略

表5-3 市场吸引力-业务优势组合战略

项目		企业业务竞争能力		
		强	中	弱
市场吸引力	高	A、保持优势 以最快最可行的速度投资； 集中努力，保持力量，在最有吸引力部分重点投资	B、投资建设 向市场领先者挑战； 有选择地加强力量； 加强薄弱地区	C、有选择发展 集中有限力量努力克服缺点； 如无明显成长就放弃
	中	D、选择发展 在最有吸引力部分重点投资； 加强竞争力； 提高生产力，加强获利能力	E、选择 / 设法保持现有收入 保持现有计划； 在获利能力强、风险相对低的部门集中投资	F、有限发展 / 缩减 寻找风险小的发展办法，否则尽量减少投资，合理经营
	低	G、固守和调整 设法保持现有收入； 集中力量于有吸引力的部门，保存了防御力量	H、设法保持现有收入 在大部分获利部门保持优势 给产品线升级 尽量降低投资	I、放弃 在赚钱机会最小时售出； 降低固定成本，同时避免投资

例 5-1

海尔六个战略周期

科学的管理模式是企业基业长青的关键，海尔镌刻着时代的烙印，并随着时代的发展而动态完善。“海尔制”是张瑞敏在近40年市场风云变幻中积聚的管理智慧，是无数海尔人用近40

年时间不断满足客户需求的实践成果。海尔的创业史也是一部海尔管理模式的创新史，张瑞敏在不断自我革命中带领海尔走过了六个战略周期。

第一，名牌战略规划阶段（1984～1991年）。张瑞敏提出“日清工作法”，从基础管理抓起，通过砸掉了76台质量不合格的电冰箱，使员工树立起生产质量、市场和竞争的意识，最终创出一个中国著名的冰箱品牌。

第二，多元化战略阶段（1991～1998年）。探索多元化发展，兼并红星电器，以“吃休克鱼的方式”，向红星电器输出海尔的企业文化。“海尔文化激活休克鱼”的案例入选哈佛商学院案例库，张瑞敏成为第一位登上哈佛讲坛的中国企业家。

第三，国际化战略阶段（1998～2005年）。先到美国、欧洲发达国家市场建工厂，再打开发展中国家市场。7年建立制造工厂18个，营销中心17家，研发中心9家，形成集研发、制造、营销“三位一体”的战略布局，创造出了一个世界品牌。

第四，全球化品牌战略阶段（2005～2012年）。带领海尔集团通过兼并重组，整合了三洋家电、斐雪派克、GE家电与CANDY等海外本土化品牌，创造出了全球最大的家电品牌集群。

第五，网络化战略阶段（2012～2019年）。加速推动海尔转型变革，由“制造产品的加速器”转变为“孵化创客的加速器”，基于“人单合一模式”上进一步探索提出“企业平台化、员工创客化、用户个性化”管理变革，成为全球首家引入用户全流程参与体验的工业互联网平台，并在全球20个国家复制推广。

第六，生态品牌战略阶段（2019年至今）。从传统时代的产品品牌到互联网时代的平台品牌，再到物联网时代的生态品牌转型。目前，海尔已经形成了高端品牌、场景品牌与生态品牌相协同的发展格局。

（资料来源：姚咏梅.探析海尔制-从模式到范式打造管理新生态. 有删减）

第二节　市场竞争者分析

在市场的争夺战中，企业要想获得消费者的青睐和赢得市场，就要对竞争者进行分析，了解他们与自己相比有哪些特点，哪些优势和劣势，哪些是消费者所看中的，这样才能比竞争者更好地满足消费者的需求。一般来说，企业在对竞争者分析的时候要经过如图5-5所示的步骤。

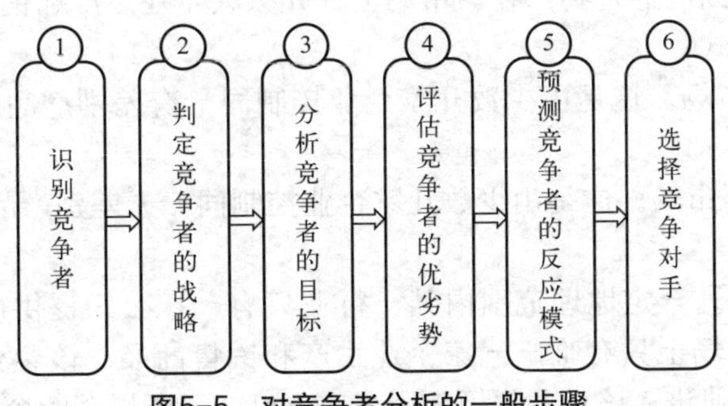

图5-5　对竞争者分析的一般步骤

一、识别竞争者

1. 区分四种层次的竞争者

菲利普·科特勒根据产品替代观念将企业的竞争者分为四个层次：

（1）欲望竞争者，指满足消费者不同欲望的竞争者。

（2）类别竞争者，指以不同的产品类别满足消费者同一欲望的竞争者。

（3）行业竞争者，指行业内各种形式产品生产者的竞争。

（4）品牌竞争者，指与本公司有相同的顾客群，并且以相似的价格提供类似的产品和服务的竞争者。

这四个层次的竞争者中，与企业有最直接竞争的是品牌竞争者和行业竞争者。两类竞争者都是同一个行业内部与企业产生竞争的竞争者。行业是一组提供一种或一类相类似的替代产品的公司。为此，我们需要了解一下行业结构类型。

2. 行业结构类型

根据行业内部的企业数量和产品的差异程度，可以将行业分为完全竞争市场、垄断竞争市场、寡头垄断市场和完全垄断市场四种，见表5-4。

表5-4 行业结构类型

<table>
<tr><th>项目</th><th>1 个销售商</th><th>少数销售商</th><th>许多销售商</th></tr>
<tr><td>无差别产品</td><td rowspan="2">完全垄断</td><td>无差别寡头垄断</td><td>完全竞争</td></tr>
<tr><td>有差别产品</td><td>差别寡头垄断</td><td>垄断竞争</td></tr>
</table>

（1）完全竞争市场　指在一定地理范围内某一行业有许多卖主，且相互之间的产品或服务没有差别。这是一种竞争不受任何干扰和阻碍的市场结构。其必备条件为：买主与卖主很多；产品同质；卖主进出行业自由，不存在任何限制；市场信息畅通。

（2）垄断竞争市场　指在一定地理范围内某一行业有许多卖主，且相互之间的产品或服务在质量、性能、款式和服务上有差别，顾客对某些品牌有特殊偏好，不同的卖主以产品的差异性吸引顾客展开竞争。这是一种竞争与垄断因素并存的市场结构。其特征为：卖主很多；产品之间存在差别，导致了部分垄断的可能性；行业主要由众多中小企业组成，企业进出行业自由。

（3）寡头垄断市场　某一行业内有少数几家大公司提供产品，占据绝大部分市场。这种市场结构是一种竞争与垄断的混合物，在该市场上，几家大企业生产和销售了整个行业的绝大部分产品。可分为两种形式：

① 差别寡头垄断市场。这是由少数几家企业控制同一有差别产品的行业。例如汽车、电脑、飞机等行业。

② 无差别寡头垄断市场。这是由少数几家企业控制同一无差别产品的行业。例如，钢铁、铝、石油等行业。

（4）完全垄断市场。一定地理范围内某一行业只有一家公司提供产品或服务。完全垄断市场的假设条件有：市场上只有唯一一家企业生产和销售商品；该企业生产的商品没有任何接近的替代品；其他企业进入该行业都极为困难或不可能，所以垄断企业可以控制和操纵市场价格。

二、判定竞争者的战略

公司最直接的竞争者是那些处于同一行业采取同一战略群体的公司。因此企业通常需要对竞争者所属的战略群体做出判断，目的是要选择一个自己具有相对竞争优势的群体进入，并与群体内其他成员共同争夺同一市场。战略群体指在某特定行业内推行相同战略的一组公司。战略群体具有这样的特点：

① 不同战略群体的进入与流动障碍不同。

② 同一战略群体内的竞争最为激烈。

③ 不同战略群体之间存在现实或潜在的竞争。

当一个企业在进入一个行业前需要全面的分析这个行业内所存在的战略群体，可以从以下一些因素进行辨别：产品质量、纵向一体化、技术先进水平、地区范围、制造方法等。还有一些更详细的信息，包括：竞争者业务、营销、制造、研究与开发、财务和人力资源战略；产品质量，特色和组合；顾客服务；定价方针；分销覆盖面；销售员战略；广告和促销程序等。

三、分析竞争者的目标

在判定了主要的竞争者和他们的战略之后，还需要了解每个竞争者在市场上追求的目标是什么？每一个竞争者的行为推动力是什么？竞争者是否有进攻新的细分市场或开发新产品的意图？

竞争者战略目标不同，对竞争企业的行为敏感程度也就不同。例如有的企业以服务领先、质量领先为目标，其表现出来的营销行为一定不会参与价格战；有的企业以技术领先为目标，该企业就会不断地进行产品创新；有的企业以提高市场占有率为目标，该企业就经常会进行促销或者率先进行价格战。

通常认为所有竞争者都是最大限度地追求利润并相应地选择其行动，每一个竞争者并不是追求单一的目标，而是目标的组合。

四、评估竞争者的优劣势

每个竞争者的战略和目标能否达成，取决于其自身所具备的能力和资源能否与外部的环境相匹配。因此，需要对其优势和劣势进行分析评价。对于竞争者的优势和劣势的评价，可以分三步来进行：搜集信息、分析评价、定点赶超。

1. 搜集信息

收集每个竞争者最近在业务上的关键数据，包括：销量、市场份额、毛利、投资报酬率、现金流量、新投资、设备能力利用。信息的收集工作，可以通过向顾客、供应商和中间商进行第一手营销调研来增加对竞争者的了解，也可以通过二手资料、个人经历或传闻来了解有关竞争者的优势和劣势。

2. 分析评价

在对竞争对手的优势和劣势进行分析评价时，可以根据每个行业不同的特点选择若干关键因素进行评价。选择几家主要的竞争对手，请顾客对竞争对手在这些关键因素的表现方面进行打分，从而判断每个竞争对手的优势和劣势所在。如果竞争对手在某些方面的表现呈现明显弱势，那将可以作为企业进攻的关键点。

一般情况下，每个公司在分析其竞争者时，需要注意监控以下三个变量：

（1）市场份额　衡量竞争者在有关市场上所拥有的销售份额情况。

（2）心理份额　在回答“举出这个行业中你首先想到的一家公司”这一问题时，提名竞争者的顾客在全部顾客中所占的百分比。

（3）情感份额　在回答“举出你喜欢购买其产品的公司”这一问题时，提名竞争者的顾客在全部顾客中所占的百分比。

一般而言，在心理份额和情感份额方面稳步进取的公司最终将获得市场份额和利润。

3. 定点赶超

企业为了能改进其市场份额，就会针对最成功的竞争者开展定点赶超。定点赶超实际上就是针对竞争对手的优点，效仿并超越。具体步骤如下：

① 确定定点赶超项目。

② 确定衡量关键绩效的变量。

③ 确定最佳级别的竞争者。

④ 衡量最佳级别对手的绩效。

⑤ 衡量公司绩效。

⑥ 规定缩小差距的计划和行动。

⑦ 执行和检测结果。

五、预测竞争者的反应模式

在对市场竞争者的营销战略、营销目标和营销能力分析的基础上，可以进一步明确市场竞争者可能对营销活动中的种种问题做出什么样的反应。一般来说，竞争者面对市场竞争，会呈现如下类型：

（1）从容型竞争者　指对某些特定的攻击行为没有迅速反应或强烈反应。

（2）选择型竞争者　指只对某些类型的攻击做出反应，而对其他类型的攻击无动于衷。

（3）凶狠型竞争者　指对所有的攻击行为都做出迅速而强烈的反应。

（4）随机型竞争者　指对竞争攻击的反应具有随机性，有无反应和反应强弱无法根据其以往的情况加以预测。

通常，反应模式受到目标和优劣势的制约，受企业文化、企业价值观、营销观念等因素的影响。

六、选择竞争对手

1. 用客户价值分析竞争对手

在获取了详细的相关信息之后，企业需要确定适合自身的竞争战略，并选择在市场竞争之中，与哪些竞争对手抗衡，规避哪些竞争对手。具体的选择可以通过客户价值分析来进行。客户价值分析即目标顾客所要得到的利益和他们对企业和竞争对手所提供的产品的相对价值的认知，主要步骤如下：

（1）识别客户价值的主要属性　如客户需要获得产品的何种功能，需要企业有何种经营水平。

（2）用定量的方法评估不同属性和利益的重要性　让客户对所需求的不同属性按照其重要性进行排序。如果客户在属性重要性评价顺序上有分歧，则将其分为不同的细分市场。

（3）以各个属性的重要性为基础，对公司和竞争对手在不同顾客价值上的绩效进行评估　理想的状况是客户在排序重要的属性上对本企业的评价最高，在排序最不重要的属性上给公司的评价最低。

（4）考察一个具体细分市场中的顾客，如何基于单个属性或利益，评价本企业相对于主要竞争对手的绩效　若本企业的产品在所有属性上都高于竞争对手，则企业可以适当制定较高的价格以获取更大利润，或者以相同的价格提高市场占有率。

（5）定期评估顾客价值　当外部环境发生变化时，客户的需求也会发生变化，因此，企业需要定期评估客户价值，确保企业常保优势地位。

2. 选择攻击的竞争对手

在选择竞争对手进行攻击的时候有以下一些分类：

（1）强竞争者与弱竞争者　大多数企业喜欢把目标瞄准实力较弱的竞争者，这种做法无须太多的时间和资源。但相应地，企业也不会有很大的成效。因此，企业也应当选择与一些实力强大的竞争者进行竞争。因为企业若想与实力强大的竞争者相抗衡，就必须在很多方面努力改进，这将增强企业整体实力，使企业长期受益；另外，再强的竞争者也有弱点，只要企业策略选择与实施得当就能体现企业的竞争实力。

（2）近竞争者和远竞争者　大多数企业都会与那些跟它们非常相似的竞争者竞争，但与此同时，企业应注意避免企图“摧毁”这些最接近的竞争者，因为企业“摧毁”了其最接近的竞争者，却有可能引来更多更难对付的竞争者。

（3）“好”竞争者与“坏”竞争者　竞争者的存在，有时会为企业带来一些好处，表现为：增加市场总容量；可以分担市场与产品开发的成本，并有助于推广新技术；可以为一些吸引力不大的细分市场服务或促使产品差异化；减少“反托拉斯”的风险，并增强企业与管理当局协商的能力。但并非所有的竞争者都会给企业带来益处。每个行业都有“好的”和“坏的”竞争者。好的竞争者遵守行业规则：他们希望一个公平、稳定、健康的竞争环境，制定合理的价格，推动他人降低成本，促进差异化，接受为他们规定的市场占有率和利润的合理界限。坏的竞争者会破坏行业规则：他们喜欢投机取巧，喜欢冒大风险，超额投资等。他们的存在打破了行业的平衡。所以，一个明智的企业经营者应当支持好的竞争者，攻击坏的竞争者。尽力使本行业成为由好的竞争者组成的健康行业。

思政园地

竞争道德规范要求

竞争道德以积极竞争、正当求利、平等自愿、诚实守信作为它的主要规范。

（1）积极竞争　积极竞争是指锐意进取、不断开拓创新的道德要求。在竞争中发挥潜在的积极性、创造性和拼搏精神，发挥人的主体能动性，改善经营管理水平，降低劳动成本，提高劳动生产率。

（2）正当求利　一是要求坚持以国家、集体和个人利益三结合为本，把国家富强、民族振兴和人民安康作为竞争活动的最高目的，决不允许为一己私利或小集团的狭隘利益损害社会利益，即全体劳动人民的利益。二是要求用合法、合德的正当手段实现生产经营者的利益，而不允许采用违法违德的手段。

（3）平等自愿 在市场经济活动中，生产经营者必须遵循等价交换的原则，无论经济实力强弱，或者拥有何种社会身份，都是经济活动的平等参与的主体，处于平等地位，在法律许可的范围内，参与者完全按自己的意愿进行交易活动。

（4）诚实守信 诚实，就是在生产经营活动中实事求是，言行一致，表里如一，不随意夸大或缩小事实，不弄虚作假，投机取巧；守信，即信守协议，建立自身良好的信誉。

以诚实守信作为道德规范，这不仅是社会主义社会道德对竞争行为的要求，也是生产经营者在竞争中取胜的法宝。社会主义市场竞争，受社会主义国家的性质所约束，受社会主义社会道德所指导，它要求竞争活动以诚实守信为前提，竞争必须是在合法、合德的正当范围内竞争，而不允许以欺诈的手段来进行。在市场经济活动中注重信誉，以良好的风貌赢得市场，从而赢得利润，保持不败的优势。

（资料来源：百度百科. 有删减）

七、市场竞争者分类

企业在选定竞争对手与之抗争之后，市场上就形成了相应的竞争格局。根据各企业在目标市场上的地位和所起作用的不同，可以将竞争位置分为领先者、挑战者、追随者和利基者四类。

一般而言，市场领先者手中掌握40%的市场，该类企业的市场占有率最大；另外 30%的市场掌握在挑战者手中，这类企业积极地使用高度侵占性战术，企图扩充其市场占有率：还有20%的市场掌握在市场追随者手中，这些企业只能力图维持其市场占有率，而不会扰乱市场竞争形势；其余10%的市场掌握在许多小企业手中，它们是拾遗补缺者，又被称为市场利基者，只能对不致引起大企业兴趣的狭小目标市场提供服务。

第三节 制定竞争战略

对于竞争者的发现和辨别是企业确定竞争战略的前提。在对市场上的竞争者分析的基础上，企业制定竞争战略首先考虑的是市场竞争的基本战略，即对成本领先、差异化战略和集中化战略进行选择。再考虑市场竞争的具体战略，即对市场领先者战略、市场挑战者战略、市场跟随者战略以及市场补缺者战略进行选择。

一、市场竞争基本战略

任何企业要在市场竞争中站稳脚跟，得以发展，必须针对企业的竞争对手，根据自身的市场地位和实力状况来制定竞争战略。市场竞争的基本战略有总成本领先战略、差异化竞争战略和目标集中化竞争战略，可供企业进行选择。

1. 总成本领先战略

总成本领先战略是指企业尽可能降低自己的生产和经营成本，在同行业中取得最低的成本生产和营销成本的做法。实现的途径主要是改进生产制造工艺技术、设计合理的产品结构、扩大生产规模、提高劳动生产率等。总成本领先战略可以说是比较传统的做法，但仍是现代市场营销活动中比较常见的竞争做法。

要想实现总成本领先，一般要求取得一个比较大的市场占有份额，因此低成本低价策略需要结合使用。企业在考虑采用这种竞争战略的时候，需考察行业的历史销售现状，如果没有成本经济性上的好处，那么，企业的营销利润会受到大量侵蚀。例如：格兰仕之所以能够在微波炉领域成功，是因为其从一开始就注重培养和提升自身的竞争力，选择了适合自己的总成本领先战略，不断扩大规模、降低平均成本、实现规模经济。规模的迅速扩大，生产成本降低，为发动价格战提供了有力的保证。价格战引发的市场占有率扩大，又进一步使格兰仕扩大了生产规模，最终使格兰仕在全球微波炉市场占据重要地位。

2. 差异化竞争战略

差异化竞争战略是指从产品定位因素、价格因素、渠道因素、促销因素及其他营销因素上造就差异，形成企业对于整个产业或主要的竞争对手的“独特性”。

差异化竞争是当前在市场营销活动中占主流的竞争做法。差异化竞争战略具有的竞争特点如下：

① 构筑企业在市场竞争中的特定的进入障碍，有效地抵御其他竞争对手的攻击。因为一旦企业在营销中形成了差别，如品牌的高知名度和特色，产品独特的功能，专有的销售渠道和分销方式，顾客熟悉的广告刺激及营销沟通方式等，就很难为其他的竞争对手模仿，因而也就很难有其他的竞争对手能轻易打入本企业所占据的目标市场。

② 减弱顾客和供应商议价能力，顾客从接受“差异”中形成了某种或若干方面的偏好，顾客购买“喜欢的品牌”而不是购买“便宜的品牌”的行为一旦确立，就不会更多地转换购买其他的品牌。甚至到了顾客依赖于特定的品牌时，企业绝对市场地位确立了，顾客的议价能力被大大减弱。而企业一旦在行业中确立了这样的营销优势或“独占”地位，也会使某些供应商更难在市场中寻找到其他更好的交易对象，供应商的议价能力也就被大大削弱。而且，供应商甚至会受到社会公众压力，使其不能轻易地拒绝为公众所喜欢的品牌产品提供资源，供应商的议价能力在这种情况下更被削弱。例如：小米手机能够在如此激烈的竞争红海中脱颖而出，依靠的就是差异化竞争战略。小米手机坚持“为发烧而生”的设计理念，将全球最顶尖的移动终端技术与元器件运用到每款新品。由于具有极高的性价比，和用户要求完美契合，成功地运用一系列营销模式，小米手机自上市以来备受热捧，因此一跃成为国内智能手机市场中的翘楚。

3. 目标集中化竞争战略

目标集中化竞争战略是指针对某个特定顾客群、主攻产品系列的一个细分区域或某个地区市场。

目标集中化竞争战略可能涉及少数几个营销组合因素，也可能涉及多个营销组合，其主要特点是，所涉及的细分市场都是特定的或是专一的。也就是说，目标集中化竞争战略是指针对一组特定顾客的。战略含义是：企业集中力量，以更好的效果，更高的效率为某一狭窄的服务对象提供产品或服务。例如：聚美优品在成立之初，面对竞争激烈巨头环伺的电商市场，所有企业都在发力做全品类的时候，聚美优品却聚焦在电商中的垂直化妆品品类，实现了相对的成本领先及服务差异化，后来通过营销差异化彻底打响了聚美优品的品牌，一度成为电商行业中的头部企业之一。

二、市场领先者竞争战略

市场领先者是指在相关产品的市场上占有率最高的企业。例如：微软、可口可乐就是典型的市场领先者公司。一般来说，大多数行业有一家企业被认为是市场领先者。它在价格变动、新产品开发、分销渠道的宽度和促销力量等方面处于主宰地位。它是市场竞争的先导者，也是其他企业挑战、效仿或回避的对象。由于市场领先者处于最显眼的领先者位置，其经常会受到市场上各方力量的挑战，企业想要维持其优势地位，应当采取强有力的行为，可以从三个方面进行：扩大整个市场的总需求，保持其现有的市场占有率，力争扩大其市场份额。

（一）扩大总需求

由于市场领先者占有市场上巨大的份额，市场总需求量增大，市场领先者将会获益最大。领先者企业想要扩大整个市场的总需求，可以从以下三个方面着手。

1. 开发新用户

开发新用户是指使那些尚未使用本行业产品的人开始使用，把潜在顾客转变为现实顾客。每类产品都有吸引新使用者的潜能，这些购买者可能因目前不知道此项产品，或因其价格不当或因其无法提供某种性能、型号而拒绝购买该产品。企业可以针对这些不同情况采取措施，解决潜在购买问题，将其转化为新的实际购买者。一个制造商可以使用三种战略找到新用户：

（1）市场渗透战略 即在现有的市场上，以现有的产品来吸引客户购买。比如说，化妆品的制造商可以说服较少使用化妆品的女性更多地使用化妆品。

（2）市场开发战略 即以现有的产品，开发新的细分市场。比如化妆品制造商可以说服男士使用洗面奶并进行面部护理。

（3）地理扩展战略 即以现有的产品在尚未使用本产品的地理区域进行推广销售。例如，国内化妆品企业可以把化妆品销售到其他国家去。

2. 开辟新用途

开辟新用途是指发现并推广现有产品的新用途。比如，杜邦公司就是通过不断开发尼龙的新用途而实现市场扩张的。尼龙首先是用于制作降落伞的合成纤维，然后是作为制作女袜的主要原料，后来又作为制作服装的原料，再后来又成为汽车轮胎、沙发椅套、地毯的原料。这一切都归功于杜邦公司为发现产品新用途而不断进行研发。再如，现在许多调味料的包装袋上都会介绍产品的多种食用方法和用途，都是企图通过开辟新的用途来扩大总的市场份额。

3. 增加使用

增加对产品的使用可以通过三种途径：

（1）增加每次使用量 比如，牙膏厂商扩大牙膏管口的口径，增加每次使用的量；洗发水生产商建议洗发水洗两次效果更好。

（2）提高购买频率 比如，牙刷生产厂商倡导消费者牙刷最多使用三个月就更换。

（3）增加使用场所 比如，红酒厂商建议红酒不仅可以在宴席上喝，而且平时每天喝少量红酒对身体有益。

（二）保持市场占有率

除了扩张总市场的规模外，领导者企业还必须时常提高警觉，保持现有的市场占有率。挑战者经常会偷偷地接近市场领导者，以窥其弱点，发起进攻，比如，百事可乐攻击可口可乐。近年来，全球性市场竞争的加剧促使经营者对军事作战模式产生浓厚兴趣，并力图将其运用于市场营销活动之中。他们认为，领导者企业在保持市场占有率时可将一些成功的军事防御战略作为其竞争战略，主要有以下六种。

1. 阵地防御

最基本的防御方式是阵地防御，即企业在目前的经营领域周围采取防范措施，就像军事阵地周围的防御工事一样，以此抵御对手的攻击。但单纯依靠防御工事来做战很少能取得胜利，企业必须使用多种防御措施相结合的方式才会有更大的胜算。比如可口可乐公司，尽管生产着全世界近一半的饮料，还要积极进入酒类市场，已兼并了水果饮料公司并进入脱盐设备和塑料业以使经营多元化。

2. 侧翼防御

在全面防卫整个阵地时，市场领导者应特别注意其侧翼的薄弱环节。聪明的竞争者总是针对企业的弱点发起进攻。正如日本人进入小型轿车市场是由于美国汽车制造商在这一部分市场上留下一个很大的漏洞。因此，企业必须运用侧翼防御战略，从各方面留心监测自己在市场中的处境，保护企业的要害部位，不让竞争者从某一点找到突破口。

3. 先发制人的防御

领导者企业可以采取一种更为积极的防御性战略即先发制人，即在竞争者攻击本企业之前抢先削弱它们的实力。比如，企业对某个市场占有率已接近并危及自己的竞争者发动攻击。这种以攻为守的战略出发点是：预防胜于治疗。

公司采用先发制人的防御有多种方法：

① 市场中开展游击战，各方出击打击竞争对手，使每个竞争对手都惶惶不安。这种高压战略的目的是使自己在任何时候都保持主动，使竞争对手一直处在防守地位。

② 先发制人战略也可以不付诸行动，而只是在对手心理上形成威慑。比如透露一些信息告知对手企业将会针对对手的行为有所行动，让对手觉得行动之后的效果也不显著，从而自动放弃。

③ 当一些市场领先者有较高的市场资源，它们有能力平安度过某项攻击，有时候甚至会引诱对方进行攻击，让其花费巨大的代价。

4. 反攻性防御

当一个领导者企业采用了侧翼防御或先发制人防御战略后仍受到攻击，它可用反攻性防御战略。比如，当竞争对手不断攻击领先者时，领先者反过来也通过增加促销和推广几种革新产品向竞争者发起进攻。有时，企业在反攻以前稍作停顿，等待与观望也许是一种危险的游戏，但有很多理由使企业不能急于行事。在等待过程中，企业可以更全面地了解竞争者，发现其过失，找到反击的突破口。

5. 运动防御

这要求领导者企业不仅要积极保护现有的市场，还要进一步扩展到一些有前途的领域，通过市场扩展来提供更多能满足顾客需要的产品。这种拓展主要不是依赖正常的品牌扩展，而是通过在两条战线上的创新活动进行：市场拓宽和市场多样化。比如，海尔从“白色家电”进入到“黑色家电”，这使企业的业务扩展到相邻的行业，有助于企业综合发展和提高自卫能力。生产香烟的企业意识到对吸烟的限制日益成长，而进入啤酒、软饮料行业，这样可以将其资金分散到彼此不相关的行业经营，让企业在战略上有更多的回旋余地。

6. 收缩防御

一些大企业有时发现无法保住其所有的细分市场，企业资源过于分散，因而竞争实力减弱，致使竞争者进一步吞食本企业的市场。在这种情况下。最好的行动莫过于采用缩减式防御（或称为战略性撤退），即企业放弃一些已失去竞争力的市场，而集中资源在本企业具备较强竞争力的领域进行经营。比如说，海尔主动放弃小型单筒洗衣机市场，将资源集中在优势产品上，使其竞争优势更加突出。

（三）扩大市场份额

企业也可以选择通过扩大本企业的市场份额而进一步扩大领先优势。一般而言，如果单位产品价格不降低并且经营成本不增加，企业的利润率会随着市场份额的扩大而增大。但是切不可认为提高市场份额就会自动增加盈利，这主要取决于公司提高市场份额所采取的策略。获得较高市场份额的成本也许大大超过收入的价值。此时应该考虑三个因素：

（1）要防止引起反托拉斯行动　若市场领先者侵占了更多的市场，那么，竞争者及反托拉斯立法者很可能会提出抗议。这种风险将会大大削减追求市场占有率而获利的吸引力。

（2）经济成本　在已达到高占有率之后，要想再获得更高的市场占有率，其成本可能上升得很快，因而将降低边际利润。来自顾客及其他社会公众的阻力在超过某一限度后，就使追求更高市场占有率的行动变得十分艰难，获利能力不再随市场占有率的上升而上升，反而可能下降。如图5-6所示。

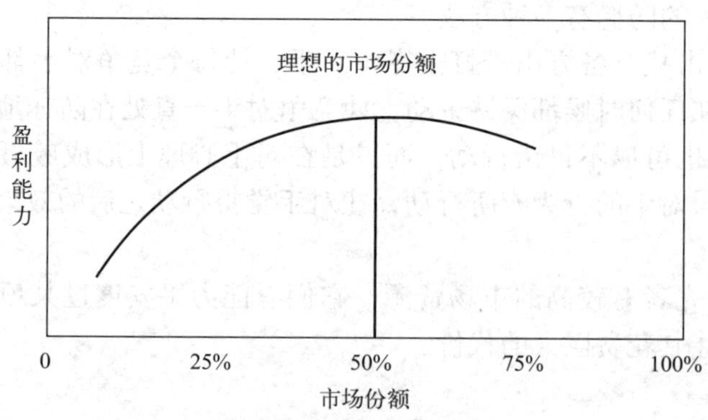

图5-6　市场份额与盈利能力关系

（3）错误的营销组合　企业在努力提高市场占有率时可能采取错误的市场营销组合策略，因而不能增加利润。比如降低产品价格并增加广告支出和销售促进，虽然可以增大市场份额，但并不一定能增加利润。只有在以下情况下扩大市场份额才能增加利润：

① 单位成本随着市场份额的增加而减少。

② 公司提供一个优质产品和收取超出提供较高质量所花费的溢价。

总之，扩大市场占有率策略并不是单纯将提高占有率作为唯一的目标，它应在领先者企业保护现有“领地”和盈利的情况下，拓展整个市场。

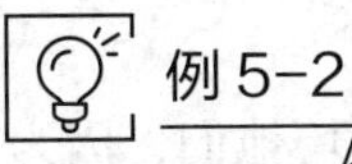

例 5-2

可口可乐公司利用人工智能技术保持在软饮料市场的领先地位

可口可乐产品在200多个国家进行营销和销售。在每一个市场中，都有关于口味、糖和卡路里含量、营销偏好和品牌所面临的竞争对手的当地差异，这意味着，为了在每个地区保持领先地位，它必须收集和分析来自不同来源的大量数据，以确定其品牌中哪些可能会受到欢迎。他们最知名的品牌的口味甚至会因国家而异，而了解这些当地的偏好是一项极其复杂的任务。

通过人工智能算法对自动售货机的数据进行分析，使可口可乐公司能够更准确地了解其数十亿客户在全球范围内的购买习惯如何变化。它利用这一点为新产品决策提供信息。例如，在美国推出樱桃雪碧作为瓶装产品的决定就是因为数据显示这可能是一个成功的举措。对社交媒体帖子的计算机视觉分析和自然语言处理，以及对社交参与度指标的深度学习驱动的分析，使可口可乐公司能够制作更有可能引起客户共鸣并推动其产品销售的社交广告。应用TensorFlow创建卷积神经网络，使扫描仪能够从简单的照片中识别出产品代码，提高了客户对可口可乐在世界各地不同忠诚度计划的参与度。

（资料来源：清湛人智.可口可乐公司如何利用人工智能技术保持在软饮料市场的领先地位. 有删减）

三、市场挑战者竞争战略

市场挑战者指在相关产品市场上处于次要地位但又具备向市场领导者发动全面或局部攻击的企业。虽然它们比领导者小，但就整个行业而言，它们的势力也非常大，这些居次的企业可以采取不同的竞争策略。挑战当然很可能会失败，但市场领先者常常背负着包袱不敢轻易创新，这就给挑战者留下了赢得竞争的机会。丰田超过了曾经的汽车王者通用汽车，百事可乐给可口可乐施加了不少压力，而AMD也在抢食英特尔的市场份额。它们可以决定攻击市场领导者及其他企业而获得更高的市场占有率，也可以安于现状而不扰乱竞争局面。一个市场挑战者首先要确定它的战略目标，大多数市场挑战者的目标都是提高市场占有率，因此需要选择向谁进攻。

（一）确定战略目标和竞争对手

市场挑战者的进攻对手可以在以下范围选择。

1. 市场领先者

挑战者可以选择市场领先者进行攻击。这一战略风险较大，不过一旦成功，企业将获得很大好处，特别是当市场领导者名不副实或存在明显漏洞时，采取这种策略更有意义。若挑战者进攻的目标是市场领导者企业，其目的可能是要争夺市场占有率而不在于马上打垮领导者企业。

2. 规模相同但经营不善、资金不足的竞争对手

进攻这类竞争对手，对于挑战者来说相对容易。挑战者企业应认真测定竞争对手的顾客是否满意以及该企业产品的创新能力怎样。若这家企业资源有限，挑战者企业甚至可以考虑进行正面攻击。

3. 规模较小、经营不善、资金缺乏的竞争对手

对于挑战者来说，进攻这类竞争对手最为容易。选择这类对手的目标就是击垮他们，因为这类企业常常经营不善、资金不足，挑战者企业可以靠吞并这样的小企业扩大自己的实力。

（二）选择进攻战略

在确定了进攻对手和目标之后，企业需要选择进攻所使用的战略。一般而言，有五种可以选择的战略。

1. 正面进攻

当挑战者集中精力直接攻击对手时，就是发动正面进攻。正面进攻打击的目标是竞争者的长处，胜负取决于谁的实力更强。在完全正面攻击中，挑战者企业要与竞争者在产品、广告、价格等方面进行全面较量。只有在实力明显超过竞争对手时才有可能获胜。

如果没有以上把握，挑战者可以不采取全面进攻，而是采取稍加变化的正面进攻最常用的方法是实行削价，即在产品其他方面与竞争者不相上下的同时，通过较低的价格打击竞争者。应用这种策略特别应注意防止被卷入单纯的价格战之中，同时还使顾客不至于因价格降低而怀疑产品的质量。此外，为使这个价格的进攻有一个坚固的基础，企业可以在研发方面投入足够的资金以便降低成本，持续正面进攻战略，直至获胜。

2. 侧翼进攻

再强大的竞争者也总有一些未加防备的侧面，这可以成为挑战者攻击的目标。特别是那些资源比竞争对手少，不能用强力击败对手的挑战者可以采用这种“集中兵力攻击弱点”的侧翼进攻战略。侧面进攻的常用方法是从地理或者细分市场两个方面来打击对手。如向竞争对手在全国乃至全世界经营不善的地区发动攻击；或者，寻找竞争者的产品尚无供应的市场缺口，并且迅速填补这个空缺，将其发展成为强大的细分市场。

3. 包围进攻

这种进攻战略是试图通过多方面的“闪电”进攻以深入敌方，即从几条战线上同时发动一个大的进攻，使竞争对手必须同时注意自己的前后和边线。比如说，可以比竞争对手向市场提供种类更多的产品，这种做法对于拥有更多资源优势的挑战者来说更有意义。

4. 迂回进攻

这是一种间接进攻策略，是指绕过竞争对手，向较易进入的市场发动攻击，扩大自己的资源基地。常用的方法有：

① 多元化经营且经营不相关产品。

② 将现有产品打入新地区市场。

③ 以新技术取代现有产品。

5. 游击进攻

这是指在不同地区向竞争对手发动小规模的、断断续续的攻击，目的在于骚扰对方使之疲于应付，最终使自身能在市场上站稳脚跟。常用方法有：

① 有选择性的降价。

② 密集的爆发式促销行动。

③ 采用法律行为。

这几种方法特别适用于资金短缺没有实力发动正面进攻和侧面进攻的小企业。

在进行游击战的时候企业还需考虑，展开少数几次主要进攻还是一连串连续的小攻击。以军事的观点，后者比前者能更多的积累冲击力量、瓦解敌人。同理，攻击小的、孤立的、防守薄弱的市场比向主要的中心据点市场进攻要有效得多。应当注意，这种游击战严格说来只是一种“准备战”，挑战者若希望打败对手，最终仍需有强大的进攻作为后盾。

（三）营销策略

上述各种进攻战略涉及很广，市场挑战者应选择一些适当具体的营销策略，并加以综合运用。具体如下：

1. 价格折扣策略

价格折扣策略即挑战者用较低的价格销售竞争产品。这是折扣零售店的主要做法。这种策略想获得成功须有三个前提条件：

① 挑战者必须使顾客相信它们的产品和服务与领先者一样优质。

② 购买者对价格敏感且没有转移成本。

③ 市场领先者不会针锋相对地降价。

2. 廉价品策略

挑战者用非常低廉的价格向市场提供质量一般或低质量产品。这种策略只有在某细分市场内对价格关注的消费者占有相当的数量时才会有效。不过，靠这一策略成功的企业可能会受到产品更便宜的公司的攻击，后者的价格会更低。在防御中，前者要努力使产品质量不断提高。

3. 声望策略

市场挑战者可以开发出比市场领导者品质更优的产品，并制定更高的价格。有些有高声望产品的公司也会舍弃一些较低价格的产品，以充分发挥它们制造高质量产品的优势。梅赛德斯胜过凯迪拉克便是因为在美国市场中提供了更高质量和更高价格的汽车。

4. 产品繁衍策略

挑战者可以通过推出大量不同式样的产品，向顾客提供更多的选择来与领先者竞争。

5. 产品创新策略

挑战者可以通过对产品进行创新，来攻击市场领先者的地位。例如德克士经常推出新口味的产品来跟肯德基抗衡。

6. 改进服务策略

挑战者可以通过多种方式向顾客提供新的或更好的服务。

7. 分销创新策略

挑战者可以去发现或发掘新的分销渠道。

8. 降低生产成本策略

挑战者可以通过提高采购效率、降低劳动成本、运用更先进的生产设备等手段使生产成本比竞争者的更低，并利用较低的生产成本制定更具竞争力的价格，从而夺取市场份额。

9. 密集的广告促销策略

有一些挑战者通过实施大量的广告和促销来对市场领导者发起进攻。

要注意的是，一个挑战者如果只依靠一条战略要素是很难提高自己的市场份额的，必须设计一套能随着时间推移而改进其地位的总体战略。

例 5-3

元气森林2023年推出全新“可乐味气泡水”

现有产品达到饱和，只能在口味、卖点做创新。元气森林现有近18个口味，今年还推出两个重要产品，一个是可乐，一个是柠檬，分别对应可口可乐、百事可乐、雪碧和七喜。

相比可口和百事，元气森林的气泡丰盈度更强，喝起来更爽口，广告也是宣传气泡分明度更高，配方也有提升，没有添加磷酸等防腐剂，用赤鲜糖醇和巴拉圭茶提取物代替咖啡因，让口味比可乐更醇厚。

元气森林争取的消费者主要是女性或对身材管理更严谨的年轻人，认为喝可乐会导致身材肥胖，所以选择元气森林作为替代品。

（资料来源：商霖文库.有删减）

四、市场追随者竞争战略

著名管理学家西奥多·莱维特教授在《创新模仿》中提出了产品模仿策略，他认为这同产品创新策略一样是有利可图的。作为创新者，总是要承担开发新产品、向市场提供信息以及引导市场等巨大的投资支出，同时它们也因为这些投入和风险而取得了市场领先者的地位。但是，其他公司会紧随而来，模仿或改进创新者推出的新产品，并且在市场上展开销售竞争。尽管这些追随者未必能后来居上，超过创新者，但是由于不承担创新所耗费用，也会获得高额利润。

许多在行业中位于第二位的公司甘愿居于领先者之下而不去挑战。因为，市场领先者对于其他公司试图从其手中争夺顾客的企图不会无动于衷，听之任之。如果挑战者采用低价、更完善的服务或其他产品特点等作为诱饵，领先者会很快在这些方面赶上以进行抗衡。而在这场激烈的战斗中，市场领先者往往具备更为强大的持久能力。殊死搏斗会使得两败俱伤，因此挑战者在进行挑战之前需要谨慎思考，除非有制胜绝招——如产品的重大创新或者在分销体系上有明显突破，否则它们宁愿继续追随市场领先者，也不愿贸然对领先者发起进攻。

市场追随者指在行业中占据第二及以后位次，但在产品、技术、价格、渠道和促销等大多数营销策略上模仿或跟随市场领先者的公司。市场跟随者与挑战者不同，它不向领先者发动进攻，而是跟随在领先者之后自觉地维持共处局面。

在资本密集型的同质产品行业，如钢铁、化肥和化学行业等，这种现象比较常见。这些行业的特点有：产品差别化和形象差别化的机会较低；服务质量也大体一致；价格敏感性高，随时会爆发价格战。由于怕获取短期利润的做法会招来报复而使得两败俱伤，行业内的各公司都默认这样的规则，即不相互争夺其他企业的顾客。因此，市场份额具有较强的稳定性。

虽然市场追随者不向市场上的其他竞争者进行挑战，但是，想要在市场上有立足之地，也必须制定一条不会引起竞争性报复的成长路线。一般而言，追随战略可以分为四类：

（1）仿制者战略　即复制领先者的产品和包装，在黑市上销售或卖给名誉不好的经销商。这种竞争者是被市场上其他竞争者所讨厌的，因为他们的仿制行为制造出来的低质量产品会破坏被仿企业的信誉。

（2）紧跟者战略 指在各个细分市场和产品、价格、广告等营销组合战略方面模仿市场领先者，完全不进行任何创新的公司。

（3）模仿者战略 指在基本方面模仿领先者，但是在包装、广告和价格上又保持一定差异的公司。

（4）改变者战略 指在某些方面紧跟市场领先者，在某些方面又自行其是的公司。

需要指出的是，虽然追随者不需要承担创新费用，但他们通常不会比市场领先者赚得更多。

例 5-4

达利食品“复制+改良”的跟随策略

2002年，达利食品推出了第一个超级大单品“达利园”，主要跟随的对象便是“韩国好丽友”。达利园蛋黄派一经面世便迅速抢占市场，在中国蛋黄派领域占据重要席位。

基于对消费者需求的洞察，达利园持续不断地创新，先后推出薯片品牌“可比克”和高端饼干品牌“好吃点”。薯片产品可比克，跟随品客、乐事；烘焙饼干好吃点，跟随亿滋国际。这三大品牌的推出，也奠定了达利在食品行业的领先地位。

同时，一直奉行“多品牌多产业”发展战略的达利食品并未放慢脚步，而是把目光转向饮料业和家庭消费板块。

2007年，达利食品推出凉茶品牌“和其正”，正式进军饮料行业，成为横跨休闲食品、饮料两大产业的行业巨头。2013年达利食品再度推出功能饮料“乐虎”，通过差异化的规格定位和品牌营销，建立起了一批忠实的消费群体。

2014年，达利食品推出高端烘焙品牌“蓝帝堡”，跟随的是“皇冠丹麦曲奇”。2017年，达利食品瞄准高品质需求人群，率先开创纯豆奶细分品类，并迅速占领市场。

这些年，从泉州的一家小食品厂，成长为食品饮料行业的头部企业，达利食品凭借的正是“复制+改良”的跟随策略。

（资料来源：泉州市食品行业协会.达利食品凭借“复制+改良”的跟随策略，一年爆卖200亿. 有删减）

五、市场利基者竞争战略

市场利基者是指专门为规模较小的或大公司不感兴趣的细分市场提供产品和服务的公司。如果公司不想在较大的市场上做追随者，那么可以争取在较小的市场上或者在其他更适合的补缺市场上成为领先者。特别是较小的公司，要想避免与大公司发生矛盾，通常要将目标定在大公司不屑一顾的小市场上。虽然这些市场比较小，但是这并不意味着该市场的利润小，美国战略计划研究所在研究了几百个业务单位后发现，小市场的投资报酬率平均为27%，而大市场只有11%。因此，有时候一些大公司的业务部门也推行补缺战略。小的公司若在补缺市场上与大公司狭路相逢，市场份额就会遭受损害，所以要想在补缺市场获取利润，进入某个利基市场之前需要考察些条件：

1. 理想的补缺市场特征

① 具有一定的规模和购买力，能够盈利。

② 具备发展潜力。

③ 强大的竞争者对这一市场不屑一顾。

④ 公司具备向这一市场提供优质产品或服务的能力和资源。

⑤ 公司已在顾客中建立了良好的声誉，能够抵挡竞争者的入侵。

2. 市场利基者战略

在补缺中的关键概念是专业化，市场利基者可以从以下角度来考虑专业化问题：

（1）最终用户专业化　公司可以专门为某一类型的最终用户提供服务。例如，法律事务所可以专门为刑法、民法或工商企业法等范畴内的市场服务。

（2）垂直专业化　公司可以专门为处于生产与分销循环周期的某些垂直层次提供服务。例如，铜制品公司可以专门生产铜、铜部件或者铜制品。

（3）顾客规模专业化　公司可以集中全力分别向小、中、大规模的顾客群进行销售。许多拾遗补缺者就专门为大公司不重视的小规模顾客群服务。

（4）特殊顾客专业化　公司可以专门向一个或几个大客户销售产品。有许多小公司就只向一家大公司提供其全部产品。

（5）地理市场专业化　这类公司只在全球某一地点、地区或范围内经营业务。

（6）产品或产品线专业化　公司只经营某一种产品或某一类产品线。比如在实验设备行业中，公司只生产显微镜，或者更窄一些，只生产显微镜上的镜头等。

（7）产品特征专业化　公司专门生产某一种类型的产品或者特色产品。例如，某家居厂商只生产仿古家具。例如擦鞋行业是制鞋与修鞋市场的空隙，随着高档鞋消费的增加，消费者不仅需要鞋的表面清洁，还需要内部以及整体的整洁。1999年初中国第一家室内擦鞋店——翰皇一圆擦鞋店成立，并将特许加盟连锁的经营模式引入擦鞋行业，2003年在上海注册成立上海翰皇擦鞋服务有限公司，该机构是目前国内擦鞋行业规模很大、综合实力很强的一家皮鞋美容修饰连锁公司，在全国已发展近两千家连锁店。

（8）加工专业化　这类公司只为订购客户生产特制产品。

（9）质量-价格专业化　这类公司只在市场的底层或上层经营。例如爱马仕专门生产优质价高的多种品类产品。

（10）服务专业化　该公司向大众提供一种或数种其他公司所没有的服务。例如，专业开锁。

（11）销售渠道专业化　这类公司只为一类销售渠道提供服务。例如，某家软饮料公司决定只向加油站提供一种大容器包装的软饮料。

由于市场利基者是在一个较小的市场上提供专业化的产品和服务，为了能在补缺市场上获得持续的利润，市场利基者需要完成三个任务：创造补缺市场，扩大补缺市场，保护补缺市场。例如著名的运动鞋生产商耐克公司，不断开发出适合不同运动练习项目的特殊运动鞋，如登山鞋、旅游鞋、自行车鞋、冲浪鞋等，这样就开辟了无数的补缺市场。每当开辟出这样的特殊市场后，耐克公司就继续为这种鞋开发出不同的款式和品牌。以此扩大市场规模，如耐克充气式乔丹鞋、耐克哈罗克鞋等。最后如果有新的竞争者闻声而来的话，耐克公司还要全力以赴保住其在该市场的领导地位。

市场利基者要意识到，补缺市场不是一劳永逸的，消费者的消费习惯发生变化或者市场有其他挑战者入侵都会给企业带来风险。因此，企业必须不断地进行拾遗补缺。并且根据风险分散原理，开辟多头补缺市场比仅局限于单一的补缺市场，会给企业带来更大的生存机会。企业只有不断地进行创新才能持续发展。

第四节　在顾客导向和竞争者导向中寻求平衡

不论是市场领导者、挑战者、追随者还是利基者，都要密切关注竞争者的行动。找到最适合自己的竞争性营销战略，并且还需经常调整战略以适应快速变化的竞争环境。但是这种做法可能会存在一个问题——即企业花费太多的精力去追踪竞争者，而损害其顾客导向。这会使得企业忽视了更为重要的问题：保持盈利性的顾客关系。

竞争者导向型公司（competitor-centered company）把绝大部分时间用于追踪竞争者的行动和市场份额，并努力找寻抗击竞争者的战略。这一方式既有优点，也有缺点。从积极的方面看，公司建立了竞争者导向，关注自身弱点，并寻找竞争者弱点。从消极的方面看，公司的反应会变得过于敏感，其行为只是基于竞争者的行为反应，而不是关注自己的顾客。最终的结果会导致，公司可能仅仅是跟随或拓展行业中通行的做法，而不是在关注顾客的基础上创新，为顾客创造更多的价值。

顾客导向型公司（customer-centered company）在设计营销战略时更多地关注顾客发展。这样的企业更有能力发现新机会，并制定合理的长期战略。通过密切关注顾客需求的演进，他们能够决定谁是自己最重要的顾客群以及他们的需求，然后集中精力为目标顾客传递卓越的价值。

在实践中，公司必须兼顾竞争者和顾客，这样的公司被称为市场导向型公司（market-centered company）。

菲利普·科特勒根据对竞争者和顾客关注的程度划分了企业在发展的过程中在四种导向之间的变换。

第一阶段，是产品导向型公司，既不关注顾客也不关注竞争者。

第二阶段，是顾客导向型公司，更多地关注顾客。

第三阶段，公司对竞争者给予更多的关注，成为竞争者导向型公司。

第四阶段，成为市场导向型公司，既关注顾客，也关注竞争者，并在二者之间创造平衡。

公司不应该只关注竞争者，试图用现在的业务模式打败他们，而是应该更多地关注顾客，寻求创新的方式，比竞争者为顾客传递更多的价值，从而建立盈利型顾客关系。

例 5-5

抖音战略目标转向

与阿里类似，抖音如今也面临着战略调整的挑战。在追求GMV（总交易额）的同时，抖音也开始关注月度支付用户和订单量的增长。为了更好地满足用户需求，抖音不断尝试打通商业化流量和自然流量，从而促进商家和商品的增长。

抖音作为一家拥有庞大用户基础的平台，其战略转型的背后是用户需求的变化。随着用户的消费习惯不断升级，他们对于购物体验的需求也日益提升。因此，抖音不得不调整战略，以满足用户对于购物体验的新需求。

在转型过程中，抖音采取了多种措施。首先，抖音加强了对商家的培训和支持，帮助商家提高商品质量和售后服务水平。同时，抖音还加大了对原创商品的扶持力度，鼓励商家推出更多原创、高品质的商品。此外，抖音还尝试通过直播带货、短视频推荐等方式，将商业化流量和自然流量打通。这些举措有助于提高用户的购物体验，同时也能为商家带来更多的曝光和销售机会。

抖音的战略转型是为了更好地满足用户需求，提升用户体验。通过打通商业化流量和自然流量，抖音有望实现商家和商品的增长，进一步巩固其在电商领域的领先地位。而对于像阿里、京东等老牌电商平台来说，抖音电商的货架式电商模式让他们感到压力倍增。在这个新兴的社交电商平台上，货架式电商的比重正在稳步上升，这使得传统的电商平台如阿里、京东等面临着越来越大的竞争压力。抖音电商的货架式电商模式，是一种将商品陈列在虚拟货架上的模式，用户可以根据自己的需求在货架上寻找商品。这种模式的出现，打破了传统电商平台的商品分类方式，使得用户可以更加方便地找到自己需要的商品。而对于商家来说，这种模式也让他们可以更加精准地定位自己的目标用户，提高销售效率。对于阿里、京东等老牌电商平台来说，他们所拥有的货架式电商模式已经成为了自己的优势。

但是，在抖音电商的冲击下，这种优势正在逐渐消失。如果他们想要在这个新兴的社交电商平台上获得更多的市场份额，就需要对自己的货架式电商模式进行升级和改进。在货架式电商模式下，用户可以根据自己的需求在货架上寻找商品。而商家也可以通过精准定位自己的目标用户，提高销售效率。这种模式的出现，使得电商平台上的商品陈列方式变得更加多样化，同时也提高了用户的购物体验。抖音电商的货架式电商模式对于老牌电商平台来说是一个巨大的挑战。

如果他们想要在这个新兴的社交电商平台上获得更多的市场份额，就需要对自己的货架式电商模式进行升级和改进。2021年抖音电商的交易额中，商城的贡献还不到10%，而直播却占据了GMV的75%左右。但是，随着时间的推移，商城的GMV占比已经逐渐提高。现在，商城已经占据了大约30%的GMV，并且正在向50%的目标迈进。

在这个趋势的背后，我们可以看到几个重要的因素。首先，抖音电商的快速发展和用户数量的不断增加为商城的发展提供了广阔的空间。其次，商城的购物体验逐渐得到了用户的认可和信任。此外，抖音电商对于商城的投入和推广也起到了关键的作用。商城在抖音电商中的地位和价值正在不断提升。一方面，商城能够提供更加全面和丰富的商品选择，满足用户的多样化需求。另一方面，商城也能够为抖音电商带来更多的品牌合作和商业机会。

未来，随着抖音电商的不断发展和用户需求的不断变化，商城的GMV占比还将继续提高。同时，抖音电商也将继续加强对于商城的投入和推广，为商城的发展提供更多的支持和帮助。商城在抖音电商中的地位和价值正在不断提升，未来还将继续发挥更加重要的作用。同时，抖音电商也将继续加强对于商城的投入和推广，为商城的发展提供更多的支持和帮助。

（资料来源：品牌创造营.抖音战略目标转向.）

阅读材料

食品行业大动作：互卷不如相爱，合资、并购重组"紧锣密鼓"

习题

一、名词解释

企业使命、密集式成长战略、一体化成长战略、多角化成长战略、总成本领先战略、差异化竞争战略、目标集中化竞争战略、市场领先者战略、市场挑战者战略、市场跟随者战略、市场补缺者战略、竞争者导向型公司、顾客导向型公司、市场导向型公司

二、基本训练

1. 简述市场营销战略规划过程。
2. 简述密集式成长战略。

3. 简述一体化成长战略。
4. 简述多角化成长战略。
5. 如何利用波士顿咨询公司模型来决定和调整企业的业务组合？
6. 如何利用通用电气公司模型来决定和调整企业的业务组合？
7. 简述竞争者分析的步骤。
8. 根据市场竞争地位不同，可以将企业分为哪几种类型？它们各有什么特征？
9. 市场主导者为了维护自己的优势，保住自己的领先地位，通常可以采取哪些战略？

三、思考题

1. 我国很多行业至今尚未建立完善的竞争秩序，如果仅以市场占有率来衡量，那么任何一个行业都必然会存在一个领导者，可事实远非那么简单，似乎有些行业还没有产生让同行信服的领导者。请对此现象进行分析。
2. 分析总成本领先战略在什么情况下有效，在什么情况下失效。

四、操作练习

1. 调查一家中国企业营销战略规划制定过程。
2. 考察校园附近的服务区，设想你打算在这里开一家服务企业，如餐厅、服装店或音像店，你会采取何种营销战略来经营你的企业？
3. 从运动鞋、饮料、汽车、手机等产品中任选一种，罗列出几个制造商，分析各行业的市场地位及竞争战略。
4. 应用以下理论，对你熟悉的企业提出USP建议。

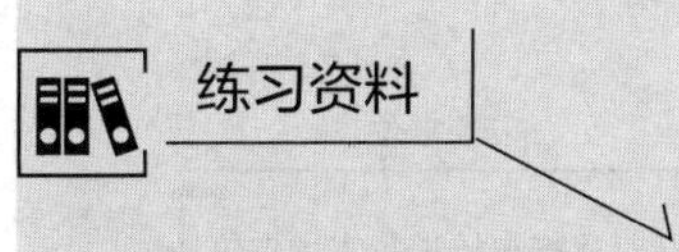

USP理论

20世纪50年代初美国人罗瑟·瑞夫斯（Rosser Reeves）提出USP理论，要求向消费者说一个“独特的销售主张”（Unique Selling Proposition），简称USP理论，又可称为创意理论。其特点是必须向受众陈述产品的卖点，同时这个卖点必须是独特的、能够带来销量的。

USP理论独特销售主张包括以下四个方面：

① 强调产品具体的特殊功效和利益——每一个广告都必须对消费者有一个销售的主张；

② 这种特殊性是竞争对手无法提出的——这一项主张，必须是竞争对手无法也不能提出的，须是具有独特性的；

③ 有强劲的销售力——这一项主张必须很强，足以影响上百万的社会公众；

④ 20世纪90年代，达彼斯将USP定义为：USP的创造力在于揭示一个品牌的精髓，并通过强有力的、有说服力的数据证实它的独特性，使之所向披靡，势不可挡。

（资料来源：百度百科.）

第六章

目标市场分析

本章要点

- 消费者市场细分的依据
- 产业市场细分的依据
- 目标市场营销策略
- 市场定位的基础与方法

本章导读

目标市场分析是企业在市场调研的基础上，识别不同消费群体的差别，有选择地确认若干个消费群体作为自己的目标市场，发挥自身优势，满足其需要。目标市场分析包括三个内容：市场细分（segmenting）、目标市场选择（targeting）、市场定位（positioning），所以又被称为STP战略（见图6-1）。

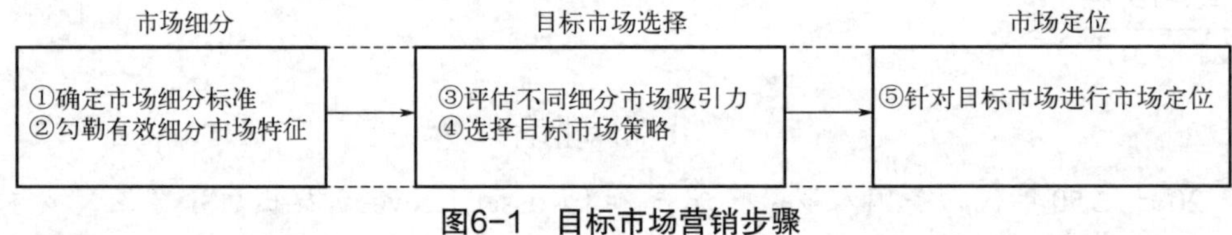

图6-1　目标市场营销步骤

第一节　市场细分

一、市场细分概述

市场细分是美国市场营销学家温德尔·史密斯（Wendell R·Smith）于20世纪50年代，在《产品差异和市场细分——可供选择的两种市场营销战略》一文中，总结西方企业营销实践的基础上提出的。

所谓市场细分，就是指企业根据消费者或用户的购买行为和购买习惯的差异，将整体市场划分为两个和两个以上不同消费者群的细分市场的工作过程。经过市场细分后，整体市场就被划分为若干个小市场。

值得注意的是，市场细分不是产品分类，而是消费者分类。

首先，市场细分是一种聚合，是把具有某种共同需求特征的消费者鉴别出来，并使之显性化；其次，消费者对产品的需求并非一成不变，它随着市场营销环境的改变而处于不断变化中；

此外，它也不仅仅是一个自然过程，企业可以通过营销努力改变它。

所以，市场细分是一个经常地、反复的过程。

（一）市场细分的产生与发展

市场细分的产生与发展经历了以下几个主要阶段。

1. 大量营销阶段（ mass marketing ）

19世纪末20世纪初，企业发展的重心是速度和规模，企业市场营销的基本方式是大量营销。大量营销是指企业生产品种规格单一的产品，通过大众化渠道推销。在当时的市场环境下，大量营销方式降低了成本和价格，使企业获得了较丰厚的利润。在这种情况下，企业没必要也不可能重视市场需求的研究，所以市场细分战略不可能产生。

2. 产品差异化营销阶段（ product differentiated marketing ）

在20世纪30年代，发生了震撼世界的资本主义经济危机，企业面临产品严重过剩的问题，市场迫使企业转变经营观念，营销方式从大量营销向产品差异化营销转变，即向市场推出许多与竞争者产品不同的，具有不同质量、外观、性能、品种的产品。产品差异化营销较大量营销是一种进步，但是，由于企业仅仅考虑自己现有的设计、技术能力而未研究消费者需求，因而缺乏明确的目标市场，产品试销的成功率仍然很低。

3. 目标营销阶段（ target marketing ）

20世纪50年代以后，在科学技术革命的推动下，生产力水平大幅度提高，产品日新月异，生产与消费的矛盾日益尖锐，以产品为中心的推销体制远远不能解决西方企业所面临的市场问题。于是，市场迫使企业再次转变经营观念和经营方式，由产品差异化营销转向以市场需求为导向的目标营销，即企业在研究市场和细分市场的基础上，结合自身的资源与优势，选择最有吸收力和最能有效地推销产品和服务的细分市场作为目标市场，设计与目标市场需求特点相互匹配的营销组合等。于是，市场细分战略应运而生。

市场细分理论的产生，使传统营销观念发生了根本的变革，在理论和实践中都产生极大的影响，被西方理论家称为“市场营销革命”。

（二）市场细分的客观基础

1. 消费者需求客观上存在差异性

在市场上，每个消费者由于各自条件不同，所处客观环境的差异，他们购买商品时，在动机、欲望和需求上总是存在一定的差异。比如购买服装，不同的消费者，对服装的质料、款式、颜色等的需求是不同的。这种差异性的存在，使得企业只能把需求大体相似的消费者划归同一群体，从而以相应的措施去满足该群体消费者的需求。

2. 消费者需求客观上存在相似性

每一个细分市场，之所以成为相对独立且又比较稳定的市场，是因为在该群体的消费者中，有着比较相似的购买行为和购买习惯。例如，在同一社会环境同一民族文化传统的熏陶下，人们在生活习惯、社会风俗、节日礼仪等方面又总会表现出一定的相似性。这种相似性又使不同消费需求再次聚集，形成相类似的消费群体，从而构成了具有一定个性特征的细分市场。

3. 企业营销能力有限

任何企业，其经营范围、经营能力是有一定限度的，它不可能提供市场上所有消费者需要的全部商品，而只能使自己的营销活动限定在力所能及的范围内，只能去生产和经营某一方面或几方面的商品，去满足某一部分消费者的一个或几个方面的需要，这就要求企业必须将复杂、多变的整体市场进行细分，同中求异、异中求同，发挥企业的优势，更好地满足消费者的需要。

（三）市场细分的意义

1. 市场细分有利于企业分析、发掘新的市场机会，选择最有效的目标市场

通过市场细分，一方面可以更准确地发现消费者需求的差异性和需求被满足的程度，更好地发现和抓住市场机会，回避风险，另一方面可清楚掌握竞争对手在各细分市场上的竞争实力和市场占有率的高低，以便更好地发挥自己的竞争优势，选择最有效的目标市场。

例 6-1

唯品会：一家做特卖的网站

唯品会成立于2008年，在中国开创了“名牌折扣+限时抢购+正品保障”的创新电商模式，并持续深化为“精选品牌+深度折扣+限时抢购”的正品时尚特卖模式，在线销售服饰鞋包、美妆、母婴、居家等各类名品。唯品会与知名国内外品牌代理商及厂家合作，向中国消费者提供低价优质、受欢迎的品牌正品。每天数百个品牌授权特卖，商品囊括服饰鞋包、美妆、母婴、居家、3C等。

1. 商业模式

（1）战略目标　唯品会作为中国知名的名牌折扣网站之一，以高品质的商品、专业的设计和运营、完善的售后服务，与会员、合作伙伴精诚合作，致力于打造B2C电子平台的名牌折扣网上第一店，中国的网上outlets(奥特莱斯)。

（2）目标用户　①有一定收入的年轻人或白领；②品牌爱好者。

（3）产品和服务　①在线销售商品服务；②页面广告服务。

2. 经营模式

Gilt模式其实就是奢侈品在网络上的一种创新营销模式。概括起来，Gilt模式=会员制+折扣+奢侈品牌。

3. 盈利模式

（1）收入模式　①销售收入：销售收入占其营收的很大比例，在其产品收入中服装类产品销售额占总销售额比例为40.92%；鞋和包的销售额占总销售额比例为13.94%；其他产品加总销售额占总销售额比例为44.73%。② 广告收入：广告收入是其另一收入来源，主要向广告主提供页面广告。

（2）盈利空间　盈利空间非常大。

（3）模式核心竞争力　高端品牌供应商资源和营销能力。

（资料来源：外院一鹿有你.唯品会：一家做特卖的网站. 有删减）

2. 可使企业集中人力、物力和信息等资源，投入到目标市场，形成经营上的规模效应。

这对于中小企业和非国有企业来说意义更大。中小企业资源及市场经营能力的有限，在整个市场上或较大的子市场上不是大企业的对手，只能在市场细分的基础上，见缝插针，拾遗补缺，变整体优势为局部优势，使自己在竞争中不断发展和壮大。日本是电子琴的生产王国，它的产品遍布世界各地，但深圳理通电子公司经过市场调查，并通过对日本电子琴产品的认真分析、研究，发现日本电子琴档次虽然高，但价格也高，而且功能不齐全，其消费者主要是高收入消费者，产品难以为普通消费者所接受。因此，理通公司就组织力量，开发出功能齐全、价格低廉的电子琴，很快得到消费者的青睐，产品不仅行销国内市场，还远销欧美，打进日本本土。

3. 有利于制定和调整市场营销组合策略

市场细分后，每个市场变得小而具体了，细分市场的规模、特点显而易见。消费者的需要清晰了，企业就可以根据不同的商品制定出不同的市场营销组合策略。否则，离开了市场细分，所制定的市场营销策略组合可能是无的放矢的。同时，在细分市场上，信息反馈灵敏，一旦消费者需要发生变化，企业就可以迅速根据变化了的情况，改变原来的营销组合策略，制定出相应的对策，使营销组合策略适应消费者不断变化的需求。例如，德国大众汽车进入中国市场已有四十年，对于中国人的用车要求和习惯十分了解。每一款车型都定位准确，深得人心，使得中国成为大众汽车全球销量最好的国家。比如大众在中国家用A级车市场一共投入了桑塔纳、捷达、宝来、朗逸、速腾五款车型，涵盖价位7万到15万元。近乎相同的外形，正是摸准了很多人花小钱又爱面子的心理。而且丰富的产品线也使得各个阶层的人在买车的时候首先考虑的就是大众品牌。

二、消费者市场细分的依据

消费者市场的细分标准有很多，通常可以分成四大类，即地理标准、人口标准、心理标准和行为标准。

（一）地理标准（geographic segmentation）。

地理标准是指企业按消费者所在的不同地理位置、行政区域（城市、农村）、气候等作为细分消费者市场的标准（见表6-1）。这是一种传统的划分方法。相对于其他标准，这种划分标准比较稳定，也比较容易分析。一般来说，处在同一地理条件下的消费者，他们的需求有一定的相似性，对企业的产品、价格、分销、促销等营销措施也会产生类似的反应。而处于不同地理条件下的消费者需求有明显的差异。例如，寒冷地带的汽车用户，对汽车的保暖、暖风设备更加关注，汽车的防冻和冷启动效果、汽车的防滑安全措施有较高的要求；炎热潮湿地带的汽车用户，对汽车的空调制冷，底盘防锈，漆面保护等有较高要求；平原地区的汽车用户，希望汽车底盘偏低，悬架软硬适中，高速行驶稳定性好；而丘陵山区地的汽车用户更关注车辆的通过性，爬坡能力和操控性等。星巴克会在写字楼区域密集开店，就是为了它的主要地理细分市场即都市白领，让这些人能感受到除了家、公司之外的第三空间，提高工作效率。

表6-1 按地理标准细分市场

项目	例如	营销要点
行政区域	国家、省、市、区县、乡村等	了解人口数量的多少即市场密度的大小
地理位置	沿海地区、内陆地区、华北、东北、西南等	了解不同的地理位置，带来不同的消费需求和生活习惯
气候	我国气候分热带、亚热带、中温带、暖温带、寒带等	了解不同气候需要不同的产品

把地理因素作为标准来细分市场，是最简便的一种细分方法，但地理因素多是静态因素，不一定能充分反映消费者的特征。因此，有效的细分还需考虑其他一些动态因素。

（二）人口标准（demographic segmentation）

人口标准是指按人口变量的因素来细分消费者市场的标准（见表6-2）。

表6-2 按人口变量细分市场

项目	主要变量	营销要点
性别	男女构成	了解男女构成及消费需求特点
年龄	婴儿、儿童、少年、青年、成年、老年	掌握年龄结构、比重及各档次年龄的消费特征
收入	金领、白领和蓝领；高收入、中高收入和低收入者	掌握不同收入层次的消费特征和购买行为
家庭生命周期	单身阶段、备婚阶段、新婚阶段、育儿阶段、空巢阶段、寡鳏阶段	研究各家庭处在哪一阶段、不同阶段消费需求的数量和结构
职业	工人、农民、军人、学生、干部、教育工作者、文艺工作者等	了解不同职业的消费差异
文化程度	文盲、小学、中学、大学等	了解不同文化层次人群购买种类、行为、习惯及结构
民族	汉族、满族、回族、蒙古族等	了解不同民族的文化、宗教、风俗及不同的消费习惯

人口变量因素是最常用的细分标准，因为消费者的需求与这些因素有着密切的联系，而且这些因素一般比较容易衡量。如美国的服装、化妆品、理发等行业的企业一直按性别细分，汽车、旅游等企业则一直按收入来细分。再如玩具市场可以用年龄来划分，家庭用品、食物、房屋等则可以依据家庭的规模和家庭结构来进行划分。

不过，这些因素的细分作用有时也并不十分明确，随着社会的发展，某些产品的消费者在性别或其他因素上的界限会缩小甚至消失。因此，还有必要从更深的层次上即消费者的心理和行为上来进行细分。

例 6-2

米勒的市场细分

在20世纪60年代末，米勒啤酒公司在美国啤酒业排名第八，市场份额仅为8%，与百威、蓝带等知名品牌相距甚远。为了改变这种现状，米勒公司决定采取积极进攻的市场战略。他们首先进行了市场调查，通过调查发现，若按使用率对啤酒市场进行细分，啤酒饮用者可细分为轻度饮用者和重度饮用者，而前者人数虽多，但饮用量却只有后者的1/8。他们还发现，重度饮用者有着以下特征：多是蓝领阶层，每天看电视3个小时以上，爱好体育运动。米勒公司决定把目标市场定在重度使用者身上，并果断决定对米勒的“海雷夫”牌啤酒进行重新定位。重新定位从广告开始。他们首先在电视台特约了一个名为《米勒天地》的栏目，广告主题变成“你有多少时间，我们就有多少啤酒”，以吸引那些“啤酒坛子”广告画面中出现的尽是一些激动人心的场面：船员们神情专注地在迷雾中驾驶轮船，年轻人骑着摩托冲下陡坡，钻井工人奋力止住井喷等。结果，“海雷夫”的重新定位战略取得了很大的成功。到1978年，这个牌子的啤酒年销售量达2000万箱，仅次于AB公司的百威啤酒，在美国名列第二。

（三）心理标准（psychographic segmentation）

心理标准是指根据消费者的心理特点或性格特征来细分市场的标准。心理标准主要表现在以下三个方面。

（1）社会阶层　如西方国家分上流社会、中产阶级、下层社会，或者按收入分为大款、白领、工薪等阶层。我国分为农民、工人和知识分子阶层等。不同阶层的人以不同的消费来显示其不同的身份和社会地位，像一些大款讲究高档豪华的消费品，白领阶层追求时髦和名牌，工薪阶层则更重视实惠。

例6-3

卡萨帝（Casarte）——海尔旗下的高端家电品牌

卡萨帝（Casarte）是海尔旗下的高端家电品牌，于2006年创立并开始着手设计首款产品。在意大利语中，“Lacasa”是家，“arte”是艺术，Casarte将两者合二为一，寓意“家的艺术”。2007年9月20日，卡萨帝品牌在“现在，进入未来——Casarte生活品鉴会”上正式发布，开启了海尔向高端家电领域进军的新征程。

卡萨帝的创立，是海尔顺应全球家电消费持续升级趋势的必然结果。在推出卡萨帝之前，海尔历时5年，对米兰、伦敦、柏林、巴黎、纽约、东京、上海等12个城市的8万余名高端用户进行了调查，调查结果显示，全球高端家电消费群体已经形成独特的阶层，对家电消费升级有未被满足的迫切需求。

正是基于对全球高端家电消费群体的需求洞察，卡萨帝秉持“创艺家电，格调生活”的品牌理念，以艺术家电和嵌入一体化厨电为核心产品线。卡萨帝的每一件产品，都诠释着家电生活艺术化理念，致力于为都市精英消费群体打造优雅精致的格调生活。

自品牌创立以来，卡萨帝始终坚持像做艺术品一样做家电，敏锐洞察消费升级趋势，保持技术创新引领，追求科技、精致与艺术的融合。

自创立以来，卡萨帝已经历了三个发展阶段。

第一阶段是品牌导入阶段（2006～2010年）：主要是将卡萨帝导入市场，并通过针对不同市场研发推出法式对开门冰箱、意式抽屉冰箱，解决高端家庭存储大件食品的烦恼，以此来获得高端用户对品牌的认可。

第二阶段是品牌延伸阶段（2011～2016年）：卡萨帝逐步从冰箱延伸到洗衣机、空调等品类，目前已拥有冰箱、空调、洗衣机等9大品类、39大系列、380余个型号的产品。

第三阶段是品牌提升阶段（2017～2023年）：卡萨帝品牌形象进一步丰富，品牌价值进一步提升，在迈向行业引领者的同时，品牌内涵从“高端产品”转向“高端生活+高端产品”。

在2021年“中国500最具价值品牌”榜中，卡萨帝成为首个上榜高端家电品牌，品牌价值505.81亿元。

（资料来源：赵建华,郑子辉.卡萨帝：海尔高端家电品牌建设. 有删减）

（2）生活方式　指消费者对自己的工作和休闲、娱乐的态度，如追求时髦或顽固守旧、崇尚奢华与节俭朴素、唯乐主义与工作狂等等。生活方式不同的消费者，他们的消费欲望和需求不一样，对企业市场营销策略的反应也各不相同。企业可以通过市场调查研究，了解消费者的活动、兴趣、意见，据此划分不同生活方式的消费者群。比如家乐氏推出的新品谷物早餐，就是利用“性别+生活方式”的心理来界定细分市场的。这款产品，关注的是特别在乎美好生活，看中生活中小确幸的女性。这些女性花大量的时间精力去追求美的事物，每一个生活场景都当做人生秀场。对她们来说，吃早餐是彰显生活方式的重要仪式，而且这款谷物早餐产品特别注重本身的颜值，里面添加了玫瑰花瓣等，抓住了女性的心理。

例 6-4

宝马的目标市场确定

宝马成功的第一步，是认真研究自己的消费者。

首先，对消费者进行社会地位的分层，根据受教育程度、收入、公众认知程度来确定其社会地位的高低。

其次，对消费者的价值观进行研究。传统价值观的核心要素包括家庭、责任意识、社会层级观念、财产所有权等；现代价值观的核心要素包括新潮的生活方式、教育、多元化等。

以社会分层和价值观变化为纵横轴线，可以知道，豪华轿车的消费者都处在社会的高层，但其价值观可能是传统的，也可能是现代的。进一步的研究表明，持传统价值观和现代价值观的消费者在选择汽车时的要求也是不同的。前者更看中的是空间宽敞、后座舒服、安全、耐久；后者更看中的是空间宽敞、车辆设计、个性、科技。

在此基础上，宝马确定了自己的目标市场，这就是：宝马和奔驰一样，都面对处在社会高层的消费者，两者间有一定交叉，但奔驰主要面对传统企业家阶层，代表连续性和社会等级；而宝马主要面对新兴的现代的企业家、新职业精英、向上攀登的年轻人，代表能量和活力。

（3）性格　不同性格购买者在消费需求上有不同特点（见表6-3）。

表6-3　不同性格消费者类型

性格	消费需求特点
习惯型	偏爱、信任某些熟悉的品牌，购买时注意力集中，定向性强，反复购买
理智型	不易受广告等外来因素影响，购物时头脑冷静，注重对商品的了解和比较
冲动型	容易受商品外形、包装或促销的刺激而购买，对商品评价以直观为主，购买前并没有明确目标
想象型	感情丰富，善于联想，重视商品造型、包装及命名，以自己丰富想象去联想产品的意义

续表

性格	消费需求特点
时髦型	易受相关群体、流行时尚的影响，以标新立异、赶时髦为荣，购物注重引人注意，或显示身份和个性
节俭型	对商品价格敏感，力求以较少的钱买较多的商品，购物时精打细算、讨价还价

（四）行为标准（behavioral segmentation）

行为标准是指把消费者的购买行为，购买习惯作为细分市场的标准。所谓行为细分，就是企业按照消费者购买或使用某种产品的时机，消费者所追求的产品利益，使用者情况，消费者对某种产品的使用率，消费者对品牌的忠诚度，消费者待购阶段和消费者对产品的态度等行为变量来细分消费者市场，图6-2展示了采用不同的行为变量，来细分一个市场的各种方法。

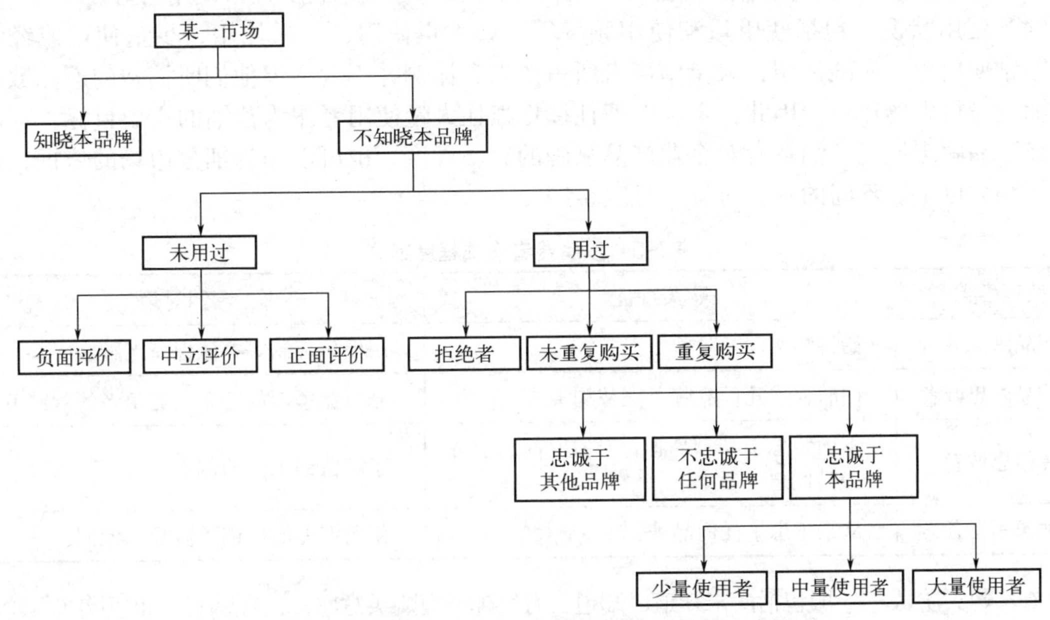

图6-2 将各种不同的行为变量用于细分某一市场

（1）产品购买与使用的时机　指有规则或无规则的购买、平常购买或节假日购买。我国现在也有很多合资或独资企业利用节假日大做宣传，如国庆节、劳动节、春节、儿童节、母亲节、情人节等以促进产品的销售。随着法定休假日的增加，“假日经济”浪潮的兴起，已有更多的商家把目光放在了节假日消费上。

（2）产品利益　指消费者购买产品时所追求的好处，也就是产品带给消费者的利益，如高品质、优良服务、多功能等。

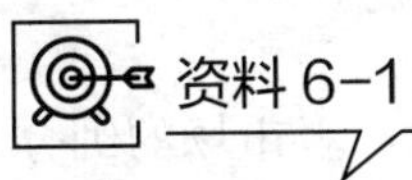

资料 6-1

牙膏市场的细分

美国学者赫雷（Haley）曾运用利益细分法对牙膏市场进行细分而获得成功。他把牙膏需求者寻求的利益分为经济实惠、防治牙病、洁齿美容、口味清爽四类。牙膏公司可以根据自己所服务的目标市场特点。了解竞争者是什么品牌，市场上现有品牌缺少什么功能，从而改进自己现有产品，或再推出新的产品，以满足未被满足的需要（见表6-4）。

表6-4 运用利益细分法对牙膏市场进行细分

利益细分	人口统计特征	行为特征	心理特征	符合利益的品牌
经济实惠	男性	大量使用者	自主性强者	大减价的品牌
防治牙病	大家庭	大量使用者	忧虑保守者	品牌A和D
洁齿美容	青少年	吸烟者	社交活动多者	品牌B
口味清爽	儿童	薄荷爱好者	喜好享乐者	品牌C

（3）使用者　包括不使用者、潜在使用者、过去使用者、初次使用者、经常使用者等。企业可以通过赠送样品来吸引潜在使用者，采取折扣等奖励方式来鼓励经常使用者等。

（4）使用状况　包括使用量和使用频率等，如大量使用、中量使用、少量使用或经常使用、不常使用等。实践证明，大量使用者所占的人数比例并不大，但他们所消费的产品数量却占了消费量很大的比重。因此，不少企业往往把抓住大量使用者作为营销的主要目标。

（5）品牌忠诚度　消费者对企业产品品牌的忠诚程度，也可以作为细分市场的依据，企业借这一细分可采取不同的营销对策（见表6-5）。

表6-5 按消费者忠诚程度细分

忠诚程度类型	购买特征	营销对策
专一品牌忠诚者	始终购买同一品牌	用俱乐部制等办法保持老顾客
几种品牌忠诚者	同时喜欢几种品牌、交替购买	分析竞争者的分布，竞争者的营销策略
转移忠诚者	不固定忠于某一品牌，一段时间忠于A，一段时间忠于B	了解营销工作的弱点
犹豫不定者	从来不忠于任何品牌	使用有力的促销手段吸引他们

（6）购买阶段　一般包括尚未知道、知道、有兴趣、有购买意愿、已经购买、重复购买等阶段。

了解消费者处在何种购买阶段，企业就可以采用有针对性的营销措施。如对尚未知道者着重对产品的介绍，对有兴趣者则可以着重宣传产品的功能、利益、经销商店等，以促使他们购买产品。

（7）态度　包括喜爱、不感兴趣、讨厌等。根据程度的不同，可以对态度进行更细的划分。消费者对产品或企业的态度会直接影响他们的购买行为。企业应利用适当的媒介来影响消费者的态度。

三、产业市场细分的依据

生产者市场的购买者一般是集团组织，购买的目的主要是用于再生产。生产者市场的细分标准有的与消费者市场的细分标准相同，如地理环境、产品利益、使用率、品牌忠诚度、购买阶段、态度等。但是，生产者市场还有着与消费者市场不同的特点，因此，生产者市场也有其不同的细分标准。

生产者市场的细分标准主要有四种：

1. 最终用户行业

不同的最终用户行业对同一产品的市场营销组合往往有不同的要求。如同样是轮胎，不同的生产者的要求就不一样，飞机轮胎的质量要求高于拖拉机轮胎的质量要求，载重卡车与赛车的质量要求也不一样。高技术产品生产者更看重产品的质量、服务而不是价格。有时候，一个用户就有可能形成企业的一个细分市场。因此，企业应根据最终用户的不同，来制定不同的营销策略，以促进产品的销售。

2. 用户规模

很多企业也根据用户规模的大小来细分市场。用户的购买能力、购买习惯等往往取决于用户的规模。在西方国家，很多企业把用户分成大用户和小用户，并建立适当的制度与之打交道。大用户数目少，但购货量大，企业往往采用更加直接的方式与之进行业务往来，这样，可以相对减少企业的推销成本；小用户则相反，数目众多但单位购货量较少，企业可以更多地采用其他的方式，如中间商推销等，利用中间商的网络来进行产品的推销工作。

3. 顾客的地理分布

产业用户的地理分布往往受一个国家的资源分布、地形气候和经济布局的影响制约，例如，我国钢铁业主要集中在东北钢铁工业区、上海钢铁工业区等；轻工业区主要分布在东部和东南沿海地区，长江三角洲、珠江三角洲等这些不同的产业地区对不同的生产资料具有相对集中的需求。

4. 其他变量

最终用户行业、用户规模和用户地理分布是产业市场细分的三个最主要的标准，此外，在产业市场上，企业还可以根据用户能力（需要很多服务、需要一些服务、需要很少服务）、用户采购标准类型（追求价格型、追求服务型、追求质量型）等变量细分市场。

四、市场细分的步骤

美国学者杰罗姆·麦卡锡提出了一套逻辑性强、直观的七步细分法，很有实用价值，其具体步骤如下：

（1）明确企业的经营方向和经营目标　这是市场细分的基础和前提，一般而言企业的经营方向和经营目标是由企业高层决定的。

（2）根据用户需求状况，确定市场细分的细分变量　这是企业进行市场细分的依据，企业一定要按照实际需要加以确定。

（3）根据细分变量进行初步细分　一般根据用户需求的具体内容，可初步确定将顾客群分为哪几种不同的类型。

（4）进行筛选　由于同类的顾客群还存在某些差异，因而要抓住重点、求同存异，删除某些次要的因素。

（5）对市场细分初步命名　企业应采用形象化的方法，使细分市场的名称既简单又富有艺术性。

（6）进行检查分析　进一步认识初步确定的细分市场是否科学、合理和恰当，是否需要做一些合并或者进一步拆分。

（7）选定目标市场　企业要对各个细分市场进行细致全面的分析，尤其要对经济效益和发展前景做出评价，这将有利于明确选择目标市场。

在具体运用时，根据情况也可以对以上七步进行简化、扩展和合并。市场细分的实践说明，七步细分法简便易行，它有利于企业在市场细分中正确选择营销的目标市场，但细分市场是一件复杂的工作，无论其过程如何，都不能忘记：市场细分的结果应该达到内部需求的一致性与相互需求的差异性，它是企业选择目标市场的先决条件。

五、有效细分市场的标志

1. 可衡量性

这是指市场细分后企业可以获取有关顾客特性的资料的程度。也就是说，企业可以通过调查研究，对细分市场的购买力、市场需求和市场规模等进行数量化的准确评估。假如根据某种标准划分出来的市场，顾客非常分散而又处于遥远的地区，这样的细分就很难进行衡量。没有具体的顾客资料，企业就很难制定有针对性的营销策略。

2. 可进入性

这是指企业能够有效地集中营销力量进入并服务于细分后的市场。企业细分出来的市场，应该能使企业的资源得到充分的利用，而且这个市场的消费需求也是企业能够满足的，企业可以通过适当的营销手段进入或占领这个市场。当然，企业的所作所为应该符合一定的法律规范，是法律所允许的。

3. 可盈利性

这是指企业细分出来的市场应该有一定的规模和市场潜力，使企业能够获取足够的利润。这就要求细分的市场要大得能使企业实施一整套营销方案，产品的市场销量与企业的生产规模相一致，使企业能实现规模经济效益。假如家具企业利用身高进行市场细分，选择专门生产身高2米以上者使用的特大型家具，以此作为企业的目标市场，则这个细分市场就显得狭小了，因为我国身高2米以上的人毕竟只是极少数。因此这个市场就不值得企业进行营销，这个细分市场就缺乏可盈利性。

4. 可操作性

这是指企业可以通过对市场营销因素如产品、价格、渠道和促销等方面的变动，去影响细分市场的消费行为，达到企业的市场目标。如果这些因素的变动不能取得消费者的响应，企业对这种市场毫无控制力，就谈不上任何发展和盈利。

例6-5

携程定制游平台升级3.0：未来两年力争实现100亿元GMV

为满足定制游市场不断增长的需求，携程推出了定制旅行平台3.0，简化了供应商流程，并为高净值游客提供了更精准的行程定制服务。

携程数据显示，高端定制旅游打包产品的人均消费为23，800元人民币(约合3，410美元)。据携程和中国出境游研究所（COTRI）联合发布的报告数据，截至2018年，中国的高净值人群数量高达167万。

在3.0平台上，客户可以通过系统工具设计自己的行程。携程定制旅行业务总经理谢兆圣表示："这正是我们对3.0平台的期望。目前，线路行程的设计过程比较烦琐。我们正在努力改进，既让客户感到有趣，又为我们的线路设计师减轻压力。"

携程为游客个体提供定制化的服务和产品，旅行行程和安排完全根据用户的需求设计。携程称，其平台上有6000名定制游顾问。所有定制游顾问或行程设计师均来自供应商，而不是携程员工。

"我们通过大数据来了解客户。他们只需在线提交一份定制游需求，提供出行人数、每日预算和兴趣点等细节信息。我们将结合他们的需求，匹配合适的旅游专家、旅行设计师以及相应的供应链。"谢兆圣称。

在质量方面，3.0平台制定了服务标准，通过供应商筛选和评级管控质量。

"我们必须制定服务标准，并通过筛选和评级，切实管理供应商的品质。我们的根本理念是管理平台，并鼓励供应商之间竞争。作为平台方，我们有责任建立公平、开放、公正的竞争环境。提供优质服务的供应商会得到奖励，获得差评的供应商会接受观察并被要求改进。这样，市场将持续改善，客户也将获得最好的服务。"他说。

"作为技术平台，我们将保证在线交易顺畅完成。作为服务平台，我们为所有服务过程制定标准，并采取适当的控制措施保证品质标准得以实施。携程拥有完善的应急处理系统，将最终保障客户获得满意的服务体验。"他补充道。

（资料来源：Ritesh Gupta.携程定制游平台升级3.0：未来两年力争实现100亿元. 有删减）

六、市场细分理论的演变

市场细分理论的演变过程充分体现了"同中求异，异中求同"的八字准则。从大众化营销到细分营销体现了"同中求异"的过程。在卖方市场的无细分年代，企业奉行的是无视消费者多样化需求的大众化营销，这才有了福特的"除了黑色以外没有其他颜色的T型车"和"可口可乐只卖6.5盎司的瓶装可乐"的传奇。然而，随着供求关系出现变化，卖方市场很快转变为买方市场，越来越多的企业注意到根据消费者的不同需求提供不同类型的产品，细分营销时代就此到来，宝洁公司和通用汽车都是该年代的佼佼者。

市场细分理论已成为市场营销理论的基础，复杂多样的营销理论大多可以在这里找到它的根基。更重要的是，市场细分理论在实践中是如此有效，已成为指导企业的成功法则。然而，随着"以消费者为中心"的营销理念日渐深入人心和个性化消费时代的到来，特别是互联网和移动互联的广泛应用，市场细分理论也出现了新的演变趋势，如图6-3所示。

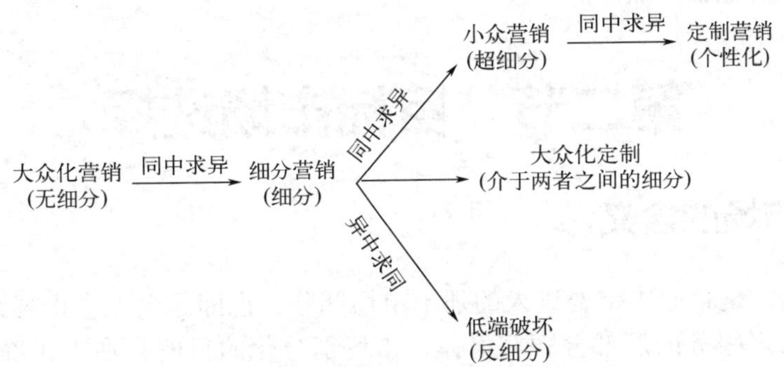

图6-3 市场细分理论的演变过程

1. 超细分和个性化

超细分理论认为，为满足人们个性化消费的需要，现有的许多细分市场应该进一步细分。而这一理论发挥到极致就是将市场细分到个人，即个性化定制营销。定制营销理论认为，每个顾客都有不同的需求，因而，通过市场细分将顾客划归为有着共同需求的细分市场的传统做法，已不能满足每个顾客的特殊需要，而大数据统计分析方法已能准确地记录并预测每个顾客的具体需求，并为每个顾客提供个性化的服务，从而增加每个顾客的忠诚度。以宝洁为例，市场细分理论帮助它缔造了在中国市场上的神话，它的品牌和广告人们耳熟能详，它的产品遍布各大超市卖场，这种“大生产+大零售+大渠道+大品牌+大物流”助其在工业时代取得成功。然而，随着工业时代转向信息时代，又进一步转向数据时代，小而美的品牌可以借助网络渠道接触自己的受众。例如，英国的一个叫Lush的小众洗发皂品牌可以借助“海淘”漂洋过海，满足国内消费者的个性需求。严格来说，超细分时代的小众营销和个性化时代的定制营销遵循的仍然是“同中求异”的演变路线。

2. 反细分

毋庸置疑，定制营销作为一种未来的理想营销模式，将赢得人们更多的关注，但在目前，对绝大多数企业而言，它只能是一种奢侈的营销模式，因为定制必然带来高成本，这就给定制营销的实施带来了阻力。于是，有企业开始意识到，市场细分应以满足消费者差异性需求、发现市场机会，降低营销成本为目的，反细分理论随之出现。反细分理论并不是反对市场细分，而是指在满足大多数消费者的共同需求基础上，将过分狭小的市场合并起来，以便能以规模营销优势达到用低价去满足较大市场的消费需求。一般来说，反细分理论的实施主要有两种方式：一是通过缩减产品线来减少细分市场；二是将几个较小的细分市场集合起来，形成较大的细分市场。2013年“名创优品”横空出世，短短两年时间在全球陆续开出1100多家名创优品店，店中大多数商品售价在10～80元之间，不断冲击着国人消费的痛点，这应该是反细分理论取得成功的经典案例。

3. 介于两者之间的细分

如果说超细分和个性化代表的“同中求异”的路线，反细分代表着“异中求同”的路线，那么介于两者之间的细分就是一条中庸路线。定制化带来了高成本，反细分忽视了个性化，那么能不能有一种细分理论能够同时兼顾规模生产和个性化需求呢？大众化定制应运而生。大众化定制（mass customization）是美国未来学家阿尔文·托夫勒（Alvin Toffler）在《Future Shock》一书中提出的：以类似于标准化和大众化生产的成本和时间，提供客户特定需求的产品和服务。大众化定制的典型案例是Dell电脑，既实现了电脑配件的标准化规模生产，又为消费者提供了个性化的电脑产品。

第二节 目标市场选择

一、目标市场的含义

所谓目标市场，是企业决定要进入的那个市场部分，也即是企业在市场细分的基础上，根据自身特长意欲为之服务的那部分顾客群体。市场细分化的目的，在于正确地选择目标市场，如果说市场细分显示了企业所面临的市场机会，目标市场选择则是企业通过评价各种市场机会，决定为多少个细分市场服务的重要营销策略。例如：户外运动爱好者是徒步旅行用品店的目标市场，这包括年龄在18～40岁之间，对徒步旅行、露营和其他户外活动充满热情的人们，他们为自己的装备感到自豪，并乐于购买高质量装备。

特仑苏主打高端奶源，高蛋白含量，高管理标准以及高端价格（为普通牛奶的两倍）。它的目标消费群体是都市高端家庭、都市单身白领和注重生活品质、有较强个性的青年。他们的价值观和生活方式是：对自我的要求高，工作压力大，努力提升自己在社会中的地位、认可，以实现自我价值的更大化；看电视和杂志的时间比较少；追求个性，挑剔产品的内涵价值；对符合自己的高品质生活方式有追求；对高档产品比较热衷，价格敏感度不高，愿意为高质量的产品支付较高的价格；拥有较高的学历；珍惜健康，选择有一定营养价值的产品。

二、评估细分市场

通常，企业评估细分市场主要从三方面考虑：一是各细分市场的规模和增长潜力；二是各细分市场的吸引力；三是企业本身的目标和资源。

1. 细分市场的规模和增长潜力

企业要评估细分市场是否有适当规模和增长潜力。所谓适当规模是相对于企业的规模与实力而言的，对于大企业，较小的细分市场不值得涉足；对于小企业，它又缺乏足够的资源来进入较大的细分市场，并且小企业在大市场上也无力与大企业竞争。

市场增长潜力的大小关系到企业销售和利润的增长，但有发展潜力的市场也常常是竞争者激烈争夺的目标，这又减少了企业的获利机会。

2. 细分市场的吸引力

所谓吸引力主要指市场可以提供的长期获利率的大小。一个市场可能具有适当规模和增长潜力，但从获利观点来看不一定具有吸引力。波特认为市场竞争有5种力量，它们是现有的竞争者、潜在的竞争者、替代产品、购买者和供应者。企业必须充分估计这五种力量对长期获利率所造成的威胁和机会。

3. 企业本身的目标和资源

有些细分市场虽然规模适合，也具有吸引力，但企业还必须考虑自身的情况是否适应。首先，它作为目标市场是否符合企业的长远目标，如果不符合，企业就不得不放弃；其次，企业是否具备在该市场获胜所必要的能力和资源，如果不具备，也只能放弃。

三、目标市场选择策略

企业应该通过两个环节来进行目标市场的选择，即确定目标市场的覆盖范围以及选择以何种策略进入目标市场。

目标市场覆盖范围策略

站在产品-市场对应的角度，企业有五种方式确定自己的目标市场覆盖范围（即确定自己选择哪些和选择多少细分市场），分别是产品-市场集中化策略、产品专业化策略、市场专业化策略、选择专业化策略和市场全面化策略，如图6-4所示。

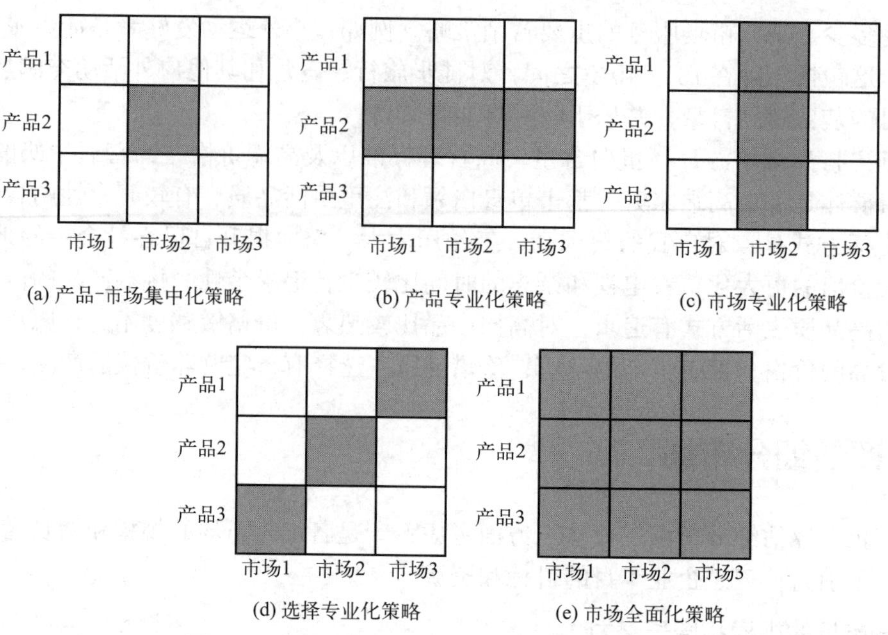

图6-4 企业确定目标市场覆盖范围的五种方式

1. 产品-市场集中化策略（product-market concentration strategy）

采用这种策略的企业以一种产品去满足一个顾客群的需要，即企业只选择一个细分市场作为自己的目标市场。这种选择通常是由于企业资源力量有限。

当然，如果企业在这个特定市场范围具有专业化经营的优势，或者这一市场区域竞争对手较少，企业有足够的发展空间，企业也可能作此选择。但是，选择这种覆盖策略要使企业承担较大的风险，一旦市场需求发生变化，企业可能无法生存［见图6-4（a）］。

2. 产品专业化策略（product specialization strategy）

采用这种策略的企业以一种产品去满足不同的几个细分市场的需要。例如服装厂商向青年、中年和老年消费者销售高档服装，这样企业为不同的顾客提供相同种类的高档服装的产品和服务，而不生产消费者需要的其他档次的服装。这样企业可以有效地利用产品专业优势，确立品牌鲜明的特征。但由于产品范围过于狭窄，易使企业在产品调整方面居于劣势地位［见图6-4（b）］。

3. 市场专业化策略（market specialization strategy）

采用这种策略的企业以不同的产品尽量满足一个细分市场的需要。如企业专门为老年消费者提供各种档次的服装，这样企业可以从纵深方面尽可能满足特定顾客的不同需求，因而可以更好地满足这些特定顾客的需求。但在市场容量有限的情况下，企业的营销活动将承受很大的成本压力［见图6-4（c）］。

4. 选择专业化策略（selective specialization strategy）

采用这种策略的企业以不同的产品去满足不同顾客的需要，即有选择地进入一些不同的细分市场。对于这种策略，企业可以根据自己的资源状况及市场的需求状况综合性地加以选择，可以在更好地发挥资源效率的前提下，满足不同顾客的需要。但是，这种策略通常要求企业有较强的资源实力及营销能力［见图6-4（d）］。

5. 市场全面化策略（full coverage strategy）

市场全面化是指针对所面临的不同顾客群的多种需求，企业提供多种产品去加以满足。显然，这种策略只能是有雄厚实力的大企业才能采用的［见图6-4（e）］。

四、目标市场营销策略

经过评价细分市场，企业就要最终决定为哪些细分市场服务，把这些细分市场作为企业的目标市场。企业在确定目标市场时有三种策略可供选择，即无差异性市场营销、差异性市场营销和集中性市场营销策略（见图6-5）。

1. 无差异性市场营销策略

无差异性营销策略（undifferentiated marketing strategy）是把整个市场作为一个目标市场，着眼于消费需求的共同性，推出单一产品和单一营销手段加以满足。企业运用这种策略的典型例子就是美国的可口可乐公司的早期市场营销活动，当时，它只生产一种规格的瓶装可口可乐，味道也一样，甚至连广告语言也相同，企图用一种市场营销策略组合去满足所有的消费者的需求。

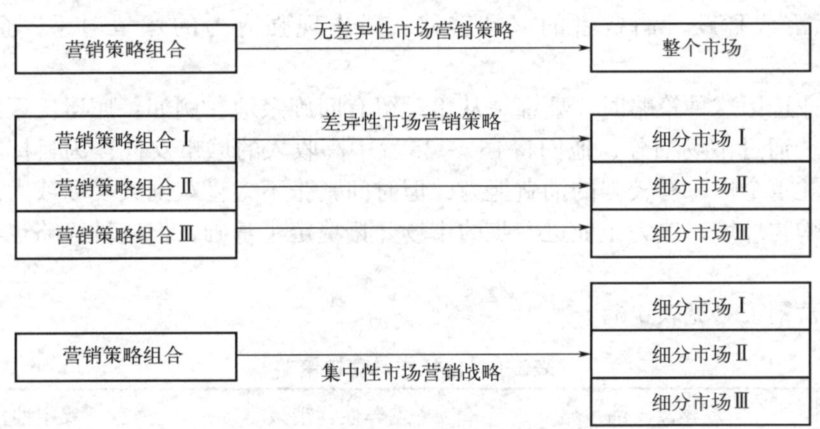

图6-5 目标市场的营销策略

这种策略的优点：生产经营品种单一的产品，生产批量大，销量也大，因而生产成本和有关销售费用较省。同时，企业无需市场细分，促销方式单一，因此，促销费用也少，这些都有利于企业获得较多的利润。

这种策略的缺点：满足不了消费者需求的多样化，企业产品单一，适应不了激烈的市场竞争的需要。

2. 差异性市场营销策略

差异性市场营销策略（differentiated marketing strategy）是充分肯定消费者需求的异质性，在市场细分的基础上选择若干个细分市场为目标市场，分别设计不同的营销策略组合方案，满足不同细分市场的需求。

这种策略的优点：体现了以消费者为中心的经营思想，能满足不同消费者的需要，因而有利于扩大销售，而且容易扩大企业的影响，提高企业的声誉。

这种策略的缺点：运用这种策略要求产品差异化，促销方式差异化，小批量储运，增加管理人员，这就会导致较高的生产成本、较多的管理费用、储运费用和促销费用。

可见，实行“差异性市场营销”会产生高的销售额，也会带来较多的费用，因此，不能预言，采用这种策略会有高的利润率。有些企业发现他们把市场分得太细，使产品品种繁多，费用增加，造成低利，为此，这些企业主张只生产几种牌号的产品，力求使每种产品都能满足较多的消费者，以期增加企业的利润。

3. 集中性市场营销策略

集中性市场营销策略（centrality marketing strategy）（也称密集性市场营销策略）与前两种策略不同之处，就是不把整个市场作为自己的服务对象，而只是以一个或少数几个细分市场或一个细分市场中的部分作为目标市场，集中企业营销力量，实行专门化生产和经营。采取这种目标市场策略的企业，追求的不是在较大市场上占较少的份额，而是在较小的市场上占有较大份额。企业面对若干细分市场，并不希望尽量占有市场的大部分以至全部。明智的企业家宁可集中全力于争取一个或极少数几个细分市场，而不是将有限的人力、物力、财力分散在广大的市场上，在部分市场中如能拥有较高的占有率，远胜于在所有市场上都获得微不足道的占有率。

这种策略的优点：在于营销对象集中，企业能充分发挥优势，降低成本，提高盈利水平。

这种策略的缺点：有一定的风险，由于目标市场比较狭窄，一旦市场发生突然变化，比如，价格的猛涨或猛跌、消费者的兴趣转移、或出现强有力的竞争对手，企业可能陷入困境。

因此，企业选用这种策略时，要谨慎从事，留有回旋余地。例如：屈臣氏采用集中性目标市场营销策略，通过市场细分，他们将15～35岁中高收入的城市女性作为目标顾客群，这类目标顾客比较注重个性，有较强的消费能力，但时间紧张不太喜欢到大卖场或大超市购物，追求的是舒适的购物环境，这为企业进一步的市场开拓奠定了基础，但这种策略也有较大的经营风险。

目标市场营销策略见表6-6。

表6-6　目标市场营销策略

项目	无差异性营销策略	差异性营销策略	集中性营销策略
产品	单一产品	多样化产品	少数性质类同的产品
市场	整体市场	所有或多个细分市场	少数细分市场
营销策略组合	统一营销组合	差异、针对性营销组合	专业营销组合
经济性	经济性好	经济性差	经济性较好
风险	风险大	风险小	风险较大

五、选择目标市场营销策略应考虑的因素

上述三种目标市场营销策略，各有优点和缺点，企业究竟采用何种策略，应视具体情况，综合分析，权衡利弊，才能做出正确选择。通常，企业在选择目标市场时，要综合考虑以下四个因素：

1. 企业实力

企业实力是指企业满足市场需求的能力，主要包括财力、生产能力、技术开发能力，以及

经营管理能力。如果企业实力强，就可以采取差异性营销策略。如果企业实力较弱，宜采取集中性市场营销策略。

2. 产品特点

产品性质相似，消费者使用时挑选性不大，使用面较广的产品如大米、火柴、肥皂、钢材等，可采用无差异性市场营销策略。对性质相差较大、挑选性较强的产品，如服装、家用电器、儿童玩具等宜采用差异性营销策略或集中性营销策略。

产品在市场上的生命周期不同，采用的营销策略也不一样。一般说来，企业的新产品在投入期或成长期时，宜采取无差异性市场营销策略，以探测市场需求和潜在顾客情况，也有利于节约市场开发费用；当产品进入成熟期时，宜采取差异性市场营销策略，以开拓新的市场；当产品进入衰退期时，宜考虑采取集中性市场营销策略，以集中力量于少数尚有利可图的目标市场。

3. 市场竞争状况

竞争者的数目与策略，也是企业确定目标市场策略时应考虑的重要因素。当竞争者不强时，可采用无差异性市场营销策略；竞争激烈时，要考虑主要竞争对手的实力。如果其与本企业实力匹敌，则应避免直接冲突，以免造成不必要的损失。如果本企业力量较弱，无论对手施用何种策略，则宜采取集中性市场营销策略。

4. 消费者行为

消费者行为是企业确定市场营销策略时必须注意的因素。如果消费者的需要和偏爱相近，购买方式大致相同，就可采取无差异性市场营销策略。反之，应当采用差异性市场营销策略或集中性市场营销策略。

例 6-6

安踏品牌“定位大众+品牌向上”并举的2023～2026年战略

安踏品牌“定位大众+品牌向上”：管理层强调了安踏品牌“大众综合性专业运动”的品牌定位，希望通过科技专利、品牌资源及奥运的赋能提升品牌和商品的形象。同时公司希望通过商品IP的打造和渠道矩阵的优化来实现“品牌向上”，即通过产品结构的升级实现客单价的提升。

1.定位大众

管理层强调大众并不是廉价，并将由以下三方面来赋能。

（1）顶级品牌资源　由奥运代表团、体育明星及年轻顶流组成；而奥运资源也将通过IP打造和营销活动带动业绩增长。

（2）科技赋能　3000项专利赋能大众品牌科技创新。

（3）渠道、商品、人群　专注于全渠道全覆盖服务大众消费人群。利用专业产品和各个渠道的销售的提升来覆盖中国最广泛的人群。

2.品牌向上

管理层强调品牌向上并不是价格向上，而是客单向上。

（1）客单向上　目标是2024年实现安踏大货线下渠道小票数提升5%，客单价提升至800元（同比增长接近20%）。

（2）渠道向上　形成渠道矩阵，并计划未来5年在全国开出10家Arena店、1000家殿堂级店、AES500以上店铺占比达到50%。

（3）全球市场　审慎拓展海外市场。

在这些战略的带动下，管理层预计2023～2026年，安踏品牌流水可以实现10%～15%的年复合增长。

（资料来源：浦银国际研究.安踏：多品牌奠定公司核心竞争力，市场对安踏品牌的信心有望提升. 有删减）

第三节　市场定位

一、市场定位的含义

“定位”（positioning）一词，是由艾尔·里斯（Al Reis）和杰克·特劳特（Jack Trout）在1972年提出的。他们对定位的解释是：定位起始于产品，一件商品、一项服务、一家公司、一个机构，甚至是一个人。定位并不是对产品本身做什么事，而是针对潜在顾客的心理采取的行动，即把产品在潜在顾客的心中确定一个适当的位置。他们强调定位不是改变产品本身，改变的是名称和沟通等要素。定位理论最初是被当作一种纯粹的传播策略提出来的。随着市场营销理论的发展，定位理论对营销影响已超过了原先把它作为一种传播技巧的范畴，而演变为营销策略的一个基本步骤。这反映在营销大师科特勒对定位所下的定义中：定位是对企业的产品和形象的策划行为，目的是使它在目标顾客的心理上占据一个独特的、有价值的位置。因此营销人员必须开发所有的营销组合因素，使产品特色确实符合所选择的目标市场（即实体定位），并在此基础上进行心理定位。现在使用的“定位”一词，一般都是在这个意义上来理解的，即它不仅仅是一种沟通策略，更重要的还是企业的一种营销策略。

“定位”概念被广泛使用于营销领域之后，衍生出来多个专门术语，市场定位就是其中使用频率颇高的一个。市场定位（marketing positioning），也被称为产品定位或竞争性定位，是根据竞争者现有产品在细分市场上所处的地位和顾客对产品某些属性的重视程度，塑造出本企业产品与众不同的鲜明个性或形象并传递给目标顾客，使该产品在细分市场上占有强有力的竞争位置。也就是说，市场定位是塑造一种产品在细分市场的位置。产品的特色或个性可以从产品实体上表现出来，如形状、成分、构造、性能等；也可以从消费者心理上反映出来，如豪华、朴素、时髦、典雅等；还可以表现为价格水平、质量水准等。

企业在市场定位过程中，一方面要了解竞争者的产品的市场地位，另一方面要研究目标顾客对该产品的各种属性的重视程度，然后选定本企业产品的特色和独特形象，从而完成产品的市场定位。

二、市场定位的基础——差异化

市场定位的实质就是基于顾客心理的差异化，就是要与众不同。那么差异化源于何处？有哪些方面的差别有助于牢牢抓住顾客的心？按照菲利普·科特勒的分析，企业可以在产品、服务、渠道、人员、形象五方面来体现差异化。

（一）差异化的途径

1. 产品差异化（product differentiation）

实体产品的差异化可以体现在产品的诸多方面。

（1）形式差异　即产品在外观设计、尺寸、形状、结构等方面的新颖别致。

（2）特色　即对产品基本功能的某些增补，率先推出某些有价值的新特色无疑是最有效的竞争手段之一。

（3）性能质量　即产品的主要特点在运用中可分为低、平均、高和超级等不同的水平。

（4）一致性　即产品的设计和使用与预定标准吻合程度的高低。一致性越高，则意味着买主越有可能实现预定的性能指标。

（5）耐用性　即产品在自然或苛刻的条件下预期的使用寿命。对于技术更新不快的产品，耐用性高，无疑增加了产品的价值。

（6）可靠性　即在一段时间内产品保持良好状态的可能性。许多企业通过降低产品缺陷，提高可靠性。

（7）可维修性　即产品一旦出现故障需进行维修的容易程度。标准化的零部件、一定的维修支持等都会使产品更受欢迎。

（8）风格　即产品给予消费者的视觉和感觉效果。独特的风格往往使产品引人注目，有别于乏味、平淡的产品。

综合以上各个要素，企业应从顾客的要求出发，确定影响产品外观和性能的全部特征的组合，提供一种最强有力的设计使产品（服务）差异化和准确定位。

2. 服务差异化（service differentiation）

在市场竞争日益激烈的今天，服务差别化中，服务的增加与服务的质量成为企业区别于竞争对手的有利工具。区别服务水平的主要有：送货、安装、顾客培训、咨询服务等。

高效率的物流系统可以加快企业的供货速度。许多品牌厂商，已采用快速反应系统，使其供应商、制造厂、分销中心和零售网点形成网络，使公司的储存和销售成本大为降低，同时提高了顾客服务水平。这样的公司具有有效的存货运作系统，其员工和车辆可以为所有分店配送足够的产品，使产品在高度竞争的环境里保持新鲜感和吸引力。

3. 渠道差异化（channel differentiation）

通过设计分销渠道的覆盖面、建立分销专长和提高效率，企业可以取得渠道差异化优势。

4. 人员差异化（personnel differentiation）

人员差异化中，企业可以通过雇佣、培训比竞争对手更优秀的员工，来赢得竞争优势。训练有素的员工应能体现六个特征：

（1）胜任　员工具备必需的技能和知识。

（2）礼貌　员工对顾客的态度友好，充满敬意，能为顾客着想。

（3）可信　员工值得企业信赖。

（4）可靠　员工能自始至终准确地提供服务。

（5）反应敏捷　员工能对顾客的需要和有关问题迅速做出反应。

（6）善于交流　员工能尽力去理解顾客，并能准确地与顾客沟通。

5. 形象差异化（image differentiation）

形象是公众对企业及其产品的认识与看法。企业或品牌形象可以对目标顾客产生强大的吸引力和感染力，促其形成独特的感受。有效的形象差异化需要做到：建立一种产品的特点和价值方案，并通过一种与众不同的途径传递这一特点；借助可以利用的一切传播手段和品牌接触（如标志、文字、媒体、气氛、事件和员工行为等），传达触动顾客内心感受的信息。

（二）有效的差异化

任何产品都可以进行各种程度的差异化。然而，并非所有商品的差异化都是有意义或有价值的。有效的差异化应该能够为产品创造一个独特的“卖点”，即给消费者一个鲜明的购买理由。

有效的差异化必须遵循以下基本原则：

（1）重要性　该差异化能使目标顾客感受较高的让渡价值带来的利益。

（2）独特性　该差异化竞争者无法提供，或者企业以一种与众不同的方式提供。

（3）优越性　该差异化明显优于消费者通过其他途径获得的相似利益。

（4）可传播性　该差异化能被消费者看到、理解并传诵。

（5）排他性　竞争者难以模仿该差异化。

（6）可承担性　消费者有能力为该差异化付款。

（7）盈利性　企业将通过该差异化获得利润。

三、目标市场定位的方法

目标市场定位可分为四个具体的操作步骤。

1. 选择产品最主要的两个属性或者特征建立直角坐标系，即市场结构图

例如：以产品的价格和质量分别作为横纵坐标变量建立一个坐标来分析目标市场是非常普遍的做法，因为任何产品的这两个属性特点都是消费者最关心的。当然，根据不同的产品，企业也可选择消费者关心的其他属性。

2. 在市场结构图上大致描绘出竞争状况

在市场结构图上标明现有竞争者的位置（坐标平面上的点）及其市场份额大小（圆圈的面积）。以图6-6为例，A、B、C、D四个圆圈分别代表目标市场上已有的四个竞争者，圆心的坐标反映其在目标市场中的实际定位，圆圈的面积大小则说明各个竞争者的销售额大小。我们可以看到，A是市场中颇有声望的企业，它生产的是优质优价的产品；B企业生产的是质量中等的中档产品；C企业占据着低档产品市场部分，以低价提供低质的产品；D企业以高价提供着质量低劣的产品。这四个企业中A企业的销售情况最好，市场份额最大。

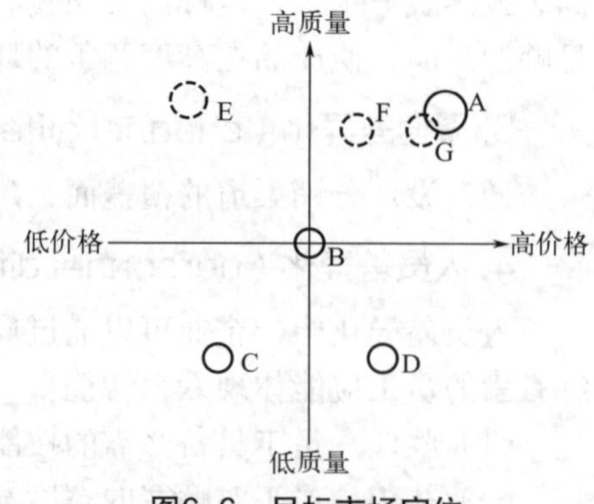

图6-6　目标市场定位

完成第二步工作，企业得到一张详细的市场结构图，竞争对手的分布和实力都一目了然。

3. 初步确定定位方案

试着将代表本企业的产品放到市场结构图不同位置，每一种位置意味着一种定位方案。分

析、评价各种可能的方案后，选出最理想的作为初步的定位，经有关部门详细论证后，由企业决策当局确定。

4. 修正定位方案和再定位

企业的定位是否准确关系到企业成败，所以在初步定位完成后，还应做一些调查和试销工作，及时找到偏差并立即纠正。例如：一家减肥保健品生产企业在试销过程中，发现相当一部分购买者是正常的体重范围内甚至体重偏轻的，对于这些消费者来说，购买减肥产品并不是为了体重而是代表了一种时尚，公司立即在产品广告中加入了时尚元素，产品推广随即取得了阶段性成功。

即使初步定位正确，还应看到市场环境的动态变化，随时准备对产品进行再定位。一般说来，可能的三种变化是促使企业考虑再定位的力量：

一是消费需求的萎缩或消费者偏好的转移；

二是竞争者定位策略和实力的改变，威胁到企业在目标市场的发展；

三是企业自身的变化，如掌握一种尖端生产技术，使生产成本大幅度下降或能生产以前不能开发的产品。

再定位就是重新定位，可以视为企业的策略转移。前后定位的差异可视为转移的距离，通常再定位可能导致产品的名称、价格、包装和品牌的更改；也可能导致在产品的用途和功能上的变动。企业必须考虑定位转移的成本和新定位的收益问题。例：自行车——传统代步工具，20世纪50年代美国年产销400万辆，后下降为年产销130万辆。重新定位为健身休闲用品，增强品种类型和花色。橘汁的传统定位是维生素、保健饮品（保健功能）；新定位为消暑解渴、提神、恢复体力的饮品。

四、目标市场定位的策略

企业目标市场定位的最终确定，必须是经过对企业自身、竞争对手做出客观评价和对消费者的需求有了充分分析后的抉择。从理论上讲，企业可选择的目标市场定位策略主要有以下几种。

（一）根据一个要素进行定位

1. 根据产品属性定位

产品属性具有广泛的含义，包括产品在用料、制造工艺、功能特性、规格品种、造型、产地、历史传统等等方面能使广大购买者感兴趣的各种特征。例如真丝衬衣、貂皮外套以用料定位；瑞士手表、法国香水以产地定位；孔府家酒、文君酒，以历史传统定位。这种定位，更多的是在突出品牌的形象优势。从产品层次角度考虑，这种定位是直观的、表面的和现象的。

2. 根据产品能给顾客的利益定位

这里所说的给顾客的利益是指与竞争产品相比，是竞争者没有或不能提供的。如傻瓜相机以使用方便定位，特快专递、快餐则以快捷定位。五粮液股份有限公司的“金六福”，借助我国固有的文化内涵，定位于给消费者带来福分和吉祥。

3. 根据使用者定位

公司着眼于产品的象征性意义，着眼于消费者的自我观念，往往采用这种定位策略，把产品或产品品牌与特定目标消费者联系起来。例如奔驰轿车的目标客户不是一般的乘坐者，而是有一定地位的人。显然，这种定位策略更多的是在借助品牌的社会价值、情感价值和条件价值。

4. 根据产品种类定位

采取这种策略通常借重产品的独特性、唯一性、机会的罕见性。例如有企业称其产品是“世界首创，天下一绝”。

5. 根据情感定位

这种策略着眼于对产品或对用户的偏好。在具体操作上，有两种方式：

一是以企业身份表达，例如海尔的“海尔，真诚到永远”，TCL的“为顾客创造价值”，都属于这种方式。

二是采用逆向思维和比喻，借顾客之口表达对产品（喻为“情侣”）的喜欢，例如娃哈哈的“我的眼里只有你”，“我的心里只有你”，北京某化工厂的“别人就是喜欢大宝”，则属于此种方式。

6. 首位定位

所谓首位就是名列第一。第一名总是具有最高的知名度，因为人们总是容易对第一名留下深刻的印象，而忽视以后的名次。第一当然只有一个，但是在不同的属性上、或在不同的领域、范围中都有各自的第一。因此，许多企业都有取得第一名的机会，显示出名列第一的优势。关键是能够识别在哪个有价值的属性上本企业已处于首位。例如，美国的七喜汽水，在软饮料行业中其规模、实力、营业额都和可口可乐、百事可乐相差很远，但是七喜汽水也有自己的第一，它以“非可乐型饮料第一”定位。

（二）根据两个要素建立直角坐标系定位

按照目标市场定位的方法，建立直角坐标系进行定位。

1. 填补策略

填补策略即企业将自己的产品定位在目标市场目前的空缺部分，市场的空缺部分指的是市场上尚未被竞争者发觉或占领的那部分需求。企业选择填补策略，大都因为该策略能避开竞争，获得进入某一市场的先机，先入为主地建立对自己有利的市场地位。如图6-6中E所在的位置。

但在决定采取填补策略之前必须仔细分析“空缺”的性质和大小，以及企业自身的实力特点。

① 这一空缺为什么存在，是因为竞争对手没有发觉、无暇顾及或是因为这里根本没有潜在的需求。

② 如果确实存在潜在的需求，那么要考虑这一空缺是否有足够大的空间。

③ 自己是否有足够的技术开发能力去为这一市场的空白区域提供恰当的产品。

④ 企业还要判断填补这一空位在经济上是否合算。

 讨论

泡泡糖引发的行业大检讨

日本泡泡糖市场年销售额约140亿日元，大部分为“劳特”所垄断。江崎糖厂成立市场研究班子，专门研究霸主“劳特”产品的不足和缺点，寻找现有市场的缝隙。经过周密调研，他们发现了“劳特”的四个漏洞：

一是以成年人为对象的泡泡糖市场正在扩大，而“劳特”仍把重点放在儿童市场上；

二是消费者的需求日趋多样，而“劳特”的产品主要是单一的果味型；

三是“劳特”多年来一直生产着单调的条板状泡泡糖，缺乏新型花样；

四是“劳特”产品的定价不科学，单位产品定价110日元，顾客购买时还需再掏10日元的硬币，深感不便。

鉴于此，江崎糖厂大举生产功能型泡泡糖；改进包装和造型；把单位价格定在50日元和100日元两种，以补“劳特”之不足。此举成功地使江崎糖业的市场占有率由0骤升至25%，当年销售额高达125亿日元。这一营销策略的成功地引起各行各业极大的反响，不少行业纷纷检讨自己的营销策略是否存在漏洞。

江崎糖厂如何发现市场这一空缺，采用填补策略获得成功?

2. 并存策略

所谓并存策略，是指企业将自己的产品定位在现有的竞争者的产品附近，力争与竞争者满足同一个目标市场部分，即服务于相近的顾客群，如图6-6中F的位置。并存策略不是取代策略，因此它并不是向竞争对手发动猛烈进攻，而是一些实力不强的中小企业在产品定位时，跟随现有大企业的行动，力求与对手和平共处的一种策略。

不过，企业施行并存策略，必须有两个前提条件：

第一，在企业意欲进入的目标市场区域中还有未得到满足的需求，即该区域除现有的供给外还有吸纳更多商品的能力；

第二，企业推出自己品牌的产品时，应注意在各方面既能与竞争产品媲美，又有自己的品牌特色，这样才能拥有自己的顾客。

3. 取代策略

取代策略，顾名思义就是要将竞争对手赶出原来的位置，自己取而代之。这是一种竞争性最强的目标市场定位策略，如图6-6中G的位置。企业这样定位是准备挑战现有的竞争者，力图从他们手中抢夺市场份额。选用这一策略的企业一般实力都比较雄厚，为扩大自己的市场份额，决心并且有能力和信心击败竞争者。除对竞争者的优点和弱点有清晰的了解外，采取取代策略的企业还需要具备三个条件：

第一，企业推出的产品在质量、功能或其他方面有明显优于现有产品的特点；

第二，企业能借助自己强有力的营销力量使消费者认同这些优越之处；

第三，企业拥有足够的实力，其资源足以支持这种较量。

总之，产品市场定位策略的方式是多样的，有时还可以把几种方式综合应用。

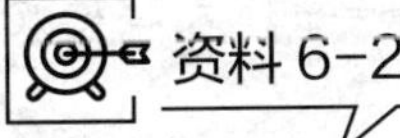

资料6-2

从劲霸、波司登、范德安三大定位案例，看中国服装企业的战略破局之道

定位理论最早于2002年进入中国市场，经过二十多年的发展与演变，在上海陆家嘴分化成四家知名的战略定位机构，分别是特劳特、里斯、君智、东极，被称为陆家嘴四大战略定位公司。他们进入一个个产业，在每个产业打造出数一数二的知名品牌，从而带动了整个产业实现跨越式升级，这其中自然也包括万亿消费规模的服装产业。

1. 劲霸男装，专注茄克30年

劲霸与定位理论的结缘，来自《定位》这本书。2002年，在一次出差途中，劲霸董事长洪忠信在机场购买了《定位》，翻看之后，洪忠信认定定位理论能够解决他的困惑，随后，劲霸就成为了特劳特中国公司的第一个合作伙伴。

当时的服装行业，还普遍停留在卖产品、卖款式的阶段，而劲霸也正处于从单品批发向品牌连锁专卖转型升级的关键时期。在特劳特的协助下，劲霸界定了七匹狼为战略级对手，在商务休闲男装中选择了茄克这一战略制高点，诉求"劲霸男装，专注茄克30年"，让劲霸代表茄克。

劲霸围绕这一战略定位也做了很多战略配合，包括舍弃了它已经开了一百多家店的劲霸皮具，还有上游的精配原料等业务，同时通过日韩世界杯广告、门店品牌信息植入、入选巴黎卢浮宫等传播投入，帮助劲霸用茄克一词占领心智，建立其领先地位。把所有资源集中起来，去干了这一件事情，就是在用户心智中把"劲霸"与"茄克"划等号。也正因为如此，劲霸才能够调动心智力量，获得用户首选，在商务休闲市场占据一个头部位置。

在当时的服装行业，劲霸走在了行业前列，用定位引领战略，配置企业资源，创造了一个强大的品牌。时至今日劲霸已经成为一个家喻户晓的中国男装品牌，即便很多人可能没有穿过它的衣服，但也一定听过劲霸品牌。

2. 波司登：全球热销的羽绒服专家

波司登是近年传统服装品牌转型成功的经典商战。曾几何时，波司登在羽绒服市场的名气和实力都大到无以匹敌的地步。然而，市场悄然演变，国际大牌加拿大鹅、Moncler等全面出击，四季服装品牌在羽绒服领域也四处开花，面对新的环境，波司登突围乏力。加之，波司登未抓住消费升级的趋势，品牌老化日趋严重，逐渐沦为爸妈穿的羽绒服。曾经风靡全国的品牌逐渐沉寂，慢慢淡出大众视野。

为了摆脱困境、重振品牌，波司登与国际顶尖的咨询公司都有过合作，包括罗兰贝格、贝恩、朗涛等，但最后都收效甚微，未能突破竞争重围。一次偶然的机会，波司登结识了战略定位咨询机构，与君智咨询达成战略合作。

在君智咨询的协助下，波司登以"激活品牌认知，重获主流青睐"为战略目标，确立了"全球热销的羽绒服专家"这一战略定位，诉求"畅销全球72国"，意图聚焦主业升级品牌。

定战略难，做战略更难。围绕"全球热销的羽绒服专家"战略方向，波司登开始从品牌、产品、渠道等多个层面构建系统运营。在品牌端，波司登登陆纽约时装周、发布国际设计师联名款，获户外装备大奖等。在产品端，波司登与国际顶尖原辅料供应商建立合作，并与国际一流科研机构、国际一流服装设计大师展开合作。在渠道端，波司登全力拓展购物中心、时尚百货、商业步行街等主流渠道，统一门头，开设高势能旗舰店。最终，战略落地一年，大众对波司登的品牌认识发生了翻天覆地的变化，开始重新获得主流消费群体的青睐。

从跌落谷底到王者归来，短短数年，波司登在战略定位咨询机构的帮助下，上演了一场绝境突围。波司登在顾客心智中的印象也发生了显著变化，从"爸爸妈妈穿的羽绒服"转变为"明星大咖穿的羽绒服""国货崛起"等，那个曾经称霸羽绒服行业的波司登又回来了。波司登的成功，让服装行业又一次认识到了战略定位的力量，尤其是传统服装企业，打开了品牌升级换新的时代窗口。

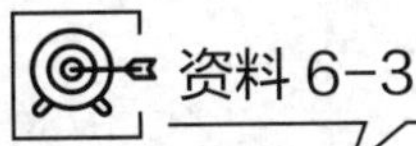
资料 6-3

范德安，明星青睐的时尚泳装

服装行业的泳装赛道，也是一个竞争异常激烈的赛道。国际一线大牌速比涛依靠品牌光环和专业实力，长期处于领先地位。国产运动品牌李宁、安踏等也借助产业链优势瓜分泳装市场。尤其是国际大牌速比涛，作为全球专业竞技泳装的代表，一直赞助大量运动赛事，与各国奥运冠军进行合作，菲尔普斯、孙杨等都是速比涛的用户，综合实力非常强劲。

前有国际大牌速比涛的强势压制，后有国产品牌的跨界瓜分，腹背受敌的范德安，深陷竞争泥潭。危急时刻，范德安引入战略定位咨询，合作头部定位咨询公司东极定位，开启了战略升级之路。

东极定位专家团队经过大量调研分析，帮助范德安确定了“明星青睐的时尚泳装”这一差异化战略定位，诉求“在中国，100多位明星都在穿范德安”。

言外之意，速比涛确实很专业，很多运动员都在穿；但范德安是最时尚的，有很多明星都在穿，比如吉克隽逸、杨幂、章子怡、钟丽缇、Angelababy、柳岩、赵丽颖等众多明星都是范德安的用户。时尚泳装不同于专业竞技泳装，更强调外观而不是专业游泳的速度，也是范德安的强项。范德安时尚泳装的定位，精准找到了外资大牌速比涛强势中的弱势，避开正面进攻速比涛的专业形象，而是重新定位速比涛不如范德安时尚，可谓精彩纷呈。

在东极定位的协助下，范德安围绕“明星青睐的时尚泳装”这一定位，从产品、传播、渠道等各个层面构建了系统的运营体系，开启了逆袭之路。2021年范德安逆势增长60%，霸榜行业第一。2022年“618”购物节，范德安单旗舰店的销量已经领先第二名1300万，逐渐甩开速比涛。在泳装赛道，范德安成功完成了对速比涛等外资泳装的逆袭。

总结：从劲霸、波司登和范德安3个经典定位案例中，不难发现，中国服装企业战略迷失的根源，在于品牌没有根基。只有解决品牌的根基问题，找到精准的战略定位方向，才能在复杂、模糊和不确定的行业之中，轻松驾驭各种变化。

（资料来源：从劲霸、波司登、范德安三大定位案例，看中国服装企业的战略破局之道. 有删减）

阅读材料

定位案例：云南白药战略定位

习题

一、名词解释

市场细分、目标市场、市场定位、无差异性市场营销策略、差异性市场营销策略、集中性市场营销策略

二、基本训练

1. 简述市场细分的产生与发展。
2. 简述市场细分的客观基础。
3. 简述市场细分的意义。
4. 消费者市场细分的依据有哪些？

5. 产业市场细分的依据有哪些？
6. 简述市场细分的步骤。
7. 简述有效细分市场的标志。
8. 简述市场细分理论的演变。
9. 评估细分市场应考虑哪些因素？
10. 目标市场营销策略有哪三种形式？
11. 选择目标市场营销策略应考虑哪些因素？
12. 如何通过差异化来进行市场定位？
13. 简述目标市场定位的方法。
14. 简述目标市场定位的策略。

三、思考题

1. 针对我国汽车市场需求及发展的状况，试提出汽车市场的细分方案，并描述各细分市场的购买特点。
2. 目前市场上各种品牌手机的定位五花八门，你认为哪些定位较科学准确？哪些定位不确切或不准确？说出理由。
3. 试举出成功定位的企业案例，并用市场营销原理进行评价。

四、操作练习

1. 拜访一家公司，了解该公司形成产品定位的方式及其依据的资料。
2. 观察女性服装市场需求，假设你要开一家服装店，你将选用何种变量进行市场细分？你如何选择目标市场及定位？
3. 根据以下资料，分析餐饮、服装等企业市场定位误区。

练习资料

市场定位的误区分析

市场定位的误区分为：

（1）定位模糊　有些公司的定位不明确，使得顾客对公司的产品只有一个模糊的印象，并没有真正地感觉到它有什么特别之处。

（2）定位偏窄　有的公司定位过于狭隘，过分强调某一领域或某一方面，限制了顾客对该公司其他领域或该产品其他方面的了解，使得顾客对公司及其产品难以有全面的了解。

（3）定位混乱　购买者对产品及企业品牌的形象模糊不清，概念混淆，这种混乱通常由于主题太多，或者是产品定位变换太频繁所致。

（4）令人怀疑的定位　顾客发现难以相信公司在产品特色、价格等方面的宣传。

第七章

营销策略组合与产品策略

本章要点

- 营销策略组合的含义及特征
- 产品整体概念
- 产品组合的概念及组合策略
- 产品生命周期理论
- 品牌策略
- 商标
- 包装策略
- 新产品开发策略
- 服务营销

本章导读

企业营销活动成功与否会受到各种内外因素的影响，按照企业对这些因素的控制能力通常可将其分为两大类。一类为非可控因素，它一般为企业的外部因素，主要是指企业市场营销环境。另一类为可控因素，它一般为企业内部因素，包括企业的生产要素、经营要素以及对这些要素的组合方式。由于企业的营销策略能够对这些因素直接产生影响，所以把对可控因素的把握和利用称为企业的营销策略，它能够充分体现企业在目标市场上的竞争地位和经营特色。

第一节　营销策略组合

一、营销策略组合的含义

营销策略组合是指企业针对选定的目标市场综合运用各种可控的市场营销策略和手段，组合成一个系统化的整体策略，以达到企业的经营目标，并取得最佳经济效益。各种可控的营销策略分别为产品策略、定价策略、分销策略、促销策略。

产品策略，主要是指企业以向目标市场提供各种适合消费者需求的有形和无形产品的方式来实现其营销目标，其中包括对同产品有关的品种、规格、式样、质量、包装、特色、商标、品牌以及各种服务措施等可控因素的组合和运用。

定价策略，主要是指企业以按照市场规律制定价格和变动价格等方式来实现其营销目标，其中包括对同定价有关的基本价格、折扣价格、津贴、付款期限、商业信用以及各种定价方法和定价技巧等可控因素的组合和运用。

分销策略，主要是指企业以合理地选择分销渠道和组织商品实体流通的方式来实现其营销目标，其中包括对同分销有关的渠道覆盖面、商品流转环节、中间商、网点设置以及储存运输等可控因素的组合和运用。

促销策略，主要是指企业利用各种信息传播手段刺激消费者购买欲望，促进产品销售的方式来实现其营销目标，其中包括对同促销有关的广告、人员推销、销售促进、公共关系等可控因素的组合和运用。

二、营销策略组合的特征

无论是哪种方式的营销策略组合都体现了现代企业的一种经营思想，即不是将其可控因素分散地、随意地使用，而是让它们按照一定的营销活动规律组合起来，使其能产生出较强的综合效应，并根据环境的不同，对各种营销组合灵活地加以调整，使企业在各种环境条件下都能有效地实现营销目标。营销策略组合具有以下一些基本特征。

1. 整体性

企业的营销活动是围绕特定的营销目标展开的，因此各种营销策略必须在营销目标的指导下组合成统一的整体，相互协调，相互配合，形成较强的合力。各种个别营销策略在实际运用时，它们之间既有可协调的一面，也有相排斥的一面。如新产品的开发，由于成本增大，可能会对制定有效的价格策略带来影响；以价格优惠的手段来进行销售促进，则可能使产品的品牌声誉下降。所以企业各营销职能部门在采取某项个别的营销策略时必须考虑到其可能对其他营销策略的效应所带来的影响。作为企业的营销策略组合必须权衡各种策略运用时所产生的正反效应，将它们控制在一定的程度，以使营销组合能产生最佳的整体效应。

2. 复合性

企业的营销活动往往是对各种营销策略的综合运用，在每一项营销决策中，都体现了几种营销策略在不同层次上的相互复合。如从总体上讲，企业的营销活动包含了产品、定价、分销、促销四大基本营销策略的组合，而对促销策略，又包含着广告、人员推销、销售促进和公共关系等具体手段（见图7-1）。对于每一项具体的营销手段来说，还可能包含更具体的营销技巧。所以每一项营销决策，不仅是四种基本营销策略的组合，确切地讲，是各营销策略中具体营销手段和营销技巧的复合运用。

3. 灵活性

正由于营销组合是各种营销策略、手段和技巧的复合运用，所以，围绕不同的营销目标，面对复杂多变的营销环境，企业营销组合也必须是灵活多变的，这样才能适应各种营销目标和营销环境的需要。

4. 主动性

营销组合从本质上讲是企业对其内部的可控因素加以组织和运用的方式，所以企业各种营销策略的选择和运用应当具有必要的主动性。这要求企业在营销活动中应拥有充分的自主权，不应过多地受到外界干扰。营销决策的自主权对于企业营销活动的成败是至关重要的。

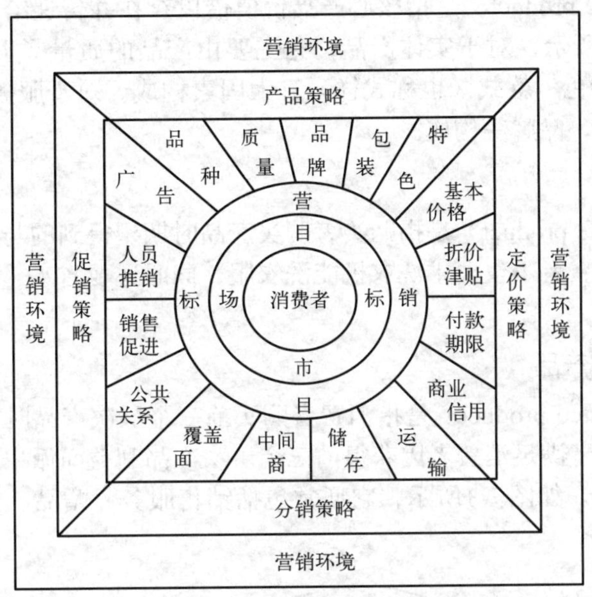

图7-1　营销策略组合示意图

第二节　产品整体概念

营销学界对于产品整体概念（total product concept）的认识长期以来停留在三个层次上，即核心产品、基础产品和附加产品。菲利普·科特勒等将其扩展成五个层次，新增了期望产品和潜在产品（见图7-2）。现在，五个层次的产品整体概念得到了普遍认同。以旅馆业为例，低收入房客只想要能够休息和睡眠的核心产品；进一步的要求是居住条件安全、卫生、安静的基础产品；中等收入房客还期望提供购机票、健身、娱乐等附加产品；高收入者要住五星级酒店，想得到象征身份的期望产品；更高收入的房客甚至希望提供鲜花、精美早餐等潜在产品。

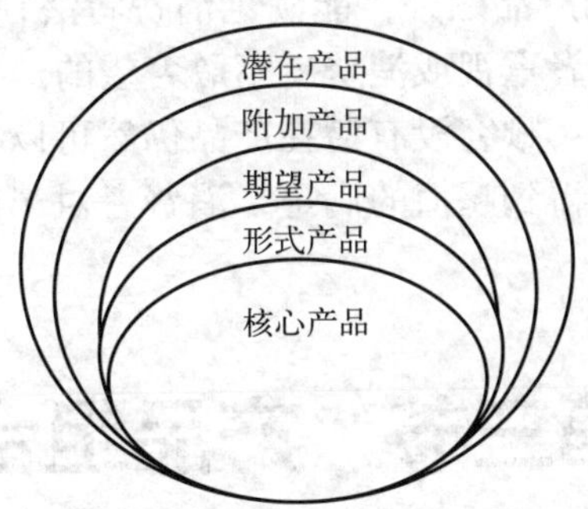

图7-2　整体产品各层次关系图

1. 核心产品

核心产品（core product）是指消费者希望通过交换活动得到的最为核心或最为基本的效用或利益。如顾客购买洗衣机是为了获取“替代人工洗净衣物”这一核心利益。核心利益能够满足购买者对提供物的基本要求，但并不是全部要求。

2. 形式产品或基础产品

形式产品（tangible product）是指核心产品价值借以存在并传递给消费者的具体形式或外在表现形式。如图7-2所示，对于实体产品，它主要由产品的质量（也称品质、材质）、品牌（也称商标）、包装、特色、款式（也称式样）五大因素构成。对于服务产品则由服务的程序、服务人员、地点、时间、品牌等构成。

3. 期望产品

期望产品（desirable product）是指购买者购买产品时期望得到的与核心产品密切相关的一整套属性和条件。如消费者不仅要求洗衣机能洗衣服，同时还要省水、省电、不伤衣物、操作便利。

4. 附加产品或延伸产品

附加产品（augmented product）是指消费者购买前三个层次产品时，附带获得的各种利益的总和。它是生产者为了满足消费者因获得前三个层次产品利益而派生出的延伸性需求，而提供的产品或服务的总称。如图7-3所示，它通常包括销售服务、赠品、优惠、信贷、保证、配送、安装等内容。

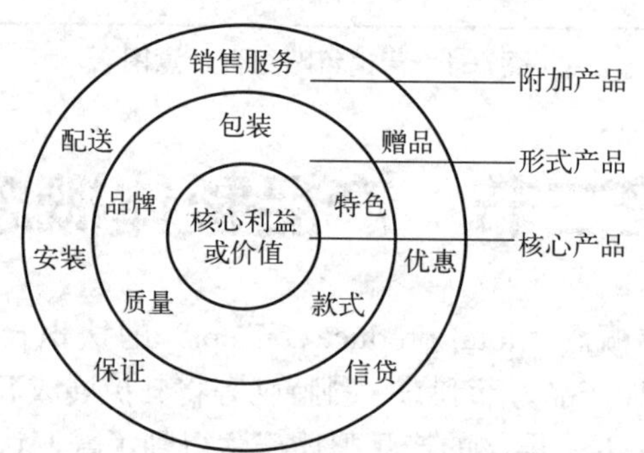

图7-3 产品整体概念三层次内容图示

5. 潜在产品

潜在产品（potential product）是指产品最终可能的所有增加和改变的利益。它是在核心产品、形式产品、期望产品、附加产品之外，能满足消费者潜在需求的，尚未被消费者意识到，或者已经被意识到但尚未被消费者重视或消费者不敢奢望的一些产品价值。

它与附加产品的主要区别是：顾客没有潜在产品仍然可以很好地满足其现实需求，但得到潜在产品，消费者的潜在需求会得到超值的满足，消费者对产品的偏好程度与忠诚程度会得到大大强化。

第三节 产品组合

一、产品组合的概念

1. 产品组合的含义

产品组合（ product mix）又称产品经营结构，是指一个企业生产经营的全部产品线和产品项目的组合或结构。产品线又称产品大类，是指一组密切相关的产品。产品项目又称产品品种，是指产品线内由尺码、型号、外观、价格、品牌及其他属性来区别的具体产品。例如，某企业生产彩电、冰箱、空调和计算机等，这就是产品组合，其中彩电、冰箱、空调和计算机等就是产品线，每条产品线中包括的具体品牌和品种就是产品项目。

2. 产品组合的宽度、深度、长度和关联度

产品组合包括四个可以衡量的变量，即宽度、深度、长度和关联度。

（1）产品组合的宽度 产品组合的宽度（width）是指该企业有多少产品线或产品大类。产品线是指同一产品种类中密切相关的一组产品，这种密切相关表现在它们功能相似，而且通过相同的渠道和在一定价格范围内卖给相同的顾客群体。

（2）产品组合的长度 产品组合的长度（length）是指它的产品组合中所包含的产品品目总数。

（3）产品组合的深度 产品组合的深度（depth）是指产品线中每种产品有多少花色、品种、规格。

（4）产品组合的关联度 产品组合的关联度（consistency）是指各条产品线在最终用途、生产条件、分销渠道或者其他方面相互关联的程度。

从表7-1中可以看到，某企业产品组合的宽度为3，护理用品的产品组合深度为5，食品产品组合深度为4，家用电器产品组合深度为3，产品组合的长度为5+4+3=12，护理用品、食品、家用电器这三条产品线关联性不强，只有分销渠道比较相似，在百货公司都有销售。

表7-1 某企业产品组合示意图

产品组合的宽度			
项目	护理用品	食品	家用电器
产品组合的深度	护肤用品	调味品	冰箱
	洁肤用品	糕点	彩电
	护发用品	干果	洗衣机
	洗涤用品	饮料	
	护齿用品		

二、产品组合的策略

1. 扩展策略

扩展策略包括扩展产品组合的宽度和长度。前者是在原产品组合中增加一条或几条产品线，以扩大企业的经营范围；后者是在原有产品线内增加新的产品项目，以发展系列产品。

一般当企业预测现有产品线的销售额和盈利率在未来几年要下降时，往往就会考虑这一策略。这一策略可以充分利用企业的人力等各项资源，深挖潜力，分散风险，增强竞争能力。当然，扩展策略也往往会分散经营者的精力，增加管理困难，有时会使边际成本加大，甚至由于新产品的质量、功能等问题，而影响企业原有产品的信誉。

2. 缩减策略

缩减策略是企业从产品组合中剔除那些获利小的产品线或产品项目，集中经营那些获利最

多的产品线和产品项目。

缩减策略可使企业集中精力对少数产品改进品质，降低成本，删除得不偿失的产品，提高经济效益。当然，企业失去了部分市场，也会增加企业的风险。例如：茅台集团于2017年开始“瘦身减肥”计划，截至2022年1月份，其已累计缩减酒类品牌198个、产品2694款，加上已经出局的“白金酒”品牌，茅台已砍掉199个酒类品牌。

3.产品延伸策略

每一个企业的产品都有其特定的市场定位，如20世纪90年代我国大陆的轿车市场，“别克”“奥迪”“帕萨特”等定位于中高档汽车市场，“桑塔纳”定位于中档市场，“夏利”“奥拓”等则定位于低档市场。产品延伸策略是指全部或部分地改变企业原有产品的市场定位。具体做法有向下延伸、向上延伸和双向延伸。

（1）向下延伸策略　向下延伸是企业原来生产高档产品，以后增加低档产品。向下延伸策略的采取主要是因为高档产品在市场上受到竞争者的威胁，本企业产品在该市场的销售增长速度趋于缓慢，企业向下延伸寻找新的经济增长点。同时，某些企业出于填补产品线的空缺，防止新的竞争者加入的考虑，也会实施这一策略。

向下延伸策略的优势是显而易见的，既可以节约新品牌的推广费用，又可使新产品搭乘原品牌的声誉便车，很快得到消费者承认。同时，企业又可以充分利用各项资源。

风险：能影响企业原有产品的市场形象及名牌产品的市场声誉；增加企业的营销费用开支。

例 7-1

五粮液集团“五粮液”品牌在高档白酒市场站稳脚跟后，便采取“纵横延伸”策略，生产“五粮春”、“五粮醇”、“尖庄”等品牌，分别进入中高档白酒市场、中档白酒市场和低档白酒市场。五粮液集团借延伸策略，有效实施了低成本扩张，使其市场份额不断扩大。2023（第29届）中国品牌价值报告揭晓，五粮春、五粮醇品牌分别以250.36亿元和178.08亿元的品牌价值位列榜单第34位和第37位，品牌价值较上年均稳步上涨。五粮春、五粮醇连续入选中国品牌价值100强，是市场及行业对五粮液浓香酒公司两大全国战略品牌近年来市场表现的充分肯定。

（2）向上延伸策略　向上延伸指企业原来生产低档产品，后来决定增加高档产品。企业采取这一策略的原因是：市场对高档产品需求增加，高档产品销路广，利润丰厚；欲使自己生产经营产品的档次更全、占领更多市场；抬高产品的市场形象。例如：蒙牛集团产品一直处于低端市场，比如酸酸乳、早餐奶之类，现产品向上延伸，有了特仑苏这个“特别贵”的产品后在一定程度上提升了蒙牛产品家族的整体形象。

向上延伸也有可能带来风险：

一是可能引起原来生产高档产品的竞争者采取向下延伸策略，从而增加自己的竞争压力；

二是市场可能对该企业生产高档产品的能力缺乏信任；

三是原来的生产、销售等环节没有这方面足够的技能和经验。

风险：改变产品在消费者心目中的地位也相当困难，处理不当，不仅难以收回开发新产品的项目成本，还会影响老产品的市场声誉。

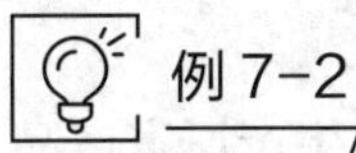

例 7-2

早年，美国“派克”钢笔质优价贵，是身份和体面的标志，许多社会上层人物都以带一支派克笔为荣。然而，1982年新总经理詹姆斯·彼特森上任后，盲目延伸品牌，把派克笔品牌用于每支售价3美元的低档笔。结果，派克在消费者心目中的高贵形象被毁坏，竞争对手则趁机侵入高档笔市场，使派克公司几乎濒临破产。派克公司欧洲主管马克利认为，派克公司犯了致命错误，没有以己之长攻人之短。鉴于此，马克利筹集巨资买下派克公司，并立即着手重塑派克形象，从一般大众化市场抽身出来，竭力弘扬其作为高社会地位象征的特点，使派克笔东山再起。

（3）双向延伸策略　双向延伸策略是指企业原来生产经营中档产品，现在同时向高档和低档产品延伸，一方面增加高档产品，一方面增加低档产品，扩大市场阵地。

例 7-3

20世纪70年代后期的钟表工业市场竞争中，日本“精工”采用双向策略，当时正逐渐形成高精度、低价格的数字式手表的需求市场。精工以“脉冲星”为品牌推出了一系列低价表，从而向下渗透进入这一低档产品市场。同时，它亦向上渗透高价和豪华型手表市场，精工收购了一家瑞士公司，连续推出了一系列高档表。

第四节　产品生命周期

一、产品生命周期理论

1.产品生命周期的含义

产品生命周期（product life cycle）是指产品从进入市场到退出市场的周期性变化过程。产品的生命周期不是指产品的使用寿命，而是指产品的市场寿命。产品生命周期可以分为四个阶段，以一条曲线表示出来（见图7-4）。

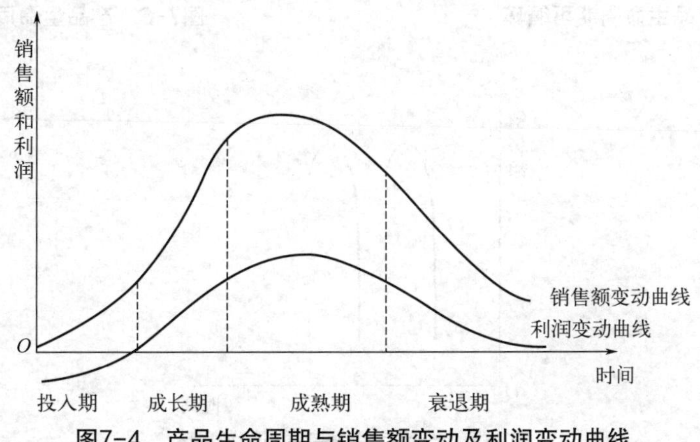

图7-4　产品生命周期与销售额变动及利润变动曲线

2. 产品种类、产品品种和产品品牌的生命周期

不同产品的产品生命周期有很大差别，即使是同类产品，不同的品种及不同生产厂家产品生命周期也有明显的不同。可见，产品生命周期和产品所属的范围有直接的关系。根据产品范围的大小，产品生命周期可分为产品种类（如电视机）、产品品种（也称产品形式，如彩色电视机和黑白电视机等）和产品品牌（如长虹彩色电视机）三种生命周期。产品种类具有最长的生命周期，有许多产品种类已经成为公众的必需品，其成熟期可以无期限地延续下去，产品品种比产品种类更能准确地体现典型的产品生命周期历程，产品品牌可以有短或长的产品生命周期，如有的品牌昙花一现，有的品牌经久不衰。

3. 产品生命周期的其他形态

产品生命周期是一种理论抽象，在现实经济生活中，并不是所有产品的生命历程都完全符合这种理论形态。除上述正态分布曲线，还有以下几种形态。

（1）再循环形态　指产品销售进入衰退期后，由于种种因素的作用而进入第二个成长阶段。这种再循环型生命周期是市场需求变化或厂商投入更多的促销费用的结果。图7-5表示出这种再循环形态。

（2）多循环形态　也称“扇形”运动曲线，或波浪型循环形态，是在产品进入成熟期以后，厂商通过制定和实施正确的营销策略，使产品销售量不断达到新的高潮。图7-6表示了这种循环形态。

（3）非连续循环形态　大多数时髦商品呈非连续循环，这些产品一上市即热销，而后很快在市场上销声匿迹。厂商既无必要也不愿意作延长其成熟期的任何努力，而是等待下一周期的来临（如图7-7所示）。

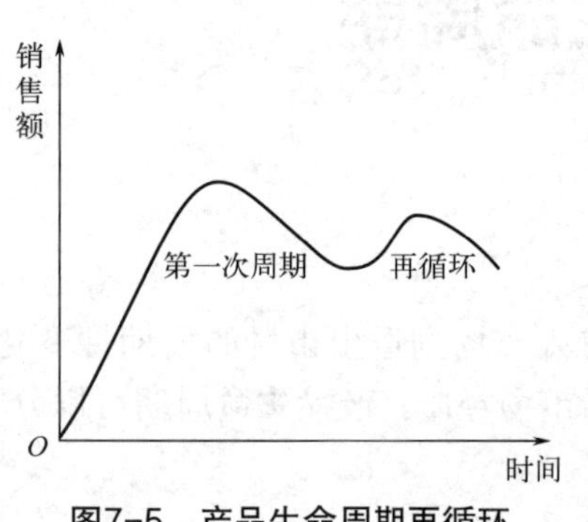

图7-5　产品生命周期再循环

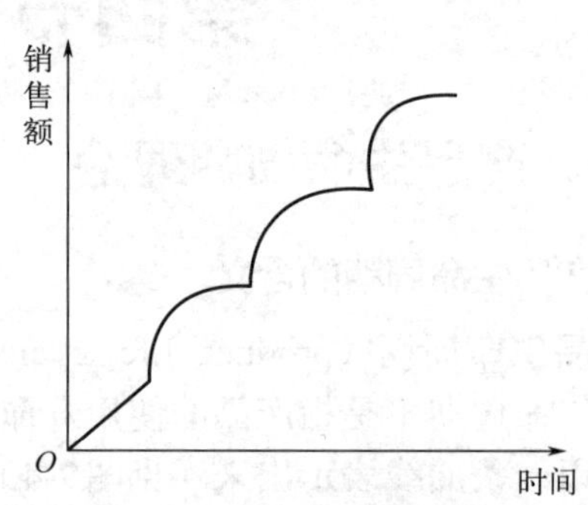

图7-6　产品生命周期多循环

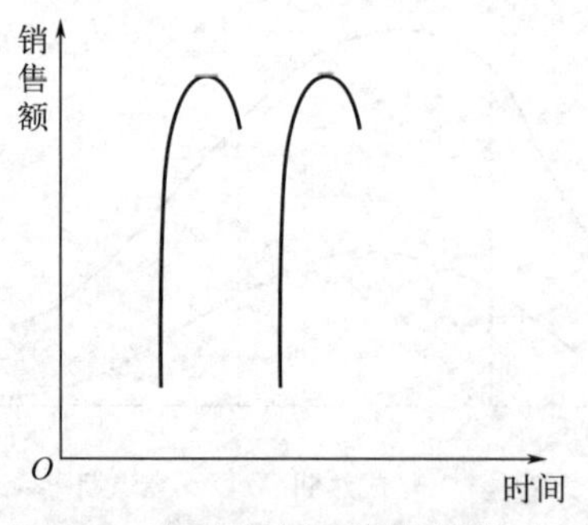

图7-7　产品生命周期非连续循环

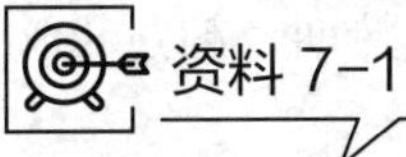

高技术产品的生命周期

相对于一般产品而言，高技术产品的生命周期形态是相当不理想的。

如图7-8所示，高技术产品的生命周期具有产品开发期（Dp）、投入期/成长期（I/G）长，成熟期（M）短、衰退期（D）短的特征。

具体表现：首先，由于产品复杂性高，需要进行较长时间的研究开发，因此产品开发阶段时间较长，研制费用较高；其次，由于消费者关于高技术产品的知识缺乏，潜在消费者需要较长时间才能认识和接受该产品的效用和所带来的利益，因此产品投入和成长阶段较长；第三，由于高技术产品技术进步快，新产品不断上市，产品成熟阶段短；第四，产品进入衰退期后，市场需求往往急剧下降，这主要是因为高技术产品的更新换代快，往往能创造出新的市场需求或改变市场需求，因此一旦新产品为市场所接受，则旧产品在较短时间即会惨遭淘汰。

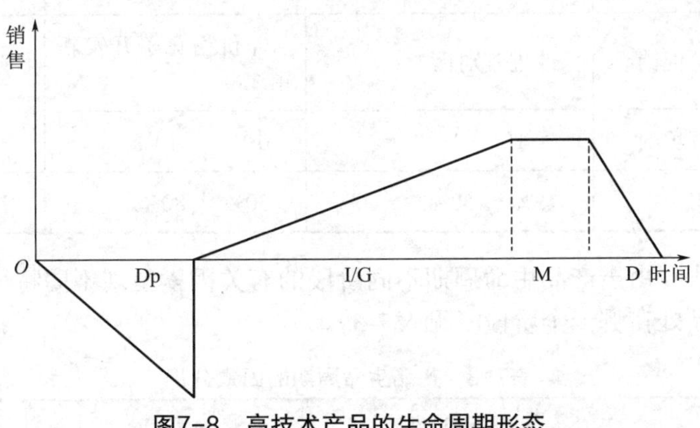

图7-8　高技术产品的生命周期形态

资料来源：菲利普·科特勒.营销管理，第9版，梅汝和，梅清豪，张桁译，上海：上海人民出版社，1999.

4. 产品生命周期各阶段的判断

在产品生命周期的变化过程中，正确分析、判断出各阶段的临界点，确定产品正处在生命周期的什么阶段，是企业进行正确决策的基础，对市场营销工作意义重大。

产品生命周期各阶段的判断，一般采取以下几种方法。

（1）销售趋势分析法　销售趋势分析法是用各个时期实际销售增长率的数据$\frac{\Delta x}{\Delta y}$的动态分布曲线来划分各阶段。其中，$\Delta y$表示纵坐标上的销售量的增加量，$\Delta x$表示横坐标上的时间的增加量。当$\frac{\Delta x}{\Delta y}$之值大于10%，该产品处在成长期；在0.1%～10%之间，该产品处在成熟期；小于0时，该产品属于衰退期。

（2）产品普及率分析法　产品普及率分析法即按人口平均普及率来分析产品市场生命周期所处的阶段。

$$人口平均普及率=\frac{社会拥有量}{人口总数}$$

人口平均普及率15%以下为投入期，15%~50%为成长期，50%~80%为成熟期，超过80%为衰退期。

（3）同类产品类比法　同类产品类比法一般用于新产品的寿命周期判断。对于一些新产品，由于没有销售资料，很难进行分析判断。此时，可以运用类似产品的历史资料进行比照分析（见表7-2）。

表7-2　产品生命周期特征对比

项目	投入期	成长期	成熟期	衰退期
产品状态	销售量低，成本高，利润少	销售量急剧增加，成本下降，利润提高	销售量稳定，利润最高	销售量急剧下降，成本增加，微利或亏损
竞争状态	竞争少	竞争白热化	竞争格局稳定，非价格竞争	竞争对手转移
消费者行为	好奇者购买	购买者开始增加	消费者迅速增加	消费者开始转移
营销策略	宣传、促销	改进差别化	非价格竞争开发新用途	延长，更换，转移
销售增长率	有正有负	＞10%	0.1%～10%	＜0%
普及率	＜15%	15%～50%	50%～80%	＞80%

（4）因素分析法　由于产品生命周期不同阶段的有关因素呈现不同特征，因而可以从各因素的特征来判断产品处在哪一个阶段（见表7-3）。

表7-3　产品生命周期的因素分析

因素	成长期	成熟期	衰退期
企业销售情况	递增	畅销	递减
竞争对手销售情况	稳定畅销	上升	减少
企业经营管理综合工作质量	上升	稳定	下降
比较同类产品的技术经济指标	近似或稍好	近似	落后

二、产品生命周期各阶段的特征与营销策略

由于产品在不同阶段具有不同特点，所以企业必须由此确定不同的营销目标，并设计不同的营销策略。

（一）投入期的特征与营销策略

1. 投入期（introduction stage）的特征

① 新产品投入市场初期，技术和工艺还未完全过关，生产批量小，因而生产成本较高。工人技术还不熟练，废品率高，生产批量小，因而生产成本较高。

② 由于用户对新产品还不熟悉，因而需求量不大，生产企业要花大量费用来推销产品，

销售成本较高，一般没有利润，甚至发生亏损。

③ 市场上同种商品的竞争威胁不大，因为这时生产这种产品的企业只有一家或少数几家，但与相关的旧产品竞争激烈。

④ 新产品的销售渠道正在建立，销售额增长缓慢。

2. 投入期的营销策略

投入期的营销策略如表7-4所示。

表7-4 投入期的四种价格——促销策略

促销费用 / 价格	高	低
高	快取脂策略	慢取脂策略
低	快渗透策略	慢渗透策略

（1）快取脂策略　采用高售价、花费大量广告宣传费用，迅速扩大销售量。这一策略的优点是能突然引起消费者的兴趣，增加购买的冲动性，并可借高价迅速回收投资。但其适用范围有一定限制：产品必须确实别具特色，优于市场上已有的同类产品。同时经过市场调查，确认市场对该产品有很大的潜在需求量。大部分潜在的消费者根本不了解这种新产品，已经知道这种新产品的消费者求购心切，愿出高价。企业面对潜在竞争者的威胁，急于树立名牌。

（2）慢取脂策略　以高价格、低促销进入市场。如果奏效，将比上一策略获得更多的利润。不过，这一策略适应范围更小：只有在市场容量相对有限、消费者对此类产品需求缺乏价格弹性、也没有较大的选择性、潜在竞争者威胁不大的时候才能使用。

（3）快渗透策略　采用低价格、花费大量广告宣传费用。目的在于先发制人，迅速打进市场，取得最大的市场占有率。这种策略适合的市场环境是：市场容量相当大，消费者对这种新产品不了解，但对价格十分敏感，潜在竞争的威胁大，新产品的单位成本可因大批量生产而降低。

（4）慢渗透策略　采用低价格、低促销的姿态进入市场。低价的目的，在于便于消费者接受新产品；支付少量促销费用，从而使企业有利可图。采用这种策略的市场环境是：市场容量大，顾客对这种新产品已经了解，因为它通常是原有产品略有改进的新产品，消费者对价格十分敏感，有相当的潜在竞争者。

（二）成长期的特征与营销策略

1. 成长期（growth stage）的特征

① 产品在市场上有很大的吸引力，已被消费者普遍接受，分销渠道已经畅通，销售量增长迅速。

② 产品基本定形，大批量生产能力已经形成，生产成本不断下降，促销费用也在降低，利润较大。

③ 由于大量竞争者的加入，仿造品和代用品大量增加，使市场竞争日趋激烈。

2. 成长期的营销策略

① 对产品的质量、性能、设计、式样及包装都应有相应的改进，以继续增强市场竞争力。

② 广告宣传要从介绍产品转向建立产品形象、争取创立名牌。具体做法是宣传厂名和商

标，并着重介绍产品经过改善后的新质量、性能、式样等特点。

③ 积极寻求新的细分市场，并进入有利的新市场。

④ 在大量生产的基础上，选择适当时机降低售价，以吸引对价格敏感的潜在买主。

（三）成熟期的特征与营销策略

1. 成熟期（maturity stage）的特征

① 销售量虽然仍有增长，但已达到饱和程度，增长率呈下降趋势。

② 竞争十分剧烈。竞争者之间的价格趋于一致，市场上不断出现各种类似产品和仿制品。

③ 企业利润开始下降。

这个阶段持续的时间比较长，在一般情况下，市场的商品大都是成熟期的产品。一个企业大部分的时间，是经营处于成熟期的产品。如果采用防守性策略，满足于现状，势必很难得到发展；成功的企业必须采取进攻性策略，努力使产品寿命周期出现再循环的局面。因此，必须采取相应的营销策略（见图7-9）。

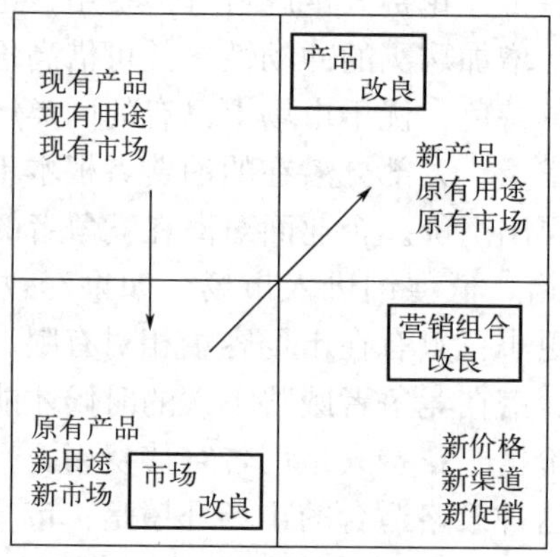

图7-9 成熟期策略选择方向

2. 成熟期的营销策略

（1）市场改良 一般不需要改变产品本身，只是改变产品用途或者改变销售方法、扩大销售对象。这种策略有三种形式：

① 寻找新的细分市场，使产品进入尚未试用过本产品的市场。

② 刺激现有顾客增加使用频率。

③ 重新树立产品形象，寻求新的买主。

（2）产品改良 这种策略是提高产品质量或者改变产品的特色和款式，向顾客提供新的利益。

（3）营销组合改良 为了延长产品的成长和成熟阶段，除了改变产品本身以外，还可以改变其他营销因素，如可以降低售价、扩大销售渠道、增加销售网点或加强广告宣传来促进销售。

（四）衰退期的特征与营销策略

1. 衰退期（decline stage）的特征

① 销售量由缓慢下降变为急剧下降，利润下降甚至亏损。

② 促销手段开始失灵，特别是新产品出现以后，降价和增加售后服务等促销手段已毫无吸引力。

2. 衰退期的营销策略

由于产品进入衰退期是经济发展、科技发展和生产力发展的必然结果，企业对此应采取灵活的、实事求是的态度。企业首先要做出继续留在市场，还是退出市场的决策。可能由于许多竞争对手退出市场，而留在市场的企业还可以暂时维持原来的销量。留在市场则可采用以下策略：

（1）维持策略　继续沿用过去的策略不变，仍然保持原来的细分市场、销售渠道、定价和促销方式，直到这种产品完全退出市场为止。

（2）集中策略　即把资源集中到最有利的细分市场、最有效的销售渠道和最易销售的品种上，缩短经营战线，从最有利的市场中获取尽可能多的利润。

（3）榨取策略　即大力降低销售费用，精简推销人员，增加当期利润。采用榨取策略可能导致销售量迅速下降，但企业可保持一定的利润。

如果企业决定退出市场，也必须做出慎重选择。可以通过完全放弃方式立即停产，或把产品完全转移出去；也可以采取逐步放弃方式，使企业资源有序地转向新的经营项目。

三、产品生命周期理论的意义

产品生命周期是现代市场营销学里一个重要概念，对企业制定营销策略具有重要的指导意义，主要表现在如下几点。

1. 产品生命周期受技术进步、环境、管理和需求的影响

产品生命周期是一个抽象的概念，并不是一个很精确的概念，不同产品的生命周期长短各不相同，而且产品生命周期中的各个阶段的时间长短也不一致，主要受到四个因素的影响。

（1）技术进步因素的影响　如引进了更优良的新产品，是原产品的替代品，就会加速缩短原产品的生命周期。

（2）环境因素的影响　如政府的政策等，都会加速或缩短产品的生命周期。

（3）管理因素的影响　例如，企业是否愿意花钱开展促销活动，以延长产品生命周期。

（4）市场需求因素的影响　例如，消费者已经对某种产品不感兴趣了，就会加速缩短该产品的生命周期。

这四个因素中有一个因素发生变化，就会使产品生命周期发生改变。

2. 可以使用不同的营销策略来延长产品生命周期

每一种产品都有形式不同、时间不同的产品生命周期，这就为企业采取适当措施延长产品生命周期提供了依据。不同的企业可以根据市场上的实际情况，选择适合延长自身实际产品生命周期的策略，获取更多的经营利润。

3. 产品生命周期理论对企业的启示

主要有以下三方面：

一是企业必须持续地开发新产品，以便于企业长期生存，否则，原产品生命周期结束了，新产品还没有开发出来，企业就可能要倒闭；

二是产品生命周期阶段不同，应采取不同的营销策略，使企业获取尽可能多的利润；

三是企业在规划产品组合必须考虑产品生命周期长短搭配，以免产品组合出现各个产品都在同一个时间达到衰退期的现象，使企业面临巨大的经营风险。

四、消费者对新产品的接受过程

产品生命周期的四个阶段，实际上表明了消费者对一件新产品推出市场后的接受过程。这一接受过程可以通过创新扩散理论来解释。创新扩散理论包括了以下几个内容。

1. 消费者接受创新（新产品）的模式

消费者在接受新产品的过程中，往往需要经过以下五个阶段（见图7-10）。

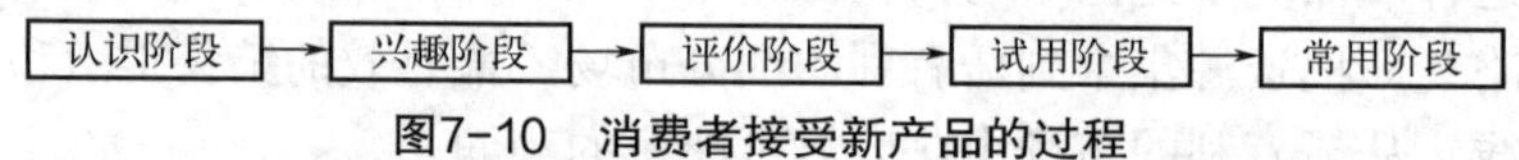

图7-10 消费者接受新产品的过程

（1）认识阶段 消费者从不同的渠道得知市场上有些新产品存在。在这一阶段消费者即使知道了新产品的存在，也并不意味着立刻会产生购买的欲望。消费者还缺乏对新产品的全面认识，所以不会贸然做出购买决策。

（2）兴趣阶段 消费者继续不断地受到刺激，逐渐对新产品产生兴趣。这时候，消费者会努力寻找有关新产品的资料，希望进一步了解它，购买新产品的欲望随着兴趣的逐步增强而产生。

（3）评价阶段 购买欲望产生后，并不一定立刻去购买，消费者要对值不值得购买予以评价。这个阶段对消费者来说是一个关键的阶段，他会对新产品进行反复比较，从产品的质量、价格一直到满足需求的程度进行慎重的考虑。在这一阶段，如果对新产品的评价是否定的，那么消费者接受新产品的过程就此中止，反之，则进入实际购买阶段。

（4）试用阶段 消费者在决定购买以后，为了验证对新产品效益的评价，在可能的情况下，先要体验一下或者尝试一下，才能最终确定接受还是拒绝新产品。试用的结果是肯定的，则会进行第二次购买；否则，就结束重复购买。

（5）常用阶段 这表示消费者完全接受新产品，并进行重复购买。完全接受新产品的消费者可能成为新产品的信息扩散源。

2. 消费者接受新产品的差异性

不同的消费者对新产品的态度存在着很大的差别，因而接受新产品的时间先后也有很大的不同。据此，可将新产品的接受者划分为五种类型（见图7-11）。

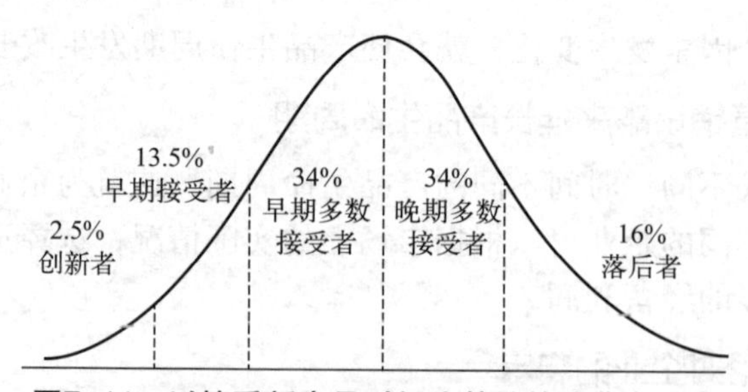

图7-11 以接受新产品时间为基础的消费者分类

这是一个呈钟形的正态分布图，它清楚地表明了消费者接受新产品的时间差异性，这种时间差异性与产品生命周期的形成具有一定的联系，可以看出，产品生命周期曲线基本上也呈钟形状态。

（1）创新者 这是一些喜欢冒险、敢于接受新事物的人，因而是新产品的最早接受者。当然这一类型的人为数很少，只占到2.5%。

（2）早期接受者 这一类型的人的最重要的特征是受自尊支配，富于自豪感。这部分人在社会中会被同一阶层的人所尊重，所以往往可以成为意见领导者，他们能经过考虑较快地接受新产品。

（3）早期多数接受者（早期大众） 这类人比一般人要早接受新产品，因为这部分人既慎重又不想落伍。他们占全部人数的1/3强。

（4）晚期多数接受者（晚期大众） 这是一些谨慎又固执的人，他们需要大部分人接受后，才能尝试，这些人也要占到1/3强。

（5）落后者 这部分人传统思想严重，对新事物疑心大，反应迟钝，因而是最后接受新产品的人，他们往往在创新已经变成传统后才开始接受。

第五节 品牌策略

一、品牌及整体含义

1. 品牌

品牌（brand）是一个名称、词语、标记、符号或图案，或是它们的互相组合，用于识别产品的经营者和区别竞争者的同类产品，它主要包括三个部分：

（1）品牌名称（brand name） 是品牌中可用口语称呼的一部分，用于经营者及其产品的商业宣传活动。如“长虹”“春兰”“海尔”“可口可乐”等。

（2）品牌标记（brand mark） 是品牌中可记认但无法用口语称呼的一部分，它包括符号、图案、独特的色彩或字体。如“IBM”计算机的蓝色字母，“小天鹅”洗衣机的天鹅图案等。

（3）商标（trademark） 是经有关政府机关注册登记受法律保护的整个品牌或该品牌的某一部分。商标具有区域性、时间性和专用性的特点。

例如：特仑苏是蒙牛集团旗下高端品牌，诞生于2005年，“特仑苏”在蒙语中意思是“金牌牛奶”，特仑苏拥有专属牧场的高品质奶源，以及高标准的原料甄选和生产工艺。通过细分产品线，诞生出“特仑苏低脂奶”“特仑苏有机奶”等系列产品，就此拉开中国乳业高端奶市场的序幕，开创了中国乳业高端牛奶的先河，是中国市场上第一个高端牛奶品牌。

2. 品牌的整体含义

品牌实质上代表着卖者对交付给买者的产品特征、利益和服务的一贯性的承诺。最佳品牌就是质量的保证。但品牌还是一个更复杂的象征。品牌的整体含义可分成六个层次。

（1）属性 品牌首先使人们想到某种属性。例如“奔驰”意味着昂贵、工艺精湛、马力强大、高贵、转卖价值高、速度快等。公司可以采用一种或几种属性为汽车做广告。多年来“奔驰”的广告一直强调它是“世界上工艺最佳的汽车”。

（2）利益 品牌不止意味着一整套属性。顾客不是在买属性，他们买的是利益。属性需要转化为功能性或情感性的利益。耐久的属性体现了功能性的利益：“多年内我不需要买一辆新车”。昂贵的属性体现了情感性利益：“这辆车让我感觉到自己很重要，并受人尊重”。制作精良的属性既体现了功能利益，又体现了情感性利益：“一旦出事，我很安全”。

（3）价值 品牌也说明一些生产者价值。因此，“奔驰”代表着高绩效、安全、声望及其他东西。品牌的营销人员必须分辨出对这些价值感兴趣的消费者群体。

（4）文化 品牌也可能代表着一种文化。“奔驰”汽车代表着德国文化：组织严密、高效率和高质量。

（5）个性　品牌也反映一定的个性。如果品牌是一个人、动物或物体的名字，会使人们想到什么呢？“奔驰”可能会让人想到严谨的老板、凶猛的狮子或庄严的建筑。

（6）用户　品牌暗示着购买或使用产品的消费者类型。如果我们看到一位20来岁的秘书开着一辆“奔驰”时会感到很吃惊。我们更愿意看到开车的是一位55岁的高级经理。

二、品牌的作用

品牌是形式产品中的一个重要组成部分，在市场营销中具有特殊的作用。

（1）识别商品出处　这是品牌最基本的作用，是企业给自己的产品赋予品牌的出发点。

（2）宣传推广商品　商品进入市场有赖于各种媒体进行宣传推广，依附于商品实体的品牌是其中一种宣传推广的重要媒体，而且它是不用花钱的广告媒体。

（3）承诺产品质量　品牌标记送交管理机关注册成为商标，需要呈报产品质量说明，作为监督执法的依据。这样，品牌也就成了产品质量的象征。

（4）维护专用权利　品牌标记经注册成为商标后，企业既有上述保证产品质量的义务，也有得到法律保护的权利。

（5）充当竞争工具　在市场竞争中，品牌标记成为商标后，不但具有维护专用权利的防御性作用，而且还有充当竞争工具、攻击竞争对手的进攻性作用。

例 7-4

特仑苏的品牌营销

特仑苏在营销方面展现出了出色的创意和策略，通过多种营销活动成功吸引了消费者的注意力，并与其他品牌、事件或场景进行有趣而有效的联动。

首先，特仑苏的联名营销策略十分成功。他们与知名品牌和IP展开合作，通过联名推出限量版产品或合作活动，吸引了更多的目光和兴趣。这种联名营销不仅提高了特仑苏品牌的曝光度，还扩大了品牌的受众群体。

其次，特仑苏善于利用沙漠事件营销。他们通过在城市中心或公共场所打造一个仿真的沙漠景观，吸引了人们的好奇心和参与度。通过这样的沙漠事件营销，特仑苏成功地吸引了大量媒体报道和社交媒体的关注，提高了品牌的知名度和影响力。

另外，特仑苏还善于借势大型事件或场景进行营销。例如，在世界杯期间，特仑苏通过与足球相关的营销活动，如推出限量版世界杯主题包装和举办足球主题活动等，与世界杯热潮相结合，吸引了广大足球迷的关注和支持。这种借势营销的策略使得特仑苏能够与热门事件或场景产生关联，有效地增加了品牌的曝光度和吸引力。

（资料来源：行舟品牌咨询.专业品牌全案咨询公司行舟品牌：中国市场上第一个高端牛奶品牌——特仑苏.有删减）

三、品牌决策

科学合理地制定品牌策略是品牌运营的核心内容。而策略的选择与制定实际上就是品牌决策过程。一般而言，品牌决策主要包括品牌化决策、品牌使用者决策、品牌名称决策、品牌延伸决策和品牌重新定位决策（见图7-12）。

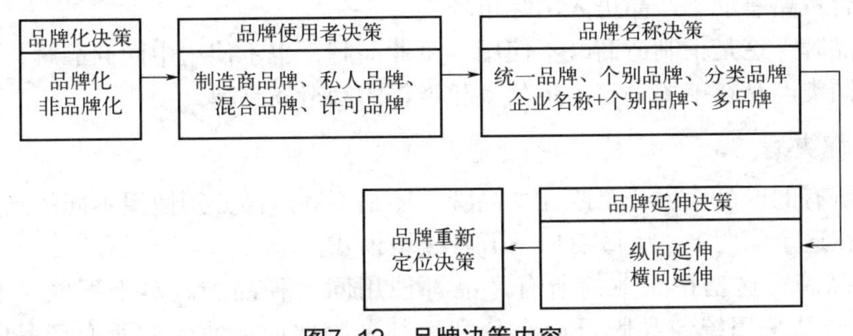

图7-12 品牌决策内容

1. 品牌化决策

品牌化决策是指企业对其生产和经营的产品是否采用品牌的抉择，包括品牌化和非品牌化两种情况。品牌化是企业为产品确定采用品牌，并规定品牌名称、品牌标志以及向政府有部门注册登记的一切业务活动。企业采取品牌化还是非品牌化，主要是根据产品的特点和权衡使用品牌对促进产品销售的作用大小确定的。若作用很小，甚至使用品牌的费用超过可能的收益，可以不使用品牌。

2. 品牌使用者决策

品牌使用者决策是指企业决定使用谁家品牌的抉择，具体地说，制造商在决定给其产品规定了品牌之后，究竟是使用本企业（制造商）的品牌，还是使用经销商（中间商）的品牌，或者是两种品牌同时兼用。

（1）制造商品牌　这是指制造商使用自己的品牌。国内外市场上的绝大多数商品使用制造商品牌。制造商使用自己的品牌，其好处是可以建立自己的信誉；制造商拥有的注册商标和品牌是工业产权，可以租借、转让、买卖，其价值由商标、品牌信誉的大小而定；企业使用制造商品牌，还可以和购买者建立密切的关系。

（2）私人品牌　这是指制造商决定使用中间商的品牌。

一方面，制造商决定采用中间商品牌主要基于：制造商要在一个不了解本企业产品的新市场上推销产品；本企业的商誉远不及中间商的商誉；本企业品牌的价值小，设计、制作、广告宣传、注册等费用较高，企业难以承受。

另一方面，中间商发展使用自己的品牌，虽然会增加投资和费用，承担一定风险，但仍有很多利益：中间商因制造商减少宣传费用则可获得较为便宜的进货价格；可以树立自己的信誉，有利于扩大销售；可以不受货源限制，加强对制造商的产品价格控制。

所以在国内外市场上，私人品牌呈迅速发展的态势，并经常和制造商品牌展开激烈的竞争。例如英国的马狮百货公司，美国的沃尔玛、西尔斯等大型超市和百货公司，都广泛使用自己公司、超市规定的品牌，一般要占到本公司经营品牌总数的10%～30%，有的公司自有品牌比例竟高达90%以上。

（3）混合品牌　这是指制造商品牌和中间商品牌混合使用。混合品牌常见的有三种形式。

① 为求既扩大销路又保持本制造商的品牌影响，制造商在部分产品上使用自己的品牌销售，部分产品出售给中间商，由中间商使用其自己的品牌进行销售。

② 为进入新市场，制造商先让中间商以中间商品牌销售产品，待产品打开销路有了一定的市场地位后，再改用制造商品牌。

③ 制造商和中间商品牌同时使用，兼有两种品牌单独使用的优点，增加信誉，促进产品销售，这种混合策略有助于产品进入国际市场。

（4）许可品牌　这是指制造商既不使用本企业品牌，也不使用中间商品牌，而是经过授权许可使用生产同类产品在市场上有一定名望和声誉的制造商品牌。

3. 品牌名称决策

企业决定所有的产品使用一个或几个品牌，还是不同产品分别使用不同的品牌，这就是品牌名称决策。在这个问题上，大致有以下五种决策模式。

（1）统一品牌　这是指企业的所有产品都使用同一种品牌。对于那些享有高声誉的著名企业，全部产品采用统一品牌可以充分利用其名牌效应，使企业所有产品畅销。同时企业宣传介绍新产品的费用开支也相对较低，有利于新产品进入市场。例如荷兰的飞利浦公司（Philips）是成功运用统一品牌决策的范例。飞利浦公司生产的所有产品，从电视机、音响、计算机，到灯泡、剃须刀、电咖啡壶、电果汁机等，全都采用“飞利浦”（Philips）这一品牌。

（2）个别品牌　这是指企业决定每个产品使用不同的品牌。采用个别品牌名称，为每种产品寻求不同的市场定位，有利于增加销售额和对抗竞争对手，还可以分散风险，使企业的整个声誉不致因某种产品表现不佳而受到影响。如“五粮液”公司使用了“五粮液”、“五粮春”、“金六福”等多个品牌。当然，采用个别品牌造成的促销费用高也是不容忽视的。

（3）分类品牌　这是指各大类产品分别使用统一品牌。企业使用这种策略，一般是为了区分不同大类的产品，一个产品大类下的产品再使用统一品牌，以便在不同大类产品领域中树立各自的品牌形象。例如我国最大的现代化皮鞋生产企业森达集团将高档男鞋的品牌定为“法雷诺”，高档女鞋为“梵诗蒂娜”，都市前卫男鞋为“百思图”，都市前卫女鞋为“亚布迪”，工薪族男女鞋为“好人缘”。

（4）公司名称+个别品牌　这是指企业决定其不同类别的产品分别采取不同的品牌名称，但需在品牌名称之前都加上公司的名称。企业多把此种策略用于新产品的开发。在新产品的品牌名称上加上企业名称，可以使新产品享受企业的声誉，而采用不同的品牌名称，又可使各种新产品显示出不同的特色。例如，乐百氏“健康快车”饮品、“海尔-神童”洗衣机、“海尔-帅王子”冰箱等。

（5）多品牌　这是指企业决定对同一类产品使用两个或两个以上的品牌名称。这是由美国P&G公司首创的。这样可以抢占更多的货架面积，扩大产品的销售，争取那些忠诚度不高的品牌转换者，同时也能占领更多的细分市场。如与P&G公司合资的广州宝洁公司就是这种策略的典型，它拥有海飞丝、飘柔、潘婷、沙宣等品牌。多种品牌还可以加强企业内部的竞争机制，提高经济效益。

此外，在国际营销中，由于国家、民族、宗教信仰等的不同，为了避免品牌命名不当而引起的市场抵触，适应不同市场的消费习惯，多品牌也是一种适用策略。

例 7-5

海尔旗下品牌

海尔集团是中国家电行业的领军企业之一，其旗下品牌众多，各具特色。以下是海尔集团旗下的主要品牌及其简介。

1. 海尔 (Haier)

海尔是海尔集团的核心品牌，创立于1984年，总部位于中国山东省青岛市。海尔以生产冰箱起家，逐渐发展成为涵盖家电、家居、物流等多个领域的综合性企业。海尔以创新为核心，不断推出高品质的产品和服务，赢得了全球消费者的信赖和喜爱。

2. 卡萨帝 (Casarte)

卡萨帝是海尔集团的高端品牌，创立于2007年，总部位于中国上海。卡萨帝以艺术家电和嵌入一体化家居解决方案为特色，致力于为消费者提供高品质的生活体验。卡萨帝的产品涵盖了冰箱、洗衣机、空调、酒柜等家电领域，以及橱柜、衣柜等家居领域。

3. 统帅 (Leader)

统帅是海尔集团旗下的年轻化品牌，创立于2009年，总部位于中国山东省青岛市。统帅以互联网思维和用户需求为导向，致力于为年轻消费者提供时尚、实用、高品质的家电产品。统帅的产品涵盖了冰箱、洗衣机、空调等家电领域。

4. 欧卡 (AUCMA)

欧卡是海尔集团旗下的意大利高端品牌，创立于1975年，总部位于意大利博洛尼亚。欧卡以生产高端家电为主，致力于为消费者提供高品质、时尚、艺术化的家居生活体验。欧卡的产品涵盖了冰箱、洗衣机、空调等家电领域。

5. 斐雪派克 (Fisher & Paykel)

斐雪派克是海尔集团旗下的新西兰高端品牌，创立于1934年，总部位于新西兰奥克兰。斐雪派克以生产高端厨房电器和嵌入式家电为主，致力于为消费者提供高品质、时尚、个性化的家居生活体验。斐雪派克的产品涵盖了冰箱、洗衣机、空调等家电领域。

6. 亚科雅 (AQUA)

亚科雅是海尔集团旗下的日本专业净水品牌，创立于2003年，总部位于日本大阪。亚科雅致力于为消费者提供专业、高品质的净水产品和服务，涵盖了家用净水器、商用净水器等领域。

7. 思博特 (Specialized)

思博特是海尔集团旗下的专业儿童家电品牌，创立于2014年，总部位于中国山东省青岛市。思博特以专业儿童家电产品为主，致力于为儿童提供健康、舒适、安全的成长环境。思博特的产品涵盖了儿童洗衣机、儿童空调等领域。

8. 海尔生物医疗 (Haier Biomedical)

海尔生物医疗是海尔集团旗下的生物医疗设备品牌，创立于2005年，总部位于中国山东省青岛市。海尔生物医疗致力于为医疗领域提供专业、高品质的设备和服务，涵盖了生物安全柜、药品冷藏箱等领域。

以上是海尔集团旗下的主要品牌及其简介。这些品牌各具特色，定位不同，满足了不同消费者的需求。无论是高端用户还是年轻消费者，都可以在海尔集团旗下找到适合自己的产品和服务。

（资料来源：图库精选.海尔旗下有哪些品牌）

4. 品牌的延伸决策

品牌延伸是指企业利用其成功品牌的声誉来推出改进产品或新产品。

（1）纵向延伸　这是指企业先推出某一品牌，赢得一定市场声誉后，逐步推出新一代经过改进的该品牌产品。例如，宝洁公司在中国市场推出“飘柔”洗发香波后，逐步推出新一代“飘柔”洗发香波。

（2）横向延伸　这是指企业把成功的品牌用于新开发的不同产品。例如，海尔公司先后向市场推出海尔品牌的冰箱、空调、电视机、电脑、手机等系列产品。

品牌延伸策略的优点是：可以大幅度降低广告宣传等促销费用，使新产品迅速、顺利地进入市场。缺点是：品牌延伸可能淡化甚至损害品牌原有的形象，使品牌的独特性被逐步遗忘。因此，品牌延伸策略的实施应谨慎行事。

例 7-6

农夫山泉品牌年轻化

农夫山泉股份有限公司成立于1996年，是在中国市场上同时具备规模性、成长性和盈利能力的饮料龙头企业。农夫山泉旗下产品主要包括水类、茶类、咖啡类、功能饮料类、果汁类、植物蛋白类以及农产品，是典型跨品类战略。

很多品牌都面临老化的问题，品牌老化就会失去年轻人，就会失去增量空间。农夫山泉是品牌年轻化的中国标杆企业，它是怎么实现品牌年轻化战略的呢？一是代言人年轻化。二是视觉年轻化，真正地与时俱进，极具设计感的包装。三是产品年轻化，用不同品类的产品来活化品牌。卖得好自然好，即使卖得不那么好，这些产品的出现，也对农夫山泉母品牌的年轻化有巨大贡献，消费者看到农夫山泉持续的活力输出，持续有新概念、持续在研发新品。四是公关活动年轻化。农夫山泉通过冠名网综、联名其他年轻化品牌，不断给自己贴上年轻化的标签。

最重要的一点，品牌年轻化是一项持续性工作，需要长期输出，是持续年轻化，不是阶段年轻化。

（资料来源：许范品牌设计.头部品牌战略透析——不负时光，揭秘农夫山泉成长密码.有删减，修改）

5. 品牌重新定位决策

品牌重新定位即全部或局部调整或改变品牌在市场上的最初定位。也许一种品牌在市场上最初的定位是适宜的、成功的，但是到后来企业可能不得不对之重新定位。原因是多方面的，如竞争者可能继企业品牌之后推出他的品牌，并削减企业的市场份额；顾客偏好也会转移，使对企业品牌的需求减少；或者公司决定进入新的细分市场。

资料 7-2

品牌资产管理方法

品牌资产（Brand Equity）是与品牌、品牌名称和标志相联系，能够增加或减少企业所销售产品或服务的价值的一系列资产与负债。它主要包括五个方面，即品牌忠诚度、品牌认知度、品牌知名度、品牌联想、其他专有资产（如商标、专利、渠道关系等），这些资产通过多种方式向消费者和企业提供价值。

从品牌资产的定义可以看出，要想让品牌成为资产的一部分，就必须对品牌实施资产化管理，通过不断地对其进行投入来维护和巩固其价值。品牌资产管理要从构成品牌资产的几个要素入手，具体方法如下。

1.建立品牌知名度

品牌知名度的真正内涵是认知度及回忆度。品牌知名度的建立至少有两个作用：第一，消费者从众多品牌中能辨识并记得目标品牌。第二，能从新产品类别中产生联想。由此，建立品牌知名度通常可采用的做法如下。

（1）创建独特且易于记忆的品牌 就是给产品或服务取个好记的名字。这也是广告存在所遵循的基本原则。

（2）不断露出品牌标识 除了声音之外，品牌名、品牌标识，标准色也具有很强的沟通能力。目标物重复暴露出现，可以提高人们对目标物的正面感觉，使消费者不论走到哪里始终看到一样的视觉印象。如可口可乐的红色，百事可乐的蓝色。

（3）运用公关的手段 广告效果显著，但相对代价昂贵，且易受其他广告的干扰。但是，运用公关的手段，制造出一些话题，通过报刊杂志来引起目标消费者注意常常可以取得事半功倍的效果。

（4）运用品牌延伸的手段 运用产品线的延伸，用更多的产品去强化品牌认知度，即所谓的统一式识别。

2.维持品牌忠诚度

品牌忠诚度就是来自于消费者对产品的满意并形成忠诚的程度。对于一个企业来讲，开发新市场、发掘新的顾客群体固然重要，但维持现有顾客品牌忠诚度的意义同样重大，因为培养一个新顾客的成本是维持一个老顾客成本的5倍。维持品牌忠诚度的通常做法有以下几种。

（1）给顾客一个不转换品牌的理由 比如推出新产品，适时更新广告来强化偏好度，举办促销等都是创造理由，让消费者不产生品牌转换的想法。

（2）努力接近消费者，了解市场需求 不断深入地了解目标对象的需求是非常重要的，通过定期的调查与分析，去了解消费者的需求动向。

（3）提高消费者的转移成本 一种产品拥有差异性的附加价值越多，消费者的转移成本就越高。因此，应该有意识地制造一些转移成本，以此提高消费者的忠诚度。

3.建立品质认知度

品质的认知度是消费者对某一品牌在品质上的整体印象。消费者对品质的认知度完全来自产品使用或服务享受之后，产品的品质并不完全是指产品或服务本身，它同时包含了生产品质和营销品质。建立品质认知度可从以下几个方面着手。

（1）注重对品质的承诺 企业对品质的追求应该是长期的、细致的和无所不在的，决策层必须认清其必要性并动员全体员工参与其中。

（2）创造一种对品质追求的文化 因为品质的要求不是单纯的，每个环节都很重要，所以最好的办法是创造出一种对品质追求的文化，让文化渗透到每一个环节中去。

（3）增加培育消费者信心的投入 经常关注、观察、收集消费者对不同品牌的反应是不可或缺的做法，强化对消费者需求变化的敏感性。

（4）注重创新 创新是唯一能够变被动为主动进而去引导、教育消费者进行消费的做法。

4.建立品牌联想

联想集团有一句很有创意的广告词：“人类失去联想、世界将会怎样。”同样，建立品牌联想对于品牌资产管理非常重要。品牌联想是指消费者想到某一个品牌的时候所能联想到的内容，然后根据内容分析出买或不买的理由，这些联想大致可以分为几类：产品特性，消费者利益，相对价格，使用方式，使用对象，生活方式与个性，产品类别，比较性差异等。对企业而言，所要掌握的就是消费者脑海中的联想，能有一个具体而有说服力的购买理由，这个理由是任何一个品牌得以存活延续所必备的。

（资料来源：品牌资产.有删减）

第六节 商标

一、商标的含义

商标是产品的文字名称、图案记号或它们的组合。商标是一个法律术语。一个品牌或品牌的一部分，经过必要的法律注册程序后，就称为“商标”。商标通常由一定的文字、图形、字母、数字、三维标志和颜色等要素或其组合而成。商标具有专用权，并受法律保护，商标所有人享有使用品牌名称或品牌标记的专用权。

国家知识产权局商标局主管全国商标注册和管理工作。商标一经注册享有商标专用权，会受到法律保护；假冒商标、仿冒商标都构成商品侵权。

商标有“注册商标”与“非注册商标”之分。我国习惯上对一切品牌不论其注册与否，统称商标，然而商标另有“注册商标”与“非注册商标”之分。《商标法》规定，注册商标是指受法律保护、所有者享有专用权的商标；非注册商标是指未办理注册手续、不受法律保护的商标。国家规定必须使用注册商标，必须申请注册商标，未经核准注册的，产品不得在市场上销售。商标使用人应对其使用商标的商品质量负责。各级市场监督管理部门应通过商标管理，监督商品质量，制止欺骗消费者的行为。

在《商标法》的保护下，卖方对使用品牌名称享有永久性独占的权利。这与专利、版权等其他有终期的权利不同。

具体来讲，商标的含义应该还要有以下几个方面的解释：

1. 商标是局限用于商品或服务上的特殊标记

在社会政治、经济、军事、文化、科学等各个领域，人们为不同的目的而创造和使用了不同的标志，如国徽、军徽、检验标志，厂标、路标及各种符号等。这些符号和标记的共同特点都在于能够具有区别、代表和象征某种事物的作用。在各种标志中，商标是使用在商品或服务上的标记，是人们生活中最为常见的标记。使用商标的商品，变成了能够通过市场进行交换和流通的动产，即主要包括生活消费品和生产消费品，而诸如房屋及其他地上附着物等不动产则是不使用商标的资产，传统的商标仅限用于商品，随着第三产业的快速发展，用以表明某个企业的个性化服务的标记也成为商标的一种，称为服务商标或服务标记。

2. 商标是区别商品或服务生产和来源的标记

商标的基本功能是将企业生产或经销的相同商品或类似商品区别开来。所谓相同商品。又称同一种商品。例如，自行车为商品的通名称，虽另有“单车”“脚踏车”等不同称谓，但“单车”“脚踏车”所述对象和“自行车”为相同商品。所谓类似商品，是指尽管商品名称不同，但在原料、用途或者功能等方面具有共同之处的商品。确认两种或几种商品是否是类似商品，一般做法是首先检索适用我国的《商标注册用商品和服务的国际分类》，看这几种商品是否属于同一类商品，然后从商品的性质、用途、原料、交易状态，消费途径等多方面进行综合分析，做出判断，得出结论。通过这种方法，有了商标这种标志，就容易判明商品的不同来源以及其质量、性能或特点。

3. 商标是由文字、图形或其组合构成的

具有显著个性特征的人为标记商标的构成要素包括文字、图形或者其组合。由此构成的商标具有显著的个性特征，使一般的消费者能够通过商标来识别和选择购买商品。在现实生活中，某些商品的形状是不能称为商标的。商标是经过人的设计，有意识地附置于商品或商品包装上的标记。商标必须使用在特定的对象——商品之上，才具有显示区别其来源的意义。在商品上附置商标的方式主要有如下几种：使用商标标签，如粘贴标记、缝制标记、拴挂标记等；将商标印在商品上，如色印、刻印、烙印等；有的商品本身不能或不宜制作标记的，则将商标附置于其包装或容器上。

二、商标的命名

一个响亮的名字对企业参与市场竞争，尤其是打开国际市场大有好处。然而，要起好名字却大有学问，在这一点上，一些知名企业的做法很值得借鉴。

一般来说，产品命名有着一些基本要求，一个好的名称，从形式上应具有以下特性：

（1）独特性 商标应容易辨识并能够与其他企业或商品的名称相区别。

（2）简洁性 简洁明快的名称可降低商品标记的成本，也便于写成醒目的文字进行广告宣传。

（3）便利性 商标的名称应该易拼、易读、易记。

从内容上说，产品命名不但要符合销售地点的法律法规要求，还要符合当地的风俗习惯，以赢得目标市场中消费群体的喜爱。

 讨论

商品命名策略

1. 以商品的主要功能命名

这种命名方法直接反映商品的主要性能和用途，突出商品的本质特征，使消费者迅速了解商品的功效，以取得消费者的信赖。化妆品、医药产品和日用工业品多采用这种方法命名，如“胃必治”和“感冒清”等。这种命名方法迎合了消费者的求实心理。

2. 以商品的主要成分命名

这种命名方法突出了商品的主要原料和主要成分，多用于食品、药品和化妆品的命名。例如，“银耳珍珠霜”“人参蜂王浆”“鲜橙多”等。这样的命名方法可使消费者从名称上直接了解商品的原料构成，以便根据自己的实际需要选择商品。

3. 以人名命名

这种命名方法是指以发明者、制造者或历史人物等名字命名。使特定的人与特定的商品相联系，从而使商品在消费者心目中留下深刻的印象。这种命名方法还可以给消费者以产品历史悠久、工艺精湛、用料考究且质量上乘等印象，以此诱发消费者的购买欲望。例如，“中山装”和“王守义十三香”等。

4.以商品的产地命名

这种方法常用于颇具名气或颇有特色的地方土特产品的命名上，在商品名前面冠以商品产地，以突出该商品的地方风情和特点，使其独具魅力。例如，“云南白药”“金华火腿”“西湖龙井”“北京烤鸭”等，这种命名方法符合消费者求名、求特及求新的心理，可增加商品的名贵感和知名度。

5.以商品的外形命名

这种命名方法具有形象化的特点，能突出商品优美和新奇的造型，引起消费者的注意和兴趣，多用于食品、工艺品类商品命名。例如，“猫耳朵”“满天星”等。采用这种命名方法，使名称与形象统一，可以让消费者从名称联想到商品实体，从而加深对商品的印象和记忆。

6.以商品的外文译音命名

这种方法多用于进口商品的命名上，既可以克服某些外来语翻译上的困难，又能满足消费者求新、求奇以及求异等心理需求，例如，“COCACOLA”音译成“可口可乐”,该名称非常适合中国消费者的语言偏好，而且名称中流露着一种亲切和喜庆，让人联想到饮料可口，饮后会欢快喜悦。

7.以商品的制作方法命名

这种方法多用于有独特制作工艺的商品。例如，“二锅头”等以酒的蒸制方法而命名；“古法压榨花生油”以制作方法而命名。

8.以夸张性词语命名

这种命名是以形容词、褒义词、比喻词等来夸张商品的性能、使用效果或感情色彩，迎合消费者求全求美的心理，扩大宣传效果，从而引起重复购买。例如，“长寿面”“健美裤”等。

以上只介绍了几种常用的商品命名方法，实际工作中还有许多其他的方法。例如，以数字命名的“五香粉”等；以字母命名的“DVD”等；以颜色命名的“绿茶”“红茶”等；以典故命名的“叫花鸡”等。

你认为哪些商品名称容易让人记住？还有哪些商品命名方法？哪些企业在这方面做的较好,举例说明。

三、商标专用权

商标专用权是指企业依法向商标主管机关申请注册后而取得的对某一商标的独占使用权受到法律保护，其他任何未经许可的个业不得使用。它包含以下两层意义：

第一，取得商标专用权的企业有权独自使用自己注册的商标，对于假冒、仿造商标等侵权行为，有权向商标管理机关申诉或向法院起诉，有权要求侵权者停止侵权行为和赔偿由此所造成的损失。

第二，取得商标专用权的企业有义务按已经注册的商标的名称、规格，质量进行生产，接受国家对商标的统一管理，有义务保护注册商标的信誉。商标专用权具有排他性的特征，凡商标注册人以外的任何人都不得侵犯商标所有人所享有的专用权。商标专用权作为一种知识产权，可以转让和继承。转让可以是全部转让，也可以是部分转让。一般来说，由于商标是与经营一定商品的企业相联系而存在的，所以商标应连同企业的信誉一同转让。有的国家规定商标专用权只能同企业本身一道转让，而不能单独转让。

商标专用权也称商标独占使用权，是指品牌经政府有关主管部门核准后独立享有其商标使用权，这种经核准的品牌名称和品牌标志，受到法律保护，其他任何未经许可的企业不得使用。因此，企业欲使自己的产品品牌长久延续，必须通过国家许可的方式获得商标专用权，以求得法律的保护。

国际上对商标的认定，有两个并行的原则，即“注册优先”和“使用优先”。

（1）注册优先　注册优先是指品牌或商标的专用权归属于依法首先申请并获准注册的企业，在这种商标权认定原则下，某一品牌不管谁先使用，法律只保护依法首先申请注册该的企业。中国、日本、法国、德国、俄罗斯等国的商标权的认定即坚持这种注册优先的原则。

（2）使用优先　使用优先是指品牌或商标的专用权归属于该品牌的首先使用者。在品牌使用（必须是实际使用，而非象征性使用）所达到的地区，法律对其品牌或商标予以保护。美国、加拿大、英国和澳大利亚等国采用这种原则对商标专用权进行认定。

当然，在具体的商标权认定实践中，还有对以上两种原则主次搭配、混合使用的“使用优先辅以注册优先”和“注册优先辅以使用优先”两种原则。“使用优先辅以注册优先”指采用“使用优先”原则的国家也办理商标注册，但这种注册在一定期限内只起一种声明作用，如有首先使用人在此期限内提出首先使用的证明，则这种注册即被撤销。过了这一期限，任何人都不能再以首先使用人名义要求撤销这种注册。可见，在采用使用优先原则的用家里，商标注册同样具有不可忽视的重要意义。因为这些国家大都有“仅限于使用所达到的范围内有效”的规定，他人可以在其未使用的地区抢先注册。“注册优先辅以使用优先”是指采用“注册优先”原则的国家一般也都规定，在一定的期限内，其商标连续不使用又无正当理由者将被撤销，这就客观要求经注册获得的商标专用权的企业要坚持不间断地用已注册的商标，否则，也会失掉商标专用权。在品牌运营的实践中，还应注意商标续展和品牌的自我保护。

四、商标的侵权

凡未经商标注册人的许可，在同类商品上使用与注册商标相同或近似的商标，销售侵权商标商品，伪造、擅自制造他人注册商标标识或者销售此类标识，以及给他人注册商标专用权造成其他损害的行为，均构成侵权。对侵权行为，市场监督管理部门有权依法查处，涉嫌犯罪的应及时移送司法机关依法处理。

五、品牌与商标的区别

品牌与商标是极易混淆的一对概念，两者既有联系，又有区别。有时，两个概念可等同替代；但更多的情况下，必须准确认识和使用这两个概念。品牌与商标都是用以识别不同生产经营者的不同种类、不同品质产品的商业名称及标志。但品牌和商标的外延并不相同。品牌并不完全等同于商标，或者说，品牌有别于商标。品牌是市场概念，是产品和服务在市场上通行的牌子，它强调与产品及其相关的质量、服务等之间的关系，品牌实质上是品牌运营者对消费者在产品特征、服务和利益等方面的承诺。而商标属于法律范畴，是法律概念，它是经过注册获得商标专用权从而受到法律保护的商业名称及其标志。企业品牌注册成商标，即获得了商标专用权，并受到法律保护。显然，商标是品牌的法律形式。

从这个意义上说，商标是品牌的一部分。商标无论其是否被标在商品上使用，也不管商标所标定的商品是否有市场，只要采用成本法对其评估，它就必然有商标价值；而品牌则不同，品牌的价值是在其使用中通过品牌标定的产品或服务在市场上的表现来进行评估的，还需说明的是，国家规定必须使用注册商标，必须申请商标注册，未经核准注册的，不得在市场销售。

六、商标注册的原则

据《商标法》的规定，商标注册的原则有申请在先原则、自愿注册原则两种。

1. 申请在先原则

申请在先原则又称注册在先原则，是指两个或者两个以上的商标注册申请人，在同一种商品或者类似商品上，以相同或者近似的商标申请注册的。申请在先的商标，其申请人可获得商标专用权，申请在后的商标注册申请予以驳回。如果是同一天申请，初步审定并公告使用在先的商标，驳回其他人的申请，不予公告；同日使用或均未使用的，申请人之间可以协商解决，协商不成的，由各申请人抽签决定。

我国《商标法》在坚持申请在先原则的同时，还强调使用在先的正当性，防止不正当的抢注行为。《商标法》第32条规定，申请商标注册不得损害他人现有的在先权利，也不得以不正当手段抢先注册他人已经使用并有一定影响的商标。

2. 自愿注册原则

自愿注册原则是指商标使用人是否申请商标注册取决于自己的意愿。在自愿注册原则下，商标注册人对其注册商标享有专用权，受法律保护。未经注册的商标，可以在生产服务中使用，但其使用人不享有专用权，无权禁止他人在同种或类似商品上使用与其商标相同或者近似的商标。

第七节　包装策略

一、包装的构成及其作用

1. 产品包装（product packaging）的构成

市场营销学认为，产品包装一般包括以下三个部分。

（1）首要包装　即产品的直接的包装，如牙膏皮、啤酒瓶等就是这种包装。

（2）次要包装　即保护首要包装的包装物，如包装一定数量的牙膏的纸盒或纸板箱。

（3）装运包装　即为了便于储运、识别某些产品的外包装。

此外，在产品包装上还有标签，这是为了说明产品而贴在产品上的招贴或印在产品包装上的文字、图案等。在标签上一般都印有包装内容和产品所包含的主要成分、品牌标志、产品质量等级、生产厂家、生产日期和有效期、使用方法等，有些标签上还印有彩色图案或实物照片，以促进销售。

2. 产品包装的作用

产品包装对企业市场营销可起到如下作用：

（1）保护产品　良好的包装可以使产品在流通和使用过程中，以及在消费者保存产品期间不致损坏、变质、散落，有效保护产品的使用价值。

（2）促进销售　特别是在实行顾客自我服务的情况下，更需要利用产品包装来向广大顾客宣传介绍产品，吸引顾客注意力。现在，商品包装装潢已成为市场营销的一个重要手段。

（3）增加价值　由于收入水平和生活水平的提高，消费者一般愿意为良好包装带来的方便、美感、可靠性和声望而支付较高的价格购买产品。所以，良好的包装不仅可以促进销售，而且可以提高产品附加价值。

二、包装策略

企业营销活动中常用的包装策略有以下6种（见表7-5）。

表7-5　包装策略比较

策略类型	特点
统一包装策略	所有产品采用统一的包装模式
组合包装策略	把若干在消费上有关联的产品包装在一个特制的包装物内
附赠品包装策略	包装内附有赠品、包装上附有赠品、包装外附有赠品
再使用包装策略	包装可以回收利用或挪作他用
分档包装策略	对同一种产品设计使用不同档次的包装，对不同等级产品，使用不同包装
更新包装策略	更换包装，重新定位

1. 统一包装策略

企业对自己生产经营的所有产品采用统一的包装模式，即在颜色、图案、造型等方面采取相同或相近的特征，使人一看便联想到这是同一企业的产品。其优点是可以统一形象，节约成本。其缺点是容易对优质产品产生不良影响。因此，它适用于质量水平相近的产品，而对于不同种类、不同档次的产品一般不易采用这种包装策略。

2. 组合包装策略

这是指把若干在消费上有关联的产品，包装在一个特制的包装物中销售。如化妆品的组合包装、节日礼品包装等，都属于这种包装策略。其优点是既可便利消费，又可扩大销路。其缺点是如果商品组合搭配不当，容易引起消费者的反感。

3. 附赠品包装策略

这是指在包装物中附赠一些物品的包装策略。这种策略一方面可以激发消费者的购买兴趣，另一方面还能诱发消费者重复购买的欲望。例如在珍珠霜盒里放一颗珍珠，顾客购买一定数量本产品之后，就能串成一条项链。

4. 再使用包装策略

这是指包装物在产品使用完后，可以回收再用或挪作他用的包装策略。这种策略通过使购买者得到一种额外的产品价值激发其购买欲望。

5. 分档包装策略

这是指对同一种产品，根据消费者的不同需要，采用不同档次的包装。如用做礼品，则可以精致包装；若自己使用，则只需要简单包装。此外，对不同等级的产品，也可采用不同包装。高档产品，包装精致些，表示产品的身份；中低档产品，包装简略些，以降低产品成本。

6. 更新包装策略

这是指改变原来的包装。这种策略可以使企业在改进产品质量的同时，改变产品的包装形式，从而以新的产品形象出现在市场上，迅速恢复企业声誉，重新扩大市场份额。

例 7-7

农夫山泉包装

1. 农夫山泉包装设计，人文与自然情怀兼顾

农夫山泉长白雪系列产品包装设计是由东北虎、花栗鼠、中华秋沙鸭、松雀鹰四种动物组成了四款产品，展现了长白山原始纯粹的山、林、泉、雪。在农夫山泉建立的品牌认知系统中，只有健康森林系统里的水源，才是具有生命力的水，那长白山森林里的生灵正是检验水质的标准之一。农夫山泉极具生态化的包装设计，不仅承载着品牌的营销价值，更是承载着审美品位与个性。

在这个年轻一代逐渐变成市场消费主力的一代，能够吸引这部分受众目光的，首先要创意过硬，农夫山泉选择在自己的瓶身上融入大自然的“资产”，用极致的创意与具有视觉冲击力的内容，去吸引与感染用户，展现品牌的人文情怀，让人过目不忘。

2. 苛刻的设计，成就了品牌的审美

在农夫山泉的高端水瓶身设计中，仅仅设计时间就超过了三年，五家国际顶尖设计公司经历了58稿、300余次设计后才最终定稿，才有着现在市面上流行的农夫山泉高端水，而这款高端水也折射出农夫山泉对自然的尊重与敬畏。这款产品面市后，成功斩获五大国际设计奖项。

3. 配合纪录片，赋予产品灵性

在农夫山泉长白雪上市之前，农夫山泉就推出了长白山90s的纪录片，给用户带来了极美的视觉盛宴。将毫无功利性的纪录片用于品牌广告，让人们在欣赏自然风光的同时，与品牌产品产生关联，让农夫山泉在营销内容上更为生动。

（资料来源：兵法先生.农夫山泉的包装有多惊艳？有删减）

第八节　新产品开发策略

一、新产品概念

从企业营销的角度来说，新产品是指在某个市场上首次出现的或者是企业首次向市场提供的，能满足某种消费需求的整体产品。产品整体概念中任何一部分创新变革和改良，都可以视为新产品。据此，新产品可划分为以下几类：

1. 全新产品

全新产品是指应用科技新成果，运用新原理、新技术、新工艺和新材料制造的市场上前所未有的产品。全新产品一般是由于科技进步或为满足市场上出现的新的需求而发明的产品，具有明显的新特征和新性能，甚至能改变用户或消费者的生产方式或消费方式。

2. 换代产品

换代产品也称为革新产品，是指部分改变市场上已经出现的原有产品的结构和性能而形成的产品，它使原有产品的性能得到改善和提高，具有较大的可见价值。对于此类产品，使用者也需要有接受和普及的过程，但时间比较短。

3. 改进产品

改进产品是指对现有产品的质量、特点、外观款式或包装加以全面或局部改进的产品。这类产品与原有产品差别不大，易于被使用者接受。市场上销售的大部分新产品均属于这种类型。

4. 新品牌产品

新品牌产品是指对现有产品稍作改变，突出某一方面的特点，使用新品牌后提供给市场的产品。有时这种新产品是仿制市场上某种畅销的产品，新品牌的使用是出于竞争的考虑。

二、新产品开发程序

开发新产品不但要有严密的组织和管理，还必须有一套完善的、科学的程序，以避免和减少失误。一般来说，新产品开发的程序可以概括为以下8个阶段（见图7-13）。

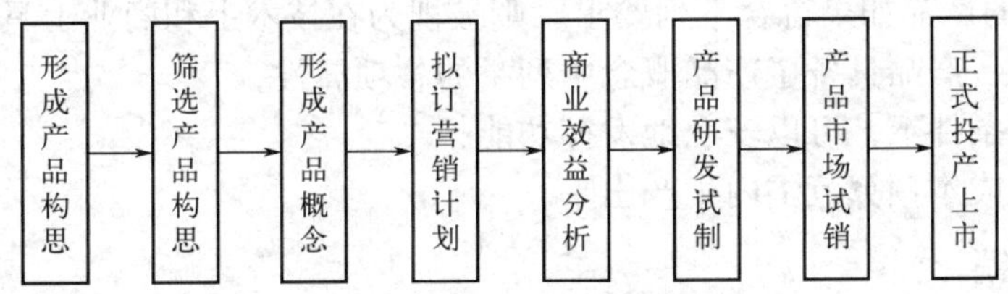

图7-13 新产品开发程序

1. 形成产品构思

新产品开发的第一阶段是形成构思。所谓构思，是指为满足某种市场需要而提出的新产品的设想。一个成功的新产品，首先来自一个有创造性的构思。新产品构思的来源很多，企业应集思广益，从多方面寻求产品的构思。主要的新产品构思来源有：企业内部的技术人员与营销人员、顾客、竞争对手、经销商以及其他来源。

2. 筛选产品构思

筛选产品构思就是对形成的大量新产品构思进行分析研究、比较评价，筛选出技术上可行、经济上合算、社会效益优良的新产品构思方案。对构思的筛选要避免两种失误，一是误舍，即将有希望的新产品构思舍弃；二是误用，即将没有前途的新产品构思付诸开发。不论是误舍还是误用，都会给企业造成重大损失，必须从本企业的实际出发，根据企业的具体情况决定取舍。

3. 形成产品概念

经过筛选后的新产品构思，还要进一步形成比较完整的产品概念，即把新产品的构思具体化，用文字或图像描述出来，从而形成一种具有确定特性的产品形象。

一个产品构思可以转化为若干个产品概念。企业要从众多新产品概念中选择出最具竞争力的最佳产品概念，这就要了解顾客的意见，进行产品概念测试。概念测试一般采用概念说明书的方式，说明新产品的功能、特性、规格、包装、售价等，印发给部分可能的顾客；有时说明书还附有图片或模型。概念测试获得的信息将使企业进一步充实产品概念，使之更适合顾客需要。

4. 拟订营销计划

新产品概念形成和通过测试后，必须拟订一个把这个产品推向市场的初步的营销计划，并在未来的发展阶段中不断完善。初步拟订的营销计划一般包括三部分内容：

① 描述目标市场的规模和结构，规划产品的市场定位，计划产品的销售量和市场占有率，估算市场利润和估测消费者购买行为；

② 描述新产品的价格策略、分销策略以及第一年的营销预算；

③ 描述较长期的销售额、收益率、目标利润，以及不同时期的市场营销策略组合。

5. 商业效益分析

商业分析的任务是在初步拟订的营销计划基础上，对新产品从商业效益方面进行分析，看它是否符合企业目标。具体内容有两方面：估计销售额和推算成本与利润。

6. 产品研发试制

产品研发试制是将通过商业效益分析后的新产品概念交送有关部门进行研究开发，将产品概念转化为具体的产品模型或样品，同时进行包装的研制和品牌的设计。

研发试制出来的产品如果符合下列要求，则被视为在技术上和商业上具有可行性：

① 在顾客看来，产品具备了产品概念中列举的各项属性；

② 在正常使用条件下，可以安全地发挥功能；

③ 能在规定的成本预算范围内生产出来。

7. 产品市场试销

产品投放市场后，能否受到顾客的欢迎，企业并无把握。为此，需要通过市场试销，即将产品投放到有代表性的小范围进行试验，观察市场反应，以确定是否将产品大批量生产并正式投放市场。在试销的过程中，企业应注意收集销售渠道、广告宣传、价格、产品质量、新产品的试用率和重购率等方面的信息资料，以便为以后的营销决策提供依据。

8. 正式投产上市

新产品试销成功后，企业就可以正式批量生产与全面投放市场了。一旦决定大批投产上市，企业就需再次投入大量资金，支付大量费用。企业在此阶段应在投放时机、投放地区、目标市场选择、营销策略组合等方面慎重决策。

第九节 服务营销

一、服务营销的概念

服务营销是企业在充分认识满足消费者需求的前提下，为充分满足消费者需要在营销过程中所采取的一系列活动。服务作为一种营销组合要素，真正引起人们重视的是本世纪80年代后期，这时期，由于科学技术的进步和社会生产力的显著提高，产业升级和生产的专业化发展日益加速，一方面使产品的服务含量，即产品的服务密集度日益增大。另一方面，随着劳动生产率的提高，市场转向买方市场，消费者随着收入水平提高，他们的消费需求也逐渐发生变化，需求层次也相应提高，并向多样化方向拓展。

服务营销的研究形成了两大领域。即服务产品营销和客户服务营销。服务产品营销的本质是研究如何促进作为产品的服务的交换；客户服务营销的本质则是研究如何利用服务作为一种营销工具促进有形产品的交换。

无论是产品服务营销还是客户服务营销，服务营销的理念都是顾客满意和顾客忠诚，通过顾客满意和忠诚来促进有利的交换，最终实现营销绩效的改进和企业的长期成长。

二、服务营销的原则

服务营销是一种通过关注顾客，进而提供服务，最终实现有利的交换的营销手段。作为服务营销的重要环节，“顾客关注”工作质量的高低，将决定后续环节的成功与否，影响服务营销整体方案的效果。“顾客关注”九项原则如下。

1. 获得一个新顾客比留住一个已有的顾客花费更大

企业在拓展市场、扩大市场份额的时候，往往会把更多精力放在发展新顾客上，但发展新的顾客和保留已有的顾客相比花费将更大。此外，根据国外调查资料显示，新顾客的期望值普遍高于老顾客。这使发展新顾客的成功率大受影响。不可否认，新顾客代表新的市场，不能忽视，但我们必须找到一个平衡点，而这个支点需要每家企业不断地摸索。

2. 除非你能很快弥补损失，否则失去的顾客将永远失去

每个企业对于各自的顾客群都有这样那样的划分，各客户因而享受不同的客户政策。但企业必须清楚地认识到一点，即每个顾客都是我们的衣食父母，不管他们为公司所做的贡献是大或小，我们应该避免出现客户歧视政策，所以不要轻言放弃客户，退出市场。

3. 不满意的顾客比满意的顾客拥有更多的“朋友”

竞争对手会利用顾客不满情绪，逐步蚕食其忠诚度，同时在你的顾客群中扩大不良影响。这就是为什么不满意的顾客比满意的顾客拥有更多的“朋友”。

4. 畅通沟通渠道，欢迎投诉

有投诉才有对工作改进的动力，及时处理投诉能提高顾客的满意度，避免顾客忠诚度的下降。畅通沟通渠道，便于企业收集各方反馈信息，有利于市场营销工作的开展。

5. 顾客不总是对的，但怎样告诉他们是错的会产生不同的结果

顾客不总是对的。“顾客永远是对的”是留给顾客的，而不是企业的。企业必须及时发现并清楚了解顾客与自身所处立场有差异的原因，告知并引导他们。当然这要求一定营销艺术和技巧，不同的方法会产生不同的结果。

6. 顾客有充分的选择权力

不论什么行业和什么产品，即使是专卖，我们也不能忽略顾客的选择权。市场是需求的体现，顾客是需求的源泉。

7. 你必须倾听顾客的意见以了解他们的需求

为客户服务不能是盲目的，要有针对性。企业必须倾听顾客意见，了解他们的需求，并在

此基础上为顾客服务，这样才能作到事半功倍，提高客户忠诚度。

8. 如果你不愿意相信，你怎么能希望你的顾客愿意相信

企业在向顾客推荐新产品或是要求顾客配合进行一项合作时，必须站在顾客的角度，设身处地考虑。如果自己觉得不合理，就绝对不要轻易尝试。你的强迫永远和顾客的抵触在一起。

9. 如果你不去照顾你的顾客，那么别人就会去照顾

市场竞争是激烈的，竞争对手对彼此的顾客都时刻关注。企业必须对自己的顾客定期沟通了解，解决顾客提出的问题。忽视你的顾客等于拱手将顾客送给竞争对手。

以上九点都是简单的原则，如果企业能遵循上述原则，将会有事半功倍的效果。当然，没有不变和永恒的真理。随着市场的变化及工作经验的不断积累，相信更多精辟、实用的"顾客关注"法则会应运而生，"顾客关注"工作也将推向更新的高度。

三、服务营销组合

所谓服务市场营销组合，是指服务企业对可控制的各种市场营销组合手段的综合运用，即服务企业根据企业外部环境，运用系统的方法，把服务市场营销的各种可控因素进行最佳的组合，使它们之间互相协调配合，综合地发挥作用，实现服务企业的营销目标。

1964年，杰罗姆·麦卡锡（Jerome McCarthy）提出4P营销组合，即产品（Product）、价格（Price）、渠道（Place）和促销（Promotion）。1981年布姆斯和比特纳（Booms and Bitner）在此基础上提出了7P营销组合，增加了人员（People）、有形展示（Physical Evidence）和过程（Process）这三项元素。7P也构成了服务营销的基本框架。

（1）Product（产品） 服务产品必须要考虑的因素是提供服务的范围、质量、品牌以及售后服务等。服务产品包括核心服务、便利服务和辅助服务。

（2）Price（s）（价格） 由于服务水平难以统一界定，质量检验也难以采用统一标准，加上季节、时间因素的重要性，服务定价必须有较大的灵活性。

（3）Promotion（促销） 服务促销包括广告、人员推销、销售促进、公共关系等营销沟通方式。为增进消费者对无形服务的印象，企业在促销活动中要尽量使服务产品有形化。

（4）Place（渠道） 随着服务领域的扩展，服务销售除直销外，经由中介机构销售的情况日益增多。中介机构主要有代理、代销、经纪、批发、零售等形态。

（5）People（人员） 服务业的操作人员，在顾客心中实际上是产品的一个重要组成部分。所有的人都直接或间接地被卷入某种服务的消费过程中，这是7P营销组合很重要的一个观点。知识工作者、白领雇员、管理人员以及部分消费者将额外的价值增加到了既有的社会总产品或服务的供给中，这部分价值往往非常显著。

（6）Physical Evidence（有形展示） 有形展示包括一些支持提供服务的可以传递服务特色和优点的有形因素，或给予顾客看得见摸得着的东西，包括环境、实物装备等，象征可能获得的无形利益。

（7）Process（过程） 服务通过一定的程序、机制以及活动得以实现的过程（亦即消费者管理流程），是市场营销战略的一个关键要素。服务流程的好坏，直接影响服务的质量，从而影响企业的竞争力。

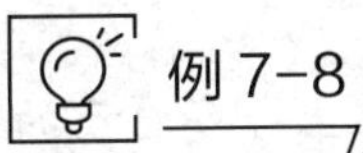

例 7-8

海底捞的营销方式

海底捞的成功得益于以下营销手段。

1.情怀营销

在不断宣传企业文化和价值观的过程中，海底捞提出了“创造公平公正的职场环境”“双手改变命运”“把海底捞带到全国各地”这三个目标。

海底捞给予员工努力拼搏的机会，让他们用自己的双手创造期望的美好生活，海底捞不仅在员工与企业、老板与员工之间、企业与客户之间建立了信任关系，更赋予员工同样的归属感。

2.服务营销

产品是企业的根本，而服务和交流是海底捞核心力量和招牌。与其他餐饮业相比，海底捞服务被公认为是最好的，在海底捞消费过的顾客都可以享受到舒适极致的服务体验，例如在排队过程中，消费者可以在等候区享受零食、网络、免费美甲等贴心服务。

在点餐过程中，如果选择的菜较多，服务员还会提醒消费者可以吃完之后再点，避免浪费；在就餐过程中，服务员随时随地地关注消费者的需求，及时提供相应的服务，饭后会提供薄荷糖，还会主动为消费者提供打包服务等。

这体现了海底捞的差异化竞争策略，通过全方面细致的服务和真诚的态度，缩短了彼此之间的情感距离，提高了消费者对海底捞的消费忠诚度和黏性。

3.口碑营销

海底捞依靠产品质量和非常活跃的消费者服务经验来打动用户并形成口碑。在很多人眼中，海底捞不仅是火锅品牌，更是超预期服务体验的代名词。无论是店员对顾客有求必应的态度，还是现场拉面的表演，以及等待期间的各种免费的服务，都让很多消费者体验到了别处很难找到的超值体验。

对于企业而言，产品和服务优秀才是王道，好口碑自然会传播。总体来说，海底捞的服务依旧是超出绝大部分同行的水准。海底捞利用起网络的积极影响制造段子，从而去宣传口碑，从这点上来讲，海底捞口碑营销是非常成功的。

4.网络营销

网络营销是一种基于互联网的新型营销策略。这些年来，网络餐饮营销发展得越来越具有多领域、数字化、无界限的特点。而海底捞餐饮公司近年来极具热点话题，在火锅餐饮里属于佼佼者，海底捞不断顺应时代潮流，不断地在微信、小红书、微博、APP等平台开发新业务。

5.微信营销

为了加强海底捞的宣传力度和传播范围，海底捞公司创建了“海底捞火锅”微信公众号。“海底捞火锅”微信公众号可以提供查询所有门店的菜单、预订店内餐位及外卖，还有微信在线支付和售后服务相结合的服务，这些服务为消费者节省了时间，还为品牌宣传和互动环节增加了针对性，为就餐过程变得更快捷、更高效和更合理。

此外，还创建了各式各样的微信互动方式，如现在推出的“出农场”“出拼菜”“H吃海底捞”“摇摇乐”等互动游戏。将“海底捞”的品牌进行更广泛地传播。游戏的吸引力大，消费者可以参与官方微信游戏，从而不会让等待就餐的过程变得无聊，提高了消费者的满意度，也加深了消费者对企业的印象，还能让更多的消费者成为忠实的粉丝。

6. 小红书营销

海底捞餐饮公司的食品和酱料种类多样化，使更多海底捞忠实粉丝在小红书上分享自己的心得，例如海底捞抖音网红吃法、海底捞省钱攻略、海底捞酱料攻略、海底捞隐藏吃法等方略层出不穷，吸引了众多美食爱好者。

这一类的宣传使得更多消费者会在吃饭前翻看小红书，寻找心仪的餐饮店，饭后写心得吸引更多的围观者。与此同时，更多消费者前来线下店挑战和挖掘海底捞产品的可能性，在经过小红书不断地笔记宣传，促使消费者一提到"餐饮火锅"就想到海底捞产品，从而达到了海底捞餐饮公司的营销理念，使得企业文化更深入人心。

7. 微博营销

微博的话题性、传播性和便捷性给海底捞带来一波营销。微博本身就是一个以人为中心、以个人为基本单位的多维、多边、实时的互联网平台。海底捞餐饮企业也建立了自己的微博，主要关注于市场调研、产品推广、品牌传播、危机传播、公共关系等。

微博的开放平台将给海底捞带来更多的盈利模式，帮助海底捞控制网络营销成本。微博上也同时传来不同版本的"海底捞"故事。在海底捞不断宣传自己典型形象时，微博上其他餐饮界的巨头也纷纷效仿，海底捞的宣传力度也不断地步步上升。

8.APP 营销

海底捞APP于2017年正式建立，在这里可以了解到海底捞动态，查询门店信息、预订位置、外卖服务、兑换捞币、社区互动、参与活动，还可以为官方服务留下点评，体验更多火锅欢乐时光和超乎想象的独特体验。还给众多消费者给予专属权益，例如"捞币换礼""生日赠礼""升级礼遇"等。

生日礼物体现了海底捞的情感营销，使得海底捞的企业文化与移动端新营销模式的深度融合，可以更轻而易举地打开消费者心灵深处的琴弦。

（资料来源：橙子.海底捞的营销方式. 有删减）

习题

一、名词解释

营销策略组合、产品整体概念、产品组合、产品生命周期、品牌、商标、新产品、服务营销组合

二、基本训练

1. 营销策略组合包括哪几个方面的内容?
2. 简述产品整体概念五个层次。
3. 简述营销策略组合的特征。
4. 产品组合的策略有哪些?
5. 简述产品生命周期各阶段的特征及营销策略。
6. 简述产品生命周期理论意义。
7. 简述消费者对新产品的接受过程。

8. 简述品牌决策的内容。
9. 简述品牌与商标的区别。
10. 新产品的开发程序包括哪几个阶段?
11. 简述服务营销的原则。

三、思考题

美国、德国的一些服装商店，不久前推出一种“形象设计服务”。店里专门聘请形象设计专家为前来的每一位顾客设计形象。专家根据顾客的身材、气质、经济条件等情况，出主意，作参谋，指导顾客该买什么服装，配什么领带或饰物；头发做成什么式样与服装、身材最相称；足蹬什么颜色和款式的鞋才能相得益彰等等，从而使服装及其各种配套物品最能体现顾客的长处，达到风度可人的理想境界。这项服务推出后，立即受到广泛欢迎。一时间，顾客如云，而且都是服装、饰物整套整套地购买，商店收入顿时大增。

思考：服装商店为顾客设计形象为什么会使商店顾客如云、收益大增。

四、操作练习

1. 运用产品整体概念的五个层次对手机产品进行分析。
2. 调查宝洁（中国）的产品组合和品牌策略。
3. 对某一商场的商品包装进行调查，分析存在的问题并提出改进意见
4. 根据以下资料，分析汽车、手机、服装等企业如何进行质量营销。

质量营销

1.意义

对质量的保持就是对企业最好的回报。没有产品质量保证的企业必然死亡。智生堂咨询公司研究表明，产品质量与其美誉度呈正比例发展关系，质量每提高1%，美誉度就提升0.5%。而产品美誉度又和品牌形象有着密切联系，美誉度每提高0.5%，品牌形象就提升1%。品牌形象与销售量又有着直接关系，品牌形象每提高1%，销售量就提升0.5%。依次推演，当质量提高1%时，美誉度提高了0.5%，品牌形象提高了1%，销售量提高了0.5%。

另据美国一家咨询机构的研究表明，消费者对行业内的产品质量排序，关系到了企业的投资回报率。当一个企业的产品质量排在15位以上，其税前投资回报率平均在32%；当一个企业的产品质量排在5位以下，其税前投资回报率平均仅在14%。以上研究结果，足以说明了产品质量对企业效益所产生的直接影响。

在顾客维持上，质量同样至关重要。一般建立顾客忠诚的因素主要有四个：一是“品牌形象”；二是“产品品质”；三是“价格保持”；四是“服务满意”。基于在品牌认知的环境里，“价格”和“质量”是顾客忠诚的关键。可见，质量是顾客对产品的最高

关注度之一。

用“质量营销”来吸引人们的最高关注度，这十分符合营销原则，也更有利于企业的可持续发展。企业确立“质量营销”作为新营销战略，这将是一个很大的市场进步。

2.特点

（1）独特性　质量营销从本质意义上说是一个质量经营思想与市场营销实际相结合的过程，并且企业只有持之以恒的把这过程坚持下去，才能形成难以模仿的独特的质量竞争优势。独特性是由于企业的不同实际情况及管理层的经营思想决定的。产品在市场中的不同地位决定了企业不同的营销策略，而管理者的管理风格和经营思想又使得企业质量发展方向不同于其他企业。

（2）专注性　企业要想成功，首先应专注于某一个特定的市场，多元化经营对一般的企业来说很难取得成功。对于质量营销来说，专注性的要求有二：一是企业战略方面。经营者要忍受改进提高质量过程中带来的一时的效率低、成本增高的状态，着眼于长远的市场发展和质量收益，把产品做好、做精；二是产品方面。专注性不排斥多样性，但最好是要根据目标市场的定位和不同消费者的需求来设计生产不同质量等级的产品，满足不同消费层次的需要。

（3）顾客导向性　质量的改进与提高应该以顾客的需要为开始，以顾客的感受为终结。因此企业只有以顾客需求和期望为前提，不断开发和生产使顾客满意的产品，才能保持自己的竞争优势，使企业持续发展。提高质量的目的是应该更好地为顾客服务。如果产品不能按顾客要求的方式去工作，那么这和产品不能工作几乎没区别。只有被顾客认可的质量提高才是有意义的质量提高。

3.实施

首先，营销人员必须正确识别顾客的需要和要求，并将这些要求传达给设计者，以便能设计出符合顾客需要的产品；

其次，要保证顾客的定货正确而及时地得到处理，按时交货；

第三，销售产品给顾客时，为其提供各种必须的服务和附加的服务，视这些服务为产品营销的必要组成部分；

第四，要与顾客建立密切联系，及时解决他们在使用产品时遇到的问题；

最后，营销人员要不断收集顾客的意见和建议，并在新产品开发中注意采纳这些建议，以使产品的功能与质量越来越让顾客感到满意。

（资料来源：百度百科）

第八章

定价策略

本章要点

- 企业定价环境
- 企业定价目标
- 企业定价方法
- 企业定价策略
- 价格调整策略

本章导读

定价策略的制定和执行是市场营销活动的重要组成部分，定价策略对市场营销的其他策略会产生很大影响，并与其它策略相结合共同作用于营销目标的实现。因此企业定价既要考虑营销活动的目的和结果，又要考虑消费者对价格的接受程度，从而使定价具有买卖双方双向决策的特征。

第一节　定价环境

一、企业定价的三维环境

任何企业的经营活动都是在由多种因素组成的特定环境中进行的。定价作为企业经营活动的一个组成部分，也不例外。影响企业定价的因素很多，但最终都可归结为直接影响企业定价的四个因素，具体如下。

1. 企业生产要素的供应者

企业生产要素的供应者包括原材料供应者、资金供应者、劳动力供应者等。显然，如果供应者所提供的要素价格发生变化，将直接影响到企业的产品定价。

2. 顾客

这里的顾客，包括一切购买企业产品的人或机构。它既包括通常意义上的顾客——消费者，也包括为卖而买的中间商，以及为生产而买的企业。若顾客的需求发生变化，将在很大程度上影响企业所欲出售的产品的价格。

3. 国家有关的物价政策法规及执行机构

各个国家都制定了有关物价的政策法规。这些政策法规有的明确规定了商品的具体价格，有的规定了商品价格的上下限，还有的只规定了定价的原则，国家还设立了专门机构来执行、解释这些政策法规。国家政策法规及其执行机构无疑对企业的定价有着重大的直接影响。

4. 竞争者

一个企业在其经营活动中，常常受到竞争者的强有力的挑战。因此，竞争者的价格必然对企业的定价产生巨大的影响。

在生产要素供应者、顾客、国家物价政策法规及其执行机构、竞争者这四者中，国家物价政策法规及其执行机构是统御性的，企业与其关系是“下”与“上”的关系；生产要素供应者与顾客分别处于企业的“前”、“后”，而竞争者则处于企业的“左”、“右”。这样，四者一起组成了企业定价的三维环境，如图8-1所示。

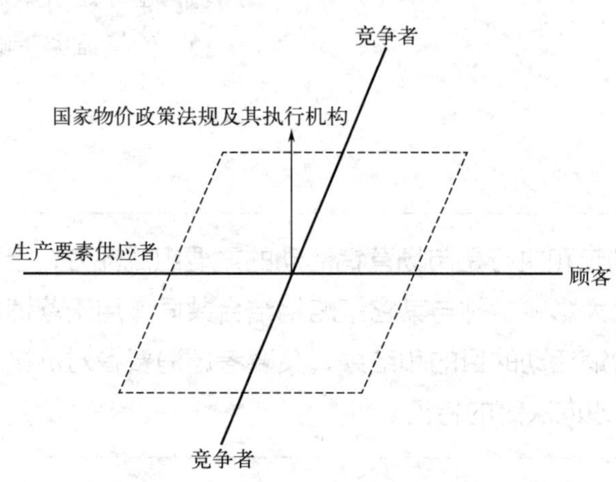

图8-1 企业定价的三维环境

二、市场结构对企业定价的影响

市场结构分为四种类型：完全竞争、垄断竞争、寡头垄断和完全垄断。详细分析这四种类型，是微观经济学的任务。这里，我们仅对四种市场结构中企业的定价作简单分析。

1. 完全竞争

完全竞争（pure competitive market）的主要特色是市场中有许多相竞争的企业同时存在，其数量是如此之多，以至任何一个企业都不可能操纵或影响市场价格（因为这些企业的产品都是同一种）。

2. 完全垄断

完全垄断（pure monopolistic market）的主要特点是企业没有竞争者。因此，企业可以在国家物价政策法规允许的情况下，把价格定得尽可能高。一般说来，价格提高后销量将减少，但企业应努力找到这样一个价格，在这个价格水平上，产品的销售量虽不是最大，但总的利润却达到最大。

3. 寡头垄断

寡头垄断（oligopolistic market）的特点是只有少数几个企业生产同类产品。在寡头垄断条件下，各企业对其它企业在价格上的行动特别敏感。若企业决定其产品提价，其他企业一般不会仿效；但若该企业决定其产品降价，则其他企业为了保证各自的市场份额，就会群起仿效。这样就会导致一场两败俱伤的价格战。因此，在寡头垄断的情况下，企业一般愿意进行非价格竞争，如在产品质量、售后服务、广告宣传等方面进行竞争。

4. 垄断竞争

垄断竞争（monopolistically competitive market）的特点是生产某类产品的企业较多，从而使市场具有竞争的特点；但另一方面，每个企业的产品都有各自特点，从而使每个企业一定程度上都是自己产品的垄断者。在垄断竞争市场中，价格竞争是一种常用的手段。同时各企业也使用非价格竞争手段来拓展市场。

三、企业定价的“三度”与“二限”

1. 企业定价的“三度”

企业定价的“三度”，是指企业对价格的承受程度、顾客对价格的接受程度以及国家物价政策法规对企业定价的允许程度。

（1）企业对价格的承受程度　企业对价格的承受程度，系指企业产品的单位可变成本，就是企业所能定出的最低价格。从实际情况来看，很少有企业甘愿长期忍受这种以成本代替价格而无利润收入的情况；而从短期来说，确实有企业为了渡过难关，而以单位变动成本来定价的。

（2）顾客对价格的接受程度　顾客对价格的接受程度是就整个顾客群体而言的。因为对单个的顾客而言，每当商品价格超过一个“临界点”，就会有一些人退出该商品的消费领域。但从总体上看，只要价格的上升没有导致总利润的减少，则此价格即被认为是顾客所能接受的。只有当价格的上升导致总利润减少时，此价格才被认为是顾客所不能接受的。因此，按顾客的接受程度来定价，也就是制定一个能使企业得到最大利润的价格。

（3）国家物价政策法规的允许程度　国家物价政策法规的允许程度，系指国家对企业定价的数量界限所制定的一些规定。

2. 企业定价的“二限”

企业对价格的承受程度、顾客对价格的接受程度及国家物价政策法规的允许程度“三度”，在价格变化的数轴上形成了如图8-2的关系。

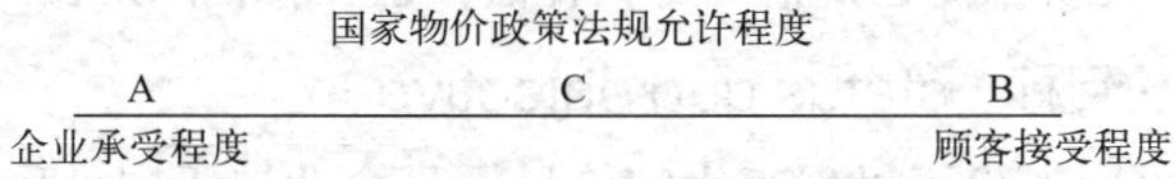

国家物价政策法规允许程度

A　　　　C　　　　B

企业承受程度　　　　顾客接受程度

图8-2　企业定价的“三度”与“二限”

当代表国家物价政策法规允许程度的C点在AB区间之外时，企业对物价的承受程度和顾客对物价的接受程度分别为企业定价的下、上限；当C点在AB区间中时，则C点为企业定价的上限，但企业定价的下限始终为企业对价格的承受程度。企业定价时，必须使价格局限在企业定价“二限”之间。

第二节 定价目标

企业的定价目标是指企业为实现其经营目标而对产品定价提出的总要求，它是指导企业进行价格决策的依据。价格水平的高低直接影响企业的利润、市场占有率、竞争能力等，但在不同的市场条件下，企业追求的定价目标和定价的侧重点有所不同，相应的定价方法与策略也会有明显的差异。

1. 以最大利润为定价目标（profit maximization objective）

谋求最大限度的销售利润或投资收益几乎是所有企业的共同愿望和目标。以最大利润为定价目标，从理论上说，是把价格定到这样高的一个点上，使得价格从这个点出发的任何变动（升高或降低）都将导致总利润的减少。但是，实际上，要找到这样的一个“最优价格点”并不容易。因此，经常使用凭经验判断的方法。例如，企业可以确定一个比通常情况高得多的目标利润率（这里的利润率可以是成本利润率、销售利润率、资金利润率等），并在此基础上计算产品价格。当然，也可直接为产品定出一个较高的价格。

2. 以争取产品质量领先为定价目标（quality-oriented objective）

采用这种定价目标的企业，一般都是在消费者中已经享有一定声誉的企业。为了维护和提高企业产品的质量和信誉，企业的产品必须有一个比较高的价格。这一方面是因为高价格能带来高利润，使企业有足够的资金来保持产品质量的领先地位，另一方面也是因为高价格本身就是产品质量信誉的一种表现。

3. 以扩大市场份额作为定价目标（sales-oriented objective）

企业要扩大市场份额，可以有两种策略：一是价格不变，提高产品质量（包括售后服务）；二是产品质量不变，降低价格。

这两种策略的实质，都是降低价格-质量比。因此，以扩大市场份额作为定价目标意味着以低价作为向市场渗透的工具。以扩大市场份额作为定价目标的企业，多数是希望扩大市场份额后能形成薄利多销的局面；但也有少数雄心勃勃的企业企图通过扩大市场份额迫使竞争对手退出市场，最后使自己成为市场的垄断者。但是，即使在这种情况下，企业也必须使自己获得一定的利润。否则，企业的经营活动难以为继。

4. 以企业生存为定价目标（survival-oriented objective）

当企业的产品不为消费者所了解、欢迎，在市场上严重滞销时，企业将被迫以生存为定价目标。这时，只要出售产品的收入还能弥补日常开支（购买原材料和支付工资），企业就能在“山穷水尽”中暂时生存下去，以图“柳暗花明”的出现。当然，这只是一种权宜之计。从长期来看，由于固定资产的耗费不能在价格中得到补偿，企业将在固定资产寿命结束时难以为继。

5. 以避免竞争为定价目标（status quo objective）

对于上述四种定价目标，除了以生存为定价目标是企业迫于内外环境不得已而采用的定价目标外，其余三种定价目标都是一种积极进取的定价目标。同时，采用这些定价目标也必须具备一定的条件，也就是说，并不是所有企业都可采用的。而且，采用这些定价目标也有一定的风险。因此，条件不具备的企业可以“避免竞争”为企业的定价目标。这是一种比较稳健的定价目标，其特点是企业参照竞争者的有关情况来制定价格。

以避免竞争作为定价目标，实际上是一种“中庸之道”，其特点是无论在产品的盈利，价格、市场份额和质量方面都不想与其它企业进行竞争。这种定价目标一般多为中小企业所采用。对大企业来说，只要条件具备，应当有雄心在激烈的市场竞争中与对手决一雌雄。

上述五种定价目标之间的关系，可用图8-3的定价目标的平行四边形来表示。

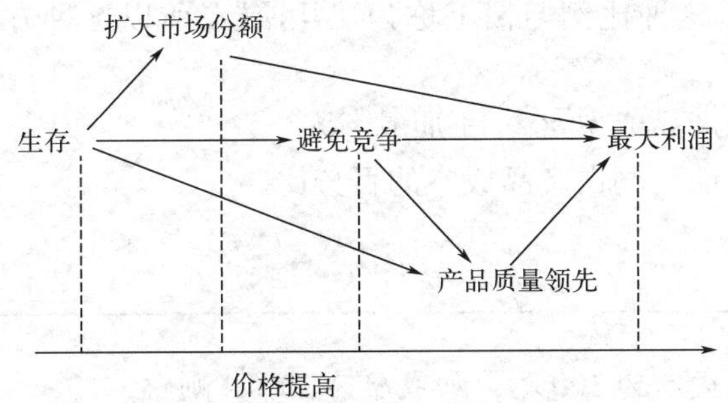

图8-3　企业定价目标的平行四边形和价格连续谱

在图8-3中，企业的五种定价目标组成了一个平行四边形的四个顶点和一个中心。从图中可以看出，图生存是企业定价目标的起点，而最大利润则是企业定价的终点。“避免竞争”处于定价目标平行四边形的中心，是一种稳健的定价目标；“扩大市场份额”和“产品质量领先”分处两个对立的顶点上，前者代表定价目标以数量为主，后者则表示定价目标以质量为主，但两者的最终目的同样是为了最大利润。从五个定价目标向水平的价格数轴作投影，得到5个投影点，它们表示由五种定价目标为基础的企业定价组成了价格由低到高的连续谱。

第三节　定价方法

如前所述，企业定价的三维环境由企业的顾客、企业的生产要素供应者、企业在市场中的竞争者和国家有关物价的政策法规及其执行机构所组成。其中国家政策法规是统御性的，企业在定价时必须遵守。在这一约束下，企业可以根据生产要素的价格、市场上竞争者的产品价格和顾客的需求心理来定价，相应地有三类不同的定价方法（见图8-4）。

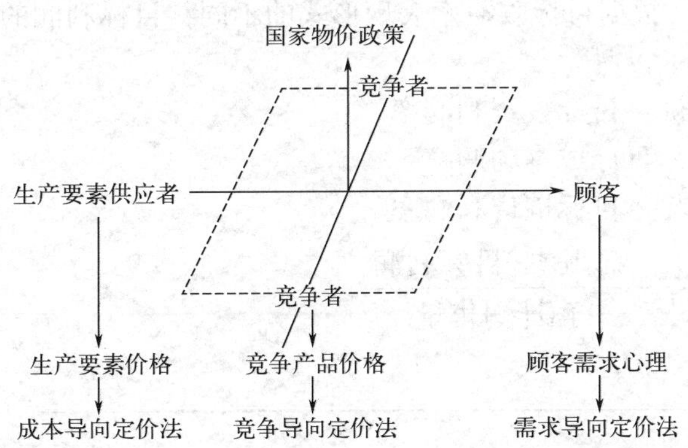

图8-4　企业的三维定价环境与定价方法的关系

一、成本导向定价法

成本导向定价法（cost-oriented pricing）是以成本为中心的定价方法，主要有以下三种。

1. 成本加成定价法（cost-plus pricing）

这是一种最简单的定价方法，就是在单位产品成本的基础上，加上一定比例的预期利润作为产品的售价。售价与成本之间的差额即为利润（这里的成本中包含了税金）。由于利润的多少是按一定比例反映的，这种比例习惯上称为“几成”，所以这种方法称为成本加成定价法。其计算公式为：

单位产品价格＝单位产品成本 ×（1+加成率）

其中，加成率即为预期利润占产品成本的百分比。

例 8-1

某种产品的单位产品成本为300元，加成率为30%，则：

单位产品价格=300×(1+30%)=390元

这种方法的优点是简便易行，因为确定成本要比确定需求容易，价格盯住成本，企业可简化定价工作，也不必经常依据需求情况而作调整；采用这种方法可以保证各行业取得正常的利润，从而可以保障生产经营的正常进行；如果同行都采取此种方法定价，价格竞争就会大大削弱。

这种方法的不足是，它是从卖方的利益出发进行定价的，其基本原则是将本求利和水涨船高，没有考虑市场需求和竞争因素的影响，因而这是一种卖方市场条件的产物。另外，加成率是一个估计数，缺乏科学性，由此计算出来的价格，很难说一定能为顾客所接受，更谈不上在市场上具有竞争力，同时此种方法过分强调了历史实际成本在定价中的作用。因此，在应用这种方法时，应当根据市场需求、竞争情况等因素的变化作必要的调整。

2. 目标收益定价法（target profit pricing）

这种方法又称目标利润定价法，或投资收益率定价法。它是在成本的基础上，按照目标收益率的高低计算价格的方法。其计算步骤如下：

（1）确定目标收益率　目标收益率可以表现为几种形式，如投资利润率、成本利润率、销售利润率等。

（2）确定目标利润　根据目标收益率表现形式的不同，目标利润的计算也不同。计算公式分别为：

目标利润＝总投资额 × 目标投资利润率

目标利润＝总成本 × 目标成本利润率

目标利润＝销售收入 × 目标销售利润率

（3）计算单价　单价$=\dfrac{\text{总成本+目标利润}}{\text{预计销售量}}$

例 8-2

某企业年生产能力为100万件A产品，估计未来市场可接受80万件，其总成本为2000万元，企业的目标收益率即成本利润率为20%，问单价应为多少？

目标利润=总成本 × 成本利润率

=2000×20%

=400（万元）

$$单价=\frac{总成本+目标利润}{预计销售量}$$
$$=\frac{2000+400}{80}$$
$$=30（元）$$

因此，该企业产品的定价应为30元。

目标收益定价法的优点是可以保证企业既定目标利润的实现；缺点是这种方法只是从卖方的利益出发，没有考虑竞争因素和市场需求情况。这种方法是先确定销量以后，再确定和计算出产品的价格，这在理论上是说不通的。因为，对于任何商品而言，一般是价格影响销售，而不是销售决定价格。因此，按此种方法计算出来的价格，不可能保证预计销售量的实现。尤其是那些价格弹性较大的商品，不同的价格，有不同的销售量，而不是先有销售量，然后再确定价格。

所以，目标收益定价法，一般适用于需求价格弹性较小、在市场中有一定影响力、市场占有率较高或具有垄断性质的企业，对于大型的公用事业单位更为适用。因为这类企业的投资大，业务具有垄断性，又和公众利益息息相关，需求弹性较小。政府通常为保证其有一个稳定的收益率，常允许这类企业采用目标收益进行定价，而政府则只对其目标收益率进行限制和控制。

3. 售价加成定价法（mark-up pricing）

售价加成定价法也叫毛利率法，这种方法与成本加成定价法类似，可以说就是成本加成定价法变通的一种形式。零售企业往往以售价（单位产品销售额）为基础进行加成定价。这里的成本就是商业企业的进货成本，加成率就是商业毛利率。其计算公式为：

$$加成率（毛利率）=\frac{计划售价-成本}{计划售价}\times 100\%$$

$$单位产品价格=\frac{单位产品成本}{1-加成率}$$

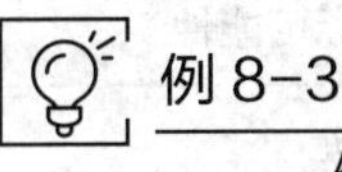
例 8-3

某种产品的单位产品成本为160元，加成率为20%，则单价为：

$$单位=\frac{160}{1-200}$$
$$=200（元）$$

这种定价方法，多为商业部门，尤其是零售部门采用。因为，对零售商来说，此种方法更容易计算商品销售的毛利率；而对于消费者来说，在售价相同的情况下，用这种方法计算出来的加成率较低，更容易接受。

以上几种定价方法的共同特点是：以产品的成本为基础，在成本的基础上加上一定的利润。所不同的只是对利润的确定方法略有差异。它们的共同缺点是没有考虑市场需求和市场竞争情况。

二、竞争导向定价法

竞争导向定价法（competition-oriented pricing）是指企业为了应对市场竞争的需要而采取的定价方法，主要有以下两种。

1. 随行就市定价法（going-rate pricing）

随行就市定价法是指企业按照行业的平均现行价格水平来定价。在以下情况下往往采取这种定价方法：

① 难以估算成本；

② 企业打算与同行和平共处；

③ 如果另行定价，很难了解购买者和竞争者对本企业的价格的反应。

不论市场结构是完全竞争市场，还是寡头竞争市场，随行就市定价都是同质产品市场的惯用定价方法。

2. 密封投标定价法（sealed bid pricing）

这也是一种依据竞争情况来定价的方法，是招标人通过引导卖方竞争来寻找最佳合作者的一种有效途径。它主要用于建筑包工、产品设计和政府采购等方面。其基本原理是，招标者（买方）首先发出招标信息，说明招标内容和具体要求，参加投标的企业（卖方）在规定期间内密封报价和其他有关内容，参与竞争。其中，密封价格就是投标者愿意承担的价格。这个价格主要考虑竞争者的报价，而不能只看本企业的成本。在投标中，报价的目的是中标，所以报价要力求低于竞争者。

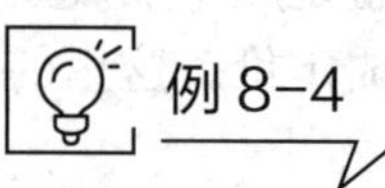
例 8-4

某企业参加一次建筑包工投标，企业根据对竞争者的分析、招标单位的要求以及企业自身条件的分析，设计了几种不同报价以及中标的可能性，结果如表8-1所示。

表8-1 报价方案表

方案	企业报价	利润	中标可能性	期望利润（利润 × 中标可能性）
方案1	90万元	10万元	80%	8万元
方案2	100万元	12万元	60%	7.2万元
方案3	110万元	20万元	20%	4万元
方案4	120万元	27万元	10%	2.7万元

方案1的期望利润最高，为8万元。因此，企业可考虑报价为90万元。

三、需求导向定价法

需求导向定价法（demand-oriented pricing）是一种以需求为中心，以顾客对商品价值的认识为依据的定价方法，主要有以下三种。

1. 习惯定价法（perceived-value pricing）

习惯定价法是指企业依据长期被消费者接受和承认的并已成为习惯的价格对产品进行定价。某些产品在长期经营过程中，消费者已经接受了其属性和价格水平，符合这种标准的价格容易被消费者接受，反之则会引起消费者的排斥。经营此类产品的企业不能轻易改变价格，减价会引起消费者对产品质量的怀疑，涨价会影响产品的销路。

2. 逆向定价法（backwards pricing）

逆向定价法是指企业依据消费者能够接受的最终销售价格，计算自己从事经营的成本和利润后，逆向推算出产品的批发价和零售价。即以顾客肯出多少钱来定价，并以此倒推出商品在各环节的销售价格。批发商和零售商多采取这种定价方法。采用逆向定价法，应充分掌握社会购买力水平，对商品的市场需求情况等做出综合评估，得出市场可销售的价格，然后扣除相应环节的差价，得出相应环节的销售价。

例 8-5

消费者对某电冰箱可接受的价格为3000元，电冰箱的零售企业的经营毛利为10%，电冰箱批发商的批发毛利为5%，计算各环节销售价。

零售企业可接受的价格=消费者可接受价格×（1−零售环节毛利）
=3000×（1−10%）
=2700（元）

批发商可接受的价格=零售企业可接受价格×（1−批发环节毛利）
=2700×（1−5%）
=2565（元）

3. 需求差异定价法（demand differentiated pricing）

需求差异定价法是根据需求的差异，对同种产品制定不同的价格的方法。它主要包括以下几种形式：

（1）对不同的顾客制定不同的价格　如同种产品对批发商、零售商、消费者制定不同价格；对老客户和新客户制定不同的价格，对老客户给予一定的优惠。

（2）式样差价　根据产品的式样和外观的差别制定不同的价格。对不同式样的同种产品制定不同价格，价差比例往往大于成本差的比例。例如一些名著往往有平装本和精装本之分，其内容完全相同，只是包装不同而已，但价格就有较大差别。

（3）对不同的需求场所采用不同的价格　如戏票、球票等票价可因地点和座位不同而有所区别，同一罐饮料，在超市、饭店、舞厅的价格也不同，这样可以满足不同消费者的需求。

（4）季节差价　相同的产品在不同时间销售其价格可以不同。如需求旺季的价格要明显地高出需求淡季的价格。需求差异定价的前提条件是：

① 市场可以细分，各细分市场具有不同的需求弹性；

② 价格歧视不会引起顾客反感；

③ 低价格细分市场的顾客没有机会将商品转卖给高价格细分市场顾客；

④ 竞争者没有可能在企业以较高价格销售产品的市场上以低价竞争。

不同定价方法的比较见表8-2。

表8-2 定价方法的比较

类型	方法	特点
成本导向定价法	成本加成定价法	单价＝单位产品成本（1+ 预定加成率）
	目标收益定价法	单价＝（总成本＋目标利润）/ 预计销售量
	售价加成定价法	单价＝单位产品成本 /（1− 预定加成率）
需求导向定价法	习惯定价法	单价＝顾客感受（预期）价格水平
	逆向定价法	零售企业可接受的价格＝消费者可接受价格 ×（1− 零售环节毛利） 批发商可接受的价格＝零售企业可接受价格 ×（1− 批发环节毛利）
	需求差异定价法	单价＝消费者需求差异价格水平
竞争导向定价法	随行就市定价法	单价＝行业市价
	密封投标定价法	价格＝期望利润最高的报价

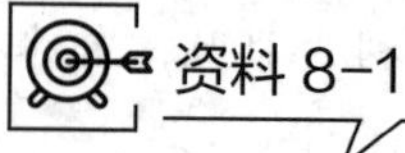

资料 8-1

直播报价应注意的事项

正确地使用报价技巧可以帮助主播推销出更多的商品，同时，在商品报价中还有一些需要注意的事项。

1.先明确商品优势，让消费者觉得物超所值

主播在推销一款商品时，不要一开始就把商品的价格报出来。在消费者还不了解商品的情况下，主播报出商品的价格会让消费者一头雾水。同时，一旦消费者先了解了商品的价格，之后再听主播介绍商品时就会不断地拿该商品和它同等价格的商品作对比，而这样的对比往往会使消费者更加挑剔，对商品的价格产生异议。

主播应该先将商品的卖点介绍给消费者，让消费者明确商品的优势。在消费者对商品有足够的了解之后，主播再对商品进行报价，这样更能够使消费者接受商品的价格。

因此主播在报价前要先充分讲解商品的优点，让消费者明白商品的价值，而大部分消费者在购买商品时也希望可以购买到最适合自己的商品。如果主播对商品的介绍激起了消费者的购买欲望，那么他们对于商品的价格问题就会放松要求，先明确商品优势再报价的方式对直播的推销而言是十分有利的。

2.让消费者先知道正常价格，再知道折扣价格

主播在报价时需要注意的另一点是不要一开始就让消费者知道商品的折扣价格。在介绍某件商品时，如果主播在介绍商品的一开始就把折后价告诉消费者，就相当于亮出了自己的底牌，把选择权交到了消费者的手上。而商品的价格过低并不一定能够吸引消费者购买，反而会令部分消费者对商品的质量产生怀疑。

在某件商品有折扣价格时，主播想要促使消费者下单就要学会正确的报价方法。主播应该先把商品的原价展示给消费者，让消费者明白该商品应有的价值，再告诉消费者这件商品现在正在打折，折扣以后价格是多少，消费者一旦先明确了商品的价值再得知折扣价格，就能够直观地感受到商品折扣价为其带来的实惠，下单时也就更加干脆。

第四节　定价策略

一、制定价格的策略

1. 新产品定价策略

在激烈的市场竞争中，企业开发的新产品能否及时打开销路、占领市场和获得满意的利润，不仅取决于企业适宜的产品策略，而且还取决于其他市场营销手段和策略的协调配合。其中新产品定价策略就是一种必不可少的营销策略。

（1）撇脂定价策略（market skimming pricing）　这是一种高价格策略，是指在新产品上市初期，价格定得很高，以便在较短的时间内获得最大利润。

撇脂定价策略的优点是：新产品初上市，竞争者还没有进入，利用顾客求新心理，以较高价格刺激消费，开拓早期市场。由于价格较高，因而可以在短期内取得较大利润。定价较高，在竞争者大量进入市场时，便于主动降价，增强竞争能力，同时也符合顾客对待价格由高到低的心理。

这种方法的缺点是：在新产品尚未建立起声誉时，高价不利于打开市场，有时甚至会无人问津。如果高价投放市场销路旺盛，很容易引来竞争者，加速本行业竞争的白热化，导致价格下跌、经营不长就会转产的局面。因此，在采用高价策略时，要注意这种方法的适应条件。

例 8-6

奔驰公司的“以少胜多”

德国的戴姆勒奔驰股份有限公司成立于1926年，它是工程师戴姆勒和卡尔·奔驰创办的两家公司合并而成的，集中了各自的优势。公司生产的“奔驰”汽车以其良好的性能，多次在国际汽车比赛中荣获桂冠，声誉不断提高。在汽车生产过程中，奔驰公司对质量要求相当严格，从外面购进的零件，如果发现一箱中有一个不合格，则将全部零件都退回去。公司安全部每年挑出100辆新车，以每小时35公里的速度冲撞混凝土厚墙，目的是检测前座的安全性能。奔驰公司曾经推出这样的广告：“如果有谁发现奔驰汽车出现故障，被拖车拖去修理，我们将赠他10 000美元。”可见其对自己产品的质量信心之足。

如此优质的产品，多多生产自然不愁卖不出去，但是奔驰公司却信守以少胜多的经营方针。他的竞争对手如美国的福特、日本的丰田，年产量都在二、三百万辆以上，但奔驰却坚持把年产量控制在80万辆左右，其中小汽车只生产45万辆左右，少而精的产品似乎存在着更大的诱惑力。所以尽管奔驰汽车的价格远远高于竞争对手，刻意求购者却大有人在。奔驰车已成为众多国家元首和富豪名流的宠物，成为身份高贵的象征。奔驰领导人曾得意地说：奔驰车头那颗三角星使他们福星高照，长盛不衰。

撇脂定价法一般适用于以下几种情况。

① 拥有专利或技术诀窍。研制这种新产品难度较大，用高价也不怕竞争者迅速进入市场。

② 高价仍有较大的需求，而且具有需求价格弹性不同的顾客。例如，初上市的电视机、录像机等，先满足部分价格弹性较小的顾客，然后再满足价格弹性较大的顾客。由于这种产品是一次购买，享用多年，因而高价也能为市场所接受。

③ 生产能力有限或无意扩大。尽管低产量会造成高成本，高价格又会减少一些需求，但由于采用高价格，比之低价增产，仍然有较多收益。

④ 对新产品未来的需求或成本无法估计。定价低则风险大，因此，先以高价投石问路。

⑤ 高价可以使新产品一投入市场就树立高级、质优的形象。

例 8-7

新概念的超额利润——雷诺圆珠笔

人们为满足新奇、炫耀的心理，常常会选择高价商品，许多商家抓住这一点，赚取超额的利润。

美国人雷诺发明圆珠笔的时候，正值人们普遍关心原子弹，并展开大讨论的时期，为了推出产品，聪明的雷诺便利用这一热点，将圆珠笔命名为原子笔。那时人们对这种新产品几乎一无所知，雷诺就通过各种宣传，为他的新产品披上重重神秘的外衣。圆珠笔是油性的，可以在水底下写字，原本不是什么了不起的事，但经过雷诺的渲染，用惯了钢笔的人就感觉很神奇，结果使它身价百倍，以极高的价格向全世界销售，并且还成为身份和时尚的象征，很快风靡全世界。现在看来，这圆珠笔的成本是很低的，可是利用人们求新的心理，雷诺发了一笔大财。新的专利产品问世，如果能为其披上一层“光环”，就可能获得超额利润。

（2）渗透定价策略（market penetration pricing） 这是一种低价格策略，即在新产品投入市场时，价格定得较低，以便消费者接受，很快打开和占领市场。

这种方法的优点是：一方面可以利用低价迅速打开产品销路，占领市场，从多销中增加利润，另一方面又可以阻止竞争者进入，有利于控制市场。

这种方法的缺点是：投资的回收期较长，见效慢，风险大，一旦渗透失利，企业就会一败涂地。

这种方法的适应条件是：

① 制造新产品的技术已经公开，或者易于仿制，竞争者容易进入该市场。企业利用低价排斥竞争者，占领市场。

② 企业新开发的产品，在市场上已有同类产品或替代品，但是企业拥有较强的生产能力，并且该产品的规模效益显著，大量生产定会降低成本，收益有上升的趋势。

③ 供求相对平衡，市场需求对价格比较敏感。低价可以吸引较多的顾客，可以扩大市场份额。

企业采用哪一种策略更为合适，应根据市场需求、竞争情况、市场潜力、生产能力和成本等因素综合考虑。各种因素的特性及影响作用如表8-3所示。

表8-3 选择标准

渗透定价策略	低	市场需求水平	高	撇脂定价策略
	不大	与竞争产品的差异性	较大	
	大	价格需求弹性	小	
	大	生产能力扩大的可能性	小	
	低	消费者购买力水平	高	
	大	市场潜力	不大	
	易	仿制的难易程度	难	
	较大	投资回收期长度	较短	

讨论

利用价格感受心理为新产品促销

新产品上市时，经销商和业务员经常提出如下要求：质量更好一点，包装更美一点，价格更低一点，促销力度更大一点。如果按照上述要求推广新产品，失败的概率要大于成功的概率。其中，“价格更低一点”就是认识误区。新品上市时，价格的作用是什么？不是用来成交，而是用来为新产品定位的。新品价格低，给消费者传递的信息不是物美价廉，而是新品档次低。消费者通过什么来为新产品定位？主要通过价格，价格高，传递的信息是档次高。

新品价格高，消费者购买可能并不踊跃，这并不可怕。重要的是通过价格“高开低走”或促销，给消费者创造占便宜的感觉。

手机行业最善于用价格为新品定位。手机定价的特点是“高开低走”，新品上市时的价格通常很高，定位于高端消费人群，然后随着价格走低，消费群体不断扩大。手机价格每一次走低，都使购买者获得下列感觉：用较低的价格购买了一款以前比自己收入更高的消费者使用的手机。消费者的满足感正是由此而来。

结合购买手机的过程，你认为手机价格制定应考虑哪些因素？

（3）满意定价策略（parallel pricing） 这是一种介于撇脂定价策略和渗透定价策略之间的价格策略。这种策略所定的价格比撇脂价格低，而比渗透价格要高，是一种中间价格。这种定价策略由于能使生产者和顾客都比较满意而得名。

2. 心理定价策略

每个顾客都以买到物美价廉的产品作为自己的购买任务，除了使用价值的满足外，还有心理上的满足。营销者若能够有意识地针对不同消费者购物时的心理制定价格，则能增加消费者的满意感，收到事半功倍的销售效果。心理定价（psychological pricing）主要有以下几种形式：

（1）整数定价 采用舍零凑整的方法，制定整数价格。如将价格定为10元，而不是9.9元。这样使价格上升到较高一级档次，借以满足消费者的高消费心理。顾客会感到消费这种商品与其地位、身份、所属群体等协调一致，从而迅速做出购买决定。

（2）尾数定价 保留价格尾数，采用零头标价。中外零售商常用9作为价格尾数，宁定99元不定100元，宁定0.99元，而不定1元。这是根据消费者心理，尽可能在价格上不进位，从而产生价格较廉的感觉。近年来国内市场上常采用8作为尾数定价（odd-even pricing）。也是利用定价心理，定价一方面给人以便宜感，另一方面又因标价精确给人以信赖感。尾数定价用以满足消费者求实消费心理，使之感到商品物美价廉。对于需求价格弹性较强的商品，尾数定价策略往往会带来需求量大幅度的增加。

（3）声望定价 企业利用消费者仰慕名牌商品或名店的声望所产生的某种心理影响来制定价格，故意把价格定成整数或者是高的价格，造成消费者对产品的高质量的印象。尾数定价并不适用于所有商品，有时要反其道而行之，才能促进销售。声望定价（prestige pricing）适用于以下情况：

① 有些商品，如贵重首饰、文物古玩、高档消费品、高级礼品等，顾客购买的目的是为了满足声望和地位的需求，这类产品应给人以昂贵的感觉。

② 有些商品经常被用作馈赠礼品，如艺术品、化妆品、床上用具和灯具等，购买者一般不太注重产品实用价值，而是希望价格与预算相接近，购买的目的是为了满足社会交往需要。根据这种心理，企业可按照大多数人愿意支付的价格水平生产出精美的送礼佳品，即使价格高一些，也不会影响销售。

③ 有些商品由于企业长期经营，在消费者中建立了声誉，也可有意识地制定高价以保持产品声望，提高它在同类产品中的地位。

④ 还有些产品由于消费者一般不会鉴别其质量，在得不到其他信息的条件下，往往以产品价格作为辨别质量的唯一依据，这类商品也应采用声望定价法。

例 8-8

高价值产品定价——凯特比勒牵引机

一般的日用小商品价低，大件的耐用商品价高，在为产品定价时应区别对待。

凯特比勒公司是一家制造和销售牵引机的公司。市场上一般的牵引机价格均在2万美元左右，但凯特比勒公司却卖2.4万美元。令人惊奇的是，虽然贵4000美元，却比别人好卖！当顾客询问时，经销人员说："我们的产品更耐用而多付的价格3000美元，产品可靠性更好而多付的2000美元，公司服务更佳多付的2000美元，保修期更长多付的1000美元，加上与竞争者同一型号的机器价格20000美元，一共是28000美元。我们在此基础上还减去4000美元的折扣，也就是24000美元。"他们让目瞪口呆的客户相信，付24000美元能得到价格28000美元的牵引机，实在是桩很划算的买卖。

一般的日用小商品，消费者容易分辨其质量，喜欢买更便宜的。耐用的高价值产品，消费者对质量心中无数，很难理性选择，定价越高，便认为质量更好，便宜了，反而让人心存不安。

二、修订价格的策略

在市场营销中，企业为了竞争和实现经营战略的需要，经常对价格规定一个浮动范围和幅度，根据销售时间、对象以及销售地点的不同，灵活地修订价格，使价格与市场营销组合中的其他因素更好地配合，促进和扩大销售。

1. 折扣与折让定价策略

折扣与折让定价策略指在原定价格的基础上少收一定比例的货款，主要有以下类型：

（1）现金折扣（cash discount） 这是企业给那些当场付清货款的顾客的一种减价。例如，顾客在30天内必须付清货款，如果10天内付清货款，则给以2%的折扣。

（2）数量折扣（quantity discount） 这种折扣是企业给那些大量购买某种产品的顾客的一种减价，以鼓励顾客购买更多的物品。因为大量购买能使企业降低生产、销售、储运、记账等环节的成本费用。例如，顾客购买某种产品100单位以下，每单位10元；购买100单位以上，每单位9元，这就是数量折扣。

（3）功能折扣（functional discount） 这种价格折扣又叫贸易折扣。功能折扣是制造商给某些批发商或零售商的一种额外折扣，促使它们执行某种市场营销功能（如推销、储存、服务）。

（4）季节折扣（seasonal discount） 这种价格折扣是企业给那些购买过季产品的顾客的一

种减价，使企业的生产和销售在一年四季保持相对稳定。例如，羽绒服制造商在春夏季给零售商以季节折扣，以鼓励零售商提前订货；旅馆、航空公司等在营业额下降时给旅客以季节折扣。

（5）价格折让（sales allowances） 这是另一种类型的价目表价格的减价。例如，一辆小汽车标价为4万元，顾客以旧车折价5000元购买，只需付给3.5万元，这叫做以旧换新折让。如果经销商同意参加制造商的促销活动，则制造商卖给经销商的物品可以打折扣，这叫做促销折让。

例8-9

沃尔玛的折价销售

沃尔玛能够迅速发展，除了正确的战略定位以外，也得益于其首创的“折价销售”策略。每家沃尔玛商店都贴有“天天廉价”的大标语，同一种商品在沃尔玛比其他商店要便宜，沃尔玛提倡的是低成本、低费用结构、低价格的经营思想，主张把更多的利益让给消费者，“为顾客节省每一美元”是他们的目标。沃尔玛的利润通常在30%左右，而其他零售商如凯马特的利润率都在45%左右。公司每星期六早上举行经理人员会议，如果有分店报告某商品在其他商店比沃尔玛低，可立即决定降价。低廉的价格、可靠的质量是沃尔玛的一大竞争优势，吸引了一批又一批的顾客。

2. 地理定价策略

生产厂家在把产品卖给各地的批发公司或零售商店时，面临着对不同地区的顾客如何定价的问题。一般有如下几种方法。

（1）原产地定价（FOB origin pricing） 这是一种最“公平”的定价策略，也即产品的运费由购买产品的批发公司或零售商店自己负担。但是，这种定价策略容易失去远地的顾客。

（2）区域定价（zone pricing） 区域定价是一种把产品运费计入产品价格的定价策略。具体地说，就是生产厂家把本企业的产品覆盖区域划分成几个子区域，按这些子区域离本企业所在地的远近确定向这些子区域供货的价格。离生产企业所在地近的区域产品价格较低，越远越高。区域定价对不同区域的顾客来说基本上是公平的，但对同一区域内的顾客则不然。因为同一区域内的顾客离企业所在地也有远有近。由于他们所付的价格相等，等于是把同一区域内较远处顾客的运费转嫁到了较近处顾客的头上。

（3）统一交货定价（uniform delivered pricing） 统一交货定价与原产地定价正好处于地理定价连续谱的两个端点上，如图8-5所示，统一交货定价就是不同地域的顾客支付同一价格。

统一交货定价　　区域定价　　原产地定价

“公平”程度增加

图8-5 地理定价连续谱

这种把不同地域的运费以统一价格的形式平摊到顾客头上的做法是远方的顾客所乐于接受的，但生产厂家附近的顾客若了解到这一点会感到不满。

（4）免收运费定价（freight absorption pricing） 免收运费定价是生产厂家为了招徕顾客而采用的一种手法。这里，运费可以是部分免收，也可以是全部免收。当免收部分运费时，图8-5中的三个点互相靠近；当免收全部运费时，三个点聚成一个点，也即三种方法无差异。

三、组合定价策略

产品组合是指企业生产或经营的全部产品品种的结构。企业产品组合定价策略即是对其相关产品进行综合考虑和评价，从中找出一组满意价格，从而使整个产品组合利润最大化。

产品组合定价策略主要有以下四种形式。

1. 产品线定价

在企业的市场行为中，为了减少经营风险和拓展市场份额，企业通常倾向于开发产品线，而不是单一产品企业。企业定价时，应决定产品线中各相互关联产品之间的价格梯级。而决定价格梯级必须综合考虑以下因素：

① 各产品间的成本差距；

② 产品间的相互替代程度；

③ 顾客对企业产品线中各关联产品的评价；

④ 竞争者同类产品的价格状况等。

只有综合上述因素，才有可能合理地确定产品线价格。

一般来说，如果产品线中两个前后连接的产品之间"价格差额"小，且两种产品之间的"成本差额"小于"价格差额"，则顾客将倾向于购买其中较先进的产品，从而对企业产生利润贡献；反之，如果是两个产品之间"价格差额"大，且其"成本差额"大于"价格差额"，则顾客将偏向较差产品，从而有可能是企业的利润减少。实践证明，如果顾客心目中的产品品质差距与企业制定的价格差距相一致，产品线定价往往能获得较好的效果。

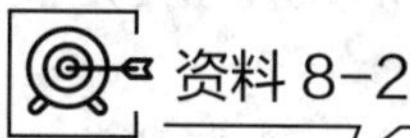

最小单位定价策略

最小单位定价策略是指企业把同种商品按不同的数量包装，以最小包装单位量制定基数价格，销售时，参考最小包装单位的基数价格与所购数量收取款项。通常，包装越小，实际的单位数量商品的价格越高；包装越大，实际的单位数量商品价格越低。这一策略的优点是：第一，能满足消费者在不同场合的需求，如250毫升装的酒对旅游者就很方便；第二，利用了消费者心理错觉，因为小包装的价格使人误以为廉价。实际生活中，消费者不愿意去换算实际重量单位或数量单位商品的价格。比如，对于质量较高的茶叶，就可以采用这种定价方法。如果某种茶叶定价为150元/500克，消费者就会觉得价格太高而放弃购买。如果缩小定价单位，采用15元/50克的定价方法，消费者就会觉得可以买来试一试。如果再将这种茶叶以125克来进行包装与定价，则消费者就会嫌麻烦而不愿意去换算出每500克是多少钱，从而无从比较这种茶叶的定价究竟是偏高还是偏低。

2. 附加产品定价

多数企业除生产和经营其主要产品外，往往同时还生产和经营与其主要产品密切相关的附加产品或辅助产品。企业除了给其主要产品定价外，还必须给其附加产品定价。此时应充分考虑附加产品与主要产品的价格配合问题，目的是取得最佳的整体效益。如某企业对其附加产品采取低价政策，以此为其主要产品招徕生意。

3. 连带产品定价

所谓连带产品，即是必须与主产品一同使用的产品。如照相机为主要产品，胶卷则为连带产品，企业通常的做法是采用高低价组合价格，对主要产品定低价而对连带产品定高价。美国柯达公司的互补产品定价便是典型的一例。柯达公司将其照相机定价较低，而对一次性使用的胶卷定价较高，并主要靠胶卷赚取厚利。这样，那些只生产照相机而不生产胶卷的企业必然将其产品定较高的价格才能获得相同的收益。于是在照相机市场上柯达公司就拥有了相当大的价格竞争优势。

4. 副产品定价

在许多行业，如石油化工、肉类加工、冶金工业等，企业在生产其主要产品时往往伴随着副产品。倘若这些副产品没有市场，则企业将付出相当的代价去处理，使得其主要产品的成本费用增加，进而影响企业主要的定价。故企业往往想方设法为其副产品寻找市场。通常副产品的售价只要高于其储运成本，企业即可接受。这样可以降低其主要产品的成本与价格，同时提高其市场竞争能力。

第五节　价格调整策略

产品的价格并不是一成不变的。当企业的内部环境或外部环境发生变化时，企业必须对产品的价格进行调整。企业的价格调整可以分为如下几种情况。

一、主动调整

1. 主动提价

虽然提价会引起消费者、经销商的不满，但一个成功的提价会使企业利润大大增加。

（1）企业提价的主要原因

① 成本上升。由于通货膨胀、物价上涨，导致企业的成本费用提高，如由于石油价格上升导致成品油价格上涨。

② 供不应求。当公司的产品供应无法满足所有顾客的需要时，公司可以提价或限制供应额度。

（2）企业提价的方法

① 延缓报价。到产品制成或交付时才确定最终价格。

② 使用价格自动调整条款。即要求顾客按当前价格付款，并支付交货前因成本上升而增加的全部或部分费用。

③ 分别制定产品与服务的价目。

④ 减少折扣。

在提价时，企业必须决定是一次性大幅度提价还是多次小幅度提价。前者太引人注目，会招致较强的抵抗；后者比较隐蔽，抵抗也会较少。

（3）企业提价时应注意的问题

① 要找出一个能让人理解的提价说辞；

② 提价前应事先告知顾客，不要在事后才解释提价的原因；

③ 学会使用不引人注目的提价策略；

④ 使用合同条款调整价格。

还有一些无需涨价即可弥补成本上升或满足旺盛需求的方法，如：

① 压缩产品分量而价格不变；

② 用便宜的材料或配方做代用品；

③ 减少或改变产品功能以降低成本；

④ 改变或减少服务项目如取消安装、免费送货等；

⑤ 用便宜的包装材料或改用大包装促销；

⑥ 缩小产品的尺寸、规格的型号；

⑦ 建立新的低价品牌。

2. 主动降价

（1）企业降价的主要原因

① 生产能力过剩，需要扩大销售，但又无法通过改进产品或加强促销来实现；

② 以成本优势扩大市场份额，奉行低成本战略的企业试图通过降价来提高市场占有率；

③ 阻止市场份额下降，强大的竞争压力使企业的市场份额逐渐萎缩而不得不降价竞销；

④ 行业性衰退或产品进入衰退期；

⑤ 在经济衰退时期，总需求下降，公司不得不考虑降价。

（2）企业可以采用的降价策略

① 让利降价。

② 加大折扣比例。

③ 心理降价。

④ 增加延期支付的时间。

⑤ 按变动成本定价。

（3）企业降价可能面临的多种风险

① 低质量误区。消费者会认为产品的质量下降。

② 市场份额误区。低价能获取市场占有率，但是很难获取顾客的忠诚，顾客会转向购买价格更低的品牌。

③ 资金短缺（浅钱袋）误区。如果不能扩大份额，降价将减少销售收入。

资料 8-3

企业降价的技巧

降价最直接的方式是将企业产品的目录价格或标价绝对下降，但该方式有时会给消费者带来不利的心理影响，导致竞争者不满甚至可能引发价格大战，因此企业更多的是采用各种折扣或其它暗中降价的形式，如数量折扣、现金折扣、回扣和津贴等形式；赠送样品和优惠券，实行有奖销售；给中间商提取推销奖金；允许消费者分期付款；赊销；免费或优惠送货上门、技术培训、维修咨询；提高产品质量，改进产品性能，增加产品用途；等等。由于这些方式具有较强的灵活性，在市场环境变化时，即使取消也不会引起消费者太大的反感，同时又是促销策略，因此在现代经营活动中运用较为广泛。

在商品降价时，要注意以下问题。

① 降价幅度要适宜。幅度在10%以下时，不能激发消费者的购买欲望，起不到促销效果。降价幅度至少要在15%～30%及以上，才会产生明显的促销效果。但降价幅度超过50%时，必须说明大幅度降价的充分理由，否则消费者会怀疑这是假冒伪劣商品，反而不敢购买。但对季节性较强的服装商品而言，在季末则通常使用“5折”甚至更大的折扣，消费者则会产生“物美价廉”的感觉。

② 一家商店少数几种商品大幅度降价，比很多种商品小幅度降价促销效果好。知名度高、市场占有率高的商品降价的促销效果好，知名度低、市场占有率低的商品降价促销效果差。

③ 向消费者传递降价信息有很多种办法，把降价标签直接挂在商品上，最能吸引消费者立刻购买。消费者不但一眼能看到降价金额、幅度，同时能看到降价商品。两者比较，立刻就能做出买不买的决定。

④ 在降价标签或降价广告上，应注明降价前后两种价格，或标明降价金额、幅度。有商家会把前后两种价格标签挂在商品上，以证明降价的真实性。

⑤ 消费者购物心理有时候是“买涨不买落”。当价格下降时，他们还会持币观望，等待更大幅度的降价；当价格上涨时，反而争相购买，形成抢购风潮。商家要把握时机利用消费者这种“买涨不买落”的心理，来促销自己的商品。

⑥ 企业无论采取何种降价措施，都要努力做好宣传工作，尽可能使消费者了解降价的真正原因，打消他们对降价的疑虑，这样才能使降价策略行之有效。

---

3. 顾客对价格变动的反应

任何一项价格变动都将对顾客的利益产生影响，从而产生各种反应。

（1）顾客对降价的反应

顾客会在价格变化时提出质疑，并对降价产生各种猜测：

① 这种产品可能存在某种缺陷；

② 因某种原因销售不畅，希望降价增加销售；

③ 产品式样过时，将被新产品代替；

④ 企业财务出现困难，降价是抛售库存；

⑤ 价格可能会进一步下跌，等待观望很划算；

⑥ 这种产品的质量已经下降。

（2）顾客对涨价的反应

顾客对涨价除了抱怨之外还可能认为：

① 这种产品十分畅销，供不应求；

② 认为这种产品具有很好的价值；

③ 企业贪心，想赚取更多利润。

通常，消费者对那些价值高、购买频繁的产品的价格变动比较敏感，对不常购买、使用量很低的产品价格变动不太注意。购买者一般更关心产品的购买、使用和售后服务的总费用。

4. 竞争者对企业价格变动的反应

企业在考虑价格变动，特别是在降价时必须认真分析竞争者可能的反应。

（1）首先要掌握竞争者的有关情报。如调查财务状况，近期的生产能力和销售量，顾客的忠诚度等。

（2）竞争对手是否跟随降价和其定价目标有关。如果定价目标是维持或提高市场份额，竞争者就有可能跟进降价；如果是利润导向，它就会考虑采取非价格策略，如1996年长虹彩电降价30%，TCL曾试图维持原价不变而提高产品质量，增加广告预算，通过差异化策略来应对降价，但因需求的价格弹性较强而未能奏效。

二、被动调整

被动调整是指在竞争对手率先调价之后，本企业在价格方面所作的反应。

（1）研究竞争对手 对竞争者的研究主要包括竞争者变动价格的目的是什么，是想扩大市场份额，还是因为成本变化？竞争者的价格变动是长期的，还是暂时的？其他竞争者对此会做出什么反应？本企业对竞争者的调价做出反应后，竞争者和其他企业又会采取什么措施？

（2）研究本企业 对本企业情况的研究主要包括本企业的竞争实力，包括产品质量、售后服务、市场份额、财力状况等等；本企业产品的生命周期以及需求的价格弹性；竞争对手调价对本企业有何影响。

（3）做出反应 经过对竞争者和企业自身的分析研究后，就可以做出正确的反应。

一般情况下，对调高价格的反应，比较容易，方法主要有：跟随提价、价格不变。

对调低价格的反应就比较复杂，需要慎重对待。在这方面，企业做出的反应主要有以下三种方式：

① 置之不理。这是在竞争者降价幅度较小时采用的方法。因为企业认为，随之削价会减少利润，而保持价格不变，市场份额损失不大，必要时很容易夺回来。

② 价格不变，运用非价格手段出击。这是在竞争者降价幅度稍大时采用的方法。例如，企业改进产品、服务和信息沟通等，一般来讲价格不动而增加给顾客的利益比削价更有竞争力。

③ 跟着降价。跟随着竞争者降价，这是在竞争者的降价幅度较大时采用的方法。这种方法一般是企业认为市场对价格非常敏感，而且竞争对手的降价幅度又很大，如果企业不跟着降价，就会丢失太多的市场份额，影响企业以后的市场竞争和生产经营活动，损害企业长远的利益。至于降低到与竞争者相同的幅度，还是较小幅度，或更大幅度，要根据具体情况进行具体分析。总的来说，企业降价的幅度或极限，要能使销量的增加足以维持企业原有的利润，应对竞争者降价的决策程序如图8-6。

例 8-10

休布雷公司巧定酒价

休布雷公司是美国生产和经营伏特加酒的专业公司，其生产的史密诺夫酒在伏特加酒市场享有较高的声誉，占有率一度达20%以上。20世纪60年代另一家公司推出一种新型伏特加酒，其质量不比史密诺夫酒低，每瓶价格却比它低1美元。

面对此种情况，按照惯常做法，休布雷公司将采用三种对策：

① 降低1美元，以保住市场占有率；

② 维持原价，通过增加广告费用和推销支出与竞争对手竞争；

③ 维持原价，听任其市场占有率降低。

然而，该公司的市场营销人员经过深思熟虑后，却采取了对方意想不到的第四种策略，即将史密诺夫酒的价格再提高1美元，同时推出一种与竞争对手新伏特加酒价格一样的瑞色加酒和另一种价格低一些的波波酒。其实这三冲酒的味道和成本几乎相同。但该项策略却使该公司扭转了不利局面：一方面提高了史密诺夫酒的地位，使竞争对手的新产品成为一种普通的品牌；另一方面不影响公司的销售收入，而且由于销量迅速扩大，使得利润大增。

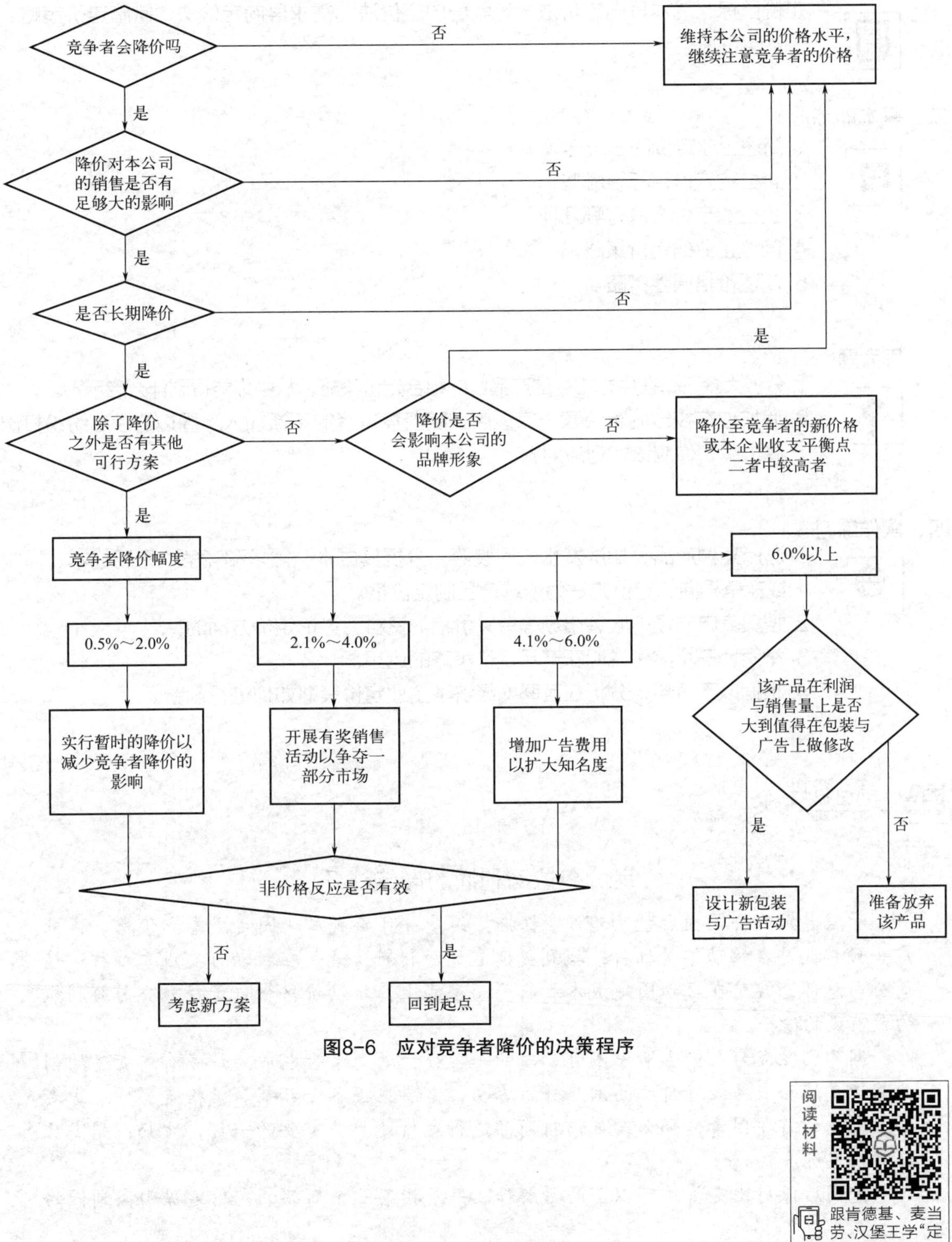

竞争者会降价吗
否
维持本公司的价格水平，继续注意竞争者的价格
是
降价对本公司的销售是否有足够大的影响
否
是
是否长期降价
否
是
除了降价之外是否有其他可行方案
否
降价是否会影响本公司的品牌形象
是
否
降价至竞争者的新价格或本企业收支平衡点二者中较高者
是
竞争者降价幅度
0.5%～2.0%
2.1%～4.0%
4.1%～6.0%
6.0%以上
实行暂时的降价以减少竞争者降价的影响
开展有奖销售活动以争夺一部分市场
增加广告费用以扩大知名度
该产品在利润与销售量上是否大到值得在包装与广告上做修改
是
否
设计新包装与广告活动
准备放弃该产品
非价格反应是否有效
否
是
考虑新方案
回到起点

图8-6　应对竞争者降价的决策程序

习题

一、名词解释

定价目标、成本导向定价法、竞争导向定价法、需求导向定价法、撇脂定价策略、渗透定价策略

二、基本训练

1. 简述企业定价的三维环境。
2. 企业的定价目标有哪些?
3. 企业的定价方法有哪几种?
4. 简述企业的定价策略。
5. 简述价格调整策略。

三、思考题

1. 分析大众汽车在中国市场的产品线的组合定价策略，从中你能得到什么启示?
2. 假如你在校园附近经营一家饭店，随着竞争者的不断加入，周边的饭店纷纷打出降价牌，你应该如何应对?

四、操作练习

1. 选择某种产品，如洗发水、服装等，分析其成本、需求和竞争，采用成本、需求或竞争导向的定价方法为所选产品制定价格。
2. 搜集家电市场、服装市场等有关价格的资料，讨论定价方面的特点。
3. 举两、三个实例说明新产品定价策略的运用。
4. 根据以下资料，分析在互联网经济下企业定价策略如何进行创新。

练习资料

定价：拉动利润的最佳杠杆

管理者提升公司盈利能力有4个杠杆：销量、可变成本、固定成本和价格。提升广告预算就是在拉动销量杠杆；找到更便宜的原材料，就是在拉动可变成本杠杆；精简公司总部，就是在拉动固定成本杠杆。而事实上，拉动价格杠杆是提升公司盈利能力最有效的途径。

网购已经成为人们生活中不可或缺的一部分，电商平台也成为许多有志青年的创业基地。然而成功经营自己的网店并不容易，需要把握各个环节。价格是影响消费者购买意愿的首要因素，那么，如何对商品进行定价是至关重要的一环，比如：先高后低对比定价法。

先高后低对比定价法有以下两种解释。一是指某一个商品的定价遵循由高到低的策略。价格降低会增加消费者剩余，提高消费者的支付意愿，从而增加产品的销量。例如新款手机新发售时的价格较高，一段时间后，价格降低，该款手机的销量增速会相应地提高。二是指在一个网店在出售同类商品时，商家对网页进行布局设置应先显示价格较高的商品，再逐层显示价格较低的商品。例如某个品牌手机在其官方旗舰店上展示同一系列产品的价格信息时，可以从左到右或是从上到下依次地展示价格由高到低的产品，从而增加消费者对这一系列手机的购买意愿。

从高到低对比定价法有一定的科学依据。这个方法是根据锚定效应提出来的。锚定效应，是指人们在对事物做出判断时，易受第一印象或第一信息支配，就像沉入海底的锚一样把人们的思想固定在某处。

（资料来源：知乎.电商行业定价方法的三大创新策略）

第九章

分销渠道策略

本章要点

- 分销渠道综述
- 分销渠道的设计
- 分销渠道的管理
- 批发商与零售商
- 商品实体分配

本章导读

在现代商品经济条件下，大部分制造商不是将自己的产品直接销售给最终顾客，而是由位于制造商和最终顾客之间的众多执行不同职能的营销中介将产品转移到消费者手中，这些营销中介形成了一条条分销渠道。分销渠道策略是企业重要的营销策略之一，分销渠道的选择不仅直接影响营销策略的实施，而且还影响企业经济效益的提高。

第一节　分销渠道综述

一、分销渠道的概念

分销渠道（distribution channel）是企业的产品（或劳务）从生产者向最后消费者或者工业用户直接转移所有权时，所经过的路线、途径或流转通道。

它包括两层含义：

一是指把商品从生产者转送到消费者手里的经营环节或经营机构，如批发商、代理商、零售商等分销商和生产企业自己的销售机构等；

二是指产品实体从生产者到消费者手里的运输储存过程。企业的分销渠道决策就是对这两层含义所涉及的内容进行决策。分销渠道是企业最为重要的外部资源。

二、分销渠道的功能及流程

1. 分销渠道的功能

分销渠道的功能见表9-1。

表9-1 分销渠道的功能

交易功能	接洽：解决卖者与买者“双寻”过程中的矛盾，寻找潜在买主并与之沟通 谈判：为完成商品所有权的转移，而与顾客就价格及有关条件商洽协议 风险：承担执行渠道任务过程中的有关风险，如存货损毁、跌价损失等
物流功能	实体配送：从事商品的实体分销，包括运输、搬运等 仓储：保有存货和保护货品的安全 分类：按买主的要求将供应品进行分拣、积累、重新包装、分配、组合配货，使所供应的货物符合购买者需要，克服数量和花色的差异
促销功能	调研：收集有关顾客、竞争对手以及商品、价格等信息 促销：传播有关商品或品牌的相关信息，吸引并与顾客沟通，促进产品销售 融资：通过银行或其他金融机构为买方付款，将信用延伸至消费者

2. 分销渠道的流程

分销渠道的功能通过渠道流程完成，流程效率决定功能产出效率。按菲利普·科特勒的归纳分为“五流”，即商流、物流、货币流、信息流、促销流（见图9-1）。

商流（business flow）是指产品从生产领域向消费领域转移过程中的一系列买卖交易活动。在这一活动中，实现的是产品的所有权由一个机构向另一个机构的转移。但有些分销商如以代销的方式经营某一商品的交易活动，由于其并不拥有产品的所有权，则就不应包括在商流活动中。

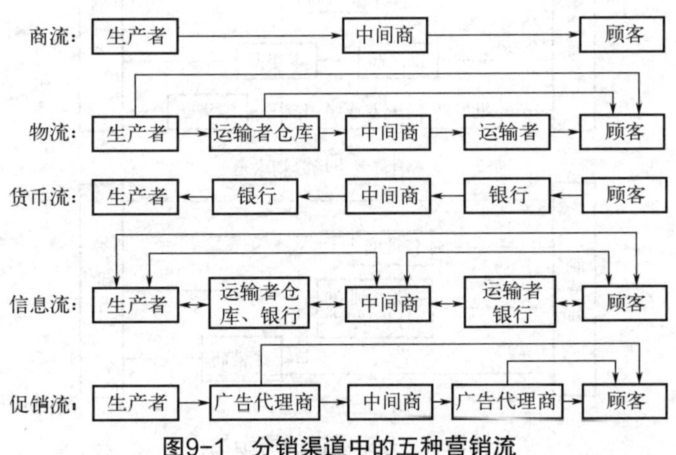

图9-1 分销渠道中的五种营销流

物流（physical flow）是指产品从生产领域向消费领域转移过程中的一系列产品实体运动。它包括产品实体的储存以及由一个机构向另一个机构进行运输的过程。同时还包括与之相关的产品包装、装卸、流通加工等活动。物流活动使产品由生产领域向消费领域转移得到了实质保证。

货币流（cash flow）是指产品从生产领域向消费领域转移的交易活动中所发生的货币运动。一般是顾客通过银行和其他金融机构将货款付给分销商，再由分销商扣除佣金或差价后支付给生产者（制造商）。一般来说，货币流同商流正好是反向运动。

信息流（information flow）是指产品从生产领域向消费领域转移过程中所发生的一切信息收集、传递和处理活动。它既包括生产者向分销商及其顾客传递产品、价格、销售方式等方面的信息，也包括分销商及其顾客向生产者传递购买力、购买偏好、对产品及其销售状况的意见等信息。信息流的运动是双向的。

促销流（promotion flow）是指产品从生产领域向消费领域转移过程中，生产者通过广告或其他宣传媒体向分销商及其顾客所进行的一切促销努力。它包括利用广告、人员推销或公共关系等手段向其销售对象传递有利于产品销售信息的一切活动。

在这“五流”中，商流和物流是最为主要的，是整个产品分销活动得以实现的关键。

三、分销渠道的基本结构

（一）层级结构

分销渠道按其包含的分销商购销环节即渠道层级的多少，可以分为零阶渠道，一阶、二阶和三阶渠道，据此还可以分为直接渠道和间接渠道、短渠道和长渠道几种类型。渠道的层级结构如图9-2所示。

（1）零阶渠道（direct channel） 是制造商将产品直接销售给消费者的直销类型。其特点是没有分销商参与转手。直销的主要方式有上门推销、邮销、互联网直销及厂商自设机构销售。直销是工业品分销渠道的主要方式。大型设备、专用工具及需要提供专门服务的工业品，几乎都采用直销渠道。随着科学技术手段的完善，消费品直销渠道也得到长足发展。

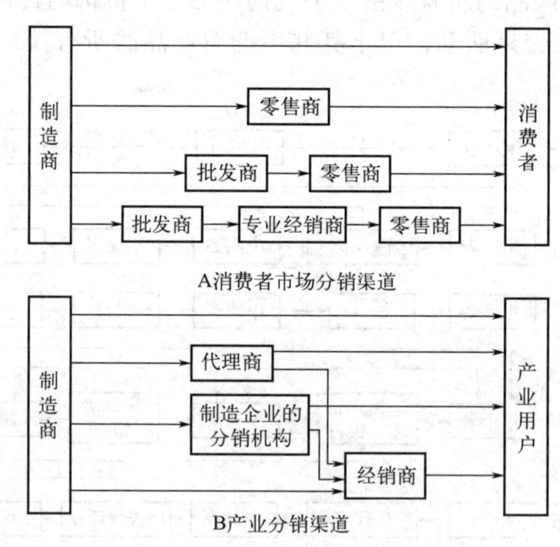

图9-2 分销渠道的层级结构

（2）一阶渠道（one-level channel） 包括一级分销商。在消费品市场，这个分销商通常是零售商；而在工业品市场，它可以是一个代理商或经销商。

（3）二阶渠道（two-level channel） 包括两级分销商。消费品二阶渠道的典型模式是经由批发和零售两级转手分销。在工业品市场，这两级分销商多是由代理商及批发经销商组成。

（4）三阶渠道（three-level channel） 包含三级中介结构的渠道类型。一些消费面宽的日用品，如肉类食品及包装方便面，需要大量零售机构分销，其中许多小型零售商通常不是大型批发商的服务对象。为此，有必要在批发商和零售商之间增加一级专业性经销商，为小型零售商服务。

层级更高的分销渠道也有，但极罕见。一般地说，渠道层级越多越难协调和控制，会给渠道管理带来许多问题。

根据分销渠道的层级结构，可以得到直接渠道、间接渠道、短渠道、长渠道概念。

直接渠道是指没有分销商参与，产品由生产者直接销售给消费者（用户）的渠道类型。间接渠道是指有一级或多级分销商参与，产品经由一个或多个商业环节销售给消费者（用户）的渠道类型。上述零阶渠道即为直接渠道；一、二、三阶渠道统称为间接渠道。为分析和决策方便，有些学者将间接渠道中的一阶渠道定义为短渠道，而将二、三阶渠道称为长渠道。显然，短渠道较适合在小地区范围销售产品（服务），长渠道适应在较大范围和更多的细分市场销售产品（服务）。

（二）宽度结构

根据渠道每一层级使用同类型分销商的多少，可以划分渠道的宽度结构。若制造商选择较多的同类分销商（批发商或零售商）经销其产品，则这种产品的分销渠道谓之宽渠道；反之，则为窄渠道。

分销渠道的宽窄是相对而言的，受产品性质、市场特征和企业分销策略等因素的影响，分销渠道的宽度结构大致有下列三种类型。

1. 高宽度分销渠道

高宽度分销渠道（intensive distribution）是制造商通过尽可能多的批发商、零售商经销其产品所形成的渠道。高宽度渠道通常能扩大市场覆盖面，或使某产品快速进入新市场，使众多消费者和用户可以随时随地买到这些产品。消费品中的便利品（如方便食品、饮料、牙膏、牙刷等），通常使用高宽度渠道。

2. 中宽度分销渠道

中宽度分销渠道（selective distribution）是制造商按一定条件选择若干个（一个以上）同类分销商经销产品形成的渠道。中宽度渠道通常由实力较强的分销商组成，能较有效地维护制造商品牌信誉，建立稳定的市场和竞争优势。这类渠道多为消费品中的选购品和特殊品、工业品中的零配件等。

3. 独家分销渠道

独家分销渠道（exclusive distribution）是制造商在某一地区市场仅选择一家批发商或零售商经销其产品所形成的渠道，独家分销渠道是窄渠道，独家代理（或经销）有利于控制市场，强化产品形象，增强厂商和分销商的合作及简化管理程序，多由其产品和市场具有特异性（如专门技术、品牌优势、专业用户等）的制造商采用。

（三）系统结构

按渠道成员相互联系的紧密程度，分销渠道还可以分为传统渠道系统和整合渠道系统两大类型。其系统结构见图9-3。

1. 传统渠道系统

传统渠道系统（conventional distribution channel）是指由独立的生产商、批发商、零售商和消费者组成的分销渠道。传统渠道系统成员之间的系统结构是松散的。由于这种渠道的每一个成员均是独立的，它们往往各自为政，各行其是，都为追求其自身利益的最大化而激烈竞争，甚至不惜牺牲整个渠道系统的利益。在传统渠道系统中，几乎没有一个成员能完全控制其他成员。随着市场环境的变迁，传统渠道系统正面临严峻挑战。

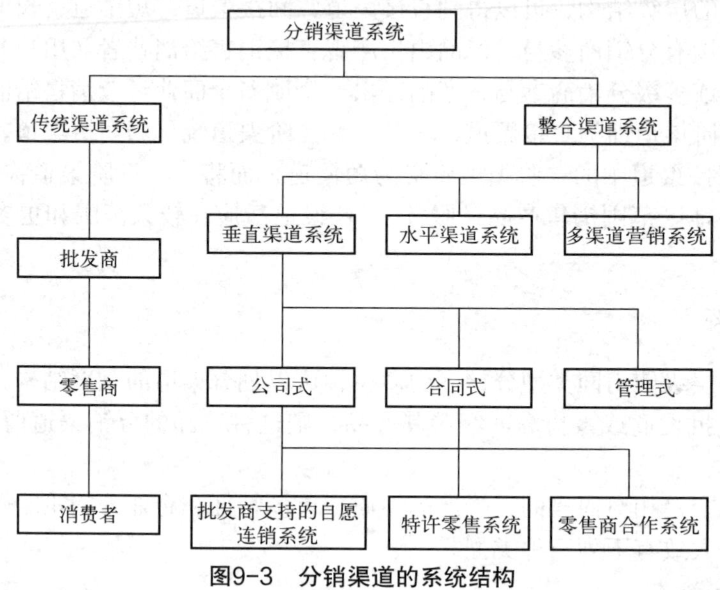

图9-3 分销渠道的系统结构

2. 整合渠道系统

整合渠道系统（integrated distribution channel）是指在传统渠道系统中，渠道成员通过不同程度的一体化整合形成的分销渠道。整合渠道系统主要包括：

（1）垂直渠道系统　这是由生产者、批发商和零售商纵向整合组成的统一系统。该渠道成员或属于同一家公司，或将专卖特许权授予其合作成员，或有足够的能力使其他成员合作，因而能控制渠道成员行为，消除某些冲突。在美国，这种垂直渠道系统已成为消费品市场的主要力量，其服务覆盖了全美市场的70%～80%。

垂直渠道系统有三种主要形式。

其一是公司式垂直渠道系统，即由一家公司拥有和管理若干工厂、批发机构和零售机构，控制渠道的若干层次，甚至整个分销渠道，综合经营生产、批发和零售业务。公司式垂直渠道系统又分为两类：一类是由大工业公司拥有和管理的，采取工商一体化经营方式；例如，美国胜家公司在美国各地设有缝纫机商店，自产自销，并经营教授缝纫等服务业务；一类是由大型零售公司拥有和管理的，采取商工一体化方式，如美国零售业巨头西尔斯等。

其二是管理式垂直渠道系统，即通过渠道中某个有实力的成员来协调整个产销通路的渠道系统。如名牌产品制造商柯达、宝洁、吉列，以其品牌、规模和管理经验优势出面协调批发商、零售商的经营业务和政策，采取共同一致的行动。

其三是合同式垂直渠道系统，即不同层次的独立的制造商和分销商，以合同为基础建立的联合渠道系统。如批发商组织的自愿连锁店、零售商合作社、特许专卖机构等。

（2）水平渠道系统　这是由两家或两家以上的公司横向联合，共同开拓新的营销机会的分销渠道系统。这些公司或因资本、生产技术、营销资源不足，无力单独开发市场机会，或因惧怕承担风险，或因与其他公司联合实现最佳协同效益，因而组成共生联合的渠道系统。这种联合，可以是暂时的，也可以组成一家新公司，使之永久化。

（3）多渠道营销系统　这是对同一或不同的细分市场，采用多条渠道的分销体系。多渠道营销系统大致有两种形式：一种是制造商通过两条以上的竞争性分销渠道销售同一商标的产品；另一种是制造商通过多条分销渠道销售不同商标的差异性产品。此外，还有一些公司通过同一产品在销售过程中的服务内容与方式的差异，形成多条渠道以满足不同顾客的需求。多渠道系统为制造商提供了三方面利益：扩大产品的市场覆盖面，降低渠道成本和更好地适应顾客要求。但该系统也容易造成渠道之间的冲突，给渠道控制和管理工作带来更大难度。企业应根据不同的分销任务，选择不同的分销渠道（如表9-2所示）。

表9-2　分销渠道的混合网格

<table>
<tr><th colspan="3" rowspan="2">收集相关信息
沟通和传播</th><th colspan="8">刺激需求的渠道任务</th></tr>
<tr><th>达成价格协议</th><th>下订单</th><th>为存货筹款</th><th>承担风险</th><th>促成产品存放和转移</th><th>促成支付</th><th>监督所有权转移</th><th></th></tr>
<tr><td rowspan="8">营销渠道和手段</td><td rowspan="8">销售者</td><td>互联网</td><td></td><td></td><td></td><td></td><td></td><td></td><td></td><td rowspan="8">消费者</td></tr>
<tr><td>全国性客户管理</td><td></td><td></td><td></td><td></td><td></td><td></td><td></td></tr>
<tr><td>直销</td><td></td><td></td><td></td><td></td><td></td><td></td><td></td></tr>
<tr><td>电话销售</td><td></td><td></td><td></td><td></td><td></td><td></td><td></td></tr>
<tr><td>直邮销售</td><td></td><td></td><td></td><td></td><td></td><td></td><td></td></tr>
<tr><td>零售店</td><td></td><td></td><td></td><td></td><td></td><td></td><td></td></tr>
<tr><td>分销商</td><td></td><td></td><td></td><td></td><td></td><td></td><td></td></tr>
<tr><td>增值中间商</td><td></td><td></td><td></td><td></td><td></td><td></td><td></td></tr>
</table>

现代信息技术的不断创新和直复营销、在线营销的迅猛发展，给营销渠道的管理和设计带来了深远的影响。其中一个主要趋势就是去中介化（disintermediation）。它是指产品生产者和服务提供商摒弃中间商直接面对终端客户，或者用全新的渠道中介取代传统的渠道中介。网络营销的迅速崛起，逐步代替了传统的实体零售商。去中介化对生产者和中间商来说，既是机遇也是挑战。积极的创新者能找到给渠道增加价值的新方法，从而挤走传统的中间商以赚取利润。作为传统的中间商必须不断创新，以免被时代淘汰。同样，为了保持和提升市场竞争力，产品和服务的提供商也必须致力于开发新的分销渠道，如互联网营销、直复营销（direct response marketing）等。然而，这些新渠道又常常会与已有渠道直接竞争，导致渠道冲突。为了解决这一问题，企业通常会寻找办法，使直销（direct selling，即无店铺销售）成为这个渠道系统的补充，起到锦上添花的作用，从而避免新老渠道竞争。

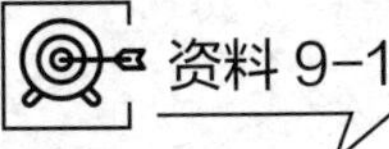

整合渠道系统发展趋势

1. 渠道的扁平化

渠道扁平化是一种趋势，实际上是优化供应链的过程，真正减少的应是供应链中不增值的环节和增值很少的环节。

2. 渠道品牌化

产品需要品牌，服务需要品牌，分销渠道同样需要品牌。专卖店作为渠道品牌化的一种重要方式正迅速扩展到各个行业。

3. 渠道集成化

传统渠道和新兴渠道之间的矛盾越来越突出。传统渠道主要包括大商场、中小商场以及专营店。新兴渠道可细分为如下几种：综合性连锁、品牌专卖店、集团采购、网上订购等。传统渠道和新兴渠道分别具有自己的竞争优势，并存于市场中，但是新兴渠道使传统渠道面临越来越大的挑战。

解决渠道冲突的最好办法是渠道集成化，即把传统渠道和新兴渠道结合起来，充分利用两者各自的优势，创造一种全新的经营模式。当然，这种方法要求供应商对传统渠道加以足够的控制，所以操作难度较大。

4. 渠道伙伴化

通过渠道整合建立伙伴型渠道关系，各个代理商既是利益共同体，又是命运共同体。渠道本身就是一个战略联盟，服务意识、服务内容、服务手段在联盟运转中起着关键作用，这个服务的链条会使渠道联盟更加稳固，使企业、经销商对用户的亲和度大大提升。

5. 渠道下沉化

制造商与经销商的利益矛盾使得制造商无法确保一个稳定的市场，经销商无序经营、窜货、降价倾销等现象屡禁不止，制造商调动经销商积极性的成本越来越高。针对这些弊病，成功的企业开始以终端市场建设为中心来运作市场。制造商一方面通过对代理商、经销商、零售商等各环节的服务与监控，使产品能够及时、准确、迅速地通过各渠道到达零售终端，方便消费者购买；另一方面，在终端市场开展各种各样的促销活动，提高产品的出货率，激发消费者的购买欲。

你认为整合渠道系统发展趋势还有哪些？

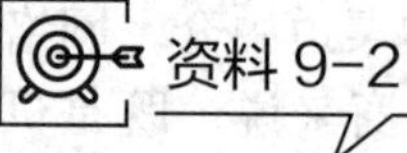

资料 9-2

流量是销量暴增的秘密

对直播销售来说，流量是销量的决定因素，流量暴增在一定程度上意味着销量暴增。有的主播仅在几小时的直播中就实现了上万元的销售额，但也有的主播在直播中并没有人气，甚至销售不出商品。那么，主播应如何有效地利用直播获取大量的流量？

① 有序开播；

② 把握好直播内容；

③ 重视与消费者的互动；

④ 流量重在积累。

除了这些小技巧，主播也要善于利用微博、微信等各大社交平台引流。流量的增多会推动销售量的暴涨。因此，除了做好直播内容，主播也要做好宣传推广。

第二节 分销渠道的设计

一、影响分销渠道设计的因素

影响分销渠道设计的因素主要有：市场因素、产品因素、公司因素、分销商因素、环境因素和行为因素。

1. 市场因素

（1）市场规模 也就是市场潜在的顾客数目。市场规模直接决定着渠道的长短和宽度。一般而言，市场规模越大，渠道的长度和宽度相对也会更大一些。

（2）市场在地理上的分散程度 市场在地理上的分散程度是由每单位区域面积上的销售量决定的。市场的地理分散程度越高，渠道的控制越难，费用也相应较高。

（3）市场的主要购买方式 市场上的消费者习惯于哪种购买方式对于渠道的结构也十分重要。比如说，中国的顾客就习惯于在商店里购买商品，如果制造商采用直接上门推销的方法就可能事倍功半。

2. 产品因素

（1）产品的价值和重量 笨重的、价值高的商品往往意味着高的装运成本和高的重置成本，因此，一般而言高价值、笨重的商品往往采用较短的渠道结构。

（2）产品的耐腐性 如果产品十分容易腐烂，那么渠道的长度就不易太长，而应该采用短而迅速的渠道结构。鲜活产品的渠道一般都较短就是这个道理。

（3）产品标准化程度 一般而言渠道的长度与宽度是与产品的标准化程度成正比的。产品的标准化程度越高，渠道的长度也越长，宽度也越大。

（4）单位产品的价值 如果是低单位价值的产品（如方便面、零食等），往往会通过分销商来进行销售，一方面让分销商承担部分的销售成本，另一方面最大程度地覆盖整个市场。

（5）产品的技术特性 高技术的产品往往采用公司的销售人员向目标顾客直接销售的方法，因为分销商可能对产品的各项性能不是很了解，有可能对顾客产生误导为以后埋下隐患。

（6）产品的创新程度 许多新产品进入市场都需要进行广泛而深入的宣传促销活动，而且需要公司随时掌握市场的变化情况。因此，在实际销售工作中，短渠道被视为是新产品进入市场时最好的渠道结构。

3. 公司因素

（1）公司的规模。不同渠道结构的选择范围会受到公司本身规模大小的限制，这是由于小的公司往往难以获得理想的分销商的支持，而大的公司则不必担心没有分销商加入它们的渠道。

（2）公司的基本目标和政策。公司的政策和目标在很大程度上决定了公司在渠道结构中所采取的政策和态度。如果公司追求的是严格控制，那么公司就会要求减少分销商的数目，以加强自身权力的集中程度。

（3）管理的专业水平。有一些公司缺乏必要的渠道管理能力，在这种情况下，寻找一个能够提供良好服务和配合的分销商就显得十分重要。尤其是在进行国际市场贸易时，由于面临的可能是一个完全不同的市场体系，因此，寻求一个良好的分销商就显得格外重要。

4. 分销商因素

（1）分销商的能力　分销商的能力在很大程度上影响着渠道策略。如果分销商的能力不能令公司感到放心，那么公司宁可增加成本进行直接销售，也不愿采用分销商来进行销售。

（2）利用分销商所花费的成本　如果公司认为分销商进行销售或向公司提供的服务小于公司的付出，那么公司对渠道的选择就有可能偏向于减少分销商的数目。毕竟公司采用渠道的目的是减少自己的成本与不便。

（3）分销商的服务　公司总是希望能用最为“合理”的价格获得最多的来自分销商的服务。但评价分销商服务的优劣往往是从公司的直观感觉出发的，带有较强的主观性，所以在渠道结构的设计中这是一个需要谨慎对待的问题。

5. 环境因素和行为因素

渠道的活动属于组织的运作，不可避免的要受到经济、社会文化、法律、竞争、技术等环境因素的冲击。在这些因素中，有的直接对渠道的结构造成影响，有的则通过对市场、对顾客产生影响而反应到渠道结构上。比如计算机网络的发展使得企业可以通过网络直接与异地顾客交易，然后通过当地的分销商送货上门，从而减少了企业在各个地区设立门市网点的成本。对顾客而言，通过网络直接与制造商交易也能够获得较低的购买成本。这种电子商务的发展必然对营销渠道的任务、性质产生重大的影响。

近年来，由于企业开始注重对市场长远利益的关注，而不是仅仅满足于对短期效益的追求，因此，渠道的控制和渠道的适应性已逐渐成为渠道设计者们考虑的重要因素。

二、分销渠道的设计

一般来讲，要设计一个有效的渠道系统，必须经过以下步骤：

1. 分析顾客需要的服务产出水平

设计渠道的第一步，是了解在目标市场上消费者购买了什么商品、在什么地方购买、为何购买、何时买和如何买。营销人员必须了解目标顾客需要的服务产出水平——即人们购买一个产品时期望的服务类型和水平。

通常渠道可提供以下服务产出：

（1）批量大小　批量是分销渠道在购买过程中，提供给顾客的单位数量。

（2）等候时间　顾客等待收到货物的平均时间。顾客一般喜欢快速交货渠道，而快速服务要求较高的服务水平。

（3）空间便利　空间便利是渠道为顾客购买提供的方便程度。

（4）产品齐全　一般来说，顾客喜欢较多的花式品种，这使得他们有更多的选择机会。

2. 确定营销渠道的目标

营销渠道的设计，应该以企业的目标市场为起点，尽管目标市场的选择不是营销渠道设计所要解决的问题，但是实际上，营销渠道与目标市场两者之间是相互关联的。企业正确地选择目标市场，科学地设计营销渠道才能使产品或服务顺利地达到目标市场，才能实现企业的销售目标，获得良好的经济效益。生产企业必须考虑顾客、产品、企业、中间商、竞争以及环境等因素后才能准确地确定营销渠道的目标。

3. 拟定营销渠道的可行方案

在充分分析和研究影响企业渠道设计的各种因素，确立企业的营销渠道目标之后，就要拟定营销渠道的各种可行性方案。营销渠道方案主要涉及以下三个因素：中间商的类型、中间商的数量和营销渠道成员间的交易条件及责任。

（1）中间商的类型　制造商在设计营销渠道时，必须对以下问题进行决策：

① 是否使用中间商。

② 如果使用中间商，还要进一步决定使用什么类型和规模的中间商，是单独使用代理商、批发商或零售商还是兼而有之？或者使用其中两类中间商。

③ 在每类中间商中又选择什么样的具体类型？如在使用零售商时，是选择专业店、百货店、超级市场还是连锁店。

④ 如果制造商由于本身原因或某种限制，对传统的渠道不便使用时，该如何考虑开辟新渠道。

（2）中间商的数量　制造商在决定使用何种类型的中间商以后，还要根据产品在市场上的地位与目标，以及市场容量的大小对中间商的数量进行决策，也就是对三种分销形式的选择：使用密集分销、选择分销是独家分销。

（3）营销渠道成员间的交易条件及责任　制造商在决定了中间商类型和数量以后，还必须决定各营销渠道成员的交易条件和责任，主要内容有：价格政策、销售条件、经销区域以及每位成员需提供的相关服务等。

4. 评估各种可能的渠道备选方案

每一种渠道备选方案，都是产品送达最终顾客的可能路线。生产者所要解决的问题，就是从那些似乎很合理但又相互排斥的备选方案中，选择一种最能满足企业长期目标的方案。因此，生产者必须对各种可能的渠道备选方案进行评估，评估原则有三个，即经济性，控制性和适应性。

（1）经济性原则　对分销渠道备选方案的评估遵循经济性的原则，是企业营销活动必须追求经济效益的需要。选择分销渠道时，需要将分销渠道决策所可能引起的销售收入增长同实施这一渠道方案所需要花费的成本进行比较。若生产企业自身销售渠道的投资报酬率低于利用分销商的投资报酬率，就宜选择分销商来开展销售。反之，则可以自销。

（2）控制性原则　企业评估分销渠道备选方案时，除考虑经济效益外，从长远看，还要考虑对分销渠道的有效控制问题，以利于建立一套长效的、稳定的分销系统，来保证市场份额。生产企业自销系统是最容易控制的，但是成本较高，市场覆盖面较窄，不可能完全利用直接渠道分销。一般而言，建立特约经销或特约代理关系的分销商比较容易控制。但一般日用品分销环节多、渠道广，企业就比较难控制。同时，企业对分销渠道的控制也要适度，要将控制的必要性与控制成本进行比较，以达到良好的控制效果。

（3）适应性原则　分销渠道是企业营销的重要外部资源，除企业建立的直销渠道系统以外，分销商不是企业可完全控制的，因此企业评估分销渠道备选方案时必须考虑适应性。在销售区域上要考虑不同地区的消费水平、市场特点、人口分布等；在时间上要根据产品的特性、消费的季节性等因素，适应市场的客观要求；在分销商的选择上，要合理确定利用分销商的类型、数量及其对分销产品的态度，以避免分销商的渠道冲突，又调动其积极性。

总之，企业进行分销渠道方案评估时要保持灵活的适应性，做到多而不乱，稳而不死，以便最有效地实现企业的营销目标。

5. 选择最合适的渠道方案

企业都希望选择一套最佳或者说最完美的渠道方案，但事实上由于企业资源有限，评估方案的方法（尤其是定量分析方法）尚不够成熟完善，企业不可能精确地计算出每种渠道方案所产生的回报。因此，要选出绝对意义上的最佳方案并不可能完全做到，且现实情况是：绝大多数渠道选择决策依然主要依靠管理者的经验和对现有信息的判断。所以，实际中最终做出的渠道决策是选择有助于实现企业渠道目标的一种最合适的方案。

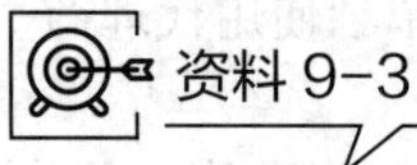
资料 9-3

电商+直播，网络时代的标配

“电商+直播”已经成为网络时代的标配，其改变了传统的销售模式。面对广大的用户群体，主播通过直播的形式来推销商品，这样既能够为主播吸引更多流量，同时也能够有效刺激商品销售，从而拉动商品销售额的增长。如今直播已经成为推动电商发展的新动力，“电商+直播”呈现出的极强爆发力，即将促成一个千亿级市场。

“电商+直播”到底是什么？它是电商与直播的结合，即电商商家借助直播推销商品，通过真人展示商品实际使用场景，实现消费者对商品的间接体验，增加消费者对商品的认知，从而促使消费者购买商品。

“电商+直播”与传统直播不同，在传统直播中主播只是靠着粉丝的打赏以及礼物赚取一定的报酬，而在“电商+直播”中，主播则是商品的展示者，其主要任务是销售商品。

“电商+直播”在某种程度上改变了消费者在网购时对商品看不见、摸不到的状况。相比于商品介绍简述中的商品信息和图片，或商家拍摄的宣传视频，主播在实际使用商品时的反应、表情、体验和评价更能让消费者信赖，而且消费者在观看主播使用商品时可以清晰地看到商品的使用效果，这在一定程度上降低了消费者的试错成本，让更多消费者接受直播销售这种形式。

今后5G技术以及VR（虚拟现实）技术的发展将会促使“电商+直播”迅猛发展，直播销售的广度和深度都会进一步扩大。同时，这两项技术的发展也会提升消费者与主播的互动性，既有利于主播推广商品，又有利于消费者了解商品。

“电商+直播”是直播转型的体现。在这之前直播就已经实现了与其它行业的结合，教育直播与电竞直播就是直播与其他行业相结合的重要表现，而如今火热的电商直播是直播行业的新的发展方向。直播与电商的结合更能彰显直播的价值，电商平台之所以会选择与直播相结合就是因为其看到了直播背后的流量价值，直播是辅助商家销售的工具，能够为电商平台带来了更多的流量，实现了销售额的提升。

第三节　分销渠道管理

一、分销商的选择

为了实现企业的市场营销目标，企业需招募合格的分销商来从事渠道分销活动，分销商的选择标准见表9-3。

表9-3　分销商的选择标准

市场覆盖范围	分销商的经营范围和销售活动涉及的地区应与公司的分销目标相一致 分销商现在的销售对象应与公司所界定的目标市场的潜在顾客相一致
产品政策	考察分销商的产品线、经销的产品组合有无竞争品牌的产品。一般应避免选用经销竞争品牌产品的代理商和批发商
地理区位优势	应选择处在理想区位即顾客流量较大的地点的零售商。应考虑批发商所处的位置是否利于产品的批量储存与运输，通常以处于交通枢纽为宜
产品知识	许多分销商被大公司选中，往往是因为它们在销售产品方面有专门的经验。选择有经验的分销商有利于很快打开销路
预期合作程度	分销商与制造商双方应很好地合作，对双方都有益处。有些分销商希望厂商参与促销，扩大市场需求，因为这样会带来高利润
财务及管理状况	分销商能否按时结算，包括在必要时预付货款，这取决于其财力的大小。整个企业销售管理是否规范、高效，关系着分销商营销的成败
促销政策和技术	采用何种方式推销商品及运用选定的促销手段的能力。要考虑到分销商是否愿意承担一定的促销费用，是否具备必要物质、技术基础和相应的人才
综合服务能力	有些产品需要分销商为顾客提供售后服务，有些在销售中要提供技术指导或财务支持（如赊购或分期付款），有些还需要专门的运输存储服务
分销商的信誉	目前，我国市场经济不十分健全，相关法律法规不完善，分销商的信誉显得尤其重要。不仅直接影响回款，还关系到市场的网络支持

二、分销商的激励

激励分销商的方式有两类，即直接激励与间接激励。

1. 直接激励

直接激励是通过给予物质或金钱奖励，如返利政策、价格折扣、促销活动等，促使经销商做出更好的销售业绩。为了应对格兰仕掀起的新一轮微波炉降价，国内一家生产微波炉的企业一改往常做法，一掷千金，投资3000万元购买了奔驰、宝马、奥迪A6等几十辆高级轿车做奖品，并承诺送120家优秀经销商出国深造。这使众多经销商十分意外。一位轿车得主说："谁也没想到会有这份奖励，当初的合同并没有这个说法。不用说该企业销售量还会提升。"

2. 间接激励

间接激励是指通过帮助分销商进行销售管理，从而提高销售的效果和效率。如帮助分销商做好零售终端的管理、铺货和商品陈列等，帮助管理其客户网、建立客户档案等。

上述激励措施都具有一定的短期性，从长远看，制造商和分销商应该结成合作伙伴，形成风险共担、利益共享的共同体。制造商可以通过分销规划与经销商建立长期、稳定、协调的双赢关系。所谓分销规划，是指建立一个有计划的、实行专业化管理的垂直渠道系统，以便把生产者的需要与分销商的需要更为紧密地结合起来。在建立管理垂直渠道系统的过程中，制造商应在公司内部专设一个分销关系计划部门，负责确认经销商的需要，制定交易计划以及有关方案，帮助经销商以最佳方式经营。该部门应与经销商合作确定交易目标、存货水平、商品陈列计划、销售人员训练要求、广告与营业推广计划等。建立管理式垂直渠道系统，将大大提高分销系统的运行效率，生产者、分销商以及消费者都可以从中受益。

例 9-1

GW公司对分销商的奖励政策

GW公司是中国华北地区一家生产特种汽车的制造商。几年来，GW的销售取得了骄人的成绩，这与其严格的分销渠道管理是分不开的。以下是GW对分销商激励政策的部分内容。

1. 物质奖励

分销商的利润等于价差乘以销售量，再加上各种返利。各种返利是推动产品流通，保证双方都获得满意利润的关键。

① 在合理期限内对所有分销商统一出厂价。

② 将返利留给分销商，分销商凭借自身的经营能力去确定最后的利润。

③ 返利按销售量的增加阶梯式增长。鼓励分销商多订货、多销售。

④ 返利分为月返利、年度返利，以及不定期的阶段返利（促销期间的返利）。

⑤ 返利鼓励分销商结算采用现汇方式。

2. 精神奖励

① 对于业绩突出的分销商奖励休闲的娱乐活动（旅游、度假等）。

② 根据分销商的业绩和信誉授予不同等级称号（A，B，C级）。

③ 对于业绩突出的分销商，聘请为公司的名誉顾问，为公司经营战略出谋划策。

3. 促销支持

任何企业的经营活动都是围绕着获得利润、为最终目的而展开的。作为分销商最终获得的利润，不仅来源于价差、返利，而且来源于生产厂家的促销活动所带来的市场反应。促销活动不仅可以使分销商的目前利益得到提高，而且会带来长期效益，使品牌知名度更高、美誉度更强，增加用户购买的信心，在消费者中树立良好的品牌形象。GW公司的促销支持有：

① 在分销商的展场中，应有足够品种、款式的样车，供用户选择。

② 在分销商所覆盖的销售区域，投放充分的配套广告宣传。

③ 不定期与分销商联合，在其销售覆盖区域组织必要的促销活动。

④ 不定期地组织分销商间的销售竞赛活动，给予业绩突出者货币或实物奖励。

⑤ 支持并协助分销商积极地与当地政府的联系，获得政府机构的优惠。

4. 服务支持

① 定期、不定期地向分销商宣传公司的有关政策。

② 不定期地向分销商提供公司产品的性能、特点等培训。

③ 按分销商要求，向分销商提供特殊的培训（如维修技术、销售技巧等）。

④ 提供完善的售后服务工作，及时提供各种零配件。

三、分销商绩效评估

按照一定的标准衡量分销商的表现是生产者对分销商进行激励的依据。定期评估绩效的主要标准包括：

① 分销商的渠道营销能力指标，如销售额的大小、平均存货水平、向顾客交货时间等。

② 分销商的参与程度指标，如对损坏和丢失商品的处理、与企业促销和培训计划的合作

程度以及分销商应向顾客提供的服务等。

企业根据对分销商的要求，定期检查他们对各项要求的执行情况，看是否达到了标准和要求。如果分销商完成较好就给予激励；如果某一渠道成员的绩效过分低于既定标准，则须找出主要原因，帮助其改进或者将其剔除。

四、营销渠道冲突处理

（一）营销渠道中的竞争

在企业的营销渠道中，每一个渠道成员都是一个独立的经营实体，以追求个体利益最大化为目标，这就必然导致相互之间的竞争。营销渠道内部的竞争，有时会降低整个渠道体系的效率，甚至损害渠道成员和生产企业的整体利益。派拉蒙田（Josephc. Palamountain，1955年）提出了营销渠道中的四种竞争类型。

1. 水平竞争

水平竞争是指同类型的中间商之间的竞争。这种竞争类型是显而易见的，比如两家超市之间的竞争。每家都制定营销和产品战略，以便超越对手，在竞争中赢得先手。

2. 同级不同类竞争

同级不同类竞争是指居于营销渠道同一层级的不同类型的销售商之间的竞争。比如，百货商店、电器零售店和大型仓储式销售店都卖高保真音响设备，面对的又是同一顾客群，它们之间的竞争就是同级竞争。那些有选择权的制造商可能需要发展不同的渠道，来处理与不同类型零售商之间的交易，这样就带来了同级竞争。当然，在竞争激烈的情况下，如果一家制造商给某种销售商优惠待遇，就会引起其他竞争对手的不满，这将导致整个营销渠道的混乱。

3. 垂直竞争

垂直竞争是发生在营销渠道的不同级别之间的竞争，比如批发商和零售商之间，甚至是零售商和制造商之间。垂直竞争会对营销渠道的完善性和有效性带来严重威胁。这种类型的竞争会带来内耗，渠道成员关注的焦点从联手开拓市场、一致对外，转向内部的互相打斗。

4. 渠道系统竞争

渠道系统竞争是一个特定的渠道与不同的平行的渠道展开竞争。因此，渠道经营者关注的焦点是保证自己的系统比其他渠道系统更高效，更富有竞争力。这是把着力点放在整个渠道的效率上，但这也意味着，为了形成一个更有效的销售链，该渠道的效率可能难以达到最优化。

（二）营销渠道引起冲突的原因

由于营销渠道在市场上的激烈竞争，营销渠道之间的冲突是难以避免的，而引发冲突的原因是多种多样的，有些是由于理解不够造成的，有些则是由于观点上的根本分歧而影响了相互关系。常见的原因主要有以下几种。

1. 不同的目标

渠道中不同成员往往追求不同的目标。有的成员可能追求的是成长，而有的成员追求的则是稳定的收益，两者之间不同的目标导致他们不同的行为方式，而不同的行为方式常常引起双方的冲突。

2. 不同的角色

渠道成员在谁承担何种工作上，意见不一致，角色冲突就产生了。比如，制造商可能会觉得，批发商在转售一种特定产品时没有竭尽全力进行促销；而批发商则认为，将产品公开向零售商促销是制造商的事，于是制造商和批发商的冲突就产生了。

3. 不同的决策地位

渠道成员在做市场营销决策时，对确定究竟谁的意见应居于主导地位而产生分歧，零售商可能会觉得，他们离终端消费者的距离要比制造商近，因此在决定采用何种现场促销工具时，他们的意见应主导；而制造商则认为，自己离产品更近，应该由他们来决定如何促销。

4. 不同的期望

不同的渠道成员，对未来的期望可能也不同，并由此导致冲突。这种冲突包括：如何看待一种情形所能产生的最佳结果；如何克服资源稀缺问题；如何更好地分配资源；在一个不断变化的商业环境下，边际利润会如何变化。

（三）营销渠道冲突的类型

由于各种原因导致的营销渠道之间的冲突同竞争一样也表现在渠道的垂直、水平和交叉的关系上。

1. 营销渠道中的垂直冲突

垂直冲突是指处于渠道不同层次的成员之间的冲突，如制造商和经销商之间、经销商和零售商之间的冲突。垂直冲突主要表现在以下几个方面：

（1）回款　制造商当然希望他的经销商或代理商能尽快回款，以加快资金的周转，缓解公司财务上的压力；而经销商则希望尽量延迟付款，以使自己承担的风险最低。

（2）市场推广支持　制造商在做市场推广时，都希望得到经销商的合作与支持，尤其在广告宣传方面。制造商希望经销商自己进行广告宣传，并承担相应的费用；而经销商则希望制造商不仅能对最终客户做大量的产品宣传，而且在与经销商联合做广告宣传时，能提供优惠的条件或激励措施。

（3）淡旺季的产品供应　在旺季，经销商往往要求制造商大量供货，提供供货保证，加快供货速度，以防止产品脱销。在淡季，制造商希望经销商能大量进货，一方面占用经销商周转资金，防止竞争产品进入，另一方面为进入旺季前实现高铺货率和占领市场提供保证；但经销商却希望在淡季抽出资金经营其他热销产品。

（4）营销渠道的调整　有时基于营销的目的，企业需要对现有营销渠道做出适当调整，增加或减少中间商数量。这可能会引起现有经销商的不满或可能导致经销商的忠诚度下降。例如：某区域有个新建的大型连锁超市，这种类型的超市是某厂家所生产的产品的主要分销渠道。厂家为了直接掌控这个重要零售渠道，准备与该连锁超市签订直供协议。同时，在此区域该厂家有个经销商也希望向超市供货。在厂家和经销商争夺同一零售商的过程中，冲突就产生了。

2. 营销渠道中的水平冲突

水平冲突是指同一层次的营销渠道成员之间的冲突。一般情况下，采用密集性分销时中间商之间的竞争最为激烈，水平冲突主要表现在以下几个方面：

（1）价格混乱　由于同级经销商之间的激烈竞争而引起的竞相压价，造成渠道中的价格不一，使下一级经销商和最终顾客无所适从。

（2）促销方式各异　经销商由于各自的实力和经营目的，往往会采取形式各异的促销方式，有时甚至擅自更改预定的促销方式和促销内容，造成市场的混乱局面。

（3）“窜货”现象　有些分销商为了发展自己的分销网络，会侵蚀其他同级经销商的下游成员或经营区域，造成整体市场的恶性竞争和混乱局面。

3. 分销网络中的交叉冲突

交叉冲突指不同类型的营销渠道成员之间的冲突。当制造商为了尽可能多地占领市场时，会建立不同类型的渠道并形成分销网络，广泛销售其产品。分销网络中的交叉冲突主要表现在以下几个方面：

（1）渠道地位的变化　由于竞争的原因，营销渠道中的各级中间商的地位会发生很大的变化，例如二级经销商上升为一级经销商，零售商上升为经销商，成者相反的方向变化。

（2）下游成员的变动　有时一些高层次的经销商的下游成员会发生互换或转移，其原因可能是正常竞争的结果，也可能是不正当竞争的结果，而不正当竞争会对市场产生不利的影响。

（3）价格不统一　一般地，制造商给予经销商，代理商和直营机构的出厂价是各不相同的，这就造成了终端市场上的零售价混乱，使顾客无所适从，不仅影响了企业形象和产品的销售，而且造成了中间商之间的冲突。

（四）渠道冲突处理

1. 设立超级目标

当企业面临对手竞争时，树立超级目标是使渠道成员团结起来的有效方法。超级目标是指渠道成员通过共同的努力，以达到单个成员所无力实现的目标，包括生存、市场份额、高品质和顾客满意。超级目标不是单个成员所能承担的，只有通过成员的齐心协力才能实现。

2. 互换人员

在垂直冲突中，交换冲突双方的人员到对方公司去任职，如让制造商的销售主管去经销商那里工作一段时间，同时也让经销商的经理到制造商的有关部门去任职。通过这种换位和改变立场时的换位思考，有望解决垂直冲突。

3. 参加制造商的有关会议

邀请渠道成员参加制造商的有关高层会议，促进相互间的信息交流，达到相互尊重和理解，有助于减少冲突。如奔驰公司的营销委员会有七个经销商成员，他们经常就奔驰公司新车型提出意见，并为公司的营销战略出谋划策。

4. 协商谈判

当冲突发生时，通过谈判来解决冲突是一种最常用的方法。其实，谈判是渠道成员之间讨价还价的一种有效方式。在谈判中，成员之间会放弃一些东西，从而能够有效避免冲突发生，但利用谈判或劝说要看沟通能力。

5. 调解

第三方调解人可以通过试图劝说争执的双方继续谈判，或考虑接受调解建议而化解冲突。有效的调解可以澄清事实，保持双方的接触，寻求达成共识的可能的基础，促使双方同意某些建议。

6. 退出

解决冲突的最后方法就是退出该渠道。从现有渠道中退出即意味着中断与某个或某些渠道成员的合同关系。事实上，退出是解决冲突的普遍方法。当水平冲突或垂直冲突不可调解时，只有选择退出。

制造商渠道冲突处理的最终目标是希望渠道合作。通过渠道成员之间的合作，使得整体渠道获取的利润高于各自为政的各个渠道成员的利润。通过合作，渠道成员能够更有效地了解目标市场，为其提供服务，满足其需求。

 讨论

苏泊尔卫浴：渠道冲突，何去何从

苏泊尔卫浴有限公司是苏泊尔集团目前重点投入和培育发展的实业项目。苏泊尔集团成立于1994年，是中国和全球主要的炊具研发制造商，中国炊具行业首家上市公司。2007年，年近70岁的集团董事长苏增福率领苏泊尔二次创业，进军卫浴产业，并先后在浙江、辽宁建立了卫浴产品生产基地。苏泊尔卫浴的营销渠道从线下开始建设，主要是招募经销商、代理商，建立直营店，以及入驻商超、3C卖场等。随着电子商务的发展，公司也成立了电商部门，开设了天猫旗舰店等。由于产品线较少及电商运营经验欠缺等原因，公司将电商渠道外包给专业电商代理公司X。然而线上、线下渠道的销售产生了竞争，引起线下渠道商的不满，这更为企业计划实施的O2O营销模式带来了极大的挑战。苏泊尔卫浴开始对营销渠道进行反思，该采取何种策略消除目前的渠道冲突提升渠道绩效？

你认为苏泊尔卫浴有限公司应如何解决渠道冲突问题？

（资料来源：苏敬勤，杜艺伟，崔淼.百优案例 | 苏泊尔卫浴：渠道冲突，何去何从）

五、渠道的合作与联盟

1. 营销渠道合作

渠道合作就是渠道成员之间的合作，意指渠道成员为了共同及各自的目标而采取的共同且互利性的行为和意愿。为了实现组织间和组织内部的目标，渠道成员的共同行为需要资源——资金、技能、能力以及与此相似的其他要素，合作是对资源对等交换的一种期待，因此合作也可以看成是依赖的一种外在表现形式。

（1）营销渠道中合作与业绩的关系　大量研究表明，营销渠道合作会提高渠道成员的满意度。合作会带来协同效应，一般比不合作要更有效率。合作的效果可以用合作的收益减去合作的成本来衡量。合作的收益包括目标实现和每个参与者所获得的收益。合作的成本包括所丧失的部分决策自主权、稀缺资源的消耗，以及可能因合作方推出的产品有问题而对自己声誉的损害等，并且，研究发现，合作的程度越高，渠道绩效也越好，反之，合作的程度越低，业绩越差。

（2）营销渠道合作的方式　营销渠道合作方式是指一个渠道成员支持和帮助其他成员达到共同目标的方式。渠道合作的方式很多，如联合促销、联合展示、联合贮运、信息共享、联合

培训、独家代理、地区保护、销售竞赛、销售培训等。不同行业和不同业态、不同规模下的企业可能采用不同的合作方式。如：针对超市、杂货店，制造商提供的是大量的合作广告津贴、有偿内部展示赠券处理补贴，而对于批发层面的经销商，制造商经常提供销售竞赛和销售培训。

2. 营销渠道战略联盟

（1）渠道战略联盟的含义 综合现有关于企业战略联盟的定义，战略联盟是两个或两个以上的企业为了达到各自的战略目标，通过协议而结成的长期伙伴关系。因此，战略联盟具有以下基本特征：组织的松散性（不是独立的公司实体）、行为的战略性（是长期的公司战略）、合作的平等性（是一种伙伴关系）、范围的广泛性（合作范围多种多样）和管理的复杂性（参与企业数量多，目标多样）。战略联盟最根本的特征，在于它是竞争合作关系，是介于市场与企业之间的一种特殊组织结构。联盟的企业之间虽然签署了超出正常市场交易的长期协定，但只是以市场机遇和契约为纽带，而非以资本为纽带，并未达到合并的程度。它不同于垄断组织和企业集团等其他经济联合体，联盟企业之间在合作中竞争，在竞争中合作，并在合作过程中获取更为强大的竞争优势。根据联盟企业在产业中的关系，战略联盟可分为横向联盟（同类企业的联盟）、纵向联盟（上下游企业之间的联盟）和跨产业联盟（不同的产业中的企业结成的联盟）。纵向联盟就是这里所说的渠道战略联盟。

（2）营销渠道战略联盟的动机及条件 制造商和零售商战略联盟动机和优势可分别从渠道成员的角度来说。对制造商来说，分销商能为其提供较大的价值。表现在低成本分销、更好的产品到达率、建立进入壁垒等，从零售商来讲，建立渠道战略联盟，能稳定供应、降低成本、实现差异化。总之，渠道联盟能为双方带来利润的持久竞争优势。

一个合适的渠道联盟必须同时满足三个条件：

① 一方有特殊的需求；

② 另一方有满足需求的能力；

③ 双方都面临着退出关系的壁垒。

联盟的基础是信任，是对另一方诚信及其对自己利益的真正兴趣的信心。经济性满足既是联盟的动因也是联盟的结果。这是因为作为一个成员从关系中得到的财务报酬越多，其信任度就会越高，这会加强联盟，也就会更有效地共同工作，甚至产生更多的报酬。联盟伙伴的选择是双方有互补性。建立联盟的时机是能够提供资源、成长和机会的环境。建立和保持渠道联盟的战略需要坚持、资源和耐心。

（3）营销渠道战略联盟的类型

① 经销商之间的战略联盟。经销商建立联盟的动机是通过联盟形成的规模优势和垄断优势与供应商进行博弈，以获得更大的利润空间。借助买方市场的优势，经销商（尤其是大型经销商）们越来越善于运用资金优势，规模优势来建立成本优势和垄断优势。通过集中采购或建立经销商联盟，经销商们在营销渠道中有决定性的发言权

② 供应商之间的战略联盟。这种联盟通常是在购买者导向的市场上，随着产品同质化程度的加大和市场竞争的加剧，供应商对越演越烈的价格战苦不堪言，不得不通过达成一定的联盟（最初是价格联盟）来抵御价格的滑坡。这些联盟中的一些在经过较长时期的合作之后最终发展成了战略联盟，而更多的联盟却因外部环境条件的变化呈现动态性，事实上供应商之间的联盟多为在一定利益驱动下的短期行为。

③ 供应商和经销商之间的战略联盟。这种关系根植于购买者导向的市场，是对客户导向的市场营销理念的客观反应。其目的和宗旨通常是通过供应链中上下游的联盟与合作，提高整个

供应链的效益和效率，快速反映市场需求，为顾客提供更好更满意的服务。这种渠道联盟通常是由传统的交易关系演变而来的，而在长期交易中建立起来的信任和相互依赖的关系往往是战略联盟的基础。

第四节 批发商与零售商

一、批发商与零售商的概念

1. 批发商（wholesaler）

批发商是大批购进商品再售与客户，让其用于转卖或生产性消费，以赚取购销差价为经济目的的分销商。

批发商的特点是，不直接服务于最终消费者，只是实现商品在空间上、时间上的转移。批发商购进对象通常是生产者或其他批发商；售出对象多数是零售商，也有部分生产性用户。

2. 零售商（retailer）

零售商是成批购进商品再转售给顾客，让其用于生活消费或其他非生产性消费，以赚取购销差价为经济目的的分销商。

零售商的特点是，直接服务于最终消费者，市场上最终消费者使用的商品几乎都是由零售商提供的。零售商作为商品流通的最终环节，它实现了商品从生产领域向消费领域的转移。零售商的购进对象通常是批发商或生产者；其售出对象是个人消费者，及少数团体消费用户。

3. 批发商和零售商的主要区别

① 批发经营在先，零售经营在后。批发商较少注意促销气氛和店址，因为接触的是商业客户，而不是最终消费者。

② 批发交易的批量通常大于零售交易，批发商所涉及的交易领域常常大于零售商。

③ 在有关法律条令和税收方面，政府对于批发商和零售商一般是区别对待。

④ 批发商的销售价格一般都低于零售商的销售价格。

批发商和零售商是构成营销渠道的核心环节，他们在商品分销中担当的角色虽有不同，但他们对生产者的产品分销成功与否都起着至关重要的作用。

二、批发商的主要功能及与零售商的比较

批发商的主要功能及与零售商的比较见表9-4。

表9-4 批发商的主要功能及与零售商的比较

批发商主要功能	说明	零售商与批发商的不同之处
销售与促销	向生产者批量进货，颇受生产者欢迎，因此能以较低价成交。批发商具有较广泛业务关系，客户基本不受区域限制。将产品批量销售给零售商和企业单位	零售商向批发商进货，直接销售给消费者

续表

批发商主要功能	说明	零售商与批发商的不同之处
购买与编配商品	批发商有力量也有条件选择顾客需要编配花色的品种，从而方便顾客并节省时间	零售商也具有该职能，但数量较少
分装	批发商整买商品，折零销售，可满足小客户的需要，为顾客节约了成本	零售商也有分装职能，但范围较小
仓储	多数批发商备有仓库和存货	零售商没有该职能或较小
运输	批发商有自运设备，充分利用社会运力系统	零售商没有该职能或较小
融资	无论是买方卖方，长期建立信誉后即可代销或赊销，有的还可向客户（零售商或生产厂）提供信贷	零售商不能，可少量赊销
承担风险	帮助持有商品的所有权的批发商，承担商品因失窃、破损、腐烂过时的费用开支，及经营风险	零售商由于进货量小，出货快，承担风险较小
市场信息	批发商经常向生产者和零售商提供有关信息（如新产品、价格变动、竞争者动态等）	零售商只可提供消费者的消费信息
管理服务与咨询	批发商通过为零售商训练销售人员，帮助布置店堂和商品陈列，建立会计与存货管理制度，帮助他们改善经营，同时也可通过提供培训与技术服务，帮助生产者	零售商不具有该职能

三、批发商的类型

由于商业活动领域的方式不断延伸，在分销渠道中，批发商的类型日益多样化、复杂化。营销大师菲利普·科特勒把批发商分为四类，即商业批发商、经纪人和代理商、制造商的分销机构和零售商的采购办事处、其他批发商。

1. 商业批发商

商业批发商（merchant wholesaler）又称经销批发商，是指进行批发营销业务的独立法人，对其所经营的商品拥有所有权。在西方国家，商业批发商又可进一步分为完全服务批发商和有限服务批发商。

（1）完全服务批发商（full service wholesaler）这类批发商执行批发商的全部职能，提供诸如存货、推销队伍、顾客信贷、送货以及协助管理等服务。这类批发商又包括批发分销商和工业分销商两种类型。前者主要是向零售商销售，并提供全面服务；后者是向生产者提供生产性消费的商品和服务。

（2）有限服务批发商（limited-service wholesaler）这类批发商为了减少经营费用，降低批发价格，只对其顾客提供有限的几项服务。最为常见的有限服务批发商有以下五种形式：

① 现购自运批发商。这种批发商不送货，不赊销，所以批发价格要低于执行完全职能的批发商。经营品种主要是食品杂货。主要顾客是小食品杂货商、饭馆业主等。

② 直运批发商。以接到的订货单向制造商进货，并通知制造商将货物直接送给顾客。直运批发商所经营的商品主要是煤炭、木材等笨重商品。

③ 卡车批发商。这类批发商从制造商那里把货物装上汽车后，立即运送给订货的零售商。

经营品种主要是易腐易变质产品，如蔬菜、牛奶、面包等。其经营方法是一接到顾客的订货就立即送货上门。如送往超市、小杂货店、医院、餐厅等。

④ 货架批发商。这种批发商在超级市场等零售商店设置货架展销其经销的商品，商品出售以后零售商再向供货方付给货款。

⑤ 邮购批发商。这类批发商向客户寄送商品目录，经营品种主要是珠宝、化妆品、食品及小商品。主要顾客是边远地区的小零售商。邮购批发商利用邮路，能把其经营范围伸展到很远的市场。

2. 经纪人和代理商

经纪人（brokers）和代理商（agents）与商业批发商的主要区别是，他们对于其经营的商品没有所有权，只是替委托人推销或采购商品。他们的主要功能是促进买卖，目的是获得佣金。主要有下列几种形式。

（1）商品经纪人　商品经纪人了解市场信息，联系面广。他们把买卖双方介绍在一起，促其成交，然后，从委托人那里收取佣金。商品经纪人主要承担那些临时性的销售任务：受委托开拓新市场；为没有推销能力的制造商服务。经营的品种主要是农产品、食品、矿产品等。

（2）制造商的代理商　这类代理商根据委托人的销售条件替委托人代销产品，并收取一定的佣金。他们同时受雇于多个制造商，替他们推销产品。

（3）销售代理商　它是接受制造商委托，在授予的权限内为委托人收集订单、销售商品以及办理有关销售事务。

（4）佣金商　佣金商主要从事农产品的代销业务，收取一定的佣金。委托人和佣金商的关系往往只保持一个收获季节和销售季节。佣金商经营的主要是鲜活易腐商品。佣金商根据市场情况的变化，往往有较大的经营权力。

（5）拍卖行　拍卖行为卖主和买主提供交易场所和各种服务项目，以公共拍卖的方式决定商品价格，组织买卖双方成交，从中收取规定的手续费和佣金。拍卖方式有两种，一种是先出高价，一种是先出低价，直到顾客中有人愿意购买为止。

（6）进口和出口代理商　这类代理商设置在主要口岸，专门替委托人从国外寻找货源和向国外推销产品。

3. 制造商的分销机构、销售办事处和零售商的采购办事处

① 制造商的分销机构和销售办事处是属于制造商所有，专门经营其产品销售业务的独立商业机构。前者执行产品储存、销售、送货和产品售后服务等职能，后者只是从事产品销售业务。

② 采购办事处是零售商设在大的市场中心的办事处，其作用与代理商的作用相似。

4. 其他代理商

其他代理商是指某些特定的经济领域的一些特殊的批发商，如农产品批发商、油品批发商等。

资料 9-4

简析互联网+时代，批发市场现状和发展趋势

随着市场形势的变化，我国批发业面临生存危机，与零售业的快速发展形成了鲜明的对比。这一方面是流通主导权向零售领域转移的必然结果，另一方面也是我国传统批发业已经不

适应新的流通业发展格局、缺少转型有效措施的表现。积极调整转型将是我国批发企业摆脱困境的唯一出路。

一、传统批发业面临的发展挑战

传统批发业是指向生产商大批量购进商品后再销售给零售企业，用于零售或者销售给生产企业用于生产消费的商业组织的统称。

它反映出传统批发业的基本社会职能、功能单一，交易方式与组织形态明显滞后的属性。进入新世纪以来，长期在渠道结构中处于重要地位的批发业，面临着生死存亡的重大抉择。

1. 生产商直接进入终端市场的挑战

过去，生产商受企业自身实力的限制，缺乏开拓市场需要的人、财、物等资源，商品进入市场不得不依赖批发商。随着生产企业规模的扩大，实力的增强，一些生产商积极推进分销渠道终端战略，直接与各地零售网络建立起供货关系，形成了自己的营销体系，从而排斥了传统批发业的地位。

2. 零售业业态变革的挑战

20世纪90年代以来，零售业业态全方位创新，除了传统的百货商店以外，各种仓储式商场、购物中心、超市、专卖店、便利店等新型业态竞相崛起。

同时，一批有实力的零售商，依托众多的连锁店铺，按照货到源头的经营思想，从厂家直接进货，分散销售，形成了自己的批零网络，把批发商甩在一边。

3. 消费者购买行为变化的挑战

随着消费者物质文化生活水平的提高，消费者的消费心理日趋成熟。推崇个性，追求差异化的消费心理成为当今消费的主旋律。

以大批量、规模化销售为特征的传统批发业已经难以满足消费者的个性化需要。同时，互联网和电子商务促成了生产商和消费者的直接交易，这使批发商失去了固有的生存空间。

二、批发业转型的思路

1. 由商品流通向实物流通转化

在传统的渠道结构模式中，渠道主体在渠道交易活动中包揽了渠道客体的所有活动，即当生产商与批发商发生商品交易行为时，同时承担了实物转移、信息转移、资金转移的所有渠道功能活动，批发商与零售商之间的渠道交易行为也是如此。

随着电子商务等商品直销活动的日益发展，商品流通逐渐从传统批发业中脱离出去，物流配送成为现代批发业的主要形式。

我国批发企业可以利用自己在设施、技术、资金、销售网络、信誉等方面所具有的优势，逐渐发展成为集仓储、包装、加工、配送、运输为一体的社会化专业物流中心，形成自己的核心竞争能力。

2. 由商业批发商向商品代理商转化

批发企业可以利用自己的信誉优势和地域、人员、仓储优势，和生产商合作，建立伙伴关系，共同承担风险，充当生产商的国内或地区总代理。

3. 开发适合特定零售业态的批发机能

零售企业是批发企业的主要交易方，不同的业态要求批发企业提供的服务是不同的。

批发企业必须改变以商品批发为中心的传统做法，在对不同零售业态特点进行充分调查的基础上，了解不同业态的交易条件或配送要求，根据特定的零售业态，开发适合特定零售业态的批发机能，以满足不同业态零售商的需求。

4. 发展批零一体化

目前批发与零售之间的界限日益模糊，批零一体化已经成为发展趋势。我国批发企业应该发挥自己的信誉优势、渠道优势和人才优势等向零售领域延伸。

这样可以将批零交易内部化，对降低成本、提高流通效率效果十分明显，是批发业摆脱困境的好办法。

三、批发业转型应该注意的问题

1. 批发业变革和创新的根本目标在于提高效率

批发商存在的唯一理由是能够比生产商自己的分销系统具有更高的效率和效益。即能比生产商自销缩短买卖时间，更能节省费用，否则就不可避免地被淘汰。

2. 批发商要树立服务理念

一是推进对零售业的支持、支援、服务职能的创新，开展多方位服务，除了向零售企业转售商品外，还应向零售企业提供零售定价、合作促销、信息服务、会计服务等多环节、综合性的服务功能。

二是推进对生产商的服务功能，充分发挥批发业在信息收集、市场拓展等方面的积极作用，大力开展代理、代购、代销、代存、代运、代办金融信贷等综合性服务。

3. 批发业应注重技术现代化、管理科学化和增长方式集约化

加大科技投入与产出的力度，运用现代经济理论和计算机管理技术，实现交易科学化、规范化，朝着多功能、立体化的方向发展。

（资料来源：凯多多.互联网+时代，批发行业现状及未来趋势. 2019-04-26.）

四、零售商的类型

我国的相关部门将零售商店分为八类：百货店、超级市场、大型综合超市、便利店、仓储式商场、专业店、专卖店和购物中心。随着社会的进步，零售商的新形式也在不断地涌现。我们可以把零售商分成三种类型：商店零售商、无门市零售商以及零售商组织。

1. 商店零售商

商店零售商是有固定的营业场所的零售商。其主要形式有：

（1）百货店（department store） 百货店一般经营的产品种类非常多，每一种商品的规格也多，百货店的产品线既宽又深。百货店的经营范围通常包括服装、鞋子、五金用具、日常用品等，百货店把每一条生产线都作为一个独立的部门，由专门的营业员或进货专家来管理。百货店一般坐落于闹市商业中心。

（2）超级市场（supermarket） 超级市场一般是指相对而言规模较大，成本较低，毛利较低，销售量大，采取开架自主式服务的经营机构。超级市场经营的产品主要是食品和家庭日用产品。

（3）大型综合超市（hypermarket） 它是指规模比超级市场要大的商店零售商，它综合了超级市场、折扣和仓储零售的经营方针，经营内容包括家电、医药、日用品等许多行业的产品。

（4）便利店（convenience store） 便利店的规模相对较小，营业时间长。这种商店一般经营周转快的方便商品或易消耗品，主要是满足消费者的当时之需。这类商店一般位于居民住宅区附近。

（5）仓储式商场（warehouse market） 这类商场规模很大，内部装饰简单，是一种以大批量、低成本、低售价和薄利多销的方式经营的连锁式零售企业。这类商场通常以工薪阶层和机关团体为主要服务对象，从厂家直接进货，因此成本低，售价低，它精选正牌产品，实施会员制，运用先进的计算机管理系统由收银员集中收银，一般选址会在居民区或市郊。

（6）专业店（single-line store） 专业店是经营一条窄而深的产品线的商店零售商。它通常专门经营一大类花色、品种、规格齐全的商品。

（7）专卖店（specialty store） 专卖店经营的产品线也是窄而深的，与专业店不同的是它主要经营某一个品牌的产品。

（8）购物中心（shopping center） 这类商店零售商的规模较大，经营的产品品种较多，产品价位较高，还会提供良好的服务和宽敞的环境。

2. 无门市零售商

这类零售商没有固定的营业场所或营业场地，具体形式主要包括：

（1）直接销售 它起源于沿街叫卖，经过发展，现代的直接销售有三种模式：一对一推销；一对多（聚会）推销和多层次（网络）营销。

（2）直接营销 它起源于邮购和目录营销，这种方式通过各种媒介与消费者进行沟通，以引起消费者的购买欲望和购买行为。如电话营销、电视直销、邮购营销以及网上直销等。

（3）自动售货 它是利用售货机向消费者出售货物的一种形式，主要出售食品、报刊和音像制品等。它最大的优点是方便，能提供24小时服务。最大的缺点对售货机有损害，存货补充有可能不及时。

3. 零售商组织

这是为竞争的需要而形成的零售商团体。它的形式主要有以下两种：

（1）公司连锁店（corporate chain store） 公司连锁店由多个零售单位组成，实行统一化、标准化的经营模式。它适合所有类型的零售业务，具有较强的竞争力。

（2）特许经营店（franchise store） 特许者和被特许者以合同的方式规定双方的权利和义务，被特许者在一定的条件下可以使用特许者的名字、商标、特定产品和经营风格等，特许者因此获得相应的报酬，如麦当劳的经营模式。

第五节 商品实体分配

一、商品实体分配概述

商品实体分配（physical distribution）是指产品从生产者手中运送到消费者手中的空间移动，也称为实体流通或物流。其基本功能是向购买者在需要的地点和需要的时间提供商品。

1980年，美国后勤管理协会认为，实体分配“是有计划地对原材料、半成品及成品由其生产地到消费地的高效流通活动。这种流通活动的内容包括为用户服务、需求预测、情报信息联络、物料搬运、订单处理、选址、采购、包装、运输、装卸、废物处理及仓库管理”。一般认为，实体分配由实物流和信息流两部分组成（见表9-5）。

信息流作为实体分配的一个重要组成部分，通过预测、订单处理、库存信息和补充库存指令、生产指令等的有效传递，起着指导和控制实物流的作用。

表9-5 实体分配中的信息与实物流程

信息流	实体分配职能	实物流
↓	预测	↑
	订单处理	
	向客户送货、提供服务	
	商店展示、存货控制	
	分销仓库存货控制	
	补充存货指令	
	从工厂到分销仓库的运输	
	包装	
	生产指令	
	生产计划	

实物流主要包括商品运输和储存两项功能。商品运输就是根据顾客的需要，把商品从生产地点转移到消费者手上或他最方便购买的地点。商品储存则是根据顾客需要发生和决定购买的时间，把商品从生产时间保持到消费时间。在商品运输和储存的过程中，通常还有装卸搬运、再加工和包装等活动（见图9-4）。

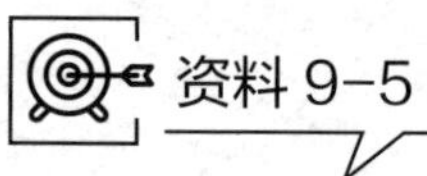
资料 9-5

物流冰山与第三利润源

“物流冰山”说由日本早稻田大学西泽修教授提出。他在研究物流成本时发现，现行的财务会计制度和会计核算方法，都不可能掌握物流费用的实际情况。他把这种情况比作“物流冰山”。效益背反说是指在物流领域，经常会出现经济行为的不经济、不经济的经济行为等经典的经济学悖论。例如，包装每少花1分钱，这1分钱就必然会转到收益上来，即包装越节省利润越高。但是产品进入分销渠道后，过分简单的包装会降低产品的防护效果及对消费者的吸引力，从而造成一定损失；反之，在包装上的多投入，往往会换来提高市场竞争力、增强对消费者的吸引力、扩大产品销售、增加利润收入的美满结局。

人类历史上曾经有过两个大量提供利润的领域，第一个是物质资源领域，第二个是人力资源领域。在物质资源领域，起初是大自然提供的廉价原材料、燃料；其后则是依靠科技进步、节约消耗、综合利用、资源再生乃至大量人工合成资源而获取。这样取得的利润，称之为来自“第一个利润源”。在人力资源领域，最初是廉价劳动；其后则是科技进步，采用机械化、自动化、信息化的办法，来提高劳动生产率、降低人力消耗，从而降低人力成本、增加利润。这样所取得的利润，称之为来自“第二个利润源”。在前两个利润源潜力越来越小，利润提升越来越困难的情况下，物流领域的潜力逐渐被重视，成为“第三个利润源”。而第三个利润源的有效性，已经在第一次大石油危机、东南亚金融危机以及发达国家的经济发展中得到证实。

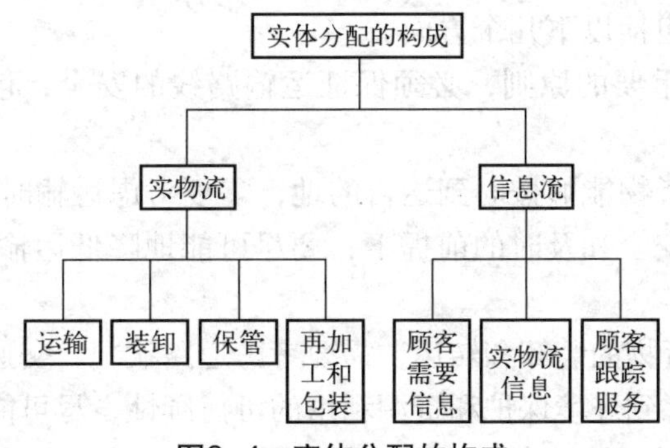

图9-4　实体分配的构成

二、运输决策

运输决策（transportation decision）包括选择运输方式、选择运输路线。

1. 选择运输方式

运输的基本功能就是将货品从起点送到目的地，在分销中它能提供时间和地点效用。廉价的运输方式也成就了大量集中生产的规模经济。运输有铁路、公路、水路、航空、管道五种基本运输形式，它们在成本和速度上存在明显差异，分别适合不同货品的运输。

① 铁路是低成本的大量运输方式。通常适合长距离运输沉重庞大的货物，其单位重量价值较低，如煤炭、水泥、木材等，或大型设备。铁路整车装运大宗货物运价十分低廉，但缺乏灵活性。

② 汽车运输运价较贵但更灵活并且不可少。汽车运输在行走线路和时间安排上十分灵活，适合短途运输，但运价相对稍高。随着高速公路的发展，汽车运输的速度在逐步提高。

③ 水路运输运价低廉但速度极慢。适合运输体积大、价值低的货物，水路运输成本很低，但速度也最慢。它又可分为国际海运和内河水运两种形式。国际贸易的增长，将促使国际海运量日益增加。

④ 管道运输适合流体和气体货品的输送，如石油、天然气等。其一次性投资巨大，但建成后的运输成本却十分低廉。管道运输输送路线是固定的，通常不需要转运。

⑤ 航空运输速度最快但运价最贵。货物空运的成本与前四种形式相比十分高昂。但最突出的优势即速度快。它适合运输单价高、体积不太大的物品。目前的空运量呈现大幅度增长的趋势。

2. 选择运输路线

运输路线是指具有一定长度、方向和质量标准，供车辆运行的各种等级公路和城市道路的综合。由于运输经营者在运输线路上从事运输业务的性质和质量不同，可分为营运线路、班车线路、专营线路、分流线路等。营运线路指已开办运输业务的并由交通部门列入营运线路图的运输路线。班车线路指已开办客、货运输班车业务，按规定的路线、班次、站点、时间运行的路线。专营线路指由交通管理部门指定某运输企业或个人专门经营货物或旅客运输的线路。分流线路指在公路运输中，为减轻铁路或水路运输的负担，在与铁路或水路同向的线路上，增开货车和客车，以分流铁路或水路运量的路线。

选择合理的运输路线对于产品流通范围广、用户分散的企业具有重要意义，在区域内短途、多用户的频繁“配送”业务方面更是一项重要决策。

选择运输路线的原则包括以下几个方面。

安全性原则：这是最重要的原则，必须保证运输路线的安全，包括道路状况、交通流量、天气条件等因素。

及时性原则：要确保货物能够按时到达目的地，需要考虑运输时间、中转时间等因素。

经济性原则：在保证安全和及时的前提下，要尽可能地降低运输成本，包括运输距离、运输方式、运输费用等因素。

便捷性原则：要便于货物的装卸和转运，需要考虑道路状况、交通条件、物流节点等因素。

可持续性原则：要考虑到环境保护和资源利用的可持续性，尽可能减少对环境的负面影响。

在选择运输路线时，需要综合考虑以上原则，并根据实际情况进行权衡和取舍。同时，还需要考虑到货物的性质、运输需求、运输能力等多种因素。

具体确定运输路线时常常运用线性规划等数学方法。

三、仓储决策

仓储决策（warehousing decision）包括选择仓库地址、数量和类型。

1. 仓库地址

选择仓库地址时必须考虑运输费用和顾客所要求的服务水平。运输费用是由全部运输量乘以运输里程和单位运价确定的。运输量越大，路线越长，单位运价越高，则运输费用越多。所以在选择仓库地址时，制造商应考虑到每个顾客的地址和所要求的运输总吨位，即一般选择运输吨／公里数最小的地点为仓库地址。但同时也要考虑顾客所要求的服务水平，因为它直接影响到销售量的大小。这里的关键因素是要从制造商接到订单后，到顾客收到商品的期限来选择仓库地点。

2. 仓库数量

制造商拥有仓库数量越多，就意味着能更快地满足顾客的供货要求，就可以使总运输费用降低，因为总运输里程比只有一个仓库时的运输里程要少。但仓库越多，支付的租赁费和仓库设施的投资也越大。因此，选择仓库数量时，既要考虑运输费用，又要考虑仓库租赁费和仓库设施的投资。

3. 仓库类型

在选择仓库类型时，应从以下两方面考虑：

（1）自建仓库还是租赁仓库　自建仓库能适合本企业的业务特点。仓库的平面布置和物资搬运机械可以按本企业产品的特点设计，企业还可以完全控制仓库的经营业务。

不过，租赁仓库与企业自建仓库相比，也有它的优点：

第一，企业不需要投资，只需支付租金；

第二，可以利用租赁仓库所具有的最先进的技术装备和搬运工具；

第三，租赁仓库可以随时调整；

第四，在存储高峰，可以增加租赁面积。

（2）单层仓库还是多层仓库　单层仓库可以降低物资搬运费用。但单层仓库占用土地面积较多，土地投资费用较高，所以在土地价格较低的地方可以采用。多层仓库的商品搬运费较高，土地投资较低，所以在地价较高的地区可以采用。

四、存货控制

存货控制（inventory control）包括对存货最高水平、最低水平和平均水平的控制。最高存货水平是指仓库进货后，能够或允许达到的最大存货量，它由进货时仓库已有存货量和进货数量两部分组成。合理的最大存货量水平应当能够在下一批货物入库之前，满足所有顾客的需要，不致发生缺货损失。最低存货水平是指在一批货物入库和被用于满足顾客需要之前，仓库应该保有的存货量。合理的最低存货水平能够维持对顾客需要的满足能力或顾客服务水平，直到下一批所进的货物能够用于满足顾客需要为止。平均存货水平则是指在一年内日平均仓库拥有的存货量。合理的平均存货水平应当和顾客日平均需求水平一致，从而保证企业有较高的顾客服务水平。存货控制中主要应解决下述两个问题：何时发出补充库存指令或订货；补充或订购多少货物。

1. 订货点

仓库存货总是随着提取发送给顾客而不断减少。为了避免仓库缺货造成顾客损失，实体分配管理人员需要决定在存货量降低至何种水平时就必须发出新的补充库存指令或者订单。这个存货量水平被称为“订购点”。例如，“订购点为20”，表明在仓库所存货物降到20单位时就必须发出补充货物的指令或订单，以防止缺货损失（见图9-5）。

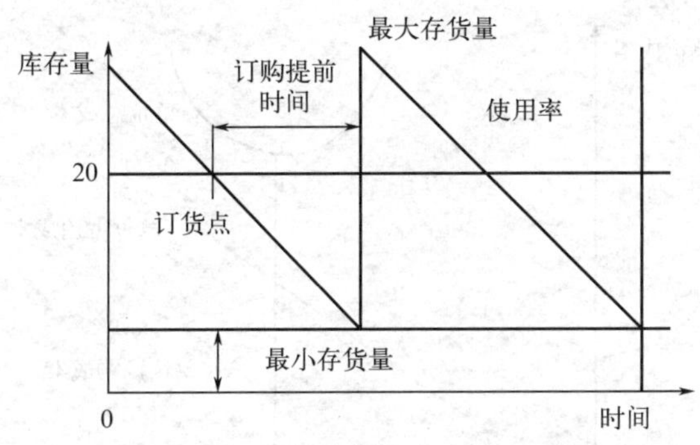

图9-5 存货量的变化与订购点

订购点大小主要取决于订购提前时间、使用率、服务水平以及保险存货量等因素。所谓订购提前时间，是指为保证在新的需要发生前及时获得货物而向生产工厂发出补充货物指令或订货单所需提前的时间。这个时间也就是自指令或订购单发出到接到货物所需要的平均时间，其中包括工厂生产、包装、运输、销地再加工或装配等程序所需要花费的最少时间。为避免顾客需要发生时因为缺货带来不利影响，就要在顾客需要发生之前，提前向工厂订购货物，同时仓库保留一定的存货。订购提前时间越长，订购点就越高。所谓使用率，是指在某一段时间内，顾客的平均购买数量。使用率越高，则订购点就应越高。服务水平是指企业希望利用存货来直接完成顾客订单的百分比。服务水平越高，订购点就应越高。保险存货量是用于防备进货延迟、或者顾客需求超过使用率而增加的存货量。保险量越高，订货点也越高。根据过去的资料，可以分析补充货物实际到位时间超过预期时间（订购提前时间）的天数、顾客需求波动幅度以及可能产生抵消效果的因素，从而确定合理的保险存货量。

2. 经济订货量

每次向分销仓库补充货物的数量，对于商业企业的仓库来说，就是每份订单的订货量；对于生产企业的仓库来说，是每次发出的补充库存指令的需要量。一般统称为订货量。订货量是决定仓库存货量最高水平的主要影响因素，也是决定平均库存量和储存费用的因素之一。为了有效控制中间仓库费用，需要认真分析影响订货量的各种因素，并制定合理的订货量决策。

在制定订货量决策时，实体分配部门主要是比较组织订货的成本和保持存货的成本。每次组织订货，都要与供应方沟通、发订单、组织运输、收货验货，因而发生“订货成本”。一般来说，订货量与订货频率成反比，即订购量越大，则购买频率越低（即购买次数越少）。因为存货总是导致发生仓储租金、资金成本、税款和保险金、资产折旧和产品过时损失等多项费用，构成存货成本。平均存货量越多，保持库存的成本就越高。有些企业中，保持存货的成本可能高达存货价值的30%。订货成本和存货成本两者组成仓库的全部费用，都与订货量直接相关。合理的订货量决策应当有助于降低两个方面的成本。

通过分析订货成本与存货成本的性质，可以找到一个经济性最为合理的订货量，这就是“经济订货量”

经济订购量，可以用图解式数学公式求得。图9-6表明，订货成本与存货成本随着订购量的不同而改变。单位订购成本随订购量的增加而降低，单位占用成本随订购量的增加而提高，因为订购量越多，每单位的存储时间越长。这两条成本曲线垂直相加，即为单位总成本曲线。单位总成本曲线弯向横轴的最低点就是最佳订购量Q^*。

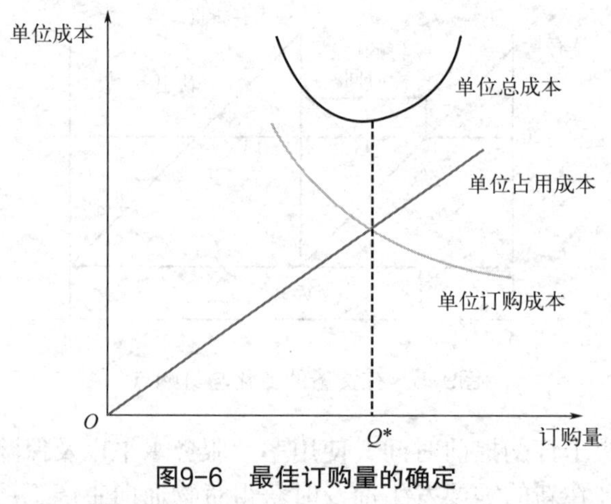

图9-6 最佳订购量的确定

经济订购量Q^*也可以用数学方法求得。假定成本取决于：订购量Q（数量），单位成本C（金额），每年的占用成本占单位成本的百分比I（%），每次订购处理成本S（金额）和每年需要量D（数量）。可以得出三个变量：平均存货量$Q/2$，每年订货次数D/Q和每年每单位占用成本IC。则成本T为：

T=每年订购成本+每年占用成本

T=每年订购次数 × 每次订购成本+平均存货量 × 每单位占用成本

$$T=\frac{D}{Q}\cdot S+\frac{D}{2}\cdot IC$$

使用微分，可得总成本最低的经济订购量Q^*：

$$Q^*=\sqrt{\frac{2DS}{IC}}$$

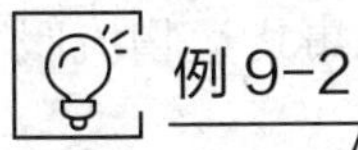

例 9-2

假设某企业预测2000年东北地区顾客总需量为20000单位商品。设在东北地区的仓库每次组织订货的费用是30元，单位商品库存需要发生的储存费用是1.2元，则该仓库的经济订货量是

$$Q^*=\sqrt{\frac{2\times 30\times 20000}{1.2}}=1000\text{（单位）}$$

为此，该仓库全年需要组织20次订货，即每隔18天订货一次，这样可以使全年仓库总费用降低到最小水平，即1200元。

应当指出，计算经济订货量是不可能完全达到库存控制的目的的。企业需要的是在库存控制实践中，按照经济订货量的原理，认真分析订货成本和存货成本以及其他一些因素，努力把仓库费用降低到最低水平。

五、物流职能的外包：第三方物流与第四方物流

随着现代企业生产经营方式的变革和市场外部条件的变化，第三方物流（third party logistics，3PL）这种形态开始引起人们重视，并对此表现出极大兴趣。在西方发达国家，先进企业的物流模式开始向第三方甚至第四方物流转变。

第三方物流是指生产经营企业为集中精力搞好主业，把原来属于自己处理的物流活动，以合同方式委托给专业物流服务企业，同时通过信息系统与物流企业保持密切联系，以达到对物流全程管理控制的一种物流运作与管理方式。

第三方物流是相对“第一方”发货人和“第二方”收货人而言的，是由第三方物流企业来承担企业物流活动的一种物流形态。3PL既不属于第一方，也不属于第二方，而是通过与第一方或第二方的合作来提供其专业化的物流服务，它不拥有商品，不参与商品的买卖，而是为客户提供以合同为约束、以结盟为基础的、系列化、个性化、信息化的物流代理服务。随着信息技术的发展和经济全球化趋势，越来越多的产品在世界范围内流通、生产、销售和消费，物流活动日益庞大和复杂，而第一、二方物流的组织和经营方式已不能完全满足社会需要；同时，为参与世界性竞争，企业必须确立核心竞争力，加强供应链管理，降低物流成本，把不属于核心业务的物流活动外包出去。于是，第三方物流应运而生。

第四方物流（Fourth party logistics，简称4PL）是1998年美国埃森哲咨询公司率先提出的，是专门为第一方物流、第二方物流和第三方物流提供物流规划、咨询、物流信息系统、供应链管理等活动。第四方物流是物流业者提供一个整合性的物流，包括：金融、保险、多站式物流配送的安排。和第三方物流的差别则在第三物流只单纯的提供物流服务，第四方物流则是整合性的，例如：可协助进出口关税问题、收款等功能。第四方物流是提供物流系统设计与整合者，与第三方物流注重实际操作相比，第四方物流更多地关注整个供应链的物流活动（如图9-7）。

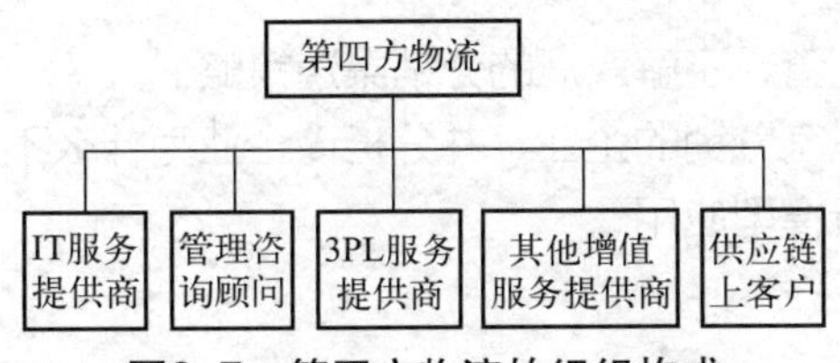

图9-7　第四方物流的组织构成

第四方物流与第三方物流相比，其服务的内容更多，覆盖的地区更广，对从事货运物流服务的公司要求更高，要求它们必须开拓新的服务领域，提供更多的增值服务。

习题

茅台联名瑞幸、直销占比40%，从销售渠道角度看白酒行业发展趋势

一、名词解释

分销渠道、直接渠道、间接渠道、高宽度分销渠道、中宽度分销渠道、独家分销渠道、传统渠道系统、整合渠道系统、营销渠道合作、营销渠道战略联盟、商品实体分配、第三方物流、第四方物流。

二、基本训练

1. 简述分销渠道的功能及流程。
2. 试述分销渠道的基本结构。
3. 影响分销渠道设计的因素有哪些?
4. 简述分销渠道设计的步骤。
5. 如何对分销渠道进行管理?
6. 简述激励分销商的方式。
7. 营销渠道冲突如何处理?
8. 简述渠道的合作与联盟。
9. 简述批发商的类型。
10. 简述零售商的类型。
11. 简述运输决策。
12. 简述仓储决策。
13. 简述存货控制。

三、思考题

1. 分析在市场经济条件下，营销渠道对企业管理的意义。
2. 中国企业渠道管理存在哪些主要问题？如何解决?
3. 如何正确处理渠道成员之间的利益冲突。
4. 中国推行的物流现代化面临哪些机会和挑战?

四、操作练习

1. 比较两种不同类型的产品的分销渠道策略，如电视机和洗发水，看看有什么异同。
2. 通过市场调查，了解双汇的分销渠道策略。
3. 寻找一家独家分销的企业，并分析该企业为什么不采用其他方式?
4. 逻辑树分析模型应用

练习资料

逻辑树又称问题树、演绎树或分解树等。麦肯锡分析问题最常使用的工具就是“逻辑树”。逻辑树是将问题的所有子问题分层罗列，从最高层开始，并逐步向下扩展。

把一个已知问题当作树干，考虑这个问题和哪些问题有关，将相关的问题作为树枝加入到树干，以次类推，就会将问题扩展成一个问题树。

逻辑树分析法三原则：

① 要素化　把相同问题总结归纳成要素；

② 框架化　将各个要素组成框架，遵守不重不漏原则；

③ 关联化　框架内的各要素保持必要的相互关系，简单而不孤立。

逻辑树能保证解决问题的过程完整性，将工作细化成便于操作的具体任务，确定各部分优先顺序，明确责任到个人。

收集逻辑树分析模型的相关内容，对你熟悉的企业分销渠道画出逻辑树。

（资料来源：MBA智库百科.麦肯锡逻辑树分析法）

第十章

促销策略

本章要点

- 促销与促销组合策略
- 开展有效的促销组合
- 整合营销传播
- 人员推销
- 广告
- 销售促进
- 公共关系

本章导读

市场营销要求企业在营销活动中，针对目标市场不仅要在合适的地点以合适的价格提供顾客需要的产品，而且必须通过努力与目标市场进行有效沟通，向顾客传达自己的经营理念、品牌形象、产品资料等帮助企业有效实现营销目标的信息，并由此影响和改变顾客的态度与行为。因此，企业营销过程中还需要制定促销策略。

第一节　促销与促销组合策略

促销策略是市场营销组合策略的重要组成部分。在现代市场营销活动中，即使企业能够向消费者提供优质的产品、合理的产品定价以及畅通的销售渠道，但如果不进行促销，就不可能使消费者认识和了解其产品，不可能激发消费者产生强烈的购买欲望，也就不可能在激烈的市场竞争中有效地开拓和占领市场。

一、促销的含义

促销是促进销售的简称，是指企业通过人员或非人员的方式将产品或服务的信息传递给消费者或用户，帮助、影响或说服其购买某项产品或服务，或至少引起潜在消费者的兴趣，激发其购买欲望的活动。促销与一般的销售活动有很大的区别，销售是通过商品货币关系将产品让渡给消费者，完成商品价值形态的转移；促销则是为促成销售的实现而不断告知和说服消费者的过程。

促销的概念包括以下几方面的含义：

1. 促销的目的

促销的目的是吸引消费者对企业的形象或产品产生注意和兴趣，激发其购买欲望，促使其采取购买行为。

在一般情况下，消费者的态度直接影响和决定着消费者的行为，所以要促进消费者购买行为的产生，就必须充分利用各种方式，通过信息的促销和沟通，影响或转变消费者的态度，使其对本企业的产品产生兴趣和偏爱，进而做出购买决策。

2. 促销的本质

促销的本质是信息沟通。企业通过信息的沟通和传递，将产品或服务的存在、性能和特征等信息传递给消费者，激发消费者的购买欲望，促使其产生购买行为；同时，企业通过市场调研获得反馈信息。

3. 促销的方式

促销的方式分为人员促销和非人员促销。人员促销是指派出推销人员直接与消费者面对面地洽谈；非人员促销是指企业借助某种媒介传递企业、产品或服务的信息。在促销活动过程中，企业通常将人员促销和非人员促销结合起来运用，即促销组合。

二、促销的作用

促销在企业营销活动中是不可缺少的重要组成部分，因为它具有以下作用：

1. 传递信息，强化认知

在现代市场经济社会里，企业需要及时地向经营者和消费者提供有关商品的信息，同时希望通过经营者和消费者的信息反馈来引导和促使生产者改进商品结构，以适应市场需求，扩大商品销路。另一方面，商品琳琅满目，消费者往往产生茫然、不知所措的感觉，他们非常希望获得有关商品的信息，以帮助自己进行购买决策，使自己在这方面的需求得到更好的满足。促销正是通过人员和非人员方式，进行信息的单向或双向的沟通，以增进消费者对企业及其商品的了解，扩大企业的社会影响。对中间商来说，也需要向零售商和消费者介绍商品，争取他们成为现实的买主。

2. 突出特点，诱导需求

在同类商品竞争比较激烈的情况下，许多产品在价格、质量等方面大体相当、此时消费者更乐意选择那些能带来特殊利益的商品。市场上不同生产者生产的同类商品，通常客观上存在种种差别，消费者往往不易觉察。企业通过促销活动，着眼于满足消费者特殊需求，宣传自己商品的特点，使消费者认识到本企业商品将给他们带来特殊利益，从而使消费者在众多同类商品中乐于购买本企业的商品。

3. 指导消费，增加需求

消费者的需求不仅具有多样性和多变性，而且还具有可诱导性。有效的促销活动不仅可以诱导和激发需求，在一定条件下还可以创造需求。通过一定的促销形式，不仅可以使更多的消费者对本企业的商品产生信任，形成偏爱，达到增加需求的目的，而且当某种商品的销售量下降时，可以使需求得到某种程度的恢复。当某种新产品准备投放市场时，企业有效的促销措施可以激发消费者的购买欲望，刺激需求，尽快占领市场。

4. 建立声誉，稳定销售

在激烈的市场竞争中，由于各种原因，企业某些商品的销量可能起伏很大、市场地位不稳定。通过促销活动树立自己商品的威信和企业形象，可以培养消费者对本企业商品的偏好，从而使自己的商品在市场中处于相对稳定的销售地位。

三、促销与沟通

能被消费者感知的企业沟通，不只是促销组合诸要素的广告、人员推销、销售促进和公共关系，也包括产品本身，价格，以及店铺结构和处地场所等，并对其赋予一定的象征意义，编入决策要素中。

企业促销的过程首先是企业与消费者的信息沟通过程，基本模式如图10-1所示。

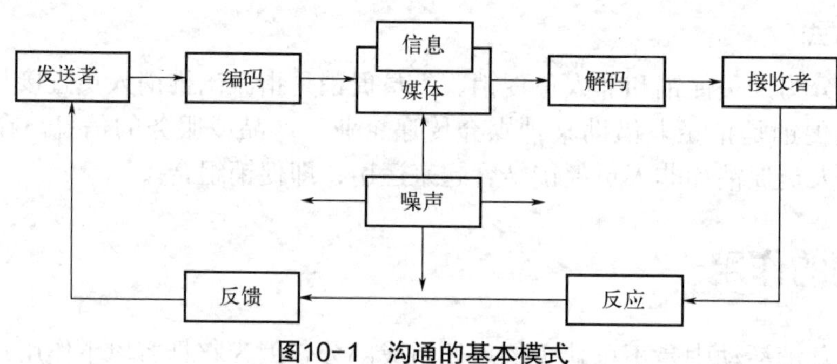

图10-1 沟通的基本模式

从图中可以看出，沟通的基本模式包含九个基本要素。下面以一个佳能彩色复印机的广告为例来说明这些要素的定义。

（1）发送者（sender） 发送信息的一方——在此是佳能。

（2）编码（encoding） 将思想转化为符号形式的过程——佳能的广告代理商将文字和图像整合为能传递目标信息的广告。

（3）信息（information） 发送者所传送的信息——真实的佳能复印机广告。

（4）媒介（media） 信息从发送者传到接收者的促销渠道——在这个例子中，是佳能选择的具体的杂志。

（5）解码（decoding） 接收者对发送者所编码的符号赋予含义的过程——顾客看到佳能复印机广告并对它所包含的文字和图像进行理解。

（6）接收者（receiver） 接收信息的一方——看到佳能广告的家庭办公室或商业客户。

（7）反应（response） 接收者在接收到信息后的行为——各种可能的反应中的一种，例如顾客会对佳能复印机的特性更加了解，真的买了一台佳能复印机；或者什么也不做。

（8）反馈（feedback） 接收者的反应中传回给发送者的那部分——佳能的研究表明消费者看到且能够记住广告，或者是消费者给佳能打电话或写信表扬 / 批评佳能的广告或产品。

（9）噪声（noise） 促销过程中未曾预料到的杂音或者曲解，这会导致接收者获得一个与发送者不同的信息——消费者在看杂志时注意力分散而没有看到佳能的广告或是它的关键点。

四、促销组合

促销组合是指企业根据促销的需要，对各种促销方式进行的适当选择和组合搭配。具体的市场营销组合，形成企业营销策略的总体格局。促销组合是市场营销组合的第二层次。在企业营销过程中，不同产品处于不同时期，促销目标不同，对广告、人员推销、销售促进和公共关系等促销方式的组合运用也应不同。促销组合正确与否，关系到企业营销活动的成败。为此，营销人员应了解各种促销方式的特点及影响促销组合策略制定的各种因素。

1. 促销组合的构成

促销组合的构成要素可从广义和狭义两个角度来考察。就广义而言，市场营销组合中的各个因素都可归入促销组合，诸如产品的式样、包装的颜色与外观、价格等都促销了某些信息。就狭义而言，促销组合具体方式主要包括广告、销售促进、公共关系以及人员推销四种。企业把这四种促销形式有机地结合起来，综合运用，形成一种组合策略，即为促销组合。促销组合常用要素如表10-1所示。

表10-1　促销组合常用的要素

广告	销售促进	公共关系	人员推销
报纸广告 杂志广告 广播广告 电视广告 户外广告 直接邮寄 宣传手册 网络广告	向消费者的推广： 样品、折价、赠品、抽奖或竞赛、特价包装、现金退回、使用者奖励、销售现场陈列和表演。 向中间商的推广： 购买折扣、合作广告。 向推销人员的推广	与新闻界建立关系 产品宣传报道 企业沟通活动 游说 咨询	销售展示 销售会议 样品试用 展览会

2. 促销组合各种方式的特点

（1）广告　广告具有多种形式，它是一种高度大众化的信息传递方式，可多次重复，并因充分利用文字、声音和色彩而极富表现力，特别适合向分散于各地的众多目标顾客传递销售信息。就向单个目标顾客传递信息而言，其成本较低。

（2）销售促进　销售促进指企业在特定的目标市场中，为迅速刺激需求和鼓励消费而采取的促销措施，如赠送样品、有奖销售、举办展销等。与广告、人员推销、公共关系等促销手段相比，销售促进更能引起目标顾客注意和刺激其迅速采取购买行动，在短期内收到立竿见影的促销效果。但它的影响常常也是短期的，且不宜单独运用或长期运用。

（3）公共关系　公共关系指企业为谋求社会各方面的信任和支持，树立企业信誉，创造良好的社会环境而采取的一系列措施和行动的总称。公共关系是一种间接的促销方式，并不要求达到直接销售的目的，但它对企业仍具有特殊意义。通过公共关系活动，企业还可有效地将销售信息传递给那些避开推销员和广告的顾客。

（4）人员推销　人员推销是面对面的直接信息传递，说服的效果最好。

与广告相比，它有三个明显特征：

一是灵活，由于是面对面接触，每一方都能在咫尺之间观察对方的反应和需要，从而可以随时调整自己；

二是有利于建立长期关系，由于是直接接触，可以通过建立个人之间的深厚友谊来寻求建立购销双方的长期关系；

三是推销人员能及时得到购买与否的信息反馈。

因此，对某些产品来说，人员推销是最有效的促销方式，特别是在赢得顾客信任、建立顾客偏好和促成购买行为方面，效果更为突出。不过，人员推销也是四种促销方式中成本最高的一种。

各种促销方式优缺点比较分析见表10-2。

表10-2 各种促销方式优缺点比较分析表

促销方式	优点	缺点
广告	传播面广，形象生动，节省人力	只能对一般消费者，难以立即促成交易
销售促进	吸引力大，激发购买欲望，可促成消费者当即采取购买行动	接触面窄，有局限性，有时会降低商品身份
公共关系	影响面广，信任程度高，可提高企业知名度和声誉	花费力量较大，效果难以控制
人员推销	直接沟通信息，反馈及时，可当面促成交易	占用人员多，费用高，接触面窄

第二节 开展有效的促销组合

一、影响促销组合选择的因素

影响促销组合选择的因素主要有产品市场类型、促销目标、推式和拉式策略、产品生命周期阶段、促销预算、其他营销因素等。

1. 产品市场类型

不同的促销工具对不同的产品市场类型会产生不同的效果，对于消费品市场，广告对消费者影响较大；而对产业市场，人员推销是最重要的。不同产品市场类型促销工具重要性比较如图10-2所示。

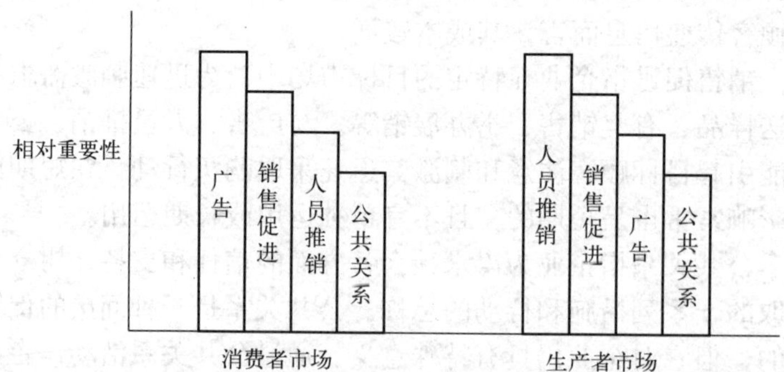

图10-2 不同市场类型促销工具重要性的比较

2. 促销目标

企业在不同时期及不同的营销环境下都有特定的促销目标。促销目标对促销工具的选择会产生直接影响，因为相同的促销工具在实现不同促销目标上其成本效应是不同的，图10-3揭示了不同的促销工具与促销目标的关系。

由图10-3可以看出，广告、销售促进和公共关系在建立购买者知晓方面，比人员推销的作用显著，但购买者是否购买以及购买多少，受广告和公共关系的影响不甚显著，而人员推销的作用则十分显著；广告及公共关系在购买者决策过程的初期最具成本效应，而人员推销及销售促进在购买者决策过程的后期成本效应最大。由此可见，促销工具同促销目标的关系是密不可分的。

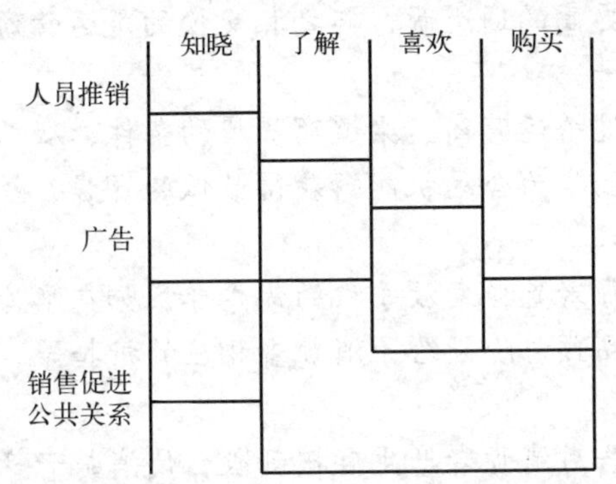

图10-3 不同的促销工具与促销目标的关系

3. 推式和拉式策略

（1）推式策略 推式策略（push strategy）主要是指上游企业直接针对下游企业或目标顾客开展的促销活动。活动过程主要是运用人员推销、销售促进等手段，把产品从制造商推向批发商，由批发商推向零售商，再由零售商将产品推向最终消费者（见图10-4）。运用这一策略的企业，通常有完善的推销队伍，或者产品质量可靠、声誉较高。这种策略的促销对象一般是中间商，它要求推销人员针对不同的销售对象采取不同的方法和技巧。

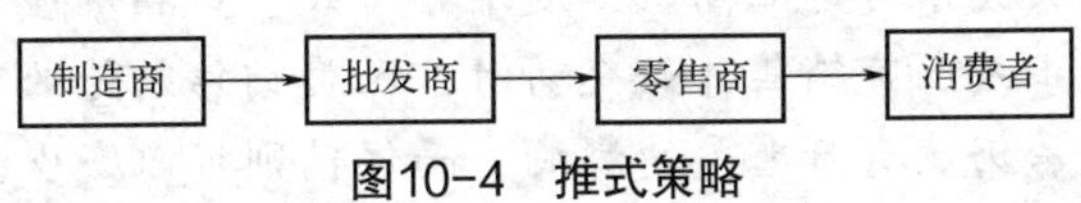

图10-4 推式策略

（2）拉式策略 拉式策略（pull strategy）主要是指制造商直接针对最终消费者施加促销影响，以扩大产品或品牌的知名度，刺激消费者的购买欲望，进而产生购买行为（见图10-5）。拉式策略一般以广告为主要手段，通过新创意、高投入、大规模的广告轰炸，直接诱发消费者的购买欲望，由消费者向零售商、零售商向批发商、批发商向制造商求购，由下游至上游，层层拉动以实现产品销售。运用这种策略的企业一般具有较强的经济实力，能够花费昂贵的广告和公关费用。例如：东风日产新车颐达的宣传铺天盖地，吸引了大量消费者的关注，然而有价无车，只能提前预订，大部分订户还必须等到两个月后才能提到车。

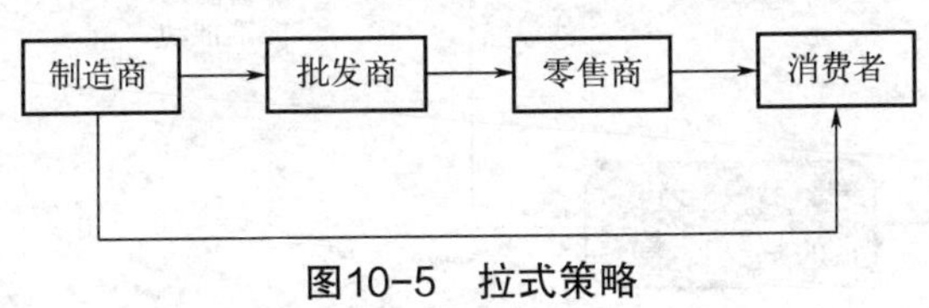

图10-5 拉式策略

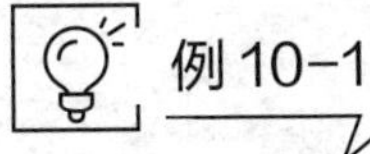

例10-1

华为手机营销传播的推拉结合策略

华为手机推式策略：渠道合作、渠道激励、终端促销；拉式策略：传统广告、社会化媒体广告。

1. 华为的推式策略

（1）渠道合作　由于早期与运营商有很多合作，华为手机也特别重视与渠道的关系构建，因此华为与运营商、渠道商的关系较好。

（2）渠道激励　华为对渠道给予相当优厚的条件，例如给运营商更高的利润分成，给渠道商以更多的销售提成、支付更高的通道费，与之相交换的是运营商、渠道商给予华为更多的资源匹配与终端销售的推动促进。

（3）终端促销　华为通过给运营商、渠道商优厚的条件，从而让运营商与渠道商在终端促销资源上给华为更多倾斜，使华为合约机能够获得最低的资费、最优先的推荐，华为手机的销量如虎添翼。

华为手机还在线上向消费者直接发放手机的优惠券，如在华为商城通过发放优惠券等方式吸引消费者的购买，或在产品预订阶段给予消费者相应的折扣等。

2. 华为的拉式策略

（1）传统广告　通过广告对消费者产生直接刺激，使消费者产生购买意愿，如在电视、公交站、报纸等媒体放置单向的传统广告，来吸引消费者的注意。

（2）社会化媒体广告　华为手机除了在传统媒介上发布自己的广告外，也使用了社会化媒体营销的手段，例如在社交媒体发布一些以手机的卖点为题材的公关文章或热点话题，以此吸引消费者对产品的兴趣。

3. 华为手机推拉结合策略

推拉结合策略的中心思想就是将推式策略与拉式策略相结合，渠道推动与广告拉动相结合，如图10-6所示。不同的促销组合工具的影响也会随着产品生命周期阶段而不同。在产品发布预热阶段，广告和公共关系对建立高认知度十分有效，产品价值主张宣传对消费者的欲望塑造颇为有利；而在产品正式上市销售开始交易时，人员销售则是必不可少的；在产品上市后一段时间，广告和公共关系仍然有着重要的影响，而促销则可以减少；在产品生命周期后期阶段，相对于广告而言，促销再次变为重要起来。

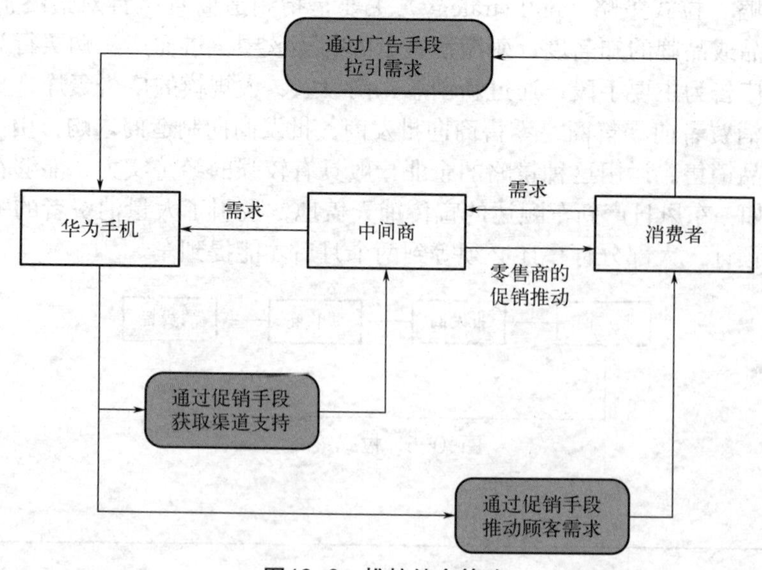

图10-6　推拉结合策略

4. 产品生命周期阶段

产品所处的生命周期阶段对于促销组合决策会产生影响，因为，对处于生命周期不同阶段的产品，促销侧重的目标不同，所采用的促销工具亦有不同，其促销成本效应不同。图10-7对不同生命周期阶段促销工具的成本效应做了比较。

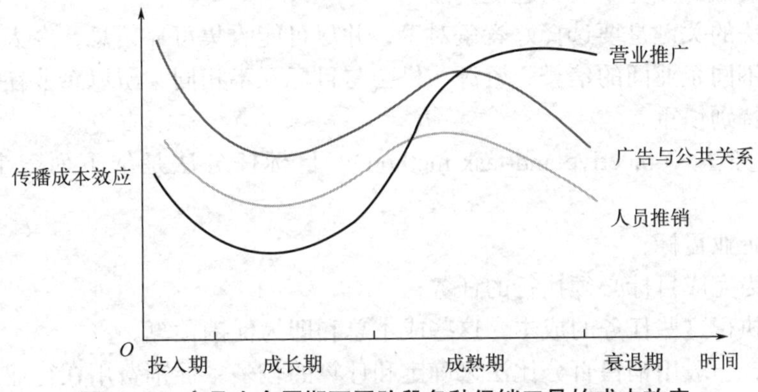

图10-7 产品生命周期不同阶段各种促销工具的成本效应

当产品处于产品生命周期的投入期时，需要提高产品知名度，采用广告和公共关系方式可以获得最佳成本效应。销售促进也有一定作用。

在成长期，企业的促销目标应有一个战略性转变，沟通重点应从一般性介绍转而着重宣传企业产品的特色，树立品牌形象，使消费者逐渐形成对本企业产品的偏好。因而，在这一阶段，广告和公共关系仍需加强，销售促进相对可以减少。

在成熟期，竞争对手日益增多，为了与竞争对手相抗衡，保持已有的市场占有率，企业必须增加促销费用。但一般会削减广告预算，因为，在成熟期大多数目标顾客已经对产品有所了解，只需做比较性和提示性广告，而销售促进手段又逐渐起着重要作用，有着较高的成本效应。

在衰退期，企业应把促销规模降到最低限度，以保证足够的利润收入。在这一阶段，广告仅起提示作用，公共关系活动可以全面停止，人员推销可减至最小规模，然而，销售促进的某些活动可以继续展开。

由此可以看出，促销工具的使用因产品生命周期阶段的不同而不同，换言之，不同的促销工具在产品生命周期的不同阶段会产生不同的作用。

5. 促销预算

促销策略的制定，还要考虑企业的费用负担能力。确定促销预算的方法有四种：量力而行法、销售百分比法、竞争对等法、目标任务法。

（1）量力而行法（affordable method） 许多企业依其能力来决定企业的促销预算，即按企业财务部门今年能提供多少经费开展促销。如果促销经费多就多搞，少就少搞，没钱就不搞。量力而行完全忽视了促销费用对销售绩效的影响，从而导致不确定的促销预算，影响了企业长期营销计划。

（2）销售百分比法（percentage-of-sales method） 许多企业依特定的销售额（目前或预计的）百分比，或售价的百分比来决定促销支出。目前在世界上许多有名的大公司都以这种方法来确定其每年的促销开支。比如汽车公司都以计划售价为基础，用一固定的百分比作促销费用。这种方法能促使企业的管理者考虑促销成本、产品价格和利润的关系，确定适当的促销费用，达到最大利润的目的。

（3）竞争对等法（competitive-parity method） 有些企业是依据竞争对手的促销预算来确定自己的促销预算。他们认为，竞争对手促销支出的标准代表整个产业智慧的结晶，另一方面与竞争对手维持对等的预算不会引起促销战。

但是这种方法的关键是要选择好竞争对手，并尽可能收集可靠信息，令人相信竞争对手的做法较好。由于不同企业间的信誉、资源、机会与目标互不相同，所以企业在确定促销预算时选择竞争对手要特别慎重。

（4）目标任务法（objective-and-task method） 目标任务法是依下列三个步骤确定促销预算：

第一，明确企业目标；

第二，确定为完成目标必须执行的任务；

第三，估计执行这些任务的成本，这些成本总和即为促销预算。

上述方法中，一般用销售百分比法来确定和计算的较多。促销费用在行业之间的差别也比较大，如美国化妆品行业促销费用达销售额的30% ～ 50%，而在工业机械行业，促销费用只有15% ～ 20%。

6. 其他营销因素

制定促销策略，不仅要考虑各种促销方式的最佳配合，还要考虑与企业市场营销组合的其他策略相适应，如产品开发策略、定价策略、分销渠道策略等。当其他营销策略既定时，促销策略的选择必须同其协调一致。

企业综合分析上述因素后，应针对本企业情况，制定切实可行的促销策略 以期达到促销费用省、促销效益高的目的。

二、开展有效促销组合的步骤

开展有效促销组合的步骤见图10-8。

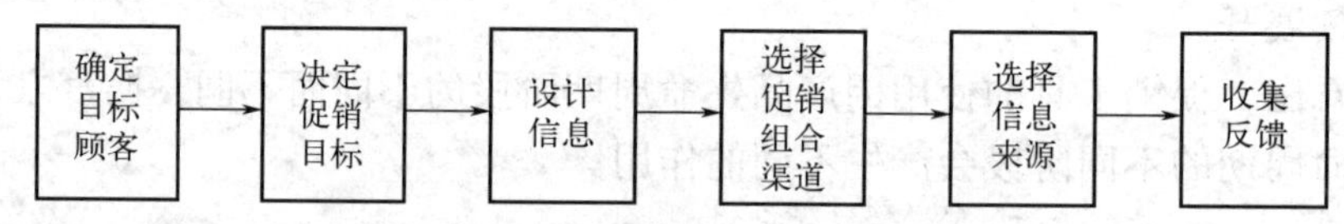

图10-8 有效的促销组合的步骤

1. 确定目标顾客

企业促销者首先要确定目标顾客受众群体。这个群体可能是潜在购买者或者目前的使用者，或那些做出购买决定或是影响购买决定的人。目标受众群体将在很大程度上影响促销者关于“说些什么、怎样说、什么时候说、在哪里说以及由谁去说”的决定。

2. 决定促销目标

在确定促销的目标受众之后，必须确定为什么要进行促销——即确定促销的目标。理论上认为，促销要在确定目标受众面对促销时的可能的认知、感知以及行为反应的前提下，确定不同的促销目标。

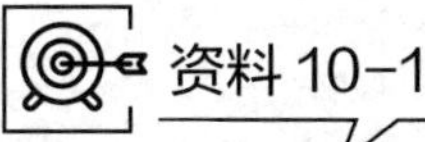

资料 10-1

表10-3 四种经典的反应层次模式

模式＼阶段	认知阶段	感知阶段	行为反应阶段
AIDA 模式	注意 →	兴趣 → 欲望	→ 行动
层次效果模式	知晓 → 认识	喜爱 → 偏好 → 信任	→ 购买
创新模式	知晓 →	兴趣 → 评估	→ 试用 采用
沟通模式	接触 → 接收 → 认反 → 知应	态度 → 意图	→ 行动

资料来源：[美]菲利普·科特勒著，梅清豪译.营销管理（第11版）[M].上海：上海人民出版社，2003.639.

表10-3反映了对目标受众促销的很多种模式，如层次效果模式描述了受众从知晓、认识、喜爱、偏好，到信任、购买的六种状态。按照层次效果模式，可以确定面对受众不同反应下的基本促销目标（见表10-4）。

表10-4 受众不同反应下的基本促销目标

反应阶段	促销目标
知晓	使目标受众知晓要促销的相关信息，如企业、品牌或企业的产品
认识	使目标受众对促销对象有具体、客观的理解与认知，如对企业产品特性的了解
喜爱	在目标受众了解促销信息的基础上，使目标受众对促销对象产生正面的好感
偏好	在目标受众对促销信息有好感的基础上，通过进一步的有效信息促销，使目标受众对促销对象产生有倾向性的特别偏好，如通过促销使目标受众对企业产品特别喜欢
信任	使目标受众信任促销对象。如通过对企业产品的有效促销，使受众在偏好企业产品的基础上，相信企业的产品是其最好的选择
购买	使目标受众做出购买企业产品的决定，并付诸于实际行动

例 10-2

结合AIDA模式，分析华为手机不同营销传播手段

图10-9为华为手机不同营销传播手段所对应的营销传播目的。

① 引起消费者注意。

② 激发消费者对产品及品牌的兴趣。

③ 强化消费者购买欲望。

④ 引导消费者产生购买行为。

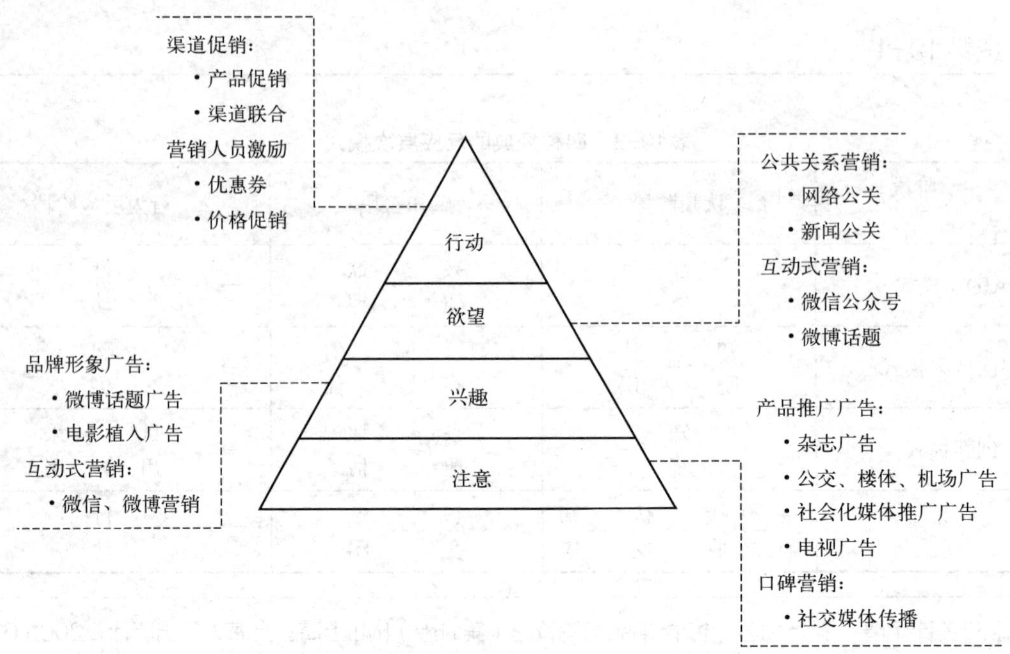

图10-9 华为手机不同营销传播手段所对应的营销传播目的

3. 设计信息

（1）信息内容 促销者首先必须确定促销信息的诉求或主题。存在三种类型的诉求：理性的、情感的、道德的。

理性诉求（rational appeals）是在信息促销过程中理性地描述促销对象的客观事实，以理“服”人。例如，企业通过介绍产品的技术性指标来传递产品质量的优良。乐百氏纯净水27层次净化，充满了理性的智慧。

情感诉求（emotional appeals）只关注是否能刺激购买而不管它们是积极的还是消极的情感。营销者可能使用像爱、自豪、快乐和幽默等积极的诉求来谈及他们所营销的产品或服务。

道德诉求（moral appeals）是在促销中利用公共道德标准规范受众行为。如通过促销保护环境等等。“别让眼泪成为地球最后一滴水”则是典型的道德诉求。

（2）信息结构 促销者还要处理三个信息结构问题。

第一个信息结构问题是应该给出一个结论还是由观众自己去思考。早期的研究说明给出一个结论通常更加有效。然而，最近的一些研究表明，在很多情况下，提出问题并让消费者自己得出结论对广告者而言更好。

第二个信息结构问题是提出一个单方面的论点（只说产品的优点）还是提出一个双方面的论点（在大肆宣传产品优点的同时也承认产品的缺点）。

第三个信息结构问题是应该把最强的信息首先提出还是留到最后才出现。把最强的信息首先提出来能引起强烈的注意，但可能会导致一个虎头蛇尾的结果。

4. 选择促销组合渠道

促销组合渠道大致可以分为两大类——人员促销渠道和非人员促销渠道。

（1）人员促销渠道 人员促销渠道（personal communication channel）是指两个或者更多的人相互之间直接沟通。他们可能是面对面地、通过电话、邮件甚至是通过网上聊天进行沟通。人员促销渠道非常有效，这是一种双向的沟通。

（2）非人员促销渠道　非人员促销渠道（nonpersonal communication channel）是指那些不需要通过人与人之间的接触和反馈就可以传递信息的媒介，包括主要媒体（报纸、杂志、直接邮寄），广播媒体（广播、电视），展示媒体（广告牌、标记、海报）以及在线媒体（在线服务、网站）。

5. 选择信息来源

无论是人员促销还是非人员促销，受众对促销者的看法影响着促销者传递的信息对目标受众的影响力。来自一个高度可信来源的信息会更加具有说服力。因此，许多食品公司会向医生、牙医以及其他卫生保健提供者进行促销，以促使这些专业人士向病人推荐它们的产品。营销者们还会雇用名人代言——著名的运动员、演员甚至卡通角色——来促销它们的信息。

6. 收集反馈

传送信息之后，促销者必须研究它对目标受众的效果。这包括询问目标受众成员是否记得信息，见过几次该信息，能够回忆起哪些点，对信息感觉如何，以及他们对产品和公司过去和现在的态度如何？促销者也希望能够衡量信息导致的行为结果——有多少人确实购买了产品，同其他人谈论过它或者为之访问店铺。

思政园地

销售的相关法律

在销售和销售管理的领域中，有很多法律是适用的。有的涉及销售人员及其与客户的关系，有的涉及销售经理和销售人员之间的雇佣关系。销售工作的涉及面广，利益相关者较多，销售人员应对相关法律法规有系统地了解，以便更好地开展营销工作。在销售领域适用的法律法规主要有以下几项。

（1）合同法　合同法是调整合同关系的法律规范的总称，它通过规定合同的一般原则，规范合同的订立、效力、履行、变更、终止以及违约责任等权利与义务关系，调整合同当事人的行为，规范交易秩序，引导当事人建立良好的交换关系。

（2）消费者权益保护法　消费者权益保护法是调整在保护消费者权益过程中发生的经济关系的法律规范的总称。消费者权益保护法中所称的“消费者”，是指为生活消费需要而购买、使用经营者提供的商品或接受经营者提供服务的市场主体。

（3）产品质量法　产品质量法是调整产品生产、流通、交换、消费领域中因产品质量而产生的社会关系的法律规范的总称。

（4）票据法　票据法所称的“票据”是指汇票、本票和支票。票据的付款人对见票即付或者到期的票据故意压票，拖延支付的，依法承担赔偿责任。

（5）反不正当竞争法　反不正当竞争法是为保障社会主义市场经济健康发展，鼓励和保护公平竞争，制止不正当竞争，保护经营者和消费者的合法权益而制定的。

（6）广告法　广告法是为了规范广告活动，促进广告业的健康发展，保护消费者的合法权益，维护社会经济秩序，发挥广告在社会主义市场经济中的积极作用而制定的。

（7）价格法　经营者因价格违法行为致使消费者或者其他经营者多付价款的，应当退还多付部分；造成损害的，应当依法承担赔偿责任。

（8）担保法　担保法是为了促进资金融通和商品流通，保障债权的实现而制定的。在借贷、买卖、货物运输、加工承揽等经济活动中，债权人需要以担保方式保障其债权实现的，可以依照该法律设定担保。

（9）商标法　伪造、擅自制造他人注册商标标识或者销售伪造、擅自制造的注册商标标识，构成犯罪的，除赔偿被侵权人的损失外，依法追究刑事责任。

（10）劳动合同法　劳动合同法是为了保护劳动者的合法权益，调整劳动关系，建立和维护适应社会主义市场经济的劳动制度，促进经济发展和社会进步而制定的。

（11）直销管理条例与禁止传销条例　直销管理条例与禁止传销条例是对损害公平交易、危害社会的违法直销行为与非法传销行为予以惩罚的依据。

第三节　整合营销传播

随着市场环境的变化，自20世纪90年代以来，促销策略出现了新的变化或发展趋势，这就是整合营销传播（ Integrated Marketing Communication，IMC）理论的兴起。作为一种实战性极强的操作性理论，整合营销传播理论兴起于市场经济最发达的美国。近几年来，在我国也得到了广泛的传播，并一度出现“整合营销热”。

一、整合营销传播的内涵及要点

整合营销传播理论的先驱唐·舒尔茨（DonE. Schultz）教授认为，整合营销传播是指针对顾客及其他受众而制定、实施、评估品牌传播计划的商业过程。

整合营销传播是一个对现有顾客和潜在顾客制定、实施各种形式的说服性沟通计划的长期过程，所有与顾客的接触点都必须具有引人注目的沟通影响力，而且由顾客决定沟通方式，是对多种传播手段的战略作用进行比较分析的战略过程。

准确把握整合营销传播的科学含义，应注意两点：一是企业使用了多种多样的传播手段；二是对这些手段进行整合。只有同时满足这两个条件，才能形成整合营销传播。

整合营销传播有以下基本要点：

① 在整合营销传播中，居于核心的是消费者的心理和认知。因此，必须对消费者的动机、认知、记忆、联想和态度有更充分的认识，并确保沟通活动的针对性和一致性。

② 整合营销传播强调真正意义上的整合，即战略和战术的整合、沟通要素的整合，媒体的整合、企业及其相关利益者的整合等。

③ 整合营销传播的目的不是一次性交易，而是希望与消费者维系长期的关系，即实现关系营销。这就要求企业在沟通中，有计划地与消费者进行适时适地的双向沟通，同时要建立全面的顾客数据库，实现数据库营销。

二、整合营销传播的阶段性和层次性

整合营销传播是一个概念，也是一个过程，整合意味着完整，实现传播活动的完整性便可以产生协调效应。每个企业在进行整合营销传播时所遇到的机遇与挑战不尽相同，这主要取决于它们的业务，所依赖的渠道，客户数据的可获得性，市场细分的能力等。但最重要的决定因素是企业的管理模式和战略方针。尽管各企业情况各异，但在进行整合时还是有一些共同之处，各个企业在进行营销传播时也要历经相似的阶段或层次。

唐·舒尔茨概括了企业进行整合营销传播必经的四个阶段。

1. 战术性协调

企业的整合营销传播活动起始于协调。通常需要制定品牌管理计划，确定拟发布的与品牌有关的信息，并在各个方面整合广告信息，力求通过多媒介、多维度的促销形成协调效应。

2. 重新界定营销传播范围

在这一阶段，企业致力于更加广泛的传播活动，而不仅限于传统的促销活动，如广告宣传、销售促进、直复营销等。这些传播活动范围更广，既包括针对企业内部雇员，销售人员的对内营销，也包括针对营销中介，业务伙伴、最终顾客的对外营销。

3. 信息技术的应用

在这一阶段，企业开始利用信息技术来整合过去使用过的各种促销形式。例如，借助数据库技术等研究顾客态度和行为数据上的差异，也就是说，从大量营销方法转换到通过辨别顾客独特的需要和欲望来确认顾客，进而实施定制化传播。在此期间，企业开始关注顾客群体的现实需求和潜在需求，而不是简单地关注市场份额。

4. 财务和战略的整合

在这一阶段，企业基于对顾客及其市场价值，财务价值及潜在价值的评估，实施财务和战略的整合，而不是简单地基于公司所想要达到的目标。根据可评估的投资回报率为基础，进行营销传播投资。

三、整合营销传播与传统促销策略的区别

市场环境的变化，消费者的日渐成熟和信息技术的发展，使得企业必须对自身的促销策略提出更高的要求，需要对沟通和促销在更深、更广的层面上进行整合。比较传统的促销策略而言，整合营销传播更强调买卖互动，传播分众和效果可控。

1. 买卖互动

传统的促销是单方面的：卖方拥有信息的优势，为使消费者了解对卖方有利的信息，卖方需要进行沟通。但现在，市场从以前的生产者主权市场转变为消费者主权市场。相对而言，消费者掌握了更多的对企业有价值的信息，这就要求企业不仅要向消费者传递有关自己产品和企业的信息，还要尽可能地获得消费者的有关信息，这一转变落实在企业的促销行为上，就要求企业不仅将促销看作一个单方面的信息传递，而且更加需要通过了解消费者的反应来获得对市场更充分的认识。而消费者在促销中也就不再是被动的信息接受者，他也可以根据自己的偏好来选择企业传递过来的信息，从而使当前的促销更强调卖方和买方之间的互动。

2. 传播分众

分众是与大众相对的一个概念，指的是在大众消费者中按一定的细分标准所划分出的特定

人群。企业所选择的分众是与其目标市场相符的。在分众的要求下，企业促销会选择一些能够有效“分众”的媒体或形式，如有线电视、直邮广告、电话促销、网络广告等，有些分众促销甚至达到了“定制促销”，即一对一的地步。当然，为提高促销的有效性，企业也越来越重视顾客资料的收集和管理。

3. 效果可控

传统促销的一个主要问题是促销的效果较难把握，尤其是广告，因为企业往往无法确切地知道有多少人接受了你所发布的广告信息和反馈情况。现在，技术的发展为促销克服这一问题提供了条件，也使得整合营销传播越来越强调效果的可测量性。例如发布网络广告，就要及时统计每条广告被多少用户点击过，以及这些用户浏览这些广告的时间分布、地理分布和反馈情况等。广告主可以适时评估广告效果，来检验广告策略的合理性并进行相应调整，以及根据广告的有效访问量进行综合统计与评估，并按效果付费。

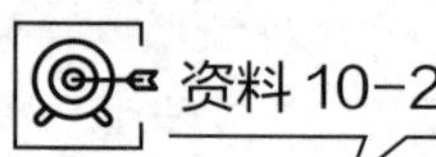

短视频营销的发展趋势

近几年出现了众多的短视频社交软件，比如抖音、快手、西瓜视频、抖音极速版、快手极速版、好看视频等，这些短视频平台入驻KOL数量不断增加，带货推广情况良好。

短视频内容比传统营销方式更能触达主流消费人群，比起传统广告的千人一面，社交原生KOL内容更精准。随着渠道及媒体越来越碎片化和垂直化，广告投放从单一到精细化多平台组合、从头部寡头到精细的中长尾多节点投放，简单曝光已经满足不了广告主的投放需求，对广告投放效果的转化要求越来越高。

1. 短视频与电商“联姻”紧密，红人继续发挥关键作用

随着行业乱象的治理和规范，短视频与电商的联系将越趋紧密。未来，基于KOL管理愈发规范和集中，产出的内容质量将明显提高，在短视频用户消费场景的结合上也将得到明显优化。未来“短视频达人”也将持续在短视频与电商的“联姻”中发挥关键作用。

2. 5G变革来临，短视频将迎来“又一春”

5G的商用落地有效降低了创作者的门槛，短视频用户体验也将得到进一步优化。在5G的加持下，用户在短视频的互动体验将越趋丰富，其传播性也将得到有效提升。5G将会以其强大的优势推动短视频行业的发展，短视频将迎来“又一春”。

3. Vlog作为新的短视频形式，未来势不可挡

社交作为视频时代最具基础性的价值，Vlog凭借其巨大的社交潜能，有望构建起以用户为中心的社区网络，推动深度的社交和互动，实现短视频社交的爆发。

4. “素人”影响力不断飙升，全民带货时代即将开启

随着技术的进一步落地，用户制作短视频门槛或将进一步降低，未来UGC内容影响力也有望持续提升。同时，随着“短视频+电商”的应用越趋广泛，“素人”用户凭借其基数大、本地化程度高等优势，有望开启短视频全民带货时代。“素人”用户可通过满足用户的多样化需求，从而拉动流量的有效增长。

5. “短视频+”普及，无边界营销已经到来

当前，短视频与美食、短视频与旅游等内容的结合应用已在用户群中逐渐渗透。未来，短视频或将持续变革移动营销。随着产业链上下游对垂直领域的关注，用户和MCN内容创作的

垂直化与短视频的无边界营销相互促进，未来更多“短视频+”将会普及。

6. 数据驱动短视频投放增长，短视频投放交易平台不可或缺

短视频投放交易平台通过融合自身的数据和技术优势，为品牌社交舆情和行业投放数据，为营销做前期决策，通过自媒体受众数据、效果数据、虚假数据识别体系精选合适的自媒体，通过对内容的识别及智能分析，助力自媒体内容智造，为用户提供更适合的内容，通过自动派单交易以及完善的质检系统，帮助投放快速高效执行，是未来短视频投放不可缺失的重要环节。

四、整合营销的内容

企业开展整合营销时，一般包括以下几个方面的内容：整合战略重塑、组织的动态再造、价值的确认、产品的整合开发、整合营销的促销和推进实施这几个方面的内容。企业在开展整合营销时，首先要进行战略的重塑。

1. 整合战略重塑

传统营销的战略忽略了战略层次的系统性、动态性。整合营销是用全新的理念来重新进行战略的定位与重塑。在进行整合营销的战略重塑时，要注意几个方面的内容：

（1）战略重塑要体现企业与众不同的个性　没有个性的战略不会被消费者认可接受，企业也不可能取得整合营销的成功。但是企业的个性并不能改变人们的全部思想，而是利用潜伏在人们头脑中的思想与观念来重塑企业的战略观念，整合营销强调的是与环境共存、共适的发展，而非与市场对抗。

（2）整合营销要求企业建立核心价值观　核心价值观是企业发展前进的内在推动力，是企业一切行动的最高准则和依据。没有核心价值观的企业是不会有内在发展动力的。

（3）企业的进取精神　战略重塑本身要求企业有进取精神，没有进取精神，整合营销不可能取得成功，因为整合营销是一种动态的营销观念，要求企业不断地调整其自身的战略与战术以满足顾客要求。企业没有进取精神就不可能动态地推进整合营销。

（4）共同的愿景　整合营销强调企业的内部营销，内部整合。只有建立共同愿景才能使员工建立团队精神，形成一个整体。

2. 组织的动态再造

传统的营销组织是以分工理论为基础的，显然不能使企业协调成一个整体，各部门之间也必然会存在各种矛盾或冲突，而整合营销强调的是整体性与协调性。企业的组织必然要进行再造与重组，使营销组织形成一个协调的整体。企业组织的重组与再造主要是根据团队建设与企业再造理论的精神去实施，不同的企业可以建立不同结构的组织。组织结构内部要彼此间信息交流畅通无阻，员工之间以共同的愿景建立良好的关系。这种组织还应是一种有机性的结构，做出的决策能够体现团队的意愿，而非传统营销中的部门经理负责制。

3. 整合营销价值的确认

整合营销的价值观是一种综合的价值观，既有精神的也有物质的，其价值确认要体现企业、顾客以及社会的共同价值，而非单一的企业产品价值。价值的确认仍是从顾客需求分析开始，寻找出令顾客满意的价值所在，在考虑企业自身实力与社会制约的基础上，确认一个三方都有利的价值标准，来实施价值管理。

4. 产品整合开发

整合营销中的产品包括实体产品与服务。实体产品的整合开发要注意：

① 确认企业的核心能力，寻找企业的差别优势，实现各方面资源的共享。

② 实体产品开发要循环开发，使创新突破性开发与改进性开发相辅相成。

③ 灵活制定开发目标，保持产品开发来源是多样的。

④ 采用机动的、综合的组织形式。

5. 整合营销的促销和推进实施

整合营销的促销沟通则强调在以顾客价值为导向的基础上对各种促销手段进行，使传媒成为一个协调的整体。关于整合营销的推进实施则是动态的推进过程，使用反馈的方法来循环推进整合营销方案。

例 10-3

华为整合营销传播

以华为手机新产品上市的整个过程为例，华为在不同阶段侧重性地使用不同营销传播策略组合来实现整合营销传播的目的。

在华为手机的营销传播过程中，华为手机营销部门条理清晰的组织架构也为华为手机控制整体营销节奏，实现整合营销传播提供了支持。华为手机营销部门针对手机单品上市不同阶段的主要传播目标设定了相应的整合传播方案，如图 10-10 所示。

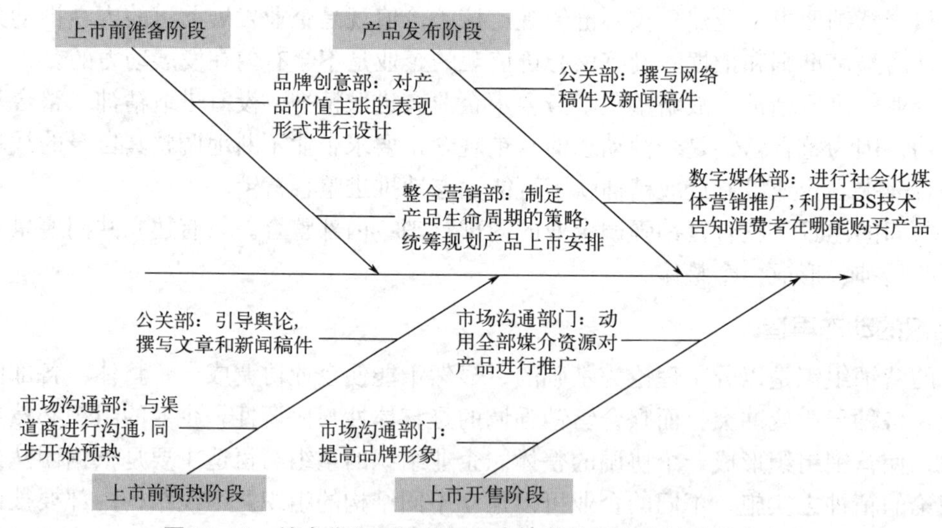

图10-10 结合华为手机单品上市流程的整合营销传播方案

（1）上市前准备阶段　在产品上市的前几个月，品牌创意部门会给出广告创意，品牌执行部门会制作产品生命周期的规划，整合营销部门则会对整个产品生命周期的每一周进行战略规划，统筹全年的营销节奏，让后期的营销计划能够有条不紊地进行。此时的营销目标是完成空中和地面策略的布局工作。

（2）上市前预热阶段　在制定了营销节奏后，产品发布会的前一、两个月，华为手机营销部门会对产品进行预热，并由整合营销部门对各个部门进行安排。预热主要以内容和口碑来引发关注，这时公关部门会准备稿件，并由数字媒体部门进行发布。此时市场沟通部门会与电商、渠道商进行沟通，与它们联合进行预热，如在电商首页进行产品预告，运营商、渠道商处也打出华为手机产品的预热广告，为华为手机发布会造势，吸引更多的关注者。

（3）产品发布阶段 产品发布会前后一周，公关部门会密集发布稿件，持续推高热度，整合营销部门对华为整体营销流程进行把控，以发布会为时点，发布会后华为手机并不会马上销售产品，而是会进行一周左右的蓄水期，让客户持币待购。此时数字媒体会在官方微博和微信公众号利用LBS技术（Location Based Service，基于位置的服务）告知客户最近的购买地点，让客户能够更容易地找到在哪里购买，为产品的销售吸引更多的关注传播度，并开始向渠道发力，此时空中地面策略开始联合。

（4）上市开售阶段 产品上市开售后，营销部门会动用所有媒介资源，此时有关产品的全部信息都可以披露，并且此阶段的主要目的是提高品牌形象。

第四节 人员推销

一、人员推销的特点

所谓人员推销（personal selling），就是企业的推销人员通过口头交谈来与消费者进行有效的沟通，以推销产品，促进和扩大销售。人员推销是一种最古老的促销方式，但在现代经济社会中仍起着重要的作用。这是因为人员推销有着下列的特点。

1. 加强买卖双方关系

企业的推销人员代表着企业，他们通过与顾客的直接接触，可以增进双方的相互了解，在企业与顾客之间建立长期的良好关系。

2. 提供有效服务

推销人员通过与消费者的沟通，可以更好地了解消费者的现有及潜在需求，向他们提供更加符合需求的产品，在销售产品的同时，加强销售服务工作。

3. 进行针对性推销

推销人员可以当场解答消费者的问题，解除消费者的疑虑，改变消费者的对立态度，取得消费者的信任；也可以通过对消费者特性的了解，采用有针对性的推销方法，以促成消费者的购买。

4. 及时反馈信息

推销人员通过双向的沟通，可以了解有关的产品、市场等信息，并及时地把信息反馈给企业管理部门，有利于企业做出进一步的正确决策。

当然，人员推销也有其不足之处。第一，由于人员推销的接触面比较窄，与其他促销方式相比，人员推销的平均费用水平比较高，在一定程度上减少了企业的利润或影响企业产品的竞争力；第二，人员推销对推销人员的素质要求比较高，企业很难找到理想的优秀推销员。

二、人员推销的程序

要发挥人员推销的特点，完成推销任务，企业推销人员必须掌握一定的推销技术，把握好推销的进程。人员推销的进程有各种不同的划分方法，一般地说，一个有效的人员推销过程至少应包括三个步骤：寻找顾客、进行推销、售后追踪，如图10-11所示。

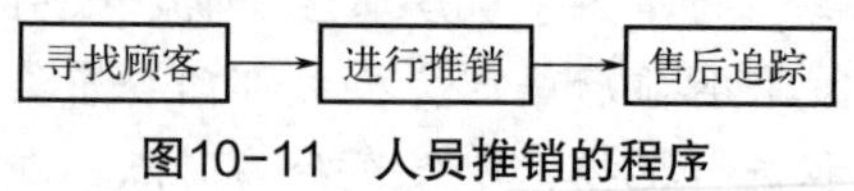

图10-11 人员推销的程序

1. 寻找顾客

人员推销的首要程序就是寻找潜在的顾客，只有有了特定的推销对象，推销人员才能开始实际的推销工作。

推销人员可以通过表10-5列示的途径来寻找潜在的顾客。

表10-5 寻找潜在顾客的途径

种类	辨认技巧
外部来源	派生方法：向每一位潜在顾客询问另一位可能成为潜在顾客的名字 社区交际：向朋友和熟人询问可能成为潜在顾客的名字 介绍法：由一个潜在顾客通过电话、信件或亲身介绍其他潜在顾客 联系组织法：从服务性娱乐部和商业会员中寻求销售线索 无竞争关系的销售人员：从他们那里获取信息 制作易见的报告：制作能影响其他购买者的易见的、具有影响力的报告
内部来源	检查记录：检查公司资料库、人名地址簿、电话本、员工名单和其他书面文件 回应电话/邮件：对潜在顾客的电话或邮件进行回应
亲身接触	亲身观察：通过看、听来寻找真正的潜在顾客 深入访问：（通过电话或亲自）对潜在顾客进行深入访问
其他方面	网上浏览：通过姓名和位置确认潜在顾客 召开/参加商业展销会：召开或参加直接面向潜在顾客的商业展销会 挖掘策略：让初级销售人员设定潜在顾客，由高级销售人员与之联系 销售专题讨论会：潜在顾客以组为单位学习关于销售产品的主题内容

寻找到潜在的顾客后，还需要对他们进行评估，以确认是否真正值得开发。通过对潜在顾客的需求、支付能力等的审查，推销人员可以剔除那些没有成功希望的顾客，优先把时间精力放在那些

最有潜力的顾客身上，以减少不必要的支出和浪费，提高推销的成本效益。

2. 进行推销

潜在的目标顾客被确定后，推销人员就要马上着手与顾客接触，进行推销。

通常有两方面的活动：

一是要做好推销前的准备工作（pre approach）；

二是与顾客见面，达成交易。

推销前的准备工作通常包括：

（1）拟定推销计划　确定向顾客介绍的产品及该产品能充分满足顾客需求的特征和优点，然后编制推销方案，如准备携带的实物、洽谈的内容、发言的提纲等。

（2）与顾客约见（approach）　首先要能见到顾客，然后才有机会面谈、推销。约见主要是约定推销访问的对象、时间、地点、目的，应方便顾客，有利于推销。

（3）安排访问路线 特别是在一天里访问多个顾客或连续访问时，合理的访问路线可以减少推销人员的旅途、等候时间，避免无谓的浪费。

当推销人员与顾客见面后，就进入了关键性的面谈阶段。推销人员应运用其熟练的推销技巧，去说服顾客购买产品。这实际上就是推销人员与顾客的信息沟通过程，因此，"AIDA"模式也完全适用于这个阶段。

3. 售后追踪

产品售出后，推销活动并未就此结束，推销人员还应该与顾客继续保持联系，以了解他们的满意程度，及时处理顾客的意见，消除他们的不满。良好的售后服务，可以提高顾客的满意度，培养对产品高度忠诚的长期顾客和终身顾客，增加产品再销售的可能性。根据国外的一项研究，顾客再次购买率提高5%，利润就增加25%。

推销人员也可以通过售后的追踪和评价，了解顾客的信用度，从中挑选出关键顾客，即购买额在企业全部销售额中占相当大的百分比，或者是将来有可能成为最大顾客的那部分顾客，对他们进

行重点的管理，因为这些关键顾客对于企业的生存和发展有着重要的影响。

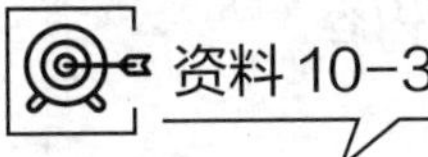

资料10-3

推销礼仪

推销礼仪是指推销人员在推销过程中礼节和仪表的总称。现代企业是相互开放和相互联系的系统，推销人员作为企业对外的代表，既应是企业的外交官，又应是一名出色的社会活动家。因此，推销人员不仅要努力推销企业产品，而且要善于推销自己。一个善于推销自己的推销员，处处受欢迎，自然会收到比较理想的推销效果。推销人员要做到这一点，就必须时刻注意自己的衣着打扮和举止谈吐，讲究待人接物的礼节。具体地讲，推销人员的推销礼仪包括以下几个方面：

1. 仪表

一个人的长相是无法随意改变的，而一个人的仪表，则可以各显神通，任意打扮。推销人员是现代文明的促销者，因而应当十分注重自己的仪表。当推销人员开始接近顾客时，顾客对他的第一印象的好坏，主要取决于推销人员的仪表的美丑。作为一名现代推销人员，首先必须经常锻炼身体，保持健康。健康的体魄，是仪表美的一个重要因素。有了健康的体魄，就会神采奕奕，就能胜任各种辛苦的推销工作；其次，要保持外表整洁，做到定期理发，头发不能过长或太乱等等。顾客喜欢仪表优雅、风度翩翩的推销人员，而不会欢迎那些不修边幅、形象邋遢的推销人员。

2. 服饰

衣服是一个人的重要门面，往往会给第一次见面的人留下深刻的印象。现代推销学主张推销人员注重礼仪，讲究穿戴。尽管不同行业的推销人员可能需要不同的衣着以合乎其企业形象或商品形象，但是大体上说来，推销人员的穿着应以稳重大方、整齐清爽、干净利落为基本原则。庄重大方的穿着可以增强推销人员的自信心和自尊感。当推销人员自尊自爱的时候，也就是推销效果最佳的时候。

3. 举止谈吐

透过一个人的举止行为，往往可以看出这个人的自我修养水平。美丽和谐的外表固然能够

受到顾客的欢迎，而高雅不凡的举止谈吐同样可以让顾客倾倒。因此，除了仪表和服饰之外，推销礼仪还包括推销人员的举止谈吐习惯。

从推销人员的言谈来看，首先应该保持语言的准确性，不能使用含糊的措辞。其次，要注意语言的规范化，除了在某些特殊的场合可以使用方言土语，一般应该使用普通话。再次，推销人员应该使用礼貌语言，讲究语言美，不讲粗野话语。

从推销人员的举止行为来看，也有一些大家应该共同遵守的基本准则和具体礼节，如打招呼的礼节，使用名片的礼节，使用电话的礼节以及抽烟、饮茶、参加舞会的礼节等等。好的举止行为讨人喜欢，坏的毛病令人厌恶。因此，推销人员应该尽力避免各种不礼貌或不文雅的举止习惯。只要推销人员语言优美动听，举止文雅得体，处处注意礼节，就会受到顾客的欢迎，赢得顾客的好感。

三、人员推销的管理

据企业外部环境和内部资源条件，对销售队伍规模、销售队伍组织结构、推销人员的报酬、招聘与挑选、训练、考核与评价等进行设计和管理，是人员推销管理的主要内容。

1. 销售队伍规模

销售人员（salesperson）是企业最重要的资产，也是花费最多的资产，销售人员的销售量和成本具有密切关系。因此，确定销售队伍规模是人员推销管理中的一个重要问题。销售队伍规模的确定有以下方法。

（1）分解法　分解法首先决定预测的销售额，然后估计每位销售人员每年的销售额。人员规模可将预测的销售额除以销售人员的销售额而得。

（2）工作量法　工作量法（workload approach）分为五个步骤：

① 按年销售量的大小将顾客分类；

② 确定每类顾客所需要的访问次数；

③ 每类顾客的数量乘以各自所需的访问次数就是整个地区的访问工作量；

④ 确定一个销售代表每年可进行的平均访问数；

⑤ 将总的年访问次数除以每个销售代表的平均年访问数即可得出销售人员规模。

（3）销售百分比法　销售百分比法是指企业根据历史资料计算出销售队伍的各种耗费占销售额的百分比以及销售人员的平均成本，然后对未来销售额进行预测，从而确定销售人员的数量。

2. 销售队伍组织结构

销售队伍组织结构设计关系到推销工作的效率和资源最佳利用问题。销售队伍组织结构可按照市场区域、产品、顾客以及这三个因素的结合进行组织调整。

（1）按地区结构设计　按地区结构设计是最简单的推销人员结构（见图10-12）。

这种组织结构好处是：

第一，结构清晰，便于整体部署；

第二，销售人员的活动范围与责任边界明确，有利于管理与调整销售力量，能鼓励推销员努力工作；

第三，有利于推销员与当地商界及其他公共部门建立良好关系；

第四，相对节省往返旅途费用。

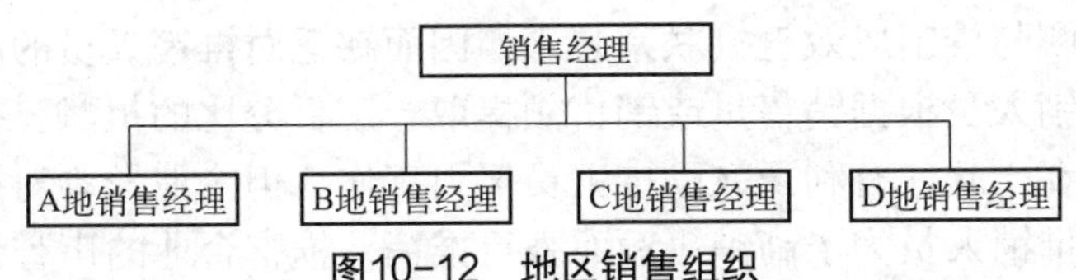

图10-12 地区销售组织

企业在规划地理区域时，要充分考虑地理区域的某些特征：各区域是否易于管理；各区域销售潜力是否易于估计；他们用于推销的全部时间可否缩短等等。

（2）按产品结构设计 按产品结构设计是按产品线来设计的推销结构，推销员负责一种或一类产品的推销工作（见图10-13）。

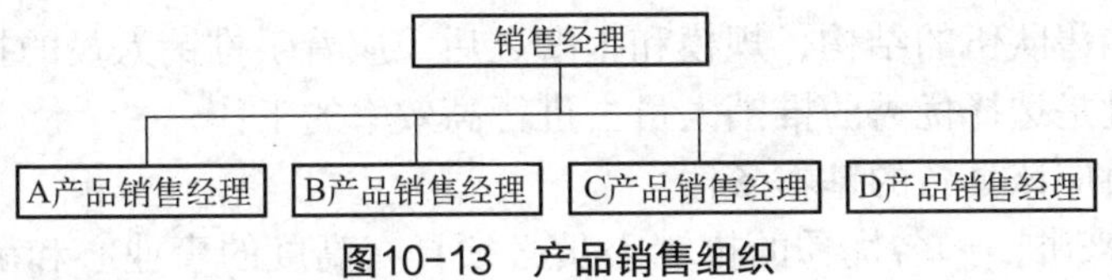

图10-13 产品销售组织

这种设计一般适合以下情况：

① 产品技术性强，生产工艺复杂，不同产品线的推销员应有专门知识；

② 企业产品种类繁多。

这种类型的组织设计的优点主要有：

第一，产品经理能够实现产品的最佳营销组合；

第二，产品能较快地成长起来；

第三，能够对市场出现的问题及市场状况的变化迅速做出反应。

当然，这种组织也存在一些问题。

第一，缺乏整体观念。在产品型组织中，各个产品经理相互独立，他们会为保持各自产品的利益而发生摩擦。

第二，部门冲突。产品经理的工作未必能获得广告、生产、财务等方面的理解和支持。

第三，多头领导。由于权责划分不清楚，具体推销人员可能会得到多方面的指令。

（3）按顾客结构设计 企业也常常按顾客类别来分配推销人员。如企业对不同行业安排不同的销售队伍，一般来说，分类方法有行业类别、用户规模、分销途径等（见图10-14）。

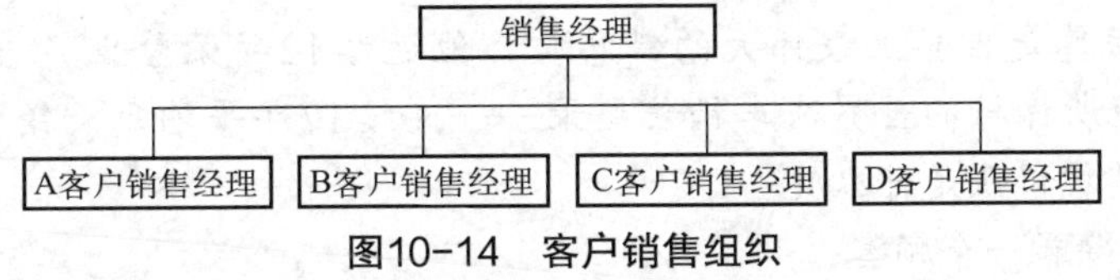

图10-14 客户销售组织

这类设计能针对不同顾客采取不同的推销策略。但是，一个销售员可能要横跨若干省份或大区域，整个销售队伍有可能重复交叉出现在同一地区。

3. 推销人员的报酬

要留住优秀的推销人才，企业应该有一套具有相当吸引力的报酬制度。最常见的报酬制度有以下三种。

（1）薪金制 推销人员可以按时得到固定的薪金，销售情况的好坏对薪水的多少没有影响（至少在短期内如此）。这种制度能使推销人员得到稳定的收入，也有利于企业的管理与控制。

但这种方法没有把报酬与推销成效直接联系起来，因而缺乏对推销人员的激励力量。

（2）佣金制　推销人员根据销售量或销售额提取一定百分比的报酬。推销人员的报酬与其工作成果紧密地联系在一起，有利于鼓励推销员努力工作。但企业较难对推销人员进行管理与控制，同时容易造成推销人员为了高销售额而强行推销，损害企业的声誉。

（3）薪佣制　即薪金制与佣金制相结合，先确定固定的薪金，然后根据推销人员推销的成果来提取一定百分比的佣金。这种方式结合了两种制度的长处，克服了它们的短处。既可以使推销人员有基本的收入保障，又能激励推销人员努力工作，也有利于企业的管理与控制。关键是要确定固定薪金与佣金的合理比例。

4. 推销人员的招聘与挑选

企业在确定了销售队伍的结构、规模和报酬之后，应着手推销人员的招聘、挑选。销售工作要获得成功，关键是选择优秀的推销人员去进行高效率的工作。

（1）优秀推销员应该具备的基本条件

① 从思想素质来讲，一名优秀的推销人员必须具有高度的事业心和敬业乐业的精神，要具备创业精神和崇高的道德品质，要遵守国家的法律和有关政策，并切实从用户利益出发，为他们提供优良的服务。

② 从身体、个性、语言等方面的素质来看，要求推销员具有身体健康、年富力强、精力充沛的条件，特别是要具有适应外出工作的能力和家庭条件；推销员要具有仪表端庄、举止大方、态度和蔼、作风正派的外表条件，能给用户一种亲切、愉快和满意的感觉；要有较强的语言表达能力，要善于针对不同的性别、年龄、文化、籍贯、职业等类型的用户，灵活地选用不同的语言和讲话技巧。

③ 就智力和工作能力方面的素质而言，要求推销员有比较广泛的兴趣爱好和文化科学知识，具备企业的生产技术和产品方面的基本知识，对市场营销的理论和经验要充分予以掌握，另一方面也要有一定的经济和管理方面的知识，要善于收集及研究市场的信息情报，掌握市场的变化动态，提出自己的市场营销建议。

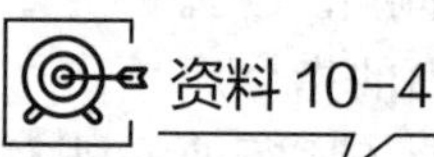

资料 10-4

乔·吉拉德，伟大的推销员

美国人乔·吉拉德是世界上最伟大的销售员，他连续12年荣登世界吉斯尼记录大全世界销售第一的宝座，他所保持的世界汽车销售纪录——连续12年平均每天销售6辆车，至今无人能破。乔·吉拉德销售秘诀是什么呢？

1. 250定律：不得罪一个顾客

在每位顾客的背后，都大约站着250个人，这是与他关系比较亲近的人：同事、邻居、亲戚、朋友，这就是乔·吉拉德的250定律。由此，乔得出结论：在任何情况下，都不要得罪哪怕是一个顾客。在乔的推销生涯中，他时刻控制着自己的情绪，不因顾客的刁难，或是不喜欢对方，或是自己情绪不佳等原因而怠慢顾客。

2. 名片满天飞：向每一个人推销

每一个人都使用名片，但乔的做法与众不同：他到处递送名片，名片漫天飞舞，就像雪花一样，飘散在运动场的每一个角落。乔认为，每一位推销员都应设法让更多的人知道他是干什么的，销售的是什么商品。这样，当他们需要他的商品时，就会想到他。乔抛散名片是一件非同寻常的事，人们不会忘记这种事。

3. 建立顾客档案：更多地了解顾客

乔认为，推销员应该像一台机器，具有录音机和电脑的功能，在和顾客交往过程中，将顾客所说的有用情况都记录下来，从中把握一些有用的材料。乔说："在建立自己的卡片档案时，你要记下有关顾客和潜在顾客的所有资料，他们的孩子、嗜好、学历、职务、成就、旅行过的地方、年龄、文化背景及其他任何与他们有关的事情，这些都是有用的推销情报。"

4. 猎犬计划：让顾客帮助你寻找顾客

乔认为，干推销这一行，需要别人的帮助。在生意成交之后，乔总是把一叠名片和猎犬计划的说明书交给顾客。说明书告诉顾客，如果他介绍别人来买车，成交之后，每辆车他会得到25美元的酬劳。实施猎犬计划的关键是守信用。乔的原则是：宁可错付50个人，也不要漏掉一个该付的人。

5. 推销产品的味道：让产品吸引顾客

乔·吉拉德特别善于推销产品的味道。与"请勿触摸"的做法不同，乔在和顾客接触时总是想方设法让顾客先"闻一闻"新车的味道。他让顾客坐进驾驶室，握住方向盘，自己触摸操作一番。如果顾客住在附近，乔还会建议他把车开回家，让他在自己的太太、孩子和领导面前炫耀一番，顾客会很快地被新车的"味道"陶醉了。根据乔本人的经验，凡是坐进驾驶室把车开上一段距离的顾客，没有不买他的车的。即使当即不买，不久后也会来买。新车的"味道"已深深地烙印在他们的脑海中，使他们难以忘怀。

6. 每月一卡：真正的销售始于售后

乔有一句名言："我相信推销活动真正的开始在成交之后，而不是之前。"推销员在成交之后继续关心顾客，将会既赢得老顾客，又能吸引新顾客，使生意越做越大。乔每月要给他的1万多名顾客寄去一张贺卡。一月份祝贺新年，二月份纪念华盛顿诞辰日，三月份祝贺圣帕特里克日……凡是在乔那里买了汽车的人，都收到了乔的贺卡，也就记住了乔。正因为乔没有忘记自己的顾客，顾客才不会忘记乔·吉拉德。

（2）进行招聘和挑选　在确定了招聘人员的基本条件之后，企业管理层就可以进行具体的招聘和选拔工作。招聘人员的途径很多：可以刊登广告诚招；接触相关的大专院校；可以委托就业辅导或其他中间机构；也可以通过各种途径的推荐；还可以从企业或公司的其他部门，甚至是在同行业中进行招聘。

挑选推销员的程序可简可繁。最简单的方法只需进行一次面谈；复杂的则需要进行卷面测验、面试，甚至在考核高级销售主管时，还得进行情景模拟，进一步测验其实际推销和管理能力。从简单到复杂，各企业可以根据自己的实际情况及应聘人员的情况具体加以选择。

5. 推销人员的训练

企业招聘到推销人员后，应先进行培训，然后再委派他们从事实际工作。培训的内容通常有以下五方面：

（1）熟悉企业情况　如企业的历史、经营目标、组织机构、主要的高级职员、财务状况、主要的产品和销售量等。

（2）熟悉企业产品　了解所推销产品的种类、生产过程、使用方法等。

（3）了解顾客与竞争者的特点　如了解顾客的需要、购买动机与购买习惯、竞争者的策略与政策等。

（4）精通推销技术　如推销的基本原理、方法和技巧、企业的推销哲学等。

（5）明确自己的本位工作　如时间的有效利用，合理选择推销路线，使用推销费用，撰写销售报告等。

6. 推销人员的考核与评价

为了加强对推销人员的管理，企业必须对推销人员的工作业绩进行科学而合理的考核与评估。推销人员业绩考评结果，既可以作为分配报酬的依据，又可以作为企业人事决策的重要参考指标。

（1）考评资料的收集　收集推销人员的资料是考评推销人员的基础性工作。全面、准确地收集考评所需资料是做好考评工作的客观要求。获得考评资料主要有四个来源途径。

① 推销人员销售工作报告。销售工作报告一般包括销售活动计划和销售绩效报告两部分。销售活动计划报告作为指导推销人员合理安排推销活动的日程，它可展示推销人员年度推销计划和日常工作计划的科学性、合理性。销售绩效报告反映了推销人员的工作实绩，据以可以了解销售情况、费用开支情况、业务流失情况、新业务拓展情况等许多推销绩效。

② 企业销售记录。企业的销售记录，因其包括顾客记录、区域销售记录、销售费用支出的时间和数额等信息而使其成为考评推销业绩的宝贵的基础性资料。通过对这些资料进行加工、计算和分析，可以得出适宜的评价指标，如某一推销人员一定时期内所接订单的毛利。

③ 顾客及社会公众的评价。推销人员面向顾客和社会公众提供各种服务，这就决定了顾客和社会公众是鉴别推销人员服务质量最好的见证人，因此，评估推销人员理应听取顾客及社会公众的意见。通过对顾客投诉和定期顾客调查结果的分析，可以透视出不同的推销人员在完成推销商品这一工作任务的同时，其言行对企业整体形象的影响。

④ 企业内部员工的意见。企业内部员工的意见主要是指销售经理、营销经理或其他非销售部门有关人员的意见。此外，销售人员之间的意见也作为考评时的参考。依据这些资料可以了解有关推销人员的合作态度和领导才干等方面的信息。

（2）考评标准的建立　评估销售人员的绩效，科学而合理的标准是不可缺少的。绩效考评标准的确定，既要遵循基本标准的一致性，又要坚持推销人员在工作环境、区域市场拓展潜力等方面的差异性，不能一概而论。当然，绩效考核的总标准应与销售增长、利润增加和企业发展目标相一致。

制定公平而富有激励作用的绩效标准，需要企业管理人员根据过去的经验，结合推销人员的个人行为来综合制定，并需在实践中不断加以修整与完善。常用的推销人员绩效考核指标主要有两类：

① 基于成果的考核

基于成果的考核是定量考核，主要考核以下指标：

a. 销售量，是最常用的指标，用于衡量销售增长状况。

b. 毛利，用于衡量利润的潜量。

c. 访问率（每天的访问次数），衡量推销人员的努力程度。

d. 访问成功率，衡量推销人员工作效率。

e. 平均订单数目，多与每日平均订单数目一起用来衡量、说明订单的规模与推销的效率。

f. 销售费用及费用率，用于衡量每次访问的成本及直接销售费用占销售额的比重。

g. 新客户数目，是衡量推销人员的特别贡献的主要指标。

② 基于行为的考核

基于行为的考核是定性考核，主要考核销售技巧（包括倾听技巧、获得参与、克服异议等）、销售计划的管理（有无记录、时间利用等）、收集信息、客户服务、团队精神、企业规章制度的执行情况、外表举止、自我管理等。

思政园地

推销员应该具备的职业道德

推销员是企业的尖头兵，在如今这个竞争激烈的社会，每一家企业的经营者都乐于见到自己的推销员多多地开发新客户，赢得庞大的订单。但是当推销员以非正规程序来赢得订单，对于推销员、企业虽然有明显和即刻的利益，但伴随而来的却是对推销员的职业道德以及企业形象的严重损害。那么作为一个推销员，应该具备哪些职业道德呢？

1.诚实守信

推销员在推销中要做到诚实守信，不能为了获得客户的订单，就采取虚假的宣传、乱承诺、欺骗等手段。答应客户的事情，一定要做到，如果出现了一些确实无法做到的事情，要提前告知客户以取得客户谅解。要用自己的真诚和诚信来打动客户，才能获得长久的合作。

2.严守秘密，保护客户的隐私

在推销工作中，推销员有可能接触到客户或者是企业的一些机密，推销员必须做到保守秘密，不得向外传播。

3.不应为了业绩而不择手段

业绩是考核推销员的一个重要指标。有些推销员为了达到业绩目标，就通过各种手段来取得业绩，或把产品吹得天花乱坠、无所不能；或者对客户做出不当承诺；或者通过给直接客户回扣等来提升业绩。虽然能取得暂时的高业绩，但是不一定能保持长时间的合作，甚至因为一些不当的承诺或者虚假宣传，给企业带来沉重地打击。

第五节 广告

一、广告的定义

广告（advertising）有广义与狭义之分，在市场营销学中，通常指的是狭义的广告，也叫经济广告或商业广告，它通常是以营利为目的。广告是企业以付酬的方式，通过各种促销媒体，向目标市场的消费者传递产品信息的活动。广告是企业产品促销的重要手段之一，一些著名大企业每年支出的广告费用高达十几亿美元。而且，随着市场经济体制的进一步完善和发展，这种趋向还在逐渐增强。

二、广告的目标和定位

广告的目标是指根据企业的市场营销组合，在业务发展的不同阶段，企业给广告所确定的要达到的具体目标，也就是广告的针对性问题。广告目标有三个，即介绍、说服、提醒。

1. 广告的目标

（1）以介绍为目标的广告（information advertising） 也叫作开拓性广告。是为了适应开发市场的初步需要，向市场介绍一种新的产品或一项新服务的广告。以介绍为目标的广告主要介绍新产品的特点、价格、使用方法，并且纠正顾客对本企业的一些误解。

（2）以说服为目标的广告（persuasive advertising） 又叫作竞争性广告。它说明本产品的特色以及与竞争产品的区别，说服消费者建立一种对本企业产品的信赖。以说服为目标的广告主要劝说消费者建立品牌偏爱，说服顾客接受推销员的访问。

（3）以提醒为目标的广告（reminder advertising） 是提醒消费者可能在不久的将来会需要这个产品，希望消费者不要忘记该产品。加强性广告也可归于此类。所谓加强即加强顾客买后的正确感、荣誉感。

例 10-4

农夫山泉的创意广告

近几年农夫山泉的广告非常有创意。

1.“农夫山泉有点甜”

1998年，农夫山泉在央视播出第一条广告，看似重点突出表现“甜”，实则是想展示其水源优质，观众在记住了农夫山泉的同时，还让“甜”成了自己的标签。

2.“我们不生产水，我们只是大自然的搬运工”

2008年，农夫山泉抓住人们注重健康的生活理念，将天然水的健康理念进一步深化，并在最近几年将这一健康理念一直坚持下去。

3.“每一滴水都有它的源头”“什么样的水源孕育什么样的生命”

这两句广告语刻意描述优质的水源，并用视频短片的形式将好山、好水、好环境表现得淋漓尽致。

除了在广告语中使用创意手法，农夫山泉还利用地铁广告将创意宣发，并联名“网易云音乐”玩起了跨界营销。从某些方面来讲，跨界营销就是一种资源互换，通过联合的方式来强化自己的品牌形象，这也是除了广告语之外另一种创意广告的形式。

2. 广告的定位

为了达到广告的目标，需要对广告进行定位。广告定位的形式很多，常用的有如下三种：

（1）功效定位　即在广告中突出商品的特异功效，使该产品在同类产品中增强选择性需求。

（2）品质定位　即在广告中着重强调本产品的品质与众不同之处，而不是一般的“用料上乘，品质优良”的空洞说法。

（3）心理定位　即针对消费者的心理习惯进行广告宣传，主要用于新产品竞争。

资料 10-5

企业广告技巧

企业广告是企业为了沟通信息、实现扩大产品销售的有效促销手段。在浩如烟海的各类广告中，企业要使自己的广告引人注目，就必须讲求广告的新颖与技巧。事实上，许多成功的企业，就是因为他们能充分利用一切条件和诱人的广告技巧，促成扩大销售的。

1. 以新引人

广告只有采用先进的科学技术，才会新颖。美国一家食品公司在底特律城郊，竖立了高80英尺、长100英尺的推销面包的巨型广告牌，当行人走近它时，不仅能听到轻音乐和介绍面包的声音，而且能闻到一股“神奇混合面包”的香味，引起食欲。因此，这家公司的面包销量陡增两倍多。

2. 以“名”吸人

商品取个好名字，也是一种广告。名字取得好，令人马上想到商品的性能、用途，引起购买动机。例如，我国中成药取名具有优良传统，如“银翘解毒片”，既说明了制药成份，又说明了治病效用，便于消费者对症购药，促成其购买。

3. 以利诱人

追求名利和实惠是消费者普遍存在的心理动机。企业广告如果能抓住消费者的这种心理特征，也能取得意想不到的广告效果。香港一家商店，推出一种最新的“强力万能胶水”。老板别出心裁，用这种胶水把一枚价值数千元的金币贴在墙上，并宣布，谁能用手把它拿下来，这枚金币便归其所有。一时间，该店门庭若市，不仅观者如潮，登场一试者也大有人在。可惜只能望“币”兴叹，无功而返。此事张扬出去，这种胶水远近闻名，人人争购。

4. 以情感人

上海第一百货商店一个柜台上的广告是：“除了妈妈以外，最爱护我的就是强生”。强生何许人也？原来这是美国生产的护肤霜、护肤膏、洗发精等儿童系列护肤品。如此广告，令人心动。

5. 以趣逗人

广告技巧还体现在广告的情节安排上。一则广告如果能用有趣的情节把人逗乐，则会使人产生难忘的印象。1982年，在南斯拉夫举办的第五届萨格勒布动画电影节上，放映了一部以蚊子为主角的广告动画片：右边的蚊子手里拿着枪，恶狠狠地威逼左边的蚊子。突然左边的蚊子拿出一只DDT的瓶子，冷不然向右边的蚊子“哧”地喷去，只见右边的蚊子随即直挺挺地倒下了。可是，正当左边的蚊子得意之时，一不小心向自己也“哧”地喷去，于是也直挺挺地倒下了。看到这里，观众大笑不止，广告的目的也达到了。

三、广告媒体

广告信息需要通过一定的媒介物才能传递给消费者，不同的媒体对同一信息所起的促销作用各不相同，因此，我们要在充分发挥不同媒体功能的基础上，选择合适的广告媒体。

1. 广告的媒体的分类

广告的媒体种类非常多，常见的如表10-6所示：

表10-6 广告媒体分类

电波媒体	广播、电视、电影、因特网、电话、短信
印刷媒体	报纸、杂志、书籍、传单、画册、说明书
户外媒体	广告牌、路牌、霓虹灯、灯箱、交通工具、招贴、街头装饰、气球
邮寄媒体	商品目录、订单、销售信、说明书

续表

售点媒体	门面、橱窗、货架陈列、实物演示、店内广告
人体媒体	时装模特、广告宣传员
包装媒体	包装纸、包装盒、包装袋
礼品媒体	年历、手册、小工艺品、印刷品
其他媒体	烟火、飞艇、激光

2. 五类大众媒体的特点

五类大众媒体即电视媒体、报纸媒体、广播媒体、杂志媒体及新媒体的特点见表10-7。

表10-7 五类大众媒体的特点

电视媒体	优点：覆盖面广、促销速度快、送达率高；集形、声、色、动态于一体，生动直观、易于接受、感染力强
	缺点：展露瞬间即逝、保留性不强；对观众的选择性差，绝对成本高
报纸媒体	优点：信息传递及时、读者广泛稳定、可信度比较高；刊登日期和版面的可选度较高、便于对广告内容进行较详细的说明；便于保存，制作简便、费用较低
	缺点：时效短、印刷简单因而不够形象和生动，感染力差一些
广播媒体	优点：覆盖面广、传递迅速、展露频率高；可选择适当的地区和对象、成本低
	缺点：稍纵即逝、保留性差、不易查询；受频道限制缺少选择性，直接性与形象性较差，吸引力与感染力较弱
杂志媒体	优点：读者对象比较确定、易于送达特定的广告对象；时效长、便于保存；印刷比较精美、有较强的感染力
	缺点：广告信息传递前置时间长、信息传递的及时性差、有些发行量是无效的
新媒体	优点：发布速度快、信息传播更便捷、内容形式更丰富、互动性强
	缺点：自媒体的低门槛，让很多不准确甚至虚假的信息更容易散播，同样的信息，大家更相信传统媒体说的

3. 广告媒体的选择

由于不同的媒体各有其不同的特点，企业在运用广告促销时，为了达到预期的广告效果，应对广告的媒体进行认真的选择。一般地说，要考虑以下三个方面的因素。

（1）媒体的目标受众　不同媒体的目标受众是不一样的。

首先受媒体促销范围的影响，能接触到媒体的人数就不一样。

其次，由于消费者的特性不同，他们所习惯使用的媒体也不一样，如儿童不识字或识字不多，报纸广告就很难奏效，电视则是理想的儿童用品广告媒体。

（2）产品的特征　不同性质的产品，宜采用不同的媒体。如原理复杂的产品，可以利用报纸、杂志等文字性的媒体进行演示；服装、食品等产品则应通过电视、杂志等媒体，利用彩色画面广告，增加其美感和吸引力。

（3）媒体的成本　企业还应考虑不同媒体广告费用的差别，结合企业的实力进行选择，要尽量使广告的效果与费用挂钩。

四、广告效果的评价

广告效果的评价分为三个方面：广告本身效果的评价、广告经济效果的评价、广告形象效果评价。

1. 广告本身效果的评价

广告的促销效果可以通过以下指标来分析：

（1）接收率　接收率一般是指接收该媒体广告信息的人数占目标市场总人数的比率。

其计算公式为：

接收率＝接收广告信息的人数 / 目标市场总人数 ×100%

（2）记忆率　其计算公式为：

记忆率＝记忆此广告的人数 / 接触该媒体的总人数 ×100%

企业不仅关心广告的覆盖面，而且更要重视分析接触过广告的人对广告的主要内容的记忆程度。

2. 广告经济效果的评价

广告经济效果的评价是指通过广告活动实施前后销售额的比较，监测广告对产品销售业绩的影响。广告经济效果的评价一般可由以下指标来衡量：

（1）销售增长率　其计算公式为：

销售增长率=（广告实施后销售额-广告实施前销售额）/广告实施前销售额 ×100%

销售增长率在一定程度上反映了广告对促进产品销售所发挥的作用。但是由于销售增长的影响因素比较复杂，单以销售增长率来评价广告促销效果，未免有失准确性，所以通常是将销售额的增长情况同广告费的投入情况相比较，以求更确切地反映广告的促销效果。

（2）广告增销率　其公式为：

广告增销率＝销售额增长的幅度 / 同期广告费增长幅度 ×100%

广告增销率反应广告费增长对销售额带来的直接影响。

（3）单位广告费收益　其计算公式为：

每元广告费效益＝销售增长额 / 同期广告费用 ×100%

值得一提的是，每元广告效益这个指标不仅可用于考察各时期的广告费的效益，也可用于不同媒体或不同地区的广告效果的分析比较，利于企业作进一步的广告决策。

3. 广告形象效果评价

广告的效果不仅仅反映在产品的促销上，它可能会在消费者心目中建立一定的印象或观念，尽管不会立即形成购买行为，却会在以后根据这些印象去选择和购买。广告效果的一个重要方面就是塑造企业和产品的良好形象，广告形象效果评价就是对广告所引起的企业或产品的知名度和美誉度的变化情况进行的测定和评价。企业形象可分为总体形象和具体形象两个方面。

（1）总体形象评估　总体形象是指企业或产品品牌在公众心目中的综合印象，一般以知名度、美誉度、品牌忠实度三项指标来衡量。知名度反应的是，对于企业的名称、或品牌、或主要产品，有多少消费者知晓。美誉度反映的是企业或产品在市场上的地位。例如，在消费者最喜欢的产品中，将该品牌排在第几位，或有多少比例的消费者喜欢该企业的产品。品牌忠实度反映的是顾客对于某些品牌的特殊偏好，即在购买此类产品时，不再考虑其他品牌，形成认牌购买的习惯。

（2）具体形象评估　具体形象是指受众对企业或产品的各方面的具体形象的评价，如企业的产品、售后服务、效率、创新以及便利性等指标。而企业的总体形象也往往是建立在这些具体形象之上的。只有进一步了解了受众对企业具体印象的变化，才能掌握影响企业总体形象变化的主要因素。

五、精准投放广告

由于大数据、移动互联网新技术的发展，通过“广撒网”投放成本高、精准度不够的广告已经不能满足商家的需求，人工智能和大数据正在猛烈冲击广告行业。近五年来，移动广告已经成为所有广告中份额最大的细分领域，广告主越来越倾向于通过大数据、智能化分析进行精准投放。

人工智能可以最大限度地挖掘出消费者的相关数据，比如消费习惯、消费能力、消费层次、所关注的方向等，可为各种活动提供深刻的洞察力，从而让广告活动以最合适的成本取得最佳的效果。

精准投放广告平台可对海量数据进行挖掘，实现广告的精准定向投放，包括投放前的地域定向、时间定向、页面内容定向、兴趣定向等。这种平台不仅能对曝光、点击、到达、停留时间等进行监测，更能对深度数据进行挖掘，帮助广告主优化投入产出比，确保所有的投放点用户都是最有可能采用广告的、转化率高的潜在客户。如今已经有专门的广告中介机构建立一体化平台，让广告主的广告能够实现自动化、效果化投放，因此很多公司将自己的广告外包出去。

第六节　销售促进

一、销售促进的概念

销售促进（sales promotion）是指在短期内为了刺激需求而进行的各种促销活动。这些活动可以诱发消费者和中间商迅速大量的购买，从而促进企业产品销售的迅速增长。但是，销售促进往往只在短期内有效，而且要伴随着相关的广告宣传活动。如果销售促进的时间过长，会很容易被认为是企业在变相降价，甚至被看作是推销劣质商品，使企业的形象受到损害。

销售促进的目的首先是为了吸引顾客。特别是在推出新产品或吸引新顾客方面，由于销售促进的刺激性比较强，较易吸引顾客的注意力，使顾客在了解产品的基础上采取购买行动，也可能使顾客追求某些方面的优惠而使用产品。

其次，销售促进可以起到奖励品牌忠诚者的作用。因为销售促进的很多手段如销售奖励、赠券等通常都附带价格上的让步，其直接受惠者大多是经常使用本品牌产品的顾客，从而使他们更乐于购买和使用本企业产品，以巩固企业的市场占有率。

当然，销售促进的最终目的还是为了实现企业的营销目标。销售促进实际上是企业让利于购买者，它可以使广告宣传的效果得到有力的增强，破坏消费者对其他企业产品的品牌忠诚度，从而达到本企业产品销售的目的。

因此，企业应有选择地、慎重地使用销售促进这一促销工具，既要有效地发挥它的作用，又要避免它的负面影响。

二、销售促进目标的确立

销售促进的目标主要由企业的营销目标而定，一般有三个方面的目标。

（1）以消费者为目标的推广　主要是刺激消费者购买，如鼓励现有产品使用者增加使用量，吸引未使用者试用，争取其他品牌的使用者等。

（2）以中间商为目标的推广　鼓励中间商购买、销售企业产品，提高产品库存量，打击竞争品牌，增强中间商的品牌忠诚度，开辟新的销售渠道等。

（3）以推销人员为目标的推广　鼓励推销人员推销企业产品，刺激他们去寻找更多的潜在的顾客，努力提高推销业绩等。

三、销售促进方式的选择

销售促进的方式有很多种，不同的方式各有其不同的特性；企业应根据销售促进的目标、市场的类型、竞争情况、费用等来选择合适的销售促进方式。

1. 向消费者的推广方式

（1）样品（samples）　企业免费向消费者赠送样品或试用样品。在企业推出新产品和占领新市场时，这是最为有效的方式。如奥妙洗衣粉、吗丁啉等产品都曾免费向消费者赠送样品。

（2）折价券（coupon）　持有者凭券在购买某种商品时可以免付一定数量的钱款。折价券可以直接邮寄，或附在其他商品中，也可以随广告附赠。

例 10-5

东京Restaurant Foyer：通过电子邮件发送甜品券和优惠券，成功招揽午餐客

采用发送电子邮件作为营销方式的餐饮企业越来越多，有的商家在发行会员卡时，通过向会员定期发送电子杂志的方式成功地留住了顾客。

法式料理店“Restaurant Foyer”建立了一套新颖的“午餐餐友”顾客管理系统。针对填写电子邮件地址和会员名等个人信息的顾客赠送“午餐餐友卡”。顾客来店消费时，只需出示此卡，就能享受各种优惠。

这家餐饮店的周边分布着多家外资企业，日常工作中使用电脑的人很多。针对这种情况，该店面向“午餐餐友”会员定期（每周2~3次）发送电子邮件，通过邮件让客人了解最新优惠资讯。另外，在每月发送一次的“Foyer最新资讯”中，还配有优惠活动和季节时令菜等图文信息。这种促销方式的优点是与手机邮件相比，信息存储量大、内容全面。

申请加入“午餐餐友”会员的人很多，不需要刻意宣传，只在由于企业迁址等原因而导致会员流失时开展招募活动。外资企业的人员流动相对频繁，所以停止发送邮件的情况时有发生。一般情况下，店里每天需要发送2300份邮件，而注册会员的实际人数是邮件数的1.5倍。

该店面向“午餐餐友”会员提供的优惠种类很多。比如“午餐甜品优惠”“每周四鲜鱼料理全品优惠”“晚餐优惠”……客人来店消费时，只需从摆在餐位上的优惠卡中抽出一张，就能享受相应的折扣服务。午餐客中，将近1/3是会员。每到用餐时间，店里人气超旺。因为口碑好，所以这家店的知名度越来越大，每天都有人申请办理会员卡。

（资料来源：腾讯网.8个经典营销案例教你吸引回头客）

（3）赠品（premium） 当购买某一特定产品时，以极低的价格销售或赠送另一种产品。赠品可附在包装内、包装上、包装外，有时包装物本身就是一种赠品，也可以免费邮寄赠品。赠品通常还带有广告性质，即企业将印有公司名称或产品的东西作为赠品。

（4）抽奖或竞赛（sweepstakes or contests） 向产品的购买使用者提供一些机会，使他们能获得奖金、奖品或旅游等。饮料企业经常举行此类活动。

（5）特价包装（price pack） 以低于正常产品的价格提供组合包装或搭配包装的产品。

（6）现金退回（cash refund offer） 与折价券类似，不同的是须将购买证明（如产品商标、号码、发票）寄给生产企业，企业用邮寄的方式将部分现金退还给购物者。

（7）使用者奖励（patronage reward） 以奖金或其他形式奖励那些经常或大量使用本企业产品的消费者。如很多航空公司为那些乘坐本公司飞机累计达到一定里程数的顾客提供免费机票。

（8）销售现场陈列和表演［point-purchase（POP）promotion］ 主要为了吸引消费者的注意，增加消费者对产品的理解和购买兴趣。特别适合于新产品的推广。

例 10-6

哈雷机车：开展买机车赠送附属品活动

在美国的机车市场，本田、铃木、川崎、雅马哈等日本机车处于霸主地位，而哈雷机车只作为爱好运动和享受兜风乐趣的年轻人的宠物，其销售旺季在夏季。当冬季到来时，各地经销的机车都堆满了仓库。哈雷机车制造厂除生产各式机车外，还生产机车附属品，如皮带、皮靴、坐垫、安全帽等，这些附属品也同样出现了滞销。为了减少库存，增加机车的市场占有率，哈雷机车制造厂开展了买机车赠送附属品活动，买得越早获赠越多，越贵的机车获赠得越多，鼓励消费者尽快做出购买决定。具体措施是：凡是1月购买者，赠送价值800美元的机车附属品；2月购买者，赠送价值400美元的机车附属品。由于广告宣传配合得当，哈雷机车在冬季的销售很旺，仅1、2月，市场占有率就由原来的30.8%增加到了38.9%。

2. 向中间商的推广方式

（1）购买折扣 在规定的期限内，每次购买都可以享受一定的折扣。主要鼓励中间商大量进货或购买一般不愿进货的新产品。

（2）合作广告 即企业出资资助中间商进行广告宣传，对中间商宣传本企业产品的广告费用进行补偿。

此外，当中间商为生产企业产品举办陈列时，或中间商购买某种产品达到一定数量时，企业都应该进行费用补偿或提供免费品。企业也可以向中间商提供销售奖励或赠送附有企业名字或产品的特殊广告赠品。

3. 向推销人员的推广方式

企业可以通过推销竞赛、推销红利、推销回扣等方式来奖励推销人员，鼓励他们把企业的各种产品推荐给消费者，并积极地开拓潜在的市场。

四、销售促进方案的制定

制定销售促进的方案，通常要考虑以下六个方面的因素。

（1）推广的规模 奖励规模的确定要考虑成本与效益的关系。推广活动要获得成功，一定规模的奖励是必要的。但如果超过一定限度，规模的扩大不一定会带来效益的递增。

（2）推广的对象 哪些消费者可以参加销售促进并获得奖励？一般地说，应奖励那些现实的或可能的长期顾客。

（3）推广的途径 即要决定如何把销售促进方案向目标对象传送。如折价券，可以附在产品包装中，也可以通过广告媒体进行传送、分发。两种方式各有其不同的影响范围与成本。

（4）推广的时间 即销售促进活动持续时间的长短。如果时间太短，许多可能的消费者还未来得及购买，无法享受推广的优惠；时间太长，则可能会给消费者造成不良印象，认为是变相减价或产生对产品质量等的怀疑。

（5）推广的时机 应该在什么时候举行销售促进活动，通常要考虑产品的寿命周期、消费者的收入状况、购买心理、竞争状况等因素。同时也要考虑不同的促销工具，各部门之间的协调配合等情况。

（6）推广的预算 预估销售促进的费用支出，可以有两种方法：

一是自下而上，先确定各种具体促销方式的费用，然后相加得出总预算；

二是先确定企业促销的总费用，然后按一定的百分比来进行分配，确定销售促进的费用。

五、销售促进方案的测试和执行

推广方案确定以后，若条件允许，应进行测试，以验证所定方案是否合适，能否达到预定效果等等。一般的测试大都在小范围内进行，以节约时间和成本。

测试通过后，企业还应制定执行计划，以有效地执行推广方案并进行控制。执行计划中要包括两个关键的时间因素：前置时间和后延时间。前置时间是指推出方案之前的准备时间，这段时间的工作包括推广的设计、修改、批准、制作、传送等；后延时间是指从销售促进活动开始到推广的产品95%已到达消费者手中的这段时间，其间进行的是实际推广运作和管理。

六、销售促进的评估

销售促进评估的常用方法是进行销售业绩的变动比较，即比较销售促进活动开始前、进行中和结束后三个时期的销售额变化情况，分析销售促进活动的成效。一般地，在推广进行中的销售情况总是比较好的，关键是推广前后的比较。如果推广活动后，企业的销售额或市场占有率高于推广活动前，说明推广活动有成效；若推广后的销售额或市场占有率与推广前持平或降低，则说明推广失败。

此外，也可以通过对消费者行为的分析、消费者调查等方法来评估销售促进活动的实际效果。

评估活动结束后，本次推广活动的组织者还应该提交一份建议报告，在总结本次活动的基础上，提出合理化建议，以供下一次推广活动借鉴。

例 10-7

优衣库的陈列密语

优衣库是最为懂得扬长避短的品牌，毫不时尚的款式也被其成功塑造成了“快时尚”的代表。这其中店铺陈列的秘诀就能让国内品牌好好研究一番。

1. 入口陈列：扬长推爆款

先来看优衣库有什么优点。

优衣库的定位是平价时尚品牌，“平价”是其在快时尚品牌中最为突出的优势。在消费者端，优衣库有两种方法来塑造其平价的形象。

第一种是经常性地优惠促销，不仅在年节，平时优衣库也会推出各种“限时特优”来清理库存促进销售，同时不断强化平价定位。

第二种是提高商品性价比，通过面料、做工等消费者看得见的质量提升，隐性地降低消费者对其价格的敏感度，以达成平价印象。而无论是哪种情况，都需要配合一段时间的集中展示才能让消费者更充分地感知，换个方式讲，也就是我们常说的推“爆款”。

对于推爆款，入口位置是当之无愧的最重要部分，优衣库通常采用两种手段来进行：模特和展柜。

在优衣库的大型独立门店，通常会有一个模特矩阵。一群男女模特会身着主推款式，被放置在进门处。在模特附近，会有专门的展柜来进行爆款的展示。为了和优衣库的商品类型匹配，展柜上的爆款展示也并非通常服装品牌的一款一种颜色，而是会将所有颜色所有尺码都展示出来，顾客几乎不用走进店内就能先挑到适合自己的主推款。

而在比较小的商场门店，模特和展柜则被叠加到一起。模特通常被安放到展柜之上，站在高处非常显眼。如果主推商品不止一种，那么除了展柜上的商品外，展柜周围还会放置几个货架，把比较次要的商品在附近展示出来，以充分利用入口处的空间。

2. 全局陈列：避短遮货少

优衣库也有缺点。

常去优衣库的人都知道，优衣库每季的新品款式其实都不多。比如冬季大衣，可能只有两三款，卫衣只有一两款，在品类上和ZARA、H&M等根本没法比。这也和国产品牌的情形比较类似。那么优衣库是如何避免店内商品看起来过少的情况呢？

没错，这就是仓储式售卖的功劳——将所有尺码、颜色的商品全部摆放出来，给顾客一种商品非常丰富的感觉。

其实还有一点很容易被人忽略，那就是优衣库的卖场中货架很多，而且也很高。

这些货架通常都高过顾客不少，一方面当然是配合了仓储售卖的陈列系统，让顾客能轻松地自选尺码；另一方面，也遮挡了顾客的视线，不致直接穿透整个商店，不会一下子就发现款式较少的缺点。

3. 特殊陈列：突出功能优势

不得不提优衣库对功能型服饰的特殊陈列。

实用也是优衣库的卖点之一，功能型商品是其重点主打。对于这部分商品，优衣库会采用许多特殊陈列来放大其功能特点。

首先，功能型商品会集中布局，例如具有发热等功能的商品会被集中在一个货架上展示，而不分上装下装。除正反两个大面积展示区块外，货架的侧面也会安排展示帽子等饰品。顾客不必走远就可轻松选择全套发热产品。尽管缩短了购物路线，但对于功能型商品来说，顾客的选择很有目的性，缩短时间其实更贴心。

同时，门店还会安排配套的POP文案来提升功能感知。

（资料来源：张大伟.优衣库的陈列密语[J].销售与市场，2015（01）.）

第七节 公共关系

一、公共关系的特征

公共关系（public relation，简称PR）是企业利用各种促销手段，同顾客、中间商、社区民众、政府机构以及新闻媒体等各方面的公众沟通思想情感、建立良好的社会形象和营销环境的活动。

公共关系具有以下一些基本特征：

① 公共关系不仅仅是为了推销企业的产品，而主要是为了树立企业的整体形象，通过企业良好形象的树立来改善企业的经营环境。

② 公共关系的促销手段比较多，可以利用各种促销媒体，也可以进行各种形式的直接促销。公共关系对促销媒体的利用，通常是以新闻报道的形式，而不像广告那样需要支付费用。

③ 公共关系的作用面比较广泛，可作用于企业内外的各个方面，而不像广告那样只是针对企业产品的目标市场。

二、公共关系的对象

公共关系的对象主要是一个企业所面临的公共的、社会的关系。任何一个企业要生存和发展，就必须科学地分析和处理各种社会关系，为企业的发展创造最佳的社会关系环境。企业的公共关系对象主要有以下六个方面。

（1）顾客　在市场经济条件下，满足顾客的需求是企业一切活动的出发点。因此，企业首先应使顾客对本企业产生良好的印象，以良好的企业形象和声誉吸引顾客。为了建立与顾客间的良好关系，企业应始终坚持为顾客提供满意服务的观点，与顾客进行有效的沟通，特别是要注意处理与顾客的纠纷，因为满意的顾客就是最好的广告。

（2）经销商　企业产品的销售通常是通过经销商进行的。因此，与经销商关系的好坏，是企业产品销售的关键。企业应迅速、准时地给经销商提供品质优良、价格合理、设计新颖、适销对路的产品，为经销商提供各种销售便利和服务。

（3）供应商　为了保证企业产品的正常生产，需要有充足的原材料、零部件、工具、能源等供应，也就是说，必须要与供应商维持良好的关系。

（4）社区　社区是企业的所在地，企业要与所在地的其他工厂、机关、学校、医院、公益事业单位、居民等发生各种各样的联系。社区关系的好坏，影响着企业的生产和经营活动。企业应与社区携手，共同繁荣社区的地方经济，与社区共建精神文明，以获取社区的谅解与支持。

（5）政府　政府也是企业的一种公众。企业要生存和发展，离不开政府的支持和帮助。政府的各个职能部门所制定的政策、法规会直接或间接地影响企业。因此，企业必须经常与政府有关部门进行沟通，以及时了解有关的政策、法规及计划，并使之能尽量有利于本企业的发展。

（6）媒介　媒介是企业最特殊的一种公众，企业的公共关系活动通常要借助媒介工具来进行，通过媒介向外发布信息，以扩大活动的影响。因此，企业的公共关系部门要与媒介保持密切的关系，最好能与媒介工作人员建立良好的私人关系。企业要特别重视正确处理媒介对企业的批评报道，既不应盲目接受，更不应拒不接受批评，而是要采取冷静的态度进行调查和分析，以求重新树立企业的形象和信誉。

此外，企业还应处理好与竞争对手的关系。通常认为，同行是冤家，因而竞争对手间经常是拼个你死我活。不过，现在也有不少企业开始认识到，与其两败俱伤，还不如携手共进，那种殊死的拼争对于双方都是有百害而无一利的，竞争的最理想结果应该是双赢。因此，很多企业之间的关系已逐步发展成既有竞争，也有合作。

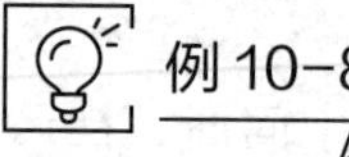

例 10-8

公共关系策略——日产汽车

企业要想有大的发展，不能只将眼睛盯住可以赚钱的事。日本人素以精明著称，然而有时候却表现得非常慷慨。日产汽车公司自在美国田纳西州建立工厂的第一天起，便成立了义务活动小组和研究西方问题的捐款委员会，经常向当地的慈善机构捐赠钱物，还组织当地的居民到工厂参观和组织当地中学生每学期到工厂体验一天的工厂生活等。这些活动和亲善态度颇得当地居民的好感。在美国，工会的势力很大，经常有一些大企业，因为工人要求加薪等问题而发生罢工，但日本企业少有出现。日本企业或是周旋于当地社团、政府，寻求支持；或是主动改善工厂中美国员工的待遇等，以减弱美国竞争者的反击力量，减少乃至消除摩擦。所以日本企业能够在美国市场长驱直入。

一个企业积极地致力于社会服务，从事那些看起来和本职工作毫不相干的社会服务工作，实际上也是一种有效的迂回战术。

三、公共关系的内容

一个企业的公关部门，它们的工作涉及方方面面，内容也随着对象的不同而有所差异。这些活动虽然不是在直接推销企业的产品，但对企业营销工作却起着不容忽视的作用。企业的公共关系活动内容主要有以下一些方面：

（1）与新闻界建立联系　通过新闻媒介促销企业的各种活动及信息，以吸引消费者的注意。

（2）产品宣传报道　开展各种活动来宣传介绍特定的产品，如新产品上市或产品的新用途等。

（3）企业沟通活动　通过内部与外部的沟通活动，增加公众对企业的了解，理顺企业与供应商、经销商和顾客等的关系。

（4）游说　与政府机构保持良好关系，施加影响以使其政策法令有利于企业。

（5）咨询　公关部门要能向管理部门提供建议，以处理好公众意见，树立企业在社会大众心目中的地位和形象。

在所有的活动中，企业要特别注意对特殊事件或突发事件的处理。因为这种事件往往是公众注目的焦点，企业若处理得好，可以使企业声誉大振；但若处理不好，可能使企业名声扫地，甚至从此一蹶不振。

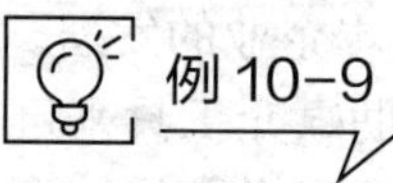

例 10-9

华为公司应对公共关系危机的策略和措施

近年来，华为公司在全球范围内面临了一系列的公共关系危机，其中最引人注目的是2019年5月美国政府对华为公司的制裁措施。在这个危机背景下，华为公司需要采取有效的危机应对措施来维护其品牌声誉和业务稳定。

1.制定危机应对策略

在这个危机中，华为公司需要尽快认识到美国政府制裁措施的严重性，并制定一个危机应对策略来应对这一危机。该策略应该包括以下内容。

（1）保持冷静 在危机中保持冷静非常重要。华为公司需要通过各种渠道向员工和合作伙伴传递信心，让他们相信华为公司有能力应对这一危机。

（2）积极配合调查 华为公司需要积极配合美国政府的调查，并尽快提供相关文件和证据，以证明其业务遵守了所有法律法规。

（3）采取一些措施来缓解影响 华为公司可以采取一些措施来缓解其业务受到的影响，例如，加强与合作伙伴的沟通，提供客户支持和服务，以及加强内部管理。

2.加强内部管理

在这个危机中，华为公司需要加强内部管理，以确保其员工和合作伙伴能够有效地应对这一危机。措施如下。

（1）培训员工 华为公司为员工提供培训，让他们了解针对该危机的应对措施，并确保员工知道如何与客户和合作伙伴沟通。

（2）建立紧急应对小组 华为公司建立了一个紧急应对小组，由高级管理人员领导，负责制定和执行危机应对计划。

（3）加强沟通。华为公司需要加强与员工的沟通，让他们了解目前的情况，并告诉他们如何应对这一危机。

3.积极应对危机

在这个危机中，华为公司需要积极采取行动，以缓解影响并恢复其声誉。措施如下。

（1）加强与合作伙伴的沟通 华为公司应该尽快与华为的合作伙伴沟通，告诉他们华为目前的情况，以及如何继续向华为提供支持。

（2）加强客户支持 华为公司应该加强与客户的沟通，让他们了解华为目前的情况，并提供客户支持和服务，以缓解客户担忧。

（3）加强内部管理。

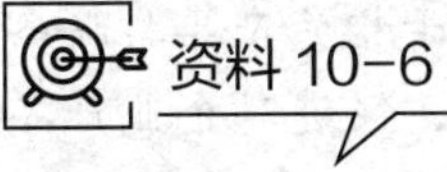

资料 10-6

社会化媒体营销

社会化媒体营销就是利用社会化网络、在线社区、博客、百科或者其他互联网协作平台和媒体来传播和发布资讯，从而形成的营销、销售、公共关系处理和客户关系服务维护及开拓的一种方式。一般社会化媒体营销工具包括论坛、微博、微信、博客、SNS社区、图片和视频通过自媒体平台或者组织媒体平台进行发布和传播。网络营销中的社会化媒体主要是指具有网络性质的综合站点，其主要特点是网站内容大多由用户自愿提供（UGC），而用户与站点不存在直接的雇佣关系。

1.操作方式

（1）创造企业的网络曝光量 企业应用社交媒体，可以在社交网络、微博、博客等拥有海量注册用户的社交媒体网络上发布相关的服务信息和产品资讯，利用社交媒体网络上的粉丝关注效用和社群效应，可以大大增加企业的产品与服务信息在社交网络上的曝光量。

社交媒体的热点聚焦效应，使得企业能够通过社交媒体实现与潜在用户之间更为广泛地沟通。社交媒体还具有平等沟通的特性，更利于企业与潜在客户之间保持亲和地沟通，持续深化关系。

（2）增加网站流量和注册用户　传统的网络营销是基于信息上网为特征的，企业通过自己的官方网站或是垂直门户里的资讯频道发布信息，然后通过关键词搜索，由搜索引擎带来相关的流量和点击。

社交媒体的应用改变了以往过于依赖搜索引擎的网络营销模式，通过社交媒体不仅可以直接将社交媒体上的用户流量转化为企业官方网站的流量，而且可以通过企业在社交媒体上的信息吸引与服务互动来发展注册用户。

（3）吸引更多业务合作伙伴　社交媒体在吸引个人用户的同时，也吸引了越来越多的企业用户。统计显示，美国有72%的企业在利用社交媒体提供各种类型的服务。这也给许多企业提供了寻求合作的机会，通过社交媒体来找到更多适合的合作伙伴。

社交媒体的属性特征使得用户在社交媒体上能够获得比搜索引擎更加全面和完善的资讯，也更容易判断合作伙伴的经验和能力，从而为企业带来更多潜在的合作机会。

（4）提升搜索排名　传统的官方网站和产品网站是以信息发布为主，内容多是静态信息和资讯，内容更新频率比较低，主要通过关键词来被搜索引擎收录。

而社交媒体上的信息更新与内容互动要频繁得多，企业在社交媒体上频道页面的更新率非常高，更容易在搜索中排在更靠前的位置。

（5）带来高质量的销售机会　包括零售、旅游、金融等行业的许多企业在Facebook上的成功应用已经证明了社交媒体对于销售机会的促进效应。

（6）减少整体营销预算投入　社交媒体营销当然也需要投入，但是应用得好，企业的整体营销预算反而会大大减少。这是因为社交媒体有着其他传统媒体和网络媒体所不可替代的传播效应，一方面社交媒体网络的开放性吸引了大量的注册用户，另一方面有关产品与服务的信息可以利用社交媒体网络以更低的成本、更快的速度来进行传播。如果企业能够将社交媒体与视频营销、病毒营销结合起来，常常能够达到意想不到的营销效果。

（7）促进具体业务成交　社交媒体的特性不仅是利用社交网络、微博等发布信息，更重要的作用利用社交媒体平台发起与潜在用户的互动。

企业的社会化营销团队不仅可以关注在社交媒体上的用户，监控用户对于相关产品与服务的关注，并且可以实时发起与潜在用户的互动，持续深化与潜在用户的关系，促进对企业产品与服务的兴趣，并且适时地发起社会化营销活动来促进成交。

2.社会化媒体营销3C框架

社会化媒体营销3C框架如图10-15所示。

（1）Careful to listen——仔细地聆听　收集产品或服务目标用户的基本属性与特征属性，包括年龄、性别、学历、收入、家庭状况、兴趣爱好及对产品的认知，初步刻画用户群肖像，从而明确目标用户所喜欢使用的社会化媒体工具、感兴趣的话题类别、内容等，完成传播策略中的用户洞察工作。

（2）Core of information——核心信息　以目标用户群聆听数据为基础，从中界定核心消费群，重点进行社会化媒体行为数据跟踪，了解用户群的品牌喜好、品牌需求以及使用场景，与竞品用户进行横向对比，得出品牌或产品在用户群中的品牌印象，与品牌传播目标进行匹配，得出核心传播点。

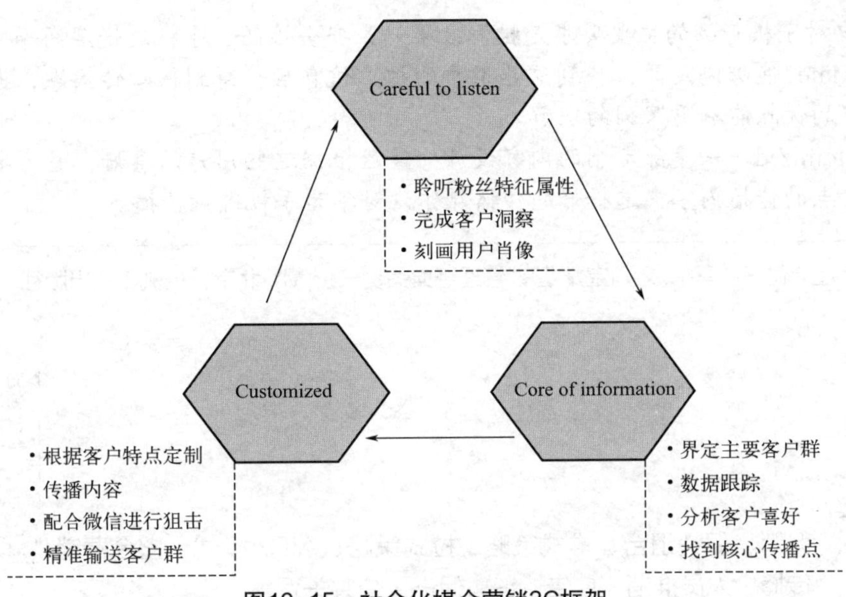

图10-15 社会化媒介营销3C框架

（3）Customized——量身定制的内容设计 根据核心传播信息，针对目标用户群进行个性化内容设计，以增强传播内容的话题性和可传播性。

3. 案例：华为社交媒体营销传播手段

华为在社会化媒体营销中有效地利用了微博、微信、视频网站等一系列的社会化媒体平台，具体传播的手段如图10-16所示。

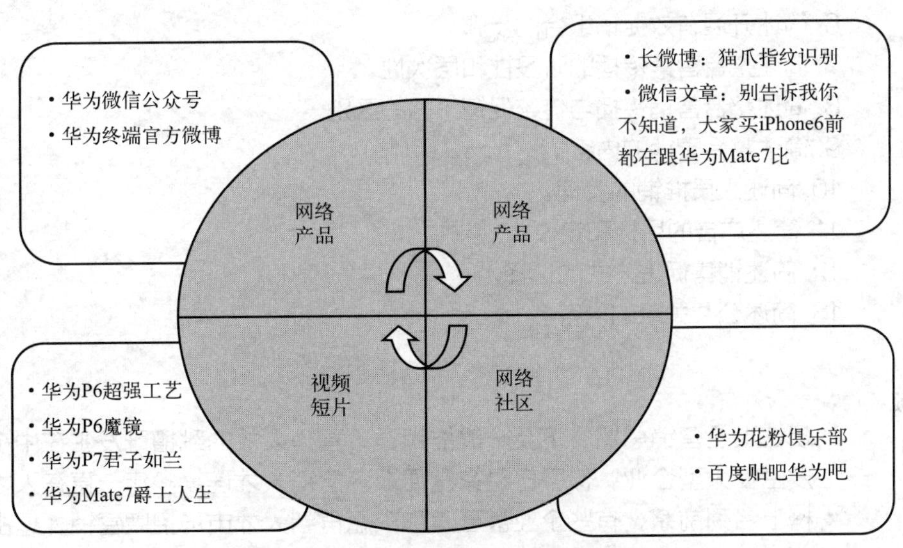

图10-16 华为手机的社会化媒体传播手段

（1）Careful to listen——仔细地聆听 华为对华为Mate7的关注者进行了仔细地倾听，通过大数据得知，这些用户主要特征有：30岁左右的商务人士；拥有中高端收入；爱好摄影、旅行、运动；支持国货；更喜欢轻松愉快的生活方式等。这些特征为后面的营销传播策略提供了基础性指导。

（2）Core of information——核心信息 华为对这些粉丝喜好进行分析，解读他们的特征，发现这些客户对手机产品的主要要求是摄影效果好、安全性高、手机流畅度高等，而这些需求恰恰是华为Mate7能够满足的，找到这些用户的核心信息后，得到核心传播点，也就是让客户对华为Mate7的优点能有更深刻的理解。

（3）Customized——量身定制的内容设计　最后根据这些用户的喜好，量身定制能够体现华为Mate7特点的传播内容，选择好的传播媒体，对华为手机进行传播。

（资料来源：1.社会化媒体营销. 2.马宝龙.营销管理经典案例分析[M]. 北京：机械工业出版社，2021.）

习题

一、名词解释

促销、促销组合、推式策略、拉式策略、AIDA模式、整合营销传播、人员推销、广告、销售促进、公共关系。

二、基本训练

1. 简述促销的概念。
2. 简述促销的作用。
3. 简述企业与消费者的信息沟通的基本模式。
4. 简述促销组合四种方式的优缺点。
5. 简述影响促销组合选择的因素。
6. 简述开展有效促销组合的步骤。
7. 简述整合营销传播的阶段性和层次性。
8. 简述整合营销传播与传统促销策略的区别。
9. 简述整合营销的内容。
10. 简述人员推销的管理。
11. 简述广告的目标和定位。
12. 简述销售促进方式的选择。
13. 简述公共关系的内容。

三、思考题

1. 现在上至营销总监，下至一般推销员，营销人才的跳槽既发生在中小企业，也发生在大型企业，似乎已是家常便饭。营销人才连续多年一直在人才需求排行榜上名列前茅，有些企业甚至声称不愿再到人才市场招聘营销，理由居然是招不到。在就业形势严峻的情况下，这两种情况的存在，颇耐人寻味。请分析上述现象。
2. 谈谈你对做个好推销员的理解。
3. 谈谈你对事件营销的理解。
4. 结合实例，分析互联网时代企业促销的特点。
5. 对于电商企业而言，如何提升促销的体验感和满足感？

四、操作练习

1. 用两三个例子说明:
   （1）当前我国医药广告中最常见的不实广告有哪些？为何这些广告仍有一定市场？
   （2）如果你是一家知名服饰企业的营销主管，针对不同消费者群体的服装，如童装、青少年装、女装（成人）、男装（成人）、休闲装、运动装等，将选择何种促销方式？根据何在？是否有成功企业的实例？
2. 假如你是一家食品公司的老板，你会如何选择和培训推销人员？
3. 为某新产品（如食品、小家电等）制订营业推广计划。
4. 根据以下资料，分析你遇到的印象最深刻的节日促销活动，并提出建议。

练习资料

节日促销

节日促销就是指在节日期间，利用消费者的节日消费心理，综合运用广告、公演、现场售卖等营销手段，进行的产品、品牌的推介活动，旨在提高产品的销售力，提升品牌形象。

节日消费心理的特点决定了不同平常的节日售卖形式，对于新品牌的推广，更是给消费者亲密接触的绝佳良机。对于快速消费品来说，节假日的销售也有着重要意义。我国目前的节假日为114天，几乎占到全年的1/3，而“五一”“十一”黄金周所体现的市场价值更是足以看到。据上海的一家大卖场统计，“黄金双周”期间的销售几乎占到全年销售的40%。节日促销须注意的事项如下。

（1）准确定位　主要表现在主题鲜明，明确是传达品牌形象宣传还是现场售卖，不要陷入甩卖风、折价风的促销误区。

（2）确定最佳的行动方案　除了事前周密的计划和人员安排，还要有一个好的方案，发挥团队作战优势；其次是有较强的执行能力，再者所有的活动安排和物料准备要紧扣活动主题，总负责人要清楚活动的每个环节，了解各板块的进度，及时发现和解决活动现场出现的新问题；要对参与活动的人员进行详尽的培训，把活动的目的和主旨深入传达到每个人心中。

（3）确定时间安排和规划预算　卖场促销时间宜早不宜迟，特色活动最好比对手早三、四天，以免被对手抢先。再好的策划，再好的时机，如果没有完整准确的规划预算，届时产品不充足，促销品不到位，顾客该买的买不到，该拿的拿不到，也必定影响整体活动的效果。

（4）现场氛围营造　节日活动气氛包括两部分，一是现场氛围，包括气氛海报、POP海报张贴、装饰物品的布置、恰到好处的播音与音乐，这些将会在很大程度上刺激顾客的购买欲望；另外一种氛围就是员工心情，这就要看组织者是否能够调动员工的积极心态。其中最有效的方法就是制定一个恰当的任务与销售目标，活动结束后按照达成率情况进行奖赏。

（5）评估总结　每次节日营销整体活动都需进行一番很好的评估总结，才能提升节日营销的品质和效果。比如本次活动销量情况、执行有效性、消费者评价比、同业反应概况等。分析每次活动的优点和不足，总结成功之处，借鉴不足教训。评估总结的目的，就是为今后规避风险、获取更大的成功。

第十一章

市场营销管理

本章要点

- 市场营销计划的内容及编制程序
- 市场营销控制
- 市场营销组织的演化及组织模式

本章导读

市场营销战略规划规定了企业的任务、目标、增长战略，但营销战略的实施还必须借助于科学的管理。企业的每个部门还必须根据营销战略的要求制定其职能计划，包括市场营销计划。计划的实施离不开有效的市场营销组织与市场营销控制。通过市场营销组织和控制尽可能地把握与推动市场营销活动状态，实现营销资源与目标的平衡。

第一节　市场营销计划

一、市场营销计划的内容

在现实的市场营销活动中，市场营销计划（marketing planning）的内容是广泛的，有时指企业的整体计划，有时仅仅指企业整体计划的一部分，如产品决策计划。事实上，凡是企业营销活动中制定的与实现营销目标相关的计划都是市场营销计划的组成部分。这里讲的营销计划一般包括以下内容。

（1）企业计划　指企业全部营销活动的整体计划，包括企业的营销任务、营销目标、发展战略、营销组合决策、投资决策等，但不包括整个业务单位的活动细节。企业计划既可以是年度的计划，也可以是长期的计划。

（2）部门计划　指企业内部的各部门在企业整体计划指导下制定的分计划，包括营销、财务、质检、生产制造和人事等部门的计划。从时间上说，分计划也有短期、中期、长期计划。

（3）产品计划　指产品决策计划，包括新产品的开发、老产品的更新换代与淘汰、产品结构调整和产品最佳组合、产品管理和出口产品销售计划等。产品计划的主要内容是围绕特定产品的开发制定相应的战略和具体战术。

（4）市场信息　调查、预测计划，包括市场信息收集、处理、存贮、传输计划、市场营销信息系统建立规划、市场调研和预测计划等。其主要目的是选择特定的目标市场，找准企业营销的市场机会。

（5）促销与分销计划　包括人员促销、广告促销、营业推广和公共关系、促销策略组合、分销渠道选择、销售网络建立和发展、流通渠道完善化计划等。其主要目的是缩短产品销售时间，节省销售费用，提高企业的经济效益。

企业市场营销计划是一个完整的计划体系，在现实的市场营销活动中，必须把上述计划全部组织在计划体系之中，进行综合平衡、全面安排，使之能统筹兼顾、相互协调。同时，还要体现市场营销计划体系的目的性、全面性、完整性及系统性，把营销观念、营销方针、目标、战略、市场营销因素及组合等定性计划，以及提高企业市场营销竞争能力、市场开拓能力、适应环境能力、提高经济效益能力等方面的措施列入计划，组成综合营销计划。

二、市场营销计划的编制

市场营销计划的编制一般由下列八个步骤构成（见图11-1）。

1. 内容提要

营销计划首先要有一个内容提要，即对主要营销目标和措施的简明概括的说明。

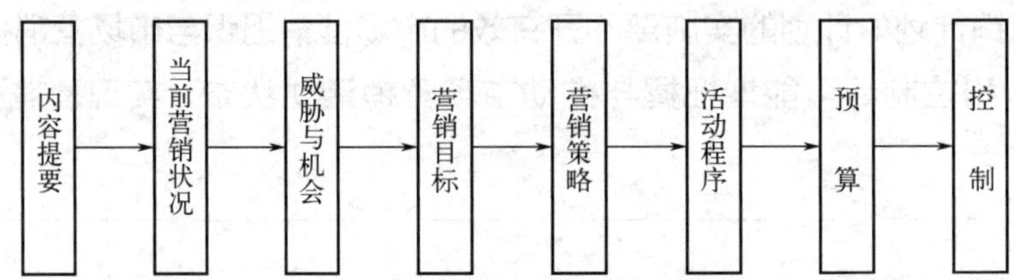

图11-1　营销计划的编制步骤

2. 当前营销状况

在内容提要之后，营销计划的第一个主要内容是提供该企业当前营销状况的简要而明确的分析，包括：

① 企业的性质与历史等。

② 市场情况。市场的范围有多大，包括哪些细分市场，市场及各细分市场近几年营业额的多少，顾客需求状况及影响顾客行为的各种环境因素等。

③ 产品情况。产品组合中每个品种的价格、销售额、利润率等。

④ 竞争情况。主要竞争者是谁，各个竞争者在产品质量、定价、分销等方面都采取了哪些策略，他们的市场份额有多大以及变化趋势等。

⑤ 分销渠道情况。各主要分销渠道的近期销售额及发展趋势等。

3. 威胁与机会

它概述企业外部的主要机会与威胁、企业内部的优势与劣势，以及在计划中必须注意的主要问题。

4. 营销目标

营销目标是营销计划的核心部分，是在分析营销现状并预测未来的威胁和机会的基础上制定的。营销目标也就是在本计划期内要达到的目标，主要是：总体的（或各产品或产品大类的、各地理区域的、各业务部的、各顾客类型的）销售额目标、市场占有率目标、销售成本目标、利润目标。例如总体的市场占有率要提高15%，销售利润率要增加20%等。

5. 营销策略

营销策略是指达到上述营销目标的途径或手段，包括目标市场的选择和市场定位策略、营销策略组合等。

（1）目标市场　在营销策略中应首先明确企业的目标市场，即企业准备服务于哪个或哪几个细分市场，各细分市场的容量、竞争性、获利性、发展前景以及市场定位。

（2）营销组合　企业准备在各个细分市场采取哪些具体的营销策略，如产品、定价、渠道和促销等方面的策略。

① 产品策略。为满足顾客需求应提供什么产品或服务；该产品或服务的准确性质、核心利益是什么；产品系列、花色品种、产品的包装形态及设计；品牌考虑等。

② 定价策略。价位、具体价格、价格尾数、价格折让、价格体系/价格政策等。

③ 渠道策略。分销该产品应采用什么渠道；需要什么物流设施；渠道应如何分布；所用渠道应具备什么主要特征；各渠道成员/中间商的商品吞吐能力、付款信用、顾客信誉、业务谈判条件等。

④ 促销策略。可提供的促销费用大体数量；广告媒体与发布、创意与作品、广告概念、卖点、主题、标题、文案、设计、制作；公关活动概念、主题、内容、目标公众、关键公众、新闻配合与新闻背景资料；营业推广目的、手段、操作细节；人员推销的任务、目的、人数、素质、技能、区域分配；促销组合的整合。

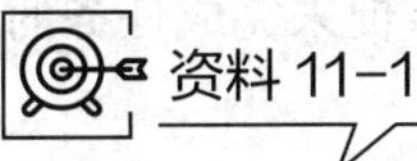
资料 11-1

它们是怎样定位的

1. 白加黑

感冒药市场同类产品多，市场高度同质化，无论中西成药都难以有所实质性的突破。“白加黑”看似简单，只是把感冒药分成白片、黑片，并把感冒药中的镇静剂“氯苯那敏”放在黑片中，实则不简单，不仅在外观上与竞争品牌形成很大差异，“治疗感冒，黑白分明”；更重要的是与消费者的生活习惯匹配，“白天服白片，不瞌睡；晚上服黑片，睡得香”。

2. 乐百氏

纯净水刚开始盛行时，所有的品牌都宣称自己的纯净水纯净。消费者不知道哪个品牌真的纯净或更纯净的时候，“乐百氏纯净水经过27层净化”，乐百氏对其品牌的“纯净”提出了一个有力的支持点。“27层净化”给人“很纯净，可以信赖”的印象，很快家喻户晓。

3. 舒肤佳

后来居上的舒肤佳之所以成功，关键在于找到了新颖而准确的概念——“除菌”。它以“除菌”为轴心，诉求“有效除菌护全家”，广告中通过踢球、挤车、扛煤气罐等场景告诉公众，生活中会感染很多的细菌，放大镜下的细菌“吓你一跳”。“看得见的污渍洗掉了，看不见的细菌你洗掉了吗?”然后通过“内含抗菌成分迪保肤”之理性诉求和实验，证明舒肤佳可以让你把手洗“干净”，还通过“中华医学会验证”增强品牌信任度。

4. 采乐

西安杨森的“采乐”去头屑特效药把洗发水当药卖，“头屑是由头皮上的真菌过度繁殖引起的，清除头屑应杀灭真菌；普通洗发只能洗掉头发上头屑，我们的方法，杀灭头发上的真菌，使用8次，针对根本”；“各大药店有售”。在药品行业找不到强大对手，在洗发水领域里更如无人之境。使消费者要解决“头屑根本”时忘记去屑洗发水，想起“采乐”。

---

6. 活动程序

营销策略还要转化成具体的活动程序，内容包括：

（1）活动阶段划分：准备工作、正式展开、总结。

（2）项目进度横道图／甘特图（又称时间–活动二维图表）。甘特图（Gantt Chart）是由亨利·甘特于1910年开发的，他通过条状图来显示项目、进度等随着时间进展的情况。其中，横轴表示时间，纵轴表示活动（项目）。线条表示在整个期间上计划和实际的活动完成情况。

7. 预算

营销计划中还要编制各项收支的预算，在收入一方要说明预计销售量及平均单价，在支出一方要说明生产成本、实体分配成本及营销费用，收支的差额为预计的利润（或亏损）。上层管理者负责审批预算，预算一经批准，便成为购买原材料，安排生产、人事及营销活动的依据。

8. 控制

营销计划的最后一部分，是对计划执行过程的控制。典型的情况是将计划规定的目标和预算按月份或按季度分解，以便于企业的上层管理部门进行有效的监督检查，督促未完成任务的部门改进工作，以确保营销计划的完成。

第二节　企业营销组织

一、市场营销组织的演化

现代理想的市场营销组织是经过长期演化而来的产物。从20世纪30年代开始，销售部门在西方企业中从处于无足轻重的地位发展到今天这样具有复杂的功能，并成为企业组织中的核心部门，其间可划分为五个阶段，至今我们还可以找到处于每个阶段的组织形态。

1. 简单的销售部门

一般说，企业建立之初都是从财务、生产、销售、人事、会计五个基本职能部门开始发展的。在这个阶段，企业通常以生产作为经营管理的重点。生产什么，生产多少及产品价格主要由生产和财务部门制定。销售部门通常只有一位销售主管率领几位销售人员，销售经理的主要职责是管理推销员，促使他们卖出更多的产品。这一阶段企业营销组织的结构通常如图11-2（a）所示。

2. 销售部门兼其他营销职能

随着公司规模扩大，它需要经常进行市场调查、广告宣传及顾客服务等方面的工作，此时，销售经理可聘用一位市场主管，指挥、控制那些非推销职能，如图11-2（b）所示。

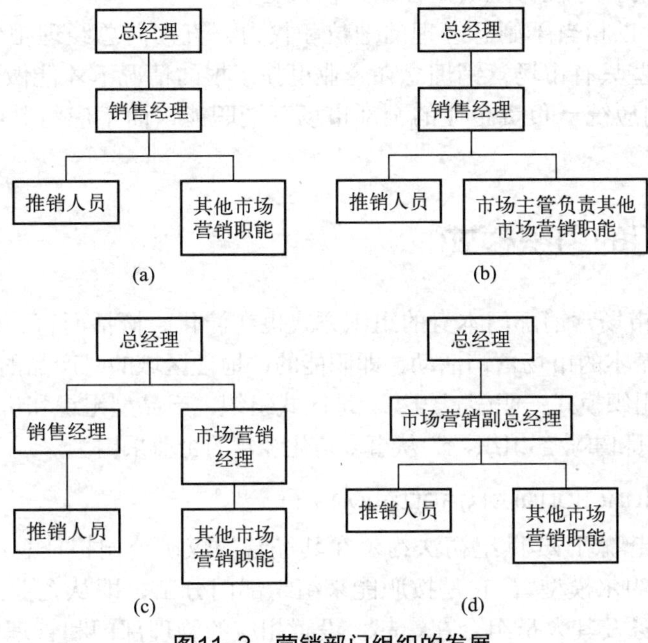

图11-2　营销部门组织的发展

3. 独立的市场营销部门

公司继续扩大，其他市场营销功能相对于推销工作来说就更为重要；最终，公司总经理看到了建立一个独立于销售部门的市场营销部门的必要，如图11-2（c）所示。在这个阶段，市场营销和销售在公司中是两个独立和平行的部门。

4. 现代市场营销部门

虽然销售和市场营销部门的工作应是目标一致的，但平行和独立又常使它们的关系充满竞争和矛盾。如销售经理注重短期目标和眼前销售额，而市场营销经理注重长期目标和开发满足消费者长远需要的产品。由于二者之间冲突太多，最终导致公司总经理将它们合并为一个部门，如图11-2（d）所示。

5. 现代市场营销公司

一家企业即使设置了现代市场营销部门，也并不意味着它就是以市场营销原理指导运行的公司。如果公司成员仍将市场营销等同于销售，那么，它就还不是一家“现代市场营销公司”。只有公司成员认识到了企业所有部门的任务都是“为消费者服务”，“市场营销”不只是公司内某个部门的名称，而且是公司的经营理念时，这家公司才能成为真正的“现代市场营销公司”。

为保证市场营销理念在公司内得以贯彻，企业组织结构上应有如下安排。

① 设置独立的市场营销调研部门，以确定消费者的需求及企业应提供什么样的产品或服务来满足这些需求。不过，目前大多数企业（包括西方国家的许多企业）都还没有设置市场研究部门或专职的市场研究人员。

② 营销部门应参与新产品的开发。在企业内，市场营销部门对消费者的需求了解最多，而在现代市场上，新产品商业性开发成功的最重要因素，在很多情况下不在技术先进程度，而在是否符合消费者需要。因此，市场营销部门在决定开发产品的种类、功能结构、款式、规格、花色等方面均负有指导性甚至决定性的责任。

③ 应给营销主管以相当于副总经理的地位和权力，直接向总经理报告工作，参与决定企业的经营战略。而这些只有市场营销理念在企业里扎了根的情况下才能做到。

④ 市场营销部门应统一负责企业的全部市场营销职能，而不应将其中一部分职能分散到其他部门负责。

二、营销部门的组织模式

随着情况变化，市场营销部门本身的组织方式也在演化。概括而言，所有的市场营销组织都须适应四重意义的基本的市场营销活动，即职能的、地理区域的、产品的和市场的。因此，有四种基本的市场营销组织模式：职能式组织、地区式组织、产品型组织和市场管理式组织，另外还有产品 / 市场式组织和事业部组织，为从事多角化经营的企业采用。

1. 职能式组织（functional organization）

职能式组织结构起源于21世纪初法约尔在其经营的煤矿公司担任总经理时建立的组织结构形式，故又称“法约尔模型”。它是按职能来组织部门分工，即从企业高层到基层，均把承担相同职能的管理业务及其人员组合在一起，设置相应的管理部门和管理职务。这是最古老也最常见的市场营销组织形式（图11-3）。它强调市场营销各种职能的重要性。该组织把销售职能当成市场营销的重点，而广告、产品管理和市场研究职能则处于次要地位。当企业只有一种或很少几种产品，或者企业产品的市场营销方式大体相同时，按照市场营销职能设置组织结构比较有效。但是，随着产品品种的增多和市场的扩大，这种组织形式就暴露出发展不平衡和难以协调的问题。既然没有一个部门能对某产品的整个市场营销活动负全部责任，那么，各部门就强调各自的重要性，以便争取到更多的预算和决策权力，致使市场营销副总经理无法进行协调。职能式组织实行的条件是：企业必须有较高的综合平衡能力，各职能部门为同一个目标进行专业管理。否则，就不宜采用职能制。

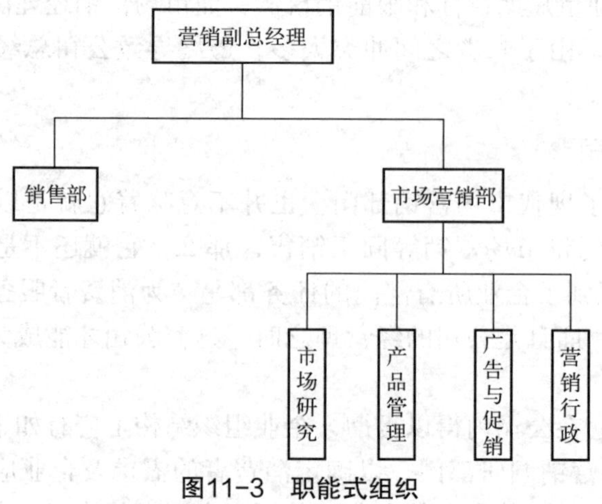

图11-3 职能式组织

职能式组织模式的特点及适用企业见表11-1。

表11-1 职能式组织模式的特点及适用企业

优点	缺点	适用企业
① 政策、工作程序和职责规范十分明确 ② 有利于培养销售专家	① 费用大 ② 销售活动缺乏相应的灵活性 ③ 协调十分困难	① 中小型、产品品种比较单一、生产技术发展变化较慢、外部环境比较稳定的企业 ② 企业所经营的产品需要提供大量的后续服务工作，而售前、售中和售后服务工作所需的工作技能有所不同

2. 地区式组织（geographic organization）

在全国范围或跨国销售产品的企业通常按地理区域组织其销售力量（见图11-4）。地区经理掌握一切关于该地区市场环境的情报，为在该地区打开公司产品销路制定长、短期计划，并负责计划的贯彻实施。20世纪80年代晚期，苹果计算机公司在John Sculley的领导下，以基于地理分布的地区式组织结构来代替原来的职能式结构，以便于生产和销售一系列的计算机给世界范围内的广大客户。

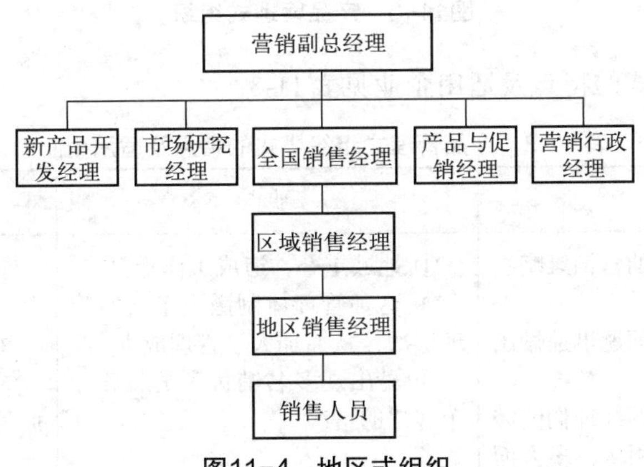

图11-4 地区式组织

地区式组织模式的特点及适用企业见表11-2。

表11-2 地区式组织模式的特点及适用企业

优点	缺点	适用企业	考虑的主要因素
① 地区经理权力相对集中，决策速度也相对较快 ② 销售人员与当地客户容易建立关系网络 ③ 地域集中、费用低 ④ 人员集中、容易管理 ⑤ 销售人员与客户是一对一的接触，客户服务比较统一 ⑥ 区域内有利于迎接挑战	① 技术上不够专业，不能适应种类多、技术含量高的产品 ② 不能满足全国性连锁企业的需求 ③ 分企业权力较大，不好协调与统一	① 企业所经营的产品种类单一或相类似 ② 产品性能不太复杂 ③ 面对的客户数量多 ④ 客户分布的地域广阔与分散	① 地区销售规模与潜力 ② 销售评估 ③ 地区间隔和市场形状可以按照行政区域、城市远近、每个区域的客户密度均衡、工作量或销售潜力规模、最少旅行时间等指标组合进行划分

3. 产品管理式组织（product management organization）

如果一个企业生产多品种或多品牌的产品，并且各种产品之间的差别很大，则适于按产品类型设置营销组织（见图11-5）。如果区域范围为全球内的，则该产品型组织结构为全球性产品组织结构（Global Product Structure）。这种组织结构于1927年最早在宝洁公司出现，如今，在为满足快速发展的消费品市场需求而生产的企业中较为多见。例如：IBM公司是按产品划分销售部门的典范，分别有一支负责销售电脑的销售队伍和负责办公设备的销售队伍。这些产品差别很大，需要专业人员来负责。

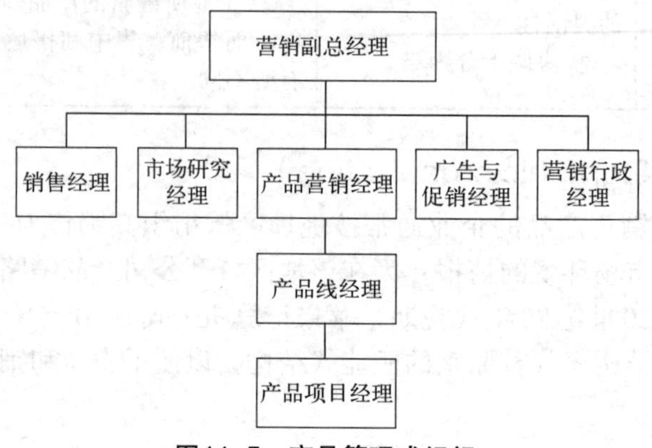

图11-5 产品管理式组织

产品管理式组织模式的特点及适用企业见表11-3。

表11-3 产品管理式组织模式的特点及适用企业

优点	缺点	适用企业
① 能够将每个产品品牌的营销策略组合的各方面协调一致 ② 能够对市场上出现的问题迅速做出反应 ③ 这种组织形式使年轻的经理们能涉足到经营活动较为广泛的领域，多方面地锻炼了他们从事经营活动的能力	① 地域重叠，造成工作重复 ② 这种管理体制滋生了新的管理层次，从而加大了管理成本 ③ 易出现多名销售人员服务一个客户的情况	① 企业经营的产品种类较多，且产品性能差异大 ② 产品比较复杂 ③ 客户分属不同的行业，而且行业差异大

4. 市场管理式组织（market management organization）

该组织形式类似于产品式组织结构，上设一位市场总经理，下辖若干分市场经理，每位分市场经理负责制定行业专业市场的长短期市场计划，分析市场状况与趋势，并负责组织实施营销计划，见图11-6。例如从家具制造企业的营销组织设置可了解此组织结构的一般形式。

市场管理式组织模式的特点及适用企业见表11-4。

表11-4 市场管理式组织模式的特点及适用企业

优点	缺点	适用企业
① 专人负责重要客户，能更好地满足客户需求 ② 可以减少销售渠道的层次 ③ 有利于建立与客户的紧密联系 ④ 为新产品的开发提供思路支持	① 销售人员应熟悉所有产品，培训费用高 ② 主要消费者减少所带的威胁 ③ 销售区域重叠，造成工作重复、销售费用高 ④ 销售人员离职带来的负面影响大	① 产品的销售量集中在一些采购量大的主要客户上 ② 客户的经销网点分散，但采购集中

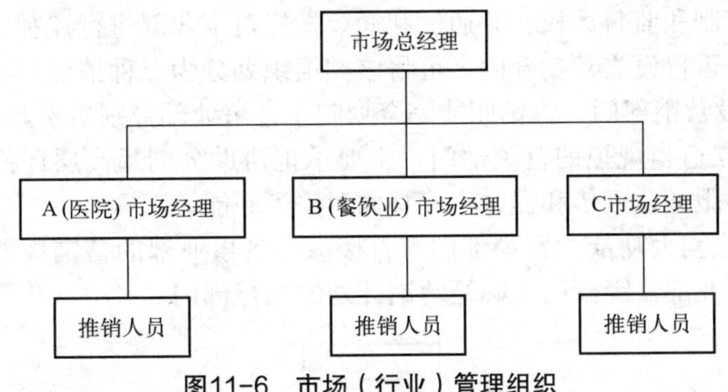

图11-6　市场（行业）管理组织

5. 产品 / 市场式组织

产品 / 市场式组织是一种矩阵式组织（matrix organization），是将产品式与市场式结合起来的组织形式（表11-5）。产品经理负责产品的销售利润和计划，为产品寻找更广泛的用途；市场经理则负责开发现有和潜在的市场，着眼市场的长期需要，而不只是推销眼前的某种产品。

其优点是：

① 将企业的横向与纵向关系相结合，有利于协作生产；

② 针对特定的任务进行人员配置有利于发挥个体优势，集众家之长，提高项目完成的质量，提高劳动生产率；

③ 各部门人员的不定期的组合有利于信息交流，增加互相学习机会，提高专业管理水平。

其缺点是：

① 双重领导，人为地增加项目管理的工作环节。在决策中参与的人员过多，使得决策时间偏长。

② 由于责权不明，使得各个部门冲突显著。因此，如何处理好集权与分权很重要，特别是负责一个部门的两个经理发生冲突时，如何快速地解决冲突显得尤为紧迫。

这种组织形式适于多角化经营的公司。

表11-5　杜邦公司纺织纤维部的产品/市场式组织

		市场经理			
		男装	女装	家用装潢饰品	工业原料
产品经理	人造纤维				
	醋酸纤维				
	尼龙				
	涤纶				

6. 事业部组织

事业部组织结构亦称M型结构（Multidivisional structure）或多部门结构，最早是由美国通用汽车公司总裁斯隆于1924年提出的，故有“斯隆模型”之称，也叫“联邦分权化”，是一种高度（层）集权下的分权管理体制。它适用于规模庞大，品种繁多，技术复杂的大型企业，是国外较大的联合公司所采用的一种组织形式，近几年我国一些大型企业集团或公司也引进了这种组织结构形式（见图11-7）。事业部制是分级管理、分级核算、自负盈亏的一种形式，即一个公司按地区或按产品类别分成若干个事业部，从产品的设计，原料采购，成本核算，产品制造，一直到产品销售，均由事业部及所属工厂负责，实行单独核算，独立经营，公司总部只保留人事决策，预算控制和监督大权，并通过利润等指标对事业部进行控制。

根据企业总部是否再设立营销部门，可将该类组织划分为三种情况：

① 公司总部不设营销部门，营销职能完全划归于各事业部分别负责。

② 公司总部设立适当规模的营销部门，主要承担协助公司最高层评价营销机会，向事业部提供营销咨询指导服务，宣传和提升企业整体形象等职能。

③ 公司总部设立强大功能的营销部门，直接参与各事业部的营销规划工作，并监控其营销活动。因此，各事业部营销部门实际是营销计划的执行部门。

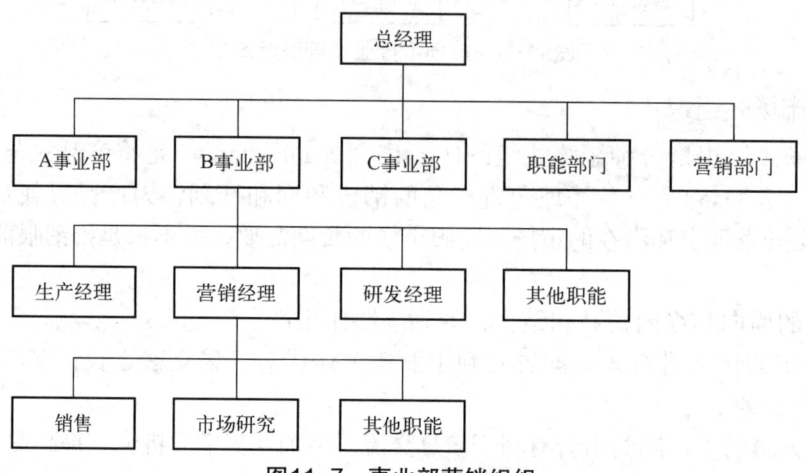

图11-7 事业部营销组织

其优点是：总公司领导可以摆脱日常事务，集中精力考虑全局问题；事业部实行独立核算，更能发挥经营管理的积极性，更有利于组织专业化生产和实现企业的内部协作；各事业部之间有比较，有竞争，这种比较和竞争有利于企业的发展；事业部内部的供、产、销之间协调更为容易；事业部经理要从事业部整体来考虑问题，这有利于培养和训练管理人才。

其缺点是：公司与事业部的职能机构重叠，构成管理人员浪费；事业部实行独立核算，各事业部只考虑自身的利益，影响事业部之间的协作，一些业务联系与沟通往往也被经济关系所替代。甚至连总部的职能机构为事业部提供决策咨询服务时，也要事业部支付咨询服务费。

总之，一个公司要想取得理想的市场成绩，不仅需要出色的营销部门，还需要在企业确立真正以顾客和市场驱动的营销理念；构建顾客导向与竞争导向的企业组织形式；公司的所有部门和员工都高度重视顾客关系，承担着一定的营销责任。

三、营销组织与企业组织的配合

为确保企业整体目标的实现，企业内部各职能部门应密切配合。组织结构中所有的职能部门对顾客的满意程度都有或多或少的影响。

在市场营销观念下，所有部门都应以满足消费者的需求这一原则为中心。而市场营销部门则更应在日常活动中向其他职能部门灌输这一原则。市场营销经理有两大任务：一是协调企业内部市场营销活动；二是在顾客利益方面，协调市场营销与企业其他职能部门的关系。

实际上其他部门在工作中并不是一切以顾客利益为中心。正如市场营销部强调顾客满意这一点一样，其他部门也同样强调他们工作重要性。显然，其间冲突是不可避免的，表11-6总结了市场营销部门与其他部门之间的主要分歧。

表11-6 市场营销部门与其他部门之间的主要分歧

部门	其他部门的侧重点	市场营销部门侧重点
研究开发部	基础研究	应用研究
	内在质量	直观质量
	功能特点	销售特点
工程技术部	设计前置时间长	设计前置时间短
	型号较少	型号较多
	标准部件	任意部件
采购部	产品线窄	产品线宽
	标准零件	非标准零件
	原材料价格	原材料质量
	经济批量采购	大量采购以防断档
	定期性采购	适应顾客需要随时采购
制造部门	生产前置时间长	前置时间短
	长期生产少数型号	短期生产多种型号
	型号不变	型号常变
	标准订货量	随意订货量
	产品结构简单	造型美观
	一般质量控制	严格质量控制
财务部	按原则严格控制支出	根据直觉确定支出
	刚性预算	弹性预算
	定价着眼于补偿成本	定价着眼于市场开发
	标准交易方式	特殊交易条件与折扣
	报告较少	报告较多
信用部	要客户全程公开财务状况	对客户价格低限度的使用调查
	长期信用风险	中期信用风险
	严格的信用条件	放松信用条件
	严格的托收程序	放松托收程度

1. 与研发部门的配合

创新成功需要研究开发与市场营销一体化。研究开发部与市场营销部门的合作，一般可采用：①联合主办研讨会，以便加强双方对工作目标、作风和问题的理解和尊重；

② 研究开发部与市场营销部应共同确定市场营销计划与目标；

③ 研究开发部门的合作，要一直持续到销售阶段，包括编写技术手册、合办贸易展览、售后调查，甚至参与一些销售工作；

④ 产生的矛盾应由高层管理部门解决，在同一企业中，研究开发部门与市场营销部门应同时向一个副总经理报告。

2. 与技术部门的配合

市场营销人员要具有一定的工程技术基础知识并能有效地与技术人员沟通。工程技术部门与市场营销部门共同设计新产品和新的生产程序，提高产品的技术质量，注重产品内在性能，简化制造工艺，节约成本费用，并尽可能使产品多样化。

3. 与采购部门的配合

采购部门负责以最低的成本买进质量数量都合适的原材料与零配件。他们的购买量大且种类较少，但市场营销部门通常希望在一条生产线上推出几种型号的产品，这就需要采购数量小而品种多的原材料及配件，而不需要数量大而种类少的配件，两者因此会出现矛盾，这就需要严格的执行计划，避免造成库存过多而积压的现象。

4. 与制造部门的配合

制造部门与市场营销部门之间存在几种潜在矛盾。生产人员负责工厂的正常运转，以实现用适当的成本，在适当的时间内生产适当数量的产品的目的。市场营销部门应及时将市场上顾客提出的问题或建议反馈给制造部门，企业的盈利能力很大程度上取决于市场营销部门与制造部门之间的良好协调关系，市场营销人员必须具有较好的了解制造部门的能力，双方可以通过召开联合研讨会相互了解对方的观点，设置联合委员会和联络人员，制订人员交流计划，以及采用分析办法，共同确定企业追求的最佳利益和最有利的行动方案等。

5. 与财务部门的配合

财务部门主要评估不同业务活动的盈利能力，编制按渠道、区域、订货规模等各不相同的利润和销售额报表，市场营销部门应加强财务训练，准确制作销售报表，同时加强对财务部门的市场营销训练，财务部门要运用财务手段，支持对全局有影响的市场营销工作。

6. 与信用部门的配合

信用部门要评估潜在顾客的商品信用等级，拒绝或限制向商品信用不佳的顾客提供信贷，市场营销部门则应及时准确地从信用部门了解信息，根据信息准确地选择信用良好的客户。

第三节　市场营销控制

市场营销控制是对市场营销计划执行情况的监督和检查，其目的是指出计划实施过程中的缺点和错误，以便加以纠正和防止重犯，并采取必要的对策，保证营销战略目标的实现。营销控制包括年度计划控制，赢利能力控制，战略控制和市场营销审计。

一、年度计划控制

（一）年度计划控制过程

年度计划控制，是指企业在本年度内采取控制步骤。检查实际绩效与计划之间是否有偏差，并采取改进措施以确保市场营销计划的实现与完成。年度计划是由企业高层管理者和中层管理者负责控制的，其目的在于确保企业达到年度计划规定的销售、利润及其他目标。年度计划控制的中心是目标管理，控制的步骤（见图11-8）分为四个阶段。

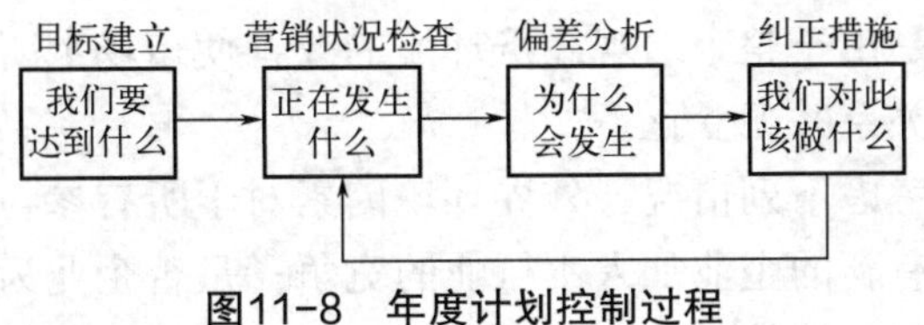

图11-8　年度计划控制过程

图11-8具体地反映出四个问题。

① 管理者必须把年度计划分解为每月或每季的目标；

② 管理者随时跟踪掌握营销情况；

③ 管理者必须对任何严重的偏离做出判断；

④ 管理者采取措施，或改进实施方法或修正目标本身，弥合目标与实际执行结果之间的差距。

（二）年度计划控制的内容

主要是对销售额、市场占有率、费用率等进行控制。

1. 销售分析

销售分析就是衡量并评估实际销售额与计划销售额之间的差距。

（1）销售差距分析　这种办法是用来衡量不同因素对造成销售差距的影响程度。例如，某公司年度计划中规定：某种产品第一季度出售4000件，单价1美元，总销售额4000美元。季度末实际售出3000件，且售价降为0.8美元，总销售额为2400美元，比计划销售额少40%，差距1600美元，原因是售价下降和销售量减少，但两者对总销售额的影响程度是不同的，计算如下：

售价下降的差距＝（S_p－A_p）A_Q

＝（1.00－0.8）×3000＝600（美元）

销售减少的差距＝（S_Q－A_Q）S_p

＝（4000－3000）×1.00＝1000（美元）

式中：

S_p——计划售价；

A_p——实际售价；

S_Q——计划销售量；

A_Q——实际销售量。

由此可见，将近三分之二的差距是由于没有完成销售计划造成的。因此，应该进一步深入分析销售量减少的原因。

（2）地区销售量分析　这种方法是用来衡量导致销售差距的具体地区。例如，某公司在A、B、C三个地区的计划销售量分别为1500件、500件和2000件，共4000件。但实际销售量分别为1400件、525件和1075件，与计划的差距分别为－6.67%、+5%和－46.25%。

可见，引起销售差距的原因主要在于C地区销售量的大幅度减少。因此，应进一步查明减少的原因，加强对该地区营销工作的管理。

2. 市场占有率分析

销售分析不能反映出企业在市场竞争中的地位，只有市场占有率分析才能揭示出企业同其竞争者在市场竞争中的相互关系。例如，某公司销售额的增长，可能是由于公司营销绩效较其竞争者有所提高，也可能是由于整个宏观经济环境的改善使市场上所有的公司都受益，而某公司和竞争对手之间的相对关系并无变化。

但是，这种分析还应考虑下列情况：外界环境因素对于所有参与竞争的企业的影响方式和程度是否始终一样；是否有新的企业加入本行业的竞争；是否企业为提高利润而采取的某种措施不当，导致市场占有率下降等等。

年度计划控制要确保企业在达到销售计划指标时营销费用无超支。例如，某公司营销费用占销售额的比率为30%，其中所包含的五项费用占销售额的比率分别为：人员推销费15%，广告费5%，营业推广费6%，营销调研费1%，营销行政管理费3%。

管理者应该对各项费用率加以分析，并将其控制在一定限度内（见图11-9）。如果费用率变化不大，处于安全范围内，则不必采取任何措施。如果变化幅度过大，或是上升速度过快，以致接近或超出控制上限，则必须采取有效措施，如图11-9中时间15的费用率已超出控制上限，应该立即采取措施。有的即使费用率落在安全控制范围之内也应加以注意，如图11-9中从时间9起费用率就逐步上升，如能及时采取措施则不至于上升到超出控制上限的地步。

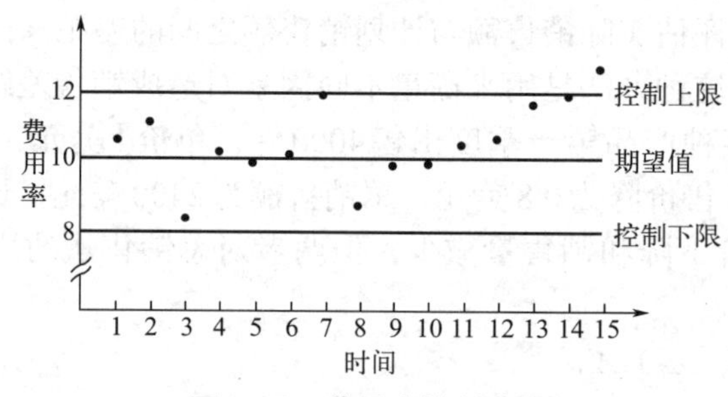

图11-9 费用率控制曲线

这一控制方式适用于企业及企业内各个层次，区别在于最高主管控制的是整个企业年度计划的执行结果，而企业内各部门控制的只是各个局部计划执行的结果。

二、赢利能力控制

企业必须对其不同的产品、销售地区、顾客群体、分销渠道、订货规模的盈利能力进行衡量，从而决定各产品或营销活动是扩大、收缩还是取消。

对盈利能力控制时，需要关注以下两个方面的问题。

1. 营销成本

一般来说，企业营销成本包括五个方面：

（1）直接推销费用 包括直销人员的工资、奖金、差旅费、培训费、交际费等；

（2）促销费用 包括广告媒体成本、产品说明书、印刷费、赠奖费用、展览会费用、促销人员工资等；

（3）仓储费用 包括租金、维护费、折旧、保险、包装费、存货成本等；

（4）运输费用 包括托运费用等；

（5）其他市场营销费用 包括市场管理人员工资、办公费用等。

2. 分析企业获利能力

利润等于销售收入减去销售成本及其他费用后的余额。现以某企业为例对其经营产品获利情况进行分析（见表11-7）。

表11-7　产品获利能力分析表

项目	产品A	产品B	产品C	产品D
销售收入	30	30	60	50
制造成本	15	23	38	35
毛 利	15	7	22	15
费 用	8	10	15	13
净 利	7	-3	7	2
销售收益率	23.3%	-10%	11.7%	4%

从表11-7中可知各产品的获利情况，其中只有产品B是亏损的，若企业要求销售收益率在5%以上，则产品A、C已完成。对于产品B、D应进行详细分析，是由于销售价格太低、费用太高，还是制造成本分摊不合理？必须找出产品收益低的原因，再采取相应的对策，如降低销售费用和制造成本。如果经过这种措施以后仍未能扭转亏损，那就舍弃它们。

三、战略控制和市场营销审计

1. 战略控制

战略控制是指市场营销管理者采取一系列行动，使实际市场营销工作与原规划尽可能一致，在控制中通过不断评审和信息反馈，对战略不断修正。表11-8展示了营销绩效较差、良好和卓越的营销实践。

表11-8　提升营销绩效的最佳实践

较差	良好	卓越
产品驱动	市场驱动	驱动市场
大众市场导向	细分市场导向	利基市场导向和顾客导向
提供产品	提供附加产品	提供顾客解决方案
平均水平的产品质量	超过平均水平的产品质量	传为佳话的产品质量
平均水平的服务质量	超过平均水平的服务质量	传为佳话的服务质量
最终产品导向	核心产品导向	核心竞争力导向
职能导向	流程导向	结果导向
把主动权交给竞争对手	与竞争对手一致	超越竞争对手
利用供应链	考虑供应链偏好	视供应商为合作伙伴
利用经销商	为经销商提供支持	视经销商为合作伙伴
价值导向	品质导向	价格导向
平均速度	超过平均速度	快速反应传为佳话
等级化	网络化	团队化
垂直型组织结构	扁平化组织结构	战略联盟型组织结构
股东驱动	利益相关者驱动	社会价值导向

营销审计是战略控制的主要工具。任何企业必须经常对其整体营销效益做出缜密的回顾评价，以保证它与外部环境的协调发展。因为，在营销这个领域里，各种目标、政策、战略和计划过时、不适合市场情况是常有的。因此，企业必须定期对整个营销活动进行监测。

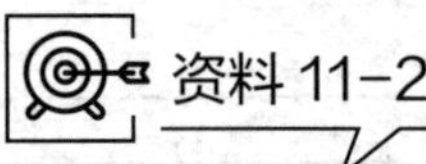

提高战略执行力措施

战略执行力是一种在战略执行过程中运用各种资源和机制实现战略目标的综合能力。战略执行力既反映了企业整体素质，也反映了管理层领导的观念、素质和心态。它是连接企业战略决策与目标实现之间的桥梁，其强弱程度直接制约着企业经营目标的实现。缺乏强大执行力，企业战略目标将是无本之木，无源之水。

1.建立有效的沟通系统

建立有效的执行力需要重视组织的内外部沟通。沟通是协调各个人、各要素，使企业成为一个整体的凝聚剂；沟通也是领导激励下属，实现领导职能的基本途径。

2.促进企业执行力文化的形成

企业文化是企业成员所共享的价值观念、信念和行为规范的总和。它体现在企业生产、管理、经营的每一个环节。因此，要想使企业培育和提升执行力，将企业塑造成一个执行力组织，就必须在企业内部建立起一种执行力文化。

3.打造一支高效的管理团队

企业中层管理干部是管理执行力的关键点。组织战略的实施日益需要这种中层经理，他们能够领导团队配合关键战略，主动地进行跨部门、跨单位以及跨地区的协作。

4.流程再造奠定执行力基础

流程再造是企业管理的更高一个层次。首先，要从管理机构上再造，实行扁平化管理；其次，要从领导机制上再造，要倡导领导机制上无为而治；最后，重点设计战略流程。

5.有效地利用控制系统

如何在执行过程中衡量业绩，这个评估或者控制功能是执行过程的关键部分。

（资料来源：百度百科）

2. 市场营销审计程序

营销审计是对企业的营销环境、目标、战略活动所作的全面的、系统的、独立的和定期的检查，其目的在于决定问题的范围和机会，提出行动计划，以提高企业的营销业绩。

营销审计的基本程如图 11-10 所示。

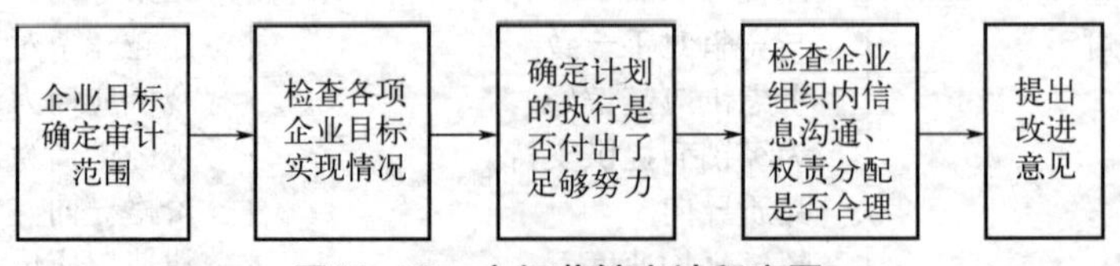

图11-10　市场营销审计程序图

3. 市场营销审计的内容

营销审计一般由公司高级管理人员主导进行。它不仅要收集内部资料，而且要访问顾客、经销商等。营销审计的内容（见表11-9），包括六个主要方面。

表11-9 企业市场营销审计的框架

审计项目	审计内容
营销环境审计	宏观环境审计，如对人口、经济、政治、法律、科技、自然、社会、文化等环境的分析 微观环境审计，如对市场、顾客、竞争者、分销商、供应商、营销中介、社会公众的分析
营销战略审计	即对公司使命、营销目标、营销战略进行分析和评价
营销组织审计	对营销组织结构、功能效率、部门联系效率进行调查和评价
营销系统审计	对营销信息系统、营销计划系统、控制系统、新产品开发系统等进行分析和评估
营销赢利审计	对赢利性和赢利率、成本和收益等进行分析、评估，发现问题，并寻找改善的策略
营销功能审计	对产品策略、定价策略、分销策略、促销策略、销售队伍等进行分析和评估

营销审计在于发现各个层面中存在的问题和症状，分析各种现象之间的因果关系。例如，当出现销售下降或利润减少的问题时，必须审视数字背后隐藏的原因，寻找解决问题的方法。

习题

一、名词解释

职能式组织、地区式组织、产品管理式组织、市场管理式组织、产品/市场式组织、事业部组织、年度计划控制、战略控制。

二、基本训练

1. 简述市场营销计划内容。
2. 写出市场营销计划编制的程序。
3. 市场营销组织是如何演化的?
4. 营销部门的组织模式有哪几种?
5. 如何进行市场营销控制?

三、思考题

1. 根据阅读材料分析：变革营销组织的动因大致有哪些? 它们是如何影响组织变革的?
2. 分析实施营销计划存在并要注意的问题。

四、操作练习

1. 用两、三个例子说明市场营销计划、组织、控制的必要性。
2. 联系一家企业，根据企业的营销状况写出一份市场营销计划书。
3. 根据以下资料，完成你家乡的某个旅游景区IPA分析法调查问卷设计、发放、收集、分析，得出其IPA象限图。

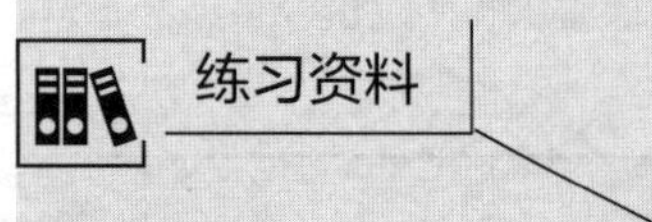

应用IPA分析法对顾客态度追踪

IPA分析法，即Important-Performance Analysis，通过顾客认为该公司提供服务的重要或顾客对该项目的期望，以及顾客实际感知后的满意度进行比较，这就是IPA分析法。

IPA分析法最早是马提拉和詹姆斯（Martilla,James,1977）提出并用于对汽车经销商的考核，目的是为了可以深入了解公司在营销组合的哪一方面应该给予更多的关注，并识别可能消耗太多资源的领域。在重要性能网格上展示结果促进了管理对数据的解释，并增加了它们在做出战略营销决策中的有用性。

在时代的不断发展过程中，IPA分析法已经应用于各行各业，用以不断提高服务质量，从收集到的资料来看，IPA分析法已广泛应用于交通服务、酒店住宿、餐饮、卫生、公共服务、教育培训、场馆服务、网络服务等多个服务业领域。

IPA分析法优点在于其模型直观形象、清晰、易于读者理解等，缺点在于IPA分析法的假设前提是重要性与满意度两个维度上的变量相互独立并与受访者的总体感知呈线性相关。然而在现实调查中，受访者的评价一般为主观感受，其重要性评价和满意度评价很难成为互相独立的变量。传统的IPA分析法所要求的假设条件一般很难满足，得出的要素象限分布并非总能找到合理的解释。其次，IPA分析法要求受访者对同一问题需要做出两次判断，当问卷题量较大时，访问时间则成倍增长，访问质量有可能下降。

以旅游景区为例，部分调查问卷设计为图11-11。

影响因子		重要性					满意度				
		非常不重要	不重要	一般	重要	非常重要	非常不满意	不满意	一般	满意	非常满意
旅游消费价格	餐饮价格	1	2	3	4	5	1	2	3	4	5
	游乐项目价格	1	2	3	4	5	1	2	3	4	5
	景区内交通价格	1	2	3	4	5	1	2	3	4	5
	门票价格	1	2	3	4	5	1	2	3	4	5

图11-11 旅游景区IPA分析法部分调查问卷设计

（资料来源：知乎.IPA分析法的前世今生与实际应用.）

第十二章

国际市场营销

本章要点

- 国际市场营销的特点、意义及演进
- 国际市场营销环境分析
- 国际市场营销的主要决策

本章导读

世界经济一体化必将导致企业经营国际化，随着企业的跨国界经营，市场的范围不断扩大，因而有必要将原来用于指导国内营销活动的市场营销学原理引入范围更广的国际市场。由于国际市场营销比国内市场营销具有更大、更多的差异性、复杂性和风险性，因此，国际营销管理就具有一定的独特性。本章着重讨论国际营销的特殊性。

第一节　国际市场营销概述

一、国际市场营销的特点

国际市场营销（international marketing）是指企业通过满足国际市场需要，以实现自己的战略目标而进行的多国性市场营销活动。国际市场营销是企业超越国界的市场营销活动，是国内市场活动在国际市场上的延伸。

国际市场营销与国内市场营销在理论和方法上基本相近。但由于国际市场营销环境、竞争范围与激烈程度、其他不可控因素等特殊性，决定了国际营销与国内营销相比具有很大的差异，表现出以下基本特点。

1. 国际市场营销的困难性

国际市场营销的活动范围在两国以上，产品要跨越国境进行经营，其市场、产品、销售、管理等具有国际性。企业跨国经营时，要受到不同国家海关的管理和不同国家经济贸易政策的限制，同时还要受到多变的国际政治的影响。因此国际市场营销环境比国内市场营销环境复杂得多。

2. 市场的异国性

国际市场营销是在不同的国家里进行的市场经济活动，各个国家、地区的消费者需求的差异，经济和政治体制的不同，文化特质的较大区别，营销运作方式的不一致，使每个国家的市场各具特色，这种特色就是“市场的异国性”。显然，国际市场营销必须了解市场的异国性，找出它们同国内市场的异同，确定国际目标市场，以便制定相应的营销策略。

3. 竞争的多国性

由于国际资源分布不平衡，不同国家的生产领域和产品存在着较大的差异，这就为国际市场营销获得超额利润成为可能。在利益驱动下，国际市场中往往有很多国家的企业参与竞争，这种竞争的激烈程度又往往超过国内市场。因此，研究怎样适应不同国家市场需求，研究怎样同其他国际性企业在国际市场上进行竞争，协调本国出口企业之间的竞争关系，是企业在国际市场上搞好营销活动的一个重要任务。

4. 国际营销具有更大的风险性

在国际市场营销中，可能发生的风险很多，主要的风险有：信用风险即由于对对方的资信了解不够而带来的风险；外汇风险即由于国际结算中汇率变动可能给企业带来的重大损失；税收风险即包括来自国内和东道国财税政策的变化以及母国与东道国之间征税冲突给企业带来的风险；商业风险即进口方面往往以各种理由拒收货物以达到自身目的，这些理由在拒收前是无法确定的；价格风险即合同签订后价格变动给企业带来的风险；政治风险即由本国化、外汇管制、进口限制、政变骚乱等带来的风险；等等。

国际市场营销人员要充分掌握国际市场行情变化，设法稳定和维持企业在国外市场上的地位，及时化解和规避风险，开辟畅通的销售渠道，努力使出口产品多样化。同时，还要使国际市场营销与国内市场营销紧密结合，以增大缓冲容量，尽可能减少行情及其他因素变化带来的风险损失。

5. 国际市场营销手段的多样性

在国际营销中，除运用产品、价格、分销、促销四大因素之外，还有政治力量、公共关系及其他超经济手段等。营销的参与者也与国内营销有明显不同，除常规参加者外，立法人员、政府代理人、政党、有关团体以及一般公众也被卷入营销活动之中。企业应充分利用各种营销手段，开拓国际市场，扩大市场份额。

二、国际市场营销的意义

经济全球化是当今世界不可阻挡的潮流，它使企业营销的市场“无边界”。各国企业纷纷在广阔的国际市场上寻求新的营销机会，拓展自己的生存和发展空间。对于今天的企业来说，积极开展国际营销，具有十分重要的现实意义。

1. 加速了国家宏观经济的发展

企业积极开展国际营销，可以使国内更多的产品打入国际市场，在国外市场实现产品的价值并获得外汇收入，从而推动国内经济的迅速发展。

2. 增大了企业的营销活动空间

国际市场为企业的营销活动提供了更大的回旋余地及更多的营销机会。企业通过国际市场营销活动可以增加自己的销售收入，同时由于销售规模的扩大而降低成本，从而得到更为可观的营销利润。

3. 规避了营销风险，使企业获得更为丰厚的营销回报

企业开展国际市场营销，首先可以将国内已经进入稳定期甚至衰退期的产品，投放到国外特定市场获得新的利润；其次，国际营销可以帮助企业避开竞争激烈的国内市场，而到一些竞争相对较弱的国外市场寻求更好的机会；再次，国际市场营销可以使企业在国内经济不景气时，在国外一些新兴市场寻求新的经济增长点；最后，国际市场营销使企业可以在全球范围内合理配置资源，并在全球市场范围内选择更为有利的市场机会。

三、国际市场营销的演进

企业开展国际市场营销活动同经济全球化的发展趋势及同本国市场经济发展水平是紧密联系的，大致要经历以下过程。

1. 国内营销阶段

企业在全国范围内从事生产经营活动，以国内顾客为服务对象，生产的产品和提供的服务，满足他们的需要，在国内市场同国内的竞争对手相互竞争，争取在满足顾客需要方面做得更好。随着科技的进步，经济的发展，国内市场竞争日益激烈，市场利润呈现下降趋势。

企业在国内从事市场营销活动是自觉的或不自觉的战略选择，要想取得更多的利润，企业必须开辟新的市场。

2. 出口营销阶段

企业在生产经营过程中逐渐做大做强，生产的产品除在国内销售之外，开始进入国际市场，满足国际市场的需要。在该阶段，产品和经商经验成为发展出口营销的关键因素，也就是说，产品质量好，价格要适当，要凭经验寻找合适的买主，开辟一条通往国外市场的分销渠道。随着经验的积累，供求关系的稳定，产品出口规模越做越大。产品出口有利可图，企业是为追求利润而生的，加入产品出口行列的企业不断增多，国际市场竞争也激烈起来，这是市场竞争发展的必然趋势。为了在国际市场取得竞争优势地位，获得更多的利润，企业还必须研究国际目标市场，使产品适应国际市场消费者的需要。

3. 国际市场营销阶段

国际市场营销是国内市场营销的延伸。在国际市场营销活动的早期阶段，企业往往将营销活动的重点放在国内市场，实行民族中心主义和本国市场导向，并兼顾国际市场营销活动。因此，企业就把在本国市场所使用的策略、方法、途径和人员，用于国际目标市场。随着企业从事国际市场营销活动的增多，经营经验不断积累和丰富起来，企业日益重视国际市场顾客的需求及其变化，并深入地开展研究，将国际市场营销学学者们研究的国际营销理论应用到国际市场营销活动的实践中去，逐渐地取得成功，使国际市场越做越大。

4. 多国营销阶段

企业开展国际市场营销活动之后，发现世界各国市场需求有很大的不同，为了适应各国市场的不同需求，必须实行多国市场营销战略，即对每一个国家都制定一种营销战略，以不同的产品策略、定价策略、分销策略和促销策略，满足各国顾客的不同需要。在这一阶段，企业以多中心主义为导向，认为国际市场是非常不同的市场，企业必须实施差异化策略，才能满足国

际市场的需要，才能获得成功。

5. 全球营销阶段

企业以全球为目标市场开展全球营销活动，全球营销主要依据是全球文化的共同性，并兼顾全球文化的差异性。因此，企业实行统一的营销战略，兼顾实行本土化营销策略。在这一阶段，企业实行以地理为中心的导向，产品战略强调的是适应、扩展和创新。比如，美国的可口可乐是世界名牌，它销往全球，中国有13亿人口，是可口可乐的大市场，为了适应中国消费者的口味，它生产了香草味可口可乐、健怡无糖可口可乐、健怡柠檬味可口可乐等，以满足中国消费者的特殊需要。同时，传统的可口可乐仍在中国销售，使中国消费者有了更多的选择。必须指出的是，全球营销不是指企业产品一定要进入世界各个国家，究竟进入几个国家是由企业根据拥有资源的条件和目标市场国消费者的需求等来确定的。

第二节　国际市场营销环境

国际市场营销所面对的是本国以外的其他国家市场，不可控制的环境因素较之国内市场营销有较大的差异，环境特性成了国际营销与国内营销的重要的区别。最显著的区别是经济环境、社会文化环境、政治和法律环境。

一、经济环境

国外一般采用以下两种分类方法来分析与划分各国和地区的经济环境。

1. 按技术经济结构分类

（1）自给自足型经济　自给自足型经济（self-sufficient economies）类型是比较落后的、封闭的农业国的典型形态。如东南亚、非洲、拉美一些国家及太平洋岛屿等国家和地区，经济落后，发展缓慢，经济结构存在不同程度的畸形。这些国际市场狭小，购买力有限，进出口能力差，产品在国际市场缺乏竞争力。对这类国家进行市场营销潜力大，发展前景广阔，但现时贸易受到相当大的制约。

（2）发达国家经济　发达国家经济（industrial economies）类型主要指北美、西欧、日本、澳大利亚等国家和地区。这些国家科技水平高，经济发达，进出口基础雄厚，购买力强，需求旺盛，大量输出工业品和资本，输入大量原材料和半成品。这类国家市场容量大，经济体系完善，消费水平高，是中高档商品的最佳市场，但竞争激烈。

（3）新兴工业化经济　新兴工业化经济（industrializing economies）类型的国家和地区，主要是亚洲四小龙、泰国、菲律宾、马来西亚、印度尼西亚、巴西、墨西哥等。它们都是在近20年迅速发展起来的，对外贸易额一般呈大幅度增长之势，进出口两旺，对原材料、燃料、先进的技术设备、中高档消费品的需求量大。

（4）原料输出型经济　原料输出型经济（raw-material exporting economies）类型以出口原料为主，其中某一种或几种原料是国民经济的基础和支柱，经济结构单一，工业比较落后，经济发展具有很大的倾向性和局限性，但人们的收入水平、购买力不一定低。例如，中东的经济命脉是石油，工业发展和进出口贸易主要与石油有关，这些国家的人均收入水平一直居世界前列，它们是石油开采、加工设备及零配件、交通运输设备、日用消费品和一般工业品的良好市场。

2. 国家的收入分配状况

自给自足经济中几乎所有家庭的收入都很低，相反，工业化国家中将会有低等、中等和高等收入家庭。其他经济类型的国家的家庭收入则可能不是极高就是极低。然而在许多例子中，贫穷的国家却可能有一个很小但是收入很高的富裕的消费者阶层。而且，即使在低收入和发展中国家，人们也总是会想方设法去购买对他们来说很重要的商品。因而，国际市场营销者应充分了解经济环境，从而做出如何进入以及进入哪些国际市场的决策。

二、社会文化环境

1. 语言文字环境

语言文字被视为文化的“镜子”，因为人们的全部思想几乎都要通过使用文字、说话方式（如语气、语调）或使用非口头形式的身体语言（眼神、姿态）等来进行交流。语言的多样性与复杂性往往成为国际市场交流沟通的障碍，从品牌的确定、商标的设计乃至广告促销中的信息传递，都要求语言表达严谨、准确。否则不仅词不达意，还可能造成歧义，严重影响产品的市场销售。美国通用汽车公司的“雪佛来—诺瓦（Chevrolet Nova）汽车在波多黎哥推销时遇到麻烦。原来Nova的英文含义是“新星”，但其西班牙语中的意思却是“跑不动”。那么，有谁愿意买跑不动的车呢？百事可乐一则英语广告“Come Alive With Pepsi”在美国国内很受欢迎，它的意思是“喝了百事可乐，可使你满活力”。然而该广告直译成德语后，其意义竟变成了“从坟墓中爬出来”，令人哭笑不得，严重影响产品在德国市场的销路。

2. 教育水平

社会教育水平的高低与消费结构、购买行为有着密切的关系。一般来讲，教育水平高的人对新产品的鉴别能力、接受能力较高，对产品质量和品牌比较挑剔，而且要求突出个性。教育水平对国际营销直接影响体现在以下两方面：

① 影响人们的消费行为。

② 企业在制定目标市场的策略时，必须参照当地教育水平，以使人们易于接受。如产品策略中，产品包装上的说明文字、产品目录、产品复杂程度和技术性能等都随着当地教育水平做相应的调整。

3. 宗教

宗教信仰影响人们消费行为、社交行为、穿着举止、经商风格、价值观以及在社会中处理和谐与冲突的方式，而所有这些都是国际营销者理解消费者及其行为的基础。宗教方面的规范和禁忌对国际营销形成一定的制约。

4. 价值观

价值观是文化的核心内容，是人们选择行为目的、行为方式的精神标准。国际营销过程可以看作是在两种或多种价值观的相互作用下展开的，不同的价值观对国际营销活动的影响不同。如对时间价值观的差异形成各国对准时有不同的理解。准时是在美国社会中受人尊敬、赢得信赖的基本条件，而在中东地区对时间的定义则不明确，准时并不重要。对个性的追求也因文化的不同而各异，美国人喜欢突出自己，日本人则不愿意。凡此种种，营销者只有加以区别，才能获得成功。

5. 社会组织

社会组织是指人们彼此之间、社会团体之间、人与社会团体之间的联系方式。在对社会组织的考察中，分析社会阶层、家庭规模和特点等对国际营销活动的开展很有意义。在一个社会中，社会阶层是具有相对的同质性和持久性的群体，他们按等级排列，每阶层成员具有类似的价值观、兴趣爱好和行为方式。在诸如服装、家具、娱乐、汽车消费和新闻媒体的选择等领域，各社会阶层显示出不同的产品偏好和品牌偏好，有必要拟定不同的营销对策。家庭的作用在不同的文化中也有差异，发达国家的核心家庭模式不仅使购买单位增多，而且市场潜力也随之增大；而欠发达国家的几代同堂的扩展家庭模式则会形成较大集合购买力。从营销角度看，既要看到部族间的共性消费行为，也要顾及到它们各自不同的消费需求，有必要把每个种族群体作为特定的目标市场来考虑。

三、政治环境

1. 政党体制

一些国家的政党体制可以分为四类：两党制、多党制、一党制和一党控制制。两党制包括两个强大的政党，一般是由此两党互相接替控制政府。两党纲领不同，它们之间的交替对外国企业的影响往往比对本国企业的影响更大。

在多党制国家，没有哪一个政党强大到足以控制政府的程度，因此由多个政党联合组成政府。与两党政府不同，多党制联合政府经常发生更换，因为每一个联合政府的寿命都取决于参加各方的合作态度，而各方的政纲又往往是互相冲突的。

与多党制形成对照的是一党制——国家只存在一个强有力的政党，由该党控制政府。

第四种政党体制与一党制不同。在一党控制的国家，占统治地位的政党引导其他政党配合它对政府进行控制。

在一党制和一党控制制的政党体制下产生的政策一般不会因政府的更替而频繁变更。

2. 政治稳定性

政治稳定才能保证政策的连续性，国际企业最关心目标市场国政府的政策能否得到长期持续的贯彻，由于政策摇摆不定而引起的政局动荡会使外商投资信心不足。一国政治的稳定与否，可从该国政权更迭的频率予以考察，若政权更迭过于频繁，便会产生一连串的不确定性。政治稳定性还可从文化、宗教冲突方面进行分析，一国文化的分裂和宗教信仰之争有可能引发政局动荡。政治稳定性也可从诸如暴动、罢工、骚乱事件发生的多寡来判断。

3. 外贸政策

在一定意义上说，一国贸易政策如同进入该国市场的关卡。如果一国鼓励对外往来，欢迎和支持外国公司前来投资，国际营销就畅通无阻；如果政策苛刻，营销机会就会大为减少。特别是在贸易保护主义盛行的今天，外贸政策对国际市场营销的影响愈加突出。但对保护民族工业正常发展的贸易保护政策与企图垄断国际贸易利益的贸易保护主义应区别对待。

四、法律环境

法律环境主要是指各国对外贸易政策和其他的政策法令对市场的左右和影响。发达的工业国家重视经济立法，加强进出口贸易和国际市场营销的限制管理。发展中国家的贸易管理也正在走上法制化道路。世界各国贸易立法的内容一般包括进出口贸易法、反托拉斯法、反倾销法、消费者利益保护法、计量法、经济合同法等，但各国贸易法规的内容差别很大。企业开展全球营销，必须先了解各国的有关法律、法规、条例和制度，以避免出现法律上的无谓纠纷。

对于全球企业而言，在全球进行营销必然会面临许多非常琐碎的法律细则，在此我们不加以一一列举。我们只列出许多公司曾经或者将有可能在以后的投资中碰到的一些法律风险。

1. 外汇管制

一个国家实行外汇管制的原因是由于该国外汇短缺。一个国家面临外汇短缺时，它就会限制所有资本流动；或者有选择地对那些政治上最易受到攻击的公司的资本流动加以限制，以便保持一定数量的外汇，供应最基本的需要。

在那些收支极度困难的国家里，政府可能会对企业的收入和资本实行长期冻结。货币兑换是一个一直存在的问题，因为绝大多数的国家都有货币管制的规定，尤其是当一个国家的经济或外汇储备发生严重问题时，政府就会立即对外汇兑换加以限制。

2. 进口限制

对原料、机器和零件的进口有选择地实行限制，是政府迫使设在本国的外国公司去购买本国产品，从而为本国工业开辟市场的一种最为常用的策略。

3. 税收管制

作为控制外国投资的一种手段，有时东道国政府会突然提高税率，向外国投资征收高额的利税。在那些经常为资金短缺而发愁的欠发达国家里，对经营成功的外国企业征收重税似乎是为这些国家经济发展筹措资金的一种最便利、见效最快的办法。由于当外国公司的业务达到一定的规模时，提高税率会大大降低它们的利润，因此对税收的管制也应属于法规风险的范畴。

4. 价格管制

一些关系到公众利益的必需品，如医药、食品、汽车等经常受到价格管制。在通货膨胀时期，利用价格管制可以控制生活费用的上涨。如我国政府通过统一粮食收购价来稳定粮食价格，避免挫伤农民的积极性而导致粮食供应减少。

第三节 国际市场营销的主要决策

国际市场营销是引导企业的商品和服务供给国外消费者的活动。当一个企业考虑开始涉足国际市场或进一步拓展现有的海外市场时，企业管理层会面临以下五个主要的决策（见图12-1）。

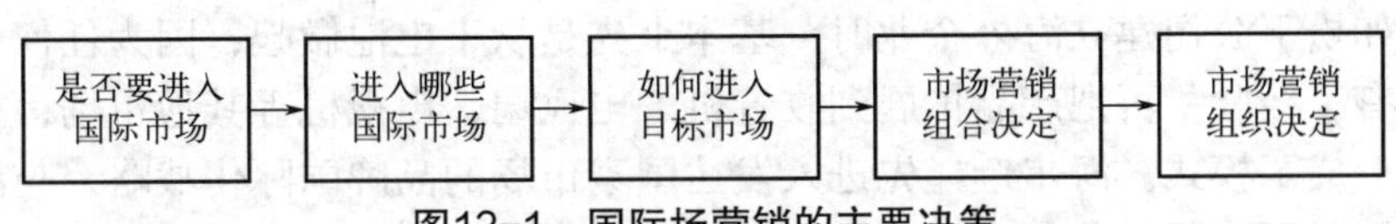

图12-1 国际场营销的主要决策

一、是否进入国际市场

对企业来讲这是个根本性问题，尤其对尚未涉足国际市场的企业，这个决策事关重大，它可能意味着更好的前景，更好的收益，也可能意味着更多的挫折甚至失败。这个决策的做出，主要取决于三个要素：企业的目标、机会与能力。

1. 目标（objectives）

这是指企业在未来一段时间内希望实现的目的。现代企业很重视企业的目标，许多企业的目标是获得稳定的增长。各种目标指标、考核标准及投资人的获利要求，使得中短期利润最大化，这样的企业就会积极寻找在国际市场上的扩展途径。

2. 机会（opportunities）

从逻辑上讲，企业只有在具有现实的或潜在的海外营销机会时才有是否要进入的决策基础。光有目标没有机会那是一句空话，而没有目标，什么才是企业应该抓住的机会也不一定清楚。一般来说，国外市场的机会必须在大于眼前的或潜在的国内市场机会时，才有进入的必要。当然国际市场机会不是现成的，需要企业去寻找或者创造。

3. 能力（abilities）

实现目标，光有机会还不行，还必须考虑是否具有抓住和利用机会的能力——也就是拥有进行国际营销的资源。这种资源不仅仅是指产品、技术、资金、管理等等，也包括这些要素所具有的相对的竞争优势。如果没有相对的竞争优势，进入市场后也不可能成功。

二、进入哪些国际市场

进入哪些国际市场是一个挑选和综合考虑的过程。海外市场有许多个，从地域上来分，有欧洲市场、北美市场、东南亚市场、中东市场等；也可以按国家划分，有美国市场、日本市场、俄罗斯市场等。有些国家的市场很大，比如美国，在50个独立州里面，有24个州的经济能同世界上最大的20个国家相比。外国企业家只要看准其中一个州，就可能在长时期内轻松地找到足够的生意来做。当然也有些国家的市场如此之小，对许多公司来说可能不屑一顾。

1. 市场的选择

首先要看的是市场需求或潜在的需求。投资能否收回，效益是否理想，最主要的是靠市场需求。其次是对市场环境的分析，政治、经济、法律、文化等诸因素均要考虑。比如日本，贸易保护色彩较浓，向其出口就有很多的困难。市场选择第三个因素是要考虑企业的竞争能力和适应性。有些海外市场从宏观环境角度分析是可取的，但如果企业想进入的目标市场已有强有力的竞争者，而企业又不具备在另外的细分市场营销的优势，那结果可能是不得不放弃这个市场。又比如，当没有足够的国际经营经验时，企业可能宁愿放弃一个较大的市场而在一个较小的市场先进行一段时间的试验。即便是一些国际性的大公司在初次进入一个国际市场时也是非常小心的。例如松下公司建立海外企业时，基本上先是从干电池做起，因为任何一个国家都需要干电池。等有了经验，再把产品扩展到收音机、电风扇、电视机等其他市场，这种稳步扩大市场的做法已形成了模式。海尔选择先进入发达国家市场的品牌国际化战略，与海尔对企业国际化经营的理解、国际化经营的动机和目标有着密切的关系。在这些方面，海尔同中国其他的家电企业有着完全不同的理念。在海尔看来，企业出口的目的并不仅仅是为了创汇，更重要的是出口创牌，海尔国际化的最终目标是创海尔国际名牌。

2. 国际市场营销会比国内营销有更大的选择余地

营销人员不能老是盯着欧美市场，对绝大多数产品来说，欧美的确是最大的市场，但是正因为大，竞争者也就多。而一些较小的市场，如非洲、拉美市场，由于相对贫穷、市场购买力低，容易被人忽视，少有人问津。但也正因如此，对进入者而言，那里又成了大市场。据统计，全世界年进口自行车近1000万辆，一半左右是由美、欧进口的。自行车出口商把主要精力放在美、欧、日等量大、价高的市场。发展中国家进口自行车也有近300万辆左右，且价格承受能力有限，很适合我国自行车的出口。据统计，我国出口贸易中，向发展中国家出口的仅占12%左右，尽管非洲和拉美市场问题一大堆，贫穷、高通货膨胀、不稳定的政府、内战、外汇缺乏、不良的付款记录等，但其发展的潜力却不容忽视。企业应根据自己的国际营销的目标和政策进行市场选择，市场选择模型如图12-2所示。

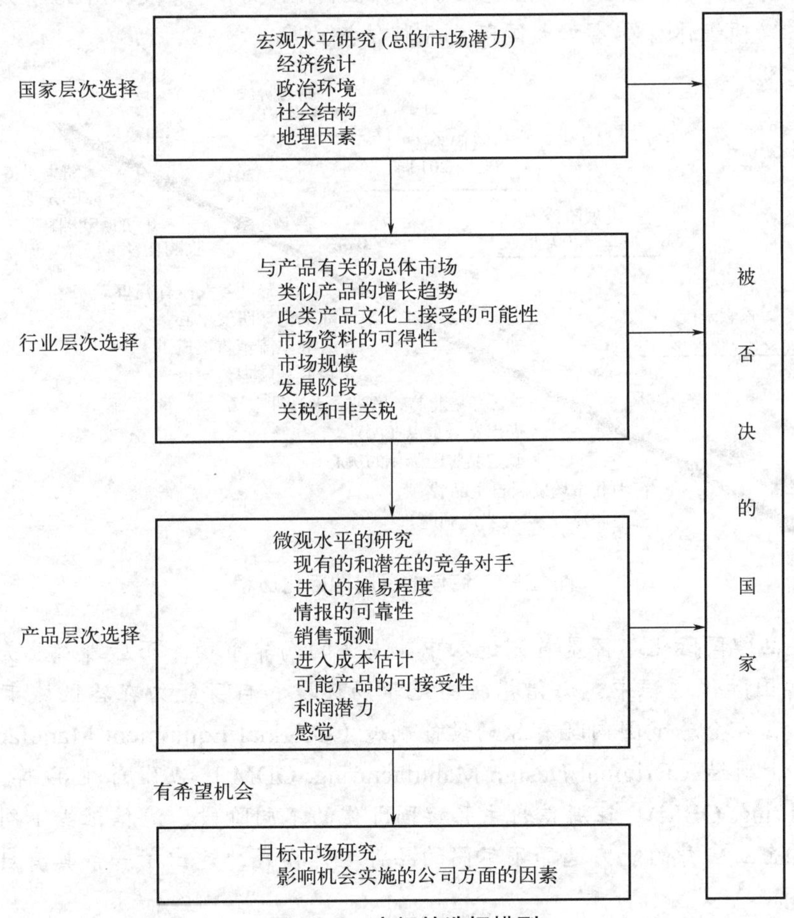

图12-2　市场的选择模型

例 12-1

海信品牌国际化的发展历程

海信作为中国首批“走出去”的企业之一，拓展国际市场以及品牌国际化一直是海信发展的重要战略。从1994年海信南非销售控股有限公司进入南非市场算起，海信的自主品牌国际化之路已经走了30年，其品牌国际化历程可以分为四个阶段（图12-3)。

① 探索阶段：在2001年以前，海信处于品牌国际化的探索阶段，海信主要专注于在国内市场上做大做强，同时有少量出口业务，主要出口方式是通过外贸公司代理出口产品。1996年海信成立南非公司，正式开始本地化品牌运作并取得成效，海信逐渐摸索并确立了建设国际化品牌的基本思路。

② 发展阶段：2002～2007年，海信将南非的品牌运作经验带到北美市场，并加大了国际自主品牌的建设力度，逐步开拓了澳大利亚和欧洲市场。

③ 巩固阶段：2008～2013年，海信逐步实现在海外市场的本土化经营，开始在海外成立研发中心，加强渠道建设。在这一阶段海信集团高层进一步明确了要将海信品牌打造成为国际知名品牌的战略目标，并提出了海信未来发展大头在海外的全球化战略，将科龙的冰箱、空调等海外业务正式并入，成立了海信国际营销公司，构建了海外销售平台。

④ 腾飞阶段：2014年之后，海信进入了品牌国际化的腾飞阶段，开始了大量的海外兼并与收购，通过赞助顶级体育赛事加大国际化品牌传播力度。

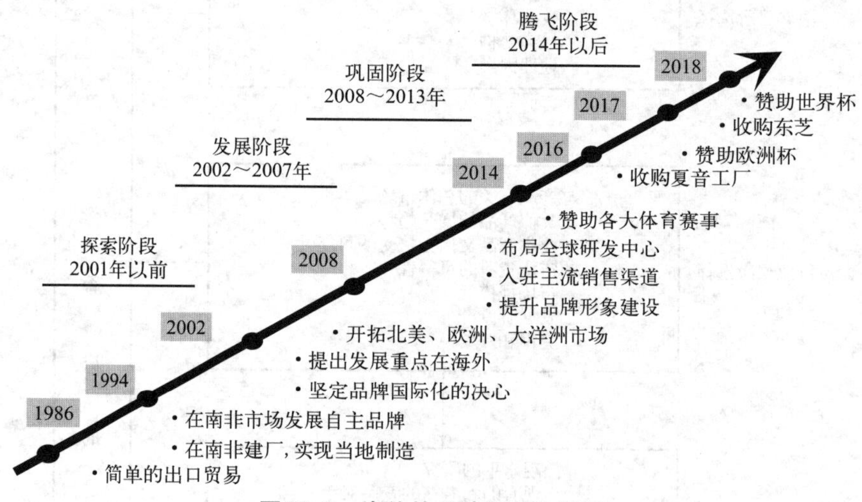

图12-3　海信的品牌国际化历程

海信的自主品牌国际化路径是首先进入中等发达的南非市场，而后进入北美、欧洲等发达国家市场。品牌国际化过程中，海信根据当地市场环境和自身能力在各区域市场选择了不同的品牌运作模式，在全球范围内既有原始设备制造（Original Equipment Manufacturing, OEM)，也存在原始设计制造（Original Design Manufacturing, ODM）以及自主品牌业务（Original Brand Manufacturing, OBM)。在海信自主品牌国际化的不同阶段，海信根据不同的国际化区域市场特点和当时企业自身的能力选择了不同的品牌运作模式，走出了一条具有自身特色的自有品牌国际化之路。

三、如何进入目标市场

企业选择好目标市场后，就必须确定进入该市场的最佳方式。企业可选择的方式主要包括出口、合作经营、直接投资（见图12-4），每种战略都包含着更大的投入和风险，但同时也拥有更多的控制和潜在利润。

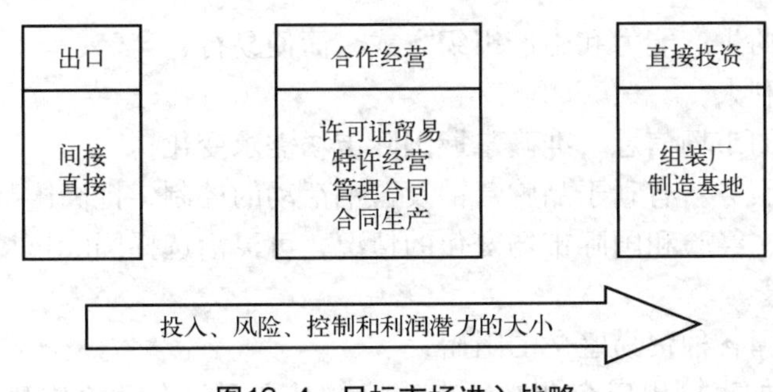

图12-4　目标市场进入战略

（一）出口

出口（export）商品是企业进入国际市场的最简单的方式，称为出口进入。根据是否选择中间商或所选择的中间商的不同，出口进入可分为间接出口和直接出口两种。

1. 间接出口

间接出口（indirect export）是指企业通过本国中间商出口即为间接出口。这种企业一般以国内市场为主要营销对象，因而产品也是针对国内市场的特点而设计。只有当本国市场不能全部消化企业产品，或者出口国际市场获得很大利差，且技术上较为简便易行时，企业才会考虑出口，因而间接出口可能不是企业的一种长期战略行为。一般而言，当企业缺乏国际市场营销知识和经验，但有机会或必须进入国际市场时，为避免进入风险，选择间接出口是一种较好的方式。

企业可以选择的国内中间商有三类：

① 出口经销商，即拥有商品的所有权，在国际市场自主销售、自负盈亏，制造商的风险较小，但利润很薄；

② 出口代理商，即为制造商出口牵线搭桥，寻找市场机会，不拥有商品所有权，而以获取佣金为目的，这种情况下制造商风险较大，但利润较厚；

③ 同行业多个制造商共同发起成立外贸企业，办理出口业务。

总体而言，间接出口属于国内生产、国外销售的进入国际市场的类型，具有以下优点：

① 企业利用原有的生产能力和生产组织方式，简便易行；

② 充分利用中间商的信息、经验和国际营销渠道，迅速进入国际市场；

③ 投入资金少，节省了国际市场调研、渠道建立等许多营销费用；

④ 灵活性大，当国际国内市场变化或企业实力改变时，企业可迅速调整国际市场进入策略；

⑤ 风险小。

间接出口的缺点是：

① 商品需要经过国界才能进入国际市场，面临着较多的障碍和壁垒；

② 严重依赖出口中间商，不利于企业自身国际营销经验的积累；

③ 缺乏国际市场信息，企业产品难以及时适应国际市场变化。

2. 直接出口

直接出口（direct export）是指企业通过国外中间商（经销商或代理商）或企业自己设立国外销售机构，在目标市场销售产品的即为直接出口。当企业熟悉国际市场，且国际市场增长较快、利润率较高时，可考虑选择直接出口进入国际市场。

这种方式从本质上与间接出口同属于国内生产、国外销售的进入国际市场的类型，其优点在于：

① 企业利用原有的生产能力和生产组织方式，简便易行；

② 比间接出口获利大；

③ 可以获得更多的市场信息，准确掌握国际市场需求变化；

④ 就近提供各种服务，有利于品牌营销及营销活动的控制，提高国际营销水平；

⑤ 根据企业资源、经验和国际市场变化的情况，可灵活选择国际市场进入方式。

直接出口的缺点是：

① 容易遇到对象国各种贸易壁垒的阻碍；

② 适用面较窄，如直接出口企业必须在出口产品方面具有竞争优势，要性能独特（产品差别化）、质量优异、价格低廉等，才能打开市场；

③ 如果选择国外中间商，则出口业务易为国外中间商所控制；如果自己设立国外销售机构，则需要一批熟悉国际营销的专才，这些问题一般不易解决。

（二）合作经营

合作经营（joint venturing）是企业通过与国外企业合作生产、合作营销产品或服务的方式进入国际市场。合作经营通常包括许可证贸易、特许经营、管理合同、合同生产四种形式。

1. 许可证贸易

许可证贸易（licensing）即企业（许可方）与对象国法人（被许可方）签订合同，允许其在合同期限内使用许可方的无形资产，并获得被许可方支付的报酬。许可证贸易的关键在于，它是无形资产的授权使用，尽管许可方也有可能在对象国制造产品，但并不投入资金。国际化经营企业选择这种进入方式通常是因为：或是确保企业无形资产在对象国不受损失、或是企业与合作方建立利益联盟、或是产品的生命周期在本国处于衰退期而在对象国仍在成长阶段。

因此，许可证贸易的优点在于：

① 确保无形资产受专利法等法律法规和合同的保护；

② 绕开对象国限制商品进口的贸易壁垒或投资限制，提高获利能力；

③ 是开拓对象国市场的试探性行动，有助于提高许可方在对象国市场的知名度，容易博得对象国的好感，以利于进一步扩大经营；

④ 可以带动附属交易，如企业向对象国法人授权使用无形资产的同时，往往被允许出售对方不能生产的零部件和中间产品；而这些通常不受对象国贸易壁垒的限制，甚至还可获得优惠政策，因此许可证贸易往往被用来“掩护”产品出口（以零部件出口替代整体产品出口）；

⑤ 可规避投资风险和政治风险。

许可证贸易的缺点是：

① 收取的无形资产使用费一般较低，企业获益不多。

② 有可能培养潜在的竞争对手。当被许可方成熟以后，为获得更多发展，可能中断合作关系，成为企业（许可方）进一步拓展市场的障碍，从而增加了最终商业风险。

③ 企业在对象国的营销计划、执行、控制难以达到理想效果。

2. 特许经营

特许经营（franchise）指特许人将工业产权及整个经营体系（如商标、企业标志、经营理念、管理方法等）特许给对象国独立的公司或个人使用，被特许人必须按照特许人的政策和方法经营，并支付费用。特许经营是许可证贸易向深层经营领域的延伸和扩展，因为后者只是个别经营资源的授权使用，而特许经营则是整个经营体系的转移使用。

目前，特许经营广泛应用在商业和服务领域，如遍布全球的麦当劳快餐、肯德基炸鸡、意大利比萨饼等就是特许经营的典型例子。

特许经营的优点主要如下：

① 向对象国低成本快速扩张；

② 标准化营销独具特色，容易扩大市场影响；

③ 被许可人能发挥经营积极性，创出业绩；

④ 风险小。

特许经营的缺点是：

① 特许利益有限；

② 难以对被特许人实施全面有效的管理与控制；

③ 适应面较窄，如商业、零售业、餐饮业等行业运用效果显著，但技术密集、资本密集型企业尚难见成功案例。

3. 管理合同

管理合同（management contracting）指企业与对象国法人签订合同，由该企业负责对方的全部业务管理，并以此进入对象国市场。其中管理方仅拥有接受方的经营管理权，而没有所有权，获得报酬的方式通常是，费用总付、按利润额或销售额的一定比例提取、按具体服务支付费用等。典型案例有希尔顿集团为国外宾馆提供管理服务等。

以管理合同开拓国外市场，优点如下：

① 不需要投入资金，基本无风险；

② 容易了解对象国经营环境和市场需求情况，为进一步扩展业务奠定基础；

③ 作为提供管理技术的附加条件，管理方可以出口有关产品或设备，获得一定程度的补偿。

然而，管理合同的缺点也相当明显，如：

① 占用大量优秀的管理和技术人才，却有可能培植今后的竞争对手；

② 获利极少。

4. 合同生产

合同生产（contract manufacturing）是企业为了开拓对象国市场，与当地企业签订供货合同，一方面向其提供技术援助或机器设备；另一方面要求对方按合同规定的质量、数量、时间生产本企业所需要的产品或零部件。它实际上是把生产厂设置在营销对象国，当地生产，当地销售，使国际生产和国际销售紧密结合。

合同生产一般适用于对象国市场容量不大，不宜直接投资的情况。它的主要优点是：

① 充分利用了当地的生产能力和优势资源，减少了大量生产资金投入；

② 能够迅速组织生产、快速进入对象国市场；

③ 风险较小；

④ 属于当地生产，当地销售，避免了大量的进入国际市场障碍。

合同生产的缺点是：

① 为确保产品符合要求，国际化经营企业可能要提供技术援助和管理支持；

② 有可能培养未来竞争对手。

（三）直接投资

最大规模地参与国外市场的方式是直接投资（direct investment）——设立以国外为基础的组装或者制造厂。如果公司从出口中获得了足够的经验并且国外市场足够大，在国外直接投资设厂将有许多优势，它的主要优点是：

① 企业可以获得更便宜的劳动力和原材料，从而降低成本，获得外国政府的投资鼓励并且节约运费。

② 企业还可以通过创造就业提升在东道国的形象，一般来说，这可以使企业发展同当地政府、客户、当地的供应商和中间商之间的更深厚的联系，从而使企业的产品更好地满足当地市场的需要。

③ 企业对于在国外的投资拥有全部的控制，从而可以开发更为符合企业的长期国际目标的生产和营销策略组合。

直接投资的主要不足在于企业将面临许多风险。有时候，为了维持在东道国的运营，企业除了接受这些风险之外别无选择。

例 12-2

吉利集团的国际化之路

吉利集团的国际化之路可分为四个阶段：

第一阶段为准备阶段，为国际化战略打好技术和资本基础。

吉利集团在进入汽车行业之初，精准定位，以低端市场作为主要的突破口，生产出高性价比的轿车产品，满足了当时国内低档轿车市场需求。在竞争激烈的国内汽车市场环境下，吉利集团开启了自己的民营汽车品牌之路。即使是从低档汽车、低端市场起家，吉利集团始终坚持自主创新，将产品研发、设计、制造置于优先地位，形成了自己的专利技术，并不断吸取优秀车型的技术特点与优势，逐步形成了自己的特色，其产品市场认可程度不断提升，吉利汽车也成为了中国驰名商标。这为集团走向国际市场奠定了一定的技术基础和国内市场基础。

第二阶段为定位市场，采用出口贸易模式，初步积累国际化经验。

2003年，50辆吉利轿车出口海外，这是吉利集团首次对外出口轿车，也是中国自主汽车品牌第一次走出国门。同其他中国汽车企业一样，吉利汽车先尝试以出口的形式进入国际市场，其出口的第一站也是选择了新兴及第三世界国家市场，如中东、北非、南美、东欧及俄罗斯等地区和国家。2012年，吉利汽车出口数量则首次突破10万台，同比增长157%，增幅在所有自主品牌中排名第一，说明吉利汽车在质量、性能以及售后服务等方面得到了目标市场的认可，其国际化战略迈出的第一步已经成功。

第三阶段为实施海外建厂与并购战略，由出口贸易向投资整合转变。

到2015年，吉利在海外建成15个生产基地，实现全球产销200万辆汽车，其中2/3即130万辆销往海外，成为有全球竞争力的品牌。除了海外建厂，吉利也通过并购相关零件生产企业来提升自身技术实力，整合国外营销网络。2006年，吉利入股英国锰铜集团，吹响了进军全球的号角，英伦品牌划入吉利旗下；2009年，金融危机背景下，闪电收购全球第二大自动变速器生产商DSI，5年后的博瑞、博越都是搭载了DSI的自动变速器，实际上收购DSI更大的意义是提升吉利研发团队水平，依托DSI，打造吉利自己的变速器产品。

第四阶段为实施品牌战略。

2010年，吉利收购沃尔沃，成为汽车收购历史上的最成功案例，依托沃尔沃技术支持，吉利开启了全新的3.0时代。吉利集团通过出口、海外设厂和并购等方式积累了一定的国际化经验之后，采用收购国际知名汽车品牌沃尔沃的策略打造自主品牌，全面走向世界。

（资料来源：王洪星.吉利汽车国际化战略研究[J].经营管理者，2015-2-中期：161页.有删减及修改）

讨论

根据图12-5品牌国际化阶段理论模型说明企业国际化面临的任务、问题、品牌策略

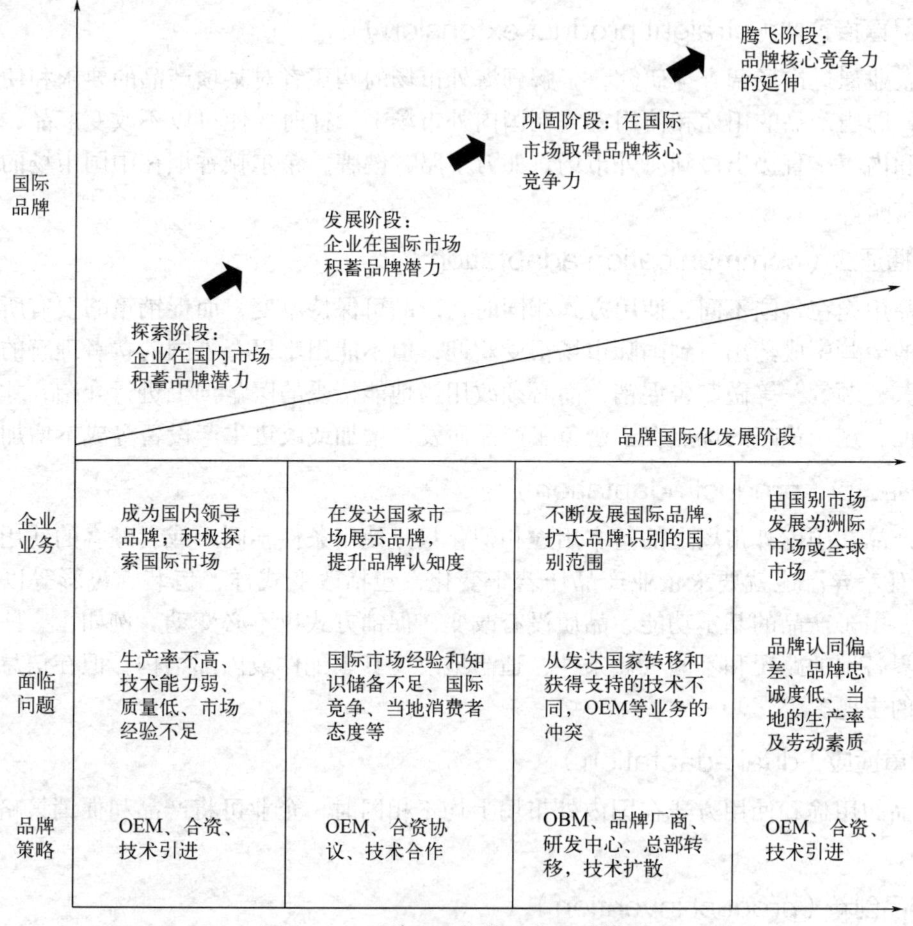

图12-5　品牌国际化的阶段理论模型

四、市场营销组合决定

（一）产品策略和促销策略

国际企业在制定产品策略时，首先要决定生产和经营什么产品。有时企业将在国内畅销的产品原封不动地搬到国外，同样可以得到畅销；有时需将国内产品作某种程度的变动才能外

销；有时则需要专门为国外设计新产品。因此，国际企业的产品策略可有三种：以现有产品向其他市场推销；根据新市场的具体要求改进产品即产品适应；开发全新的产品。由于产品组合的安排必须同时考虑到在目标市场上促销的方式，因此国际营销中的产品策略总是和促销策略结合在一起（如图12-6所示）。具体而言，有以下五种形式。

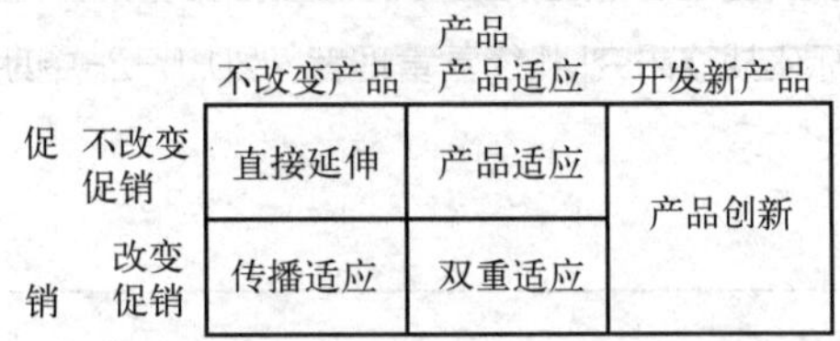

图12-6 五种产品和促销的组合决策

1. 产品直接延伸（straight product extension）

如果企业通过市场调查与研究，了解到海外市场的购买者对某项产品的要求和使用情况与本国相同，即当产品的用途和使用方式在国内外市场上一样时，便可以不改变产品，也不改变促销方式和内容，直接出口到海外市场。如万宝路、健牌、希尔顿香烟在中国市场的销售就是采用这种策略。

2. 传播适应（communication adaptation）

当产品用途在各国不同、使用方式相同时，产品可保持不变，而促销策略要有所改变。例如，我国的一些中成药出口到国际市场很受欢迎，但不能用难以令外国消费者理解的中医字眼如“补虚”、“顺气”等做广告促销，而必须改用当地能接受的医学词汇进行介绍，才能发挥其促销的效能。这一策略的优点在于避免了产品研发、增加或改进生产设备等成本增加因素。

3. 产品适应（product adaptation）

一些产品在国内外市场上的基本用途相似，只是使用条件不同，或者顾客的使用习惯和购买习惯略有差异。这就要求企业产品作若干变化，包括改变式样、包装、色彩等以适应其特点。但是，由于产品的基本功能、品质没有改变，促销方式也不必变动。例如，一些汽车厂商会根据世界各地的路况和不同气候条件，适当地改变其零配件或内部结构，但在信息传递方面采用统一的主题。

4. 双重适应（dual adaptation）

当产品的用途和使用方式在国内外市场上均不相同时，企业可将产品和促销策略进行双重改变。

5. 产品创新（product invention）

为了适应国外市场的完全不同于国内的需求，需要有针对性地生产新产品出口。

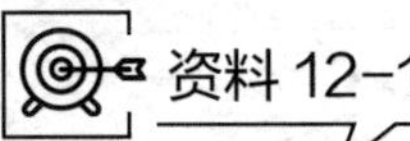

资料 12-1

国际化产品策略的衡量标准

国际市场与国内市场的显著区别之一，是对产品的价值取向不同。消费者调查显示，国内消费者对价格的重视程度远高于对品质和技术的重视，在三、四级市场，这个特征表现得更加明显。这实际上是中国企业热衷于打价格战的“民意”基础。但是，发达国家的消费者更在意产品的技术和质量表现，真正受消费者欢迎的产品，是那些品牌、技术、品质全面领先的产品，而不是价格便宜的产品。相反，一个热衷于打价格战的企业，很有可能面临反倾销的制裁。实际上，判断一个企业国际化水平，有一个非常简单的方法，那就是看这个企业的产品在德国、美国、日本三个国家卖得怎么样。

我们一般认为，全球进入门槛最高的国家是德国、美国、日本（有意思的是，这三个国家曾经长期占据全球经济前三名的位置）。德国人以严谨、苛刻著称，对别国的产品格外挑剔，其家电、汽车产品在全球影响力巨大。中国汽车人最大的梦想，就是有朝一日把“中国造”卖到德国去。日本是一个心态复杂的民族，面对老牌西方国家内心很自卑，面对新兴国家它又表现出极度自信的一面。韩国的三星和LG在全球市场表现都不错，唯独在日本市场乏善可陈。日本对中国的心态与对韩国相似，民族情绪很大，对中国产品具有排斥心理，中国产品进入的难度非常大。美国作为全球第一经济大国，心态相对开放得多，但是其眼光也高得多，它总是以最高标准要求其他国家，因此，美国也是世界上门槛最高的国家之一。

因此，如果一个企业的产品能在这三个国家有一个不错的市场表现，这个企业的国际化一定做得不错。

（二）价格策略

1. 国际市场定价的影响因素

国际市场定价应考虑第八章所指出的各种影响因素，并把它放在国际市场的特定环境里加以具体分析。在此还须作一些必要的说明与补充。

（1）成本费用　国际营销的成本费用比国内营销复杂得多，起码必须增加关税和其他税收、国外中间商毛利、运费、保险费、国际营销业务费等方面的支出。

（2）目标国家政府的法律限制　它包括关税和非关税的贸易壁垒、反倾销法、反托拉斯法、价格控制法等。企业从争夺国际市场的角度出发，把产品的变动成本作为定价的基准，这就可能使产品的外销价格低于内销价格而被目标国家视为倾销行为。

（3）国际市场供求、竞争状况　首先，应注意国际市场供求关系的趋势及其变化的影响，国际市场基本属于买方市场，必然引起激烈的价格竞争。其次，资本主义经济的周期性波动，会导致不同产品价格的升降。再次，目标国家顾客的特殊需求心理，可对价格造成较大的影响。最后，应了解国际营销企业在目标国家同行业的竞争类型，如目标国家同行业为寡头垄断者所把持，垄断者价格将左右出口产品的价格。

（4）通货膨胀与汇率波动　目标国家通货膨胀会增大产品的成本，特别是对跨国公司的产品价格影响较大，而且某些东道国还可能把通货膨胀的风险转移给跨国公司的子公司。而国际市场由固定汇率制改为浮动汇率制后，汇率波动对国际市场价格的影响不可避免。

2. 国际市场价格升级的控制

价格升级是指产品从一个国家出口到另一个国家的过程中附加了许多成本，导致价格上升。价格升级的直接原因是上述成本费用的大幅度增加。为此，可采取适当的对策来控制国外市场价格，尽量降低价格升级的幅度。

（1）降低商品生产成本　这是解决价格提升问题的根本途径。企业可采取在国外生产产品的办法来降低生产成本，然后在当地销售，或可减少高成本的功能特性来降低成本。

（2）降低关税　企业可采取多种办法降低关税。可对产品重新分类，即当某一产品的类别不明确时，可归入低税率的产品类别。如在澳洲，电脑设备税率为2%，而电讯设备税率仅为3%，这就为某些产品的归类提供了低税的机会。企业也可修改产品，即按较低税率的标准来适当修改产品。如美国的关税表上列明：任何帆布鞋或塑胶鞋若鞋面1/4以上使用鞋面皮，征收48%的关税；鞋面1/4以下使用鞋面皮，则征收6%的关税。企业还可改变产品形式，即出口零部件与半成品而不出口产成品，因一般前者的关税要低得多。

（3）降低渠道成本　即合理减少一些渠道环节，使流通费用降到适当的水平。

（4）利用国外贸易区降低成本　在自由贸易区内加工产品的生产成本比较低；部分利用东道国的原材料加工产品可节省成品出口的运费；产品从自由贸易区进入其所在国时才征收关税，这样可减少因先纳税而造成的资金占用和利息支出。

3. 跨国公司定价策略

在国际营销中，跨国公司在定价方面比一般出口企业更具特色，其策略主要有：

（1）统一定价策略　跨国公司统一定价策略指跨国公司的同一产品在国际市场上采用同一价格的策略。其条件是须由买主负责运费和关税等。这一策略简单易行，保本求利，不需要调查各国市场的竞争、供求等复杂情况，但它忽视了国际市场的差异、需求的变化和竞争的存在，因此竞争力不强，难于在各国市场上取得最大的利润。

（2）多元定价策略　跨国公司多元定价策略指跨国公司的母公司及其国外子公司对同一产品采用不同价格的策略。各个子公司完全可以根据当地当时市场状况做出价格决策。但当两地同一产品差价很大时，一些子公司的低价产品会流向另一价格较高的市场销售，引起价格内战，影响公司的整体利益。这种多元定价的后果使跨国公司感到头痛。

（3）控制定价策略　控制定价策略指跨国公司对同一产品既不采用同一价格，也不完全放手各个子公司独立定价的策略。其目的是发挥统一、多元定价的优点，对价格实行一定程度的控制。例如，允许各子公司灵活定价，但限制内部的盲目竞争。又如，为占领或进入某一市场，可要求子公司低价销售。这一策略会增加管理难度。

（4）转移价格策略　转移价格策略指由跨国公司上层决策者人为地确定母公司与子公司、子公司与子公司之间销售产品和劳务的内部价格，以实现其全球战略目标和谋求最大利润的策略。转移价格的最大特点是随意性与机密性，它在一定程度上不受市场供求规律、价值规律的影响，由跨国公司上层决策者密谋制定，外人难于对价格的合理性做出判断。转移价格涉及面广，方法简单，目标明确。其具体做法是：公司内部互相提供零配件、固定资产，或提供专利、专有技术、咨询、管理、租赁、商标、运输、保险、货源等，或处理呆账、赔偿损失时，人为地提高或降低成本、费用、利息等，使转移价格高于或低于相应的市场价格，造成跨国公司内部的某一子公司取得超额利润而另一子公司相应亏损、资金任意转移的局面。采用转移价格的目标是调整利润、转移资金、逃避税收和减少风险等，归根结底是为了获取最大限度的利润。我国在参与国际营销活动中应熟悉西方跨国公司的这一策略手法，以保护自己的利益。

资料 12-2

国际化——不唯盈亏论成败

国际化成为中国企业界的一道风景，越来越多的企业走出国门参与全球竞争。但是，中国企业国际化的道路并不好走。总体来看，一些走出去的企业，不仅未能实现社会期待的赢利，也未能实现企业自己期待的赢利。但是，不能在短时间内赢利，是不是就意味着失败呢？答案是否定的。

长期以来，中国企业始终有一个很大的认识误区，那就是：成本越低越好。实际上，低成本观念带来的可能是产品品质不够高，企业难以吸纳优秀人才，不愿意在品牌建设上投入。因此，企业应该追求合理的成本。在这方面，中国企业应该向国际企业学习。

如果一个企业以短期赢利为考量国际化成功的标准，这个企业就会自然而然地缩减生产成本和销售成本，降低员工薪酬，减少品牌形象建设投入，结果是什么呢？产品品质下降，渠道销售力不足，员工军心涣散，品牌形象难以确立。这些问题反过来作用于企业，就是企业的竞争力进一步下降，从而陷于恶性循环境地。

实际上，一个企业的健康发展是技术、产品、品牌、人才、企业机制等诸多管理要素和市场要素协调作用的结果，是系统优势的体现。不能建立系统优势的企业，也许能红火一时，绝不能红火于长久。

（三）国际市场销售渠道策略

1. 国际市场销售渠道结构

把产品销售到海外市场，不仅要经过本国的分销渠道，而且还要通过进口国的分销渠道，才能进入进口国的最终用户。国际营销中常见的分销渠道通常包括三个环节。

第一个环节是本国的分销渠道，它由生产企业和批发中间商组成。

第二个环节是出口国的出口商和进口国进口商之间的分销渠道，即由本国进入进口国的分销渠道。第三个环节是进口国的分销渠道。

国际市场销售渠道结构如图12-7所示。

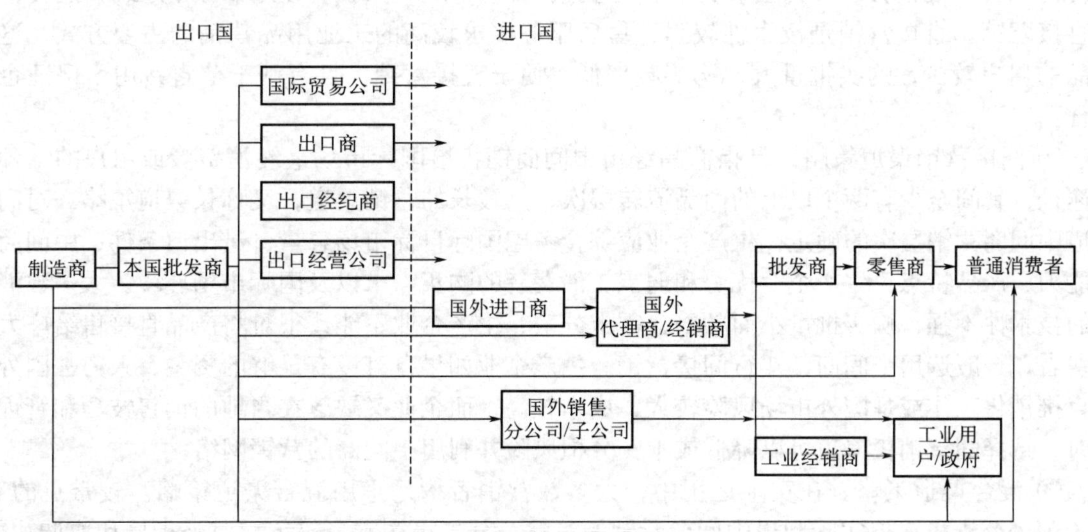

图12-7　国际分销渠道示意图

制造企业的出口有多条选择途径（见图12-7）：

① 通过本国批发商再到本国出口商出口，这条途径宜用于数量不大的消费品；

② 直接通过本国出口商出口，这条途径宜用于买主和卖主都比较集中的大宗交易；

③ 直接出口给国外中间商，如国际市场中经常交易的大宗商品；

④ 直接出口给国外批发商或代理商，如需要利用他们的市场力量来扩大市场覆盖面的商品；

⑤ 直接出口给国外零售商，如国外大规模零售商订购的商品；

⑥ 直接售予国外用户，如原料性商品，政府企业的订货，邮寄销售等；

⑦ 在进口国设立海外生产装配部门，由海外生产装配部门把生产出来的产品售于进口国分销渠道各环节。

可见，国际分销渠道的三个环节是一般的进出口产品的流向，并不是每一次交易行为都要通过出口商或进口商组成的第二个环节。由本国分销渠道组成的第一个环节，也并非要逐一依次经过这些中间商，交易行为也可以越过其中一级或两级中间商。不论采用何种选择，销售方必须对分销渠道施加影响。在国内，销售方通常通过公司的国际营销部来沟通国与国之间的各个分销环节。在国外，销售方还必须监督向最终用户供应商品的渠道。当然，最理想的是公司能控制各个渠道直到最终用户的整个分销过程，但在实际上，由于各种条件的限制，并不能完全做到，但是要尽可能地通过直接和间接的手段对整个渠道加强控制。

2. 国际营销渠道策略

国际营销渠道策略应具有整体渠道观念，既包括决定渠道长度的策略，即直接营销渠道策略、间接营销渠道策略和混合渠道策略，也包括决定渠道宽度的策略即密集性营销渠道策略、选择性营销渠道策略和独家专营营销渠道策略。

（1）直接营销渠道策略、间接营销渠道策略和混合渠道策略

① 直接营销渠道策略，是指产品从生产企业流向国际市场最终消费者或用户的过程中不经过任何中间商。直接营销渠道是最短的营销渠道，所以又称短渠道策略。在国际市场上，生产企业可采用直接接受国外用户订货，派员上门推销，通过自设营销机构现货销售，参加国内外博览会、展销会、交易会、订货会等直接与国外用户签约，以及邮购等方式和途径，进行直接营销。直接营销是技术性较强、售后服务要求较高的工业用品营销的主要方式，这类产品的用户较少，购买批量大，购买频率低，便于直接营销，且有利于节省费用，保证企业信誉。

② 间接营销渠道策略，是指商品经由中间商销售给国际市场最终消费者或用户的一种营销途径，其间至少有两个以上的商品流转层次，是较长的营销渠道，又称长渠道策略。对间接渠道中间商营销层次的确定，生产企业应综合考虑国际目标市场容量、进出口条件、中间商营销能力、产品特点、生产企业优势和弱点、消费者的购买需求以及国际市场环境。大多数消费品的技术性不强，购买批量小而频繁，需求分散，生产企业不能或很难将产品直接售给广大的消费者，一般选用中间商，实行间接营销。生产企业如果自身没有足够的资金、人力去国外从事直推销售工作或是国外市场风险较大、成本较高，而企业又缺乏在当地的销售技巧和管理经验时，选择间接销售渠道可以降低成本，分担风险并利用中间商的营销网络。

③ 混合渠道策略。在实际运用中，大多数营销者均是采用混合渠道策略。较常见的有：设置国外分支机构但实际利用中间商营销的策略，分支机构本身仅承担监督指导和协调功能；自设分销机构但部分利用中间商的策略，厂商既可以从事销售工作，掌握市场动态，控制产品线，又可以减少在全国各地租用仓库的成本。

（2）密集性营销渠道策略、选择性营销渠道策略和独家专营营销渠道策略

① 密集性营销渠道策略，是指生产企业使用尽可能多的中间商营销其产品，自己的产品遍布世界各地，使国际市场消费者和用户能有更多机会，更方便地购买。在国际市场上，价格

不高、购买频率大的日用品、大部分食品、工业品中的标准化和通用化商品，需要经常补充、更换或用于维修的易耗品，替代性强的商品等，多采用这种营销策略。

密集性营销使得企业产品的销售点分布广泛，便于接触所有目标市场的潜在顾客促进销售，从而易于进入和占领市场。但这种策略的运用，一般要求较密集的促销广告和其他形式的推销费用，营销成本较高。由于利用中间商多，每个中间商的国别、地位、经营性质、经营能力等各不相同，对企业控制中间商提出了较高的要求。因此，生产企业必须对中间商给予必要的了解、沟通和监督，以适应市场行情变化，实现企业营销目标。

② 选择性营销渠道策略，是指在选定的市场上，生产企业精选少数几个符合要求的中间商经销自己的产品，而不是让所有愿意经营这种产品的中间商都经营。这种营销策略适用于大部分消费品（特别是选购品、耐用消费品和其他的特殊品）以及专业性强、用户比较固定、对售后服务有一定要求的专业设备和配件等产品、用品。生产企业在进入国际市场的初期，未找到合适的代理商或经销商之前，或是缺乏国际市场经营的经验，常选用几家中间商进行试探性的营销。

与密集性营销相比，选择性营销可使生产企业集中力量加强同其精选的少数中间商接触，强化对营销渠道的市场控制，提高销售效率，使各个中间商订货批量增大，降低销售费用，增大盈利。但选择性营销形式的市场渗透力可能有所减弱。

③ 独家专营营销渠道策略，是指在特定的市场上，只选择一个中间商经营其产品，给予独家经销权。通常双方协商签订独家经销合同，规定经销商不得经营其他竞争性产品。在国际市场上，高技术产品、大型专用机电设备、新式汽车以及具有国际影响的家用电器等产品，由于技术性强、售前售后服务要求较高，如须提供安装调试、技术培训咨询、操作示范、检验、修理改装等服务，宜采用这种营销方式。

独家专营营销除具有选择性营销的优点外，还有利于与中间商保持紧密的经营关系，得到中间商的合作和协助，易于控制市场营销（如决定售价和销售方式等），此外可以提高国际市场营销的效率，加强对用户的服务，提高产品在国际市场上的信誉和声誉，建立和巩固产品市场地位。但最关键的问题是生产企业对独家经销商的依赖性强，风险较大，选择不当会使企业失去部分甚至整个市场，带来巨大的损失。在一定时期，一个地区只有一家经销商，使广告的效用受到限制，可能由此而失去一部分潜在的消费者。

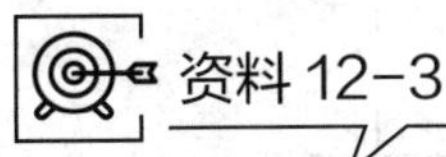
资料 12-3

日本的分销渠道特点

日本的销售渠道被称为是世界上最长、最复杂的销售渠道。其基本模式是：

“生产者+总批发商+行业批发商+专业批发商+区域性批发商+地方批发商+零售商十最终使用者”。日本的分销系统一直被看作是阻止外国商品进入日本市场的最有效的非关税壁垒。任何想要进入日本市场的企业都必须仔细研究其市场分销渠道。日本的分销体系有以下几个显著特点：

（1）中间商的密度很高　日本国内市场的中间商密度远远高于其他西方发达国家。由于日本消费者习惯于到附近的小商店去购买东西，量少且购买频率高，因此，日本小商店密度高且存货量小，其结果就是需要同样密度的批发商来支持高密度但存货不多的小商店。

（2）生产商对分销渠道进行控制　生产商控制分销渠道的措施主要有：为中间商解决存活资金；提供折扣、退货、促销支持等。

（3）独特的经营哲学 日本较长的分销渠道产生了生产者与中间商之间紧密的经济联系和相互依赖性，从而形成了日本独特的经营哲学，即强调忠诚、和谐和友谊。这种价值体系维系着销售商和供应商之间长期的关系，只要双方觉得有利可图，这种关系就难以改变。

（4）大规模零售商店对小零售商进行保护 为了保护小零售商不受大商场竞争的侵害，日本制定了《大规模零售商店法》。该法限制了国内公司与外国公司在日本的发展。除了《大规模零售商店法》以外，还有许多许可证条例也对零售商店的开设进行限制，日本和美国的商人都把日本的分销体系看作是非关税壁垒。

第四节 国际市场营销的组织结构

企业跨越国界走向世界市场，不仅扩大了营销空间，而且使企业面临的营销环境更加复杂，使企业需要处理的市场营销内容及企业内部的各种关系更加繁杂，从而必然导致企业组织结构的调整，以实现最佳的组织效率。

一、出口战略的营销组织结构

企业在国际市场营销的初期和早期，一般都采取出口战略。国内经济结构、国际经济结构以及企业自身的经营规模和水平都决定了出口战略具有低风险和高报酬的特点。采取出口战略通常在组织上成立出口部或建立海外销售子公司等形式。

1. 设立出口部的组织结构（organization structure for export）

这是最简单的国际营销组织形式，最初它由国际营销经理和一些助手组成，其任务是与所有海外顾客保持联系，负责制定出口营销方案，解决出口中的问题，聘任并监督代理商。随着业务量的增长，出口部的任务扩大到提供多种营销服务，并有专业职能人员（见图12-8）。

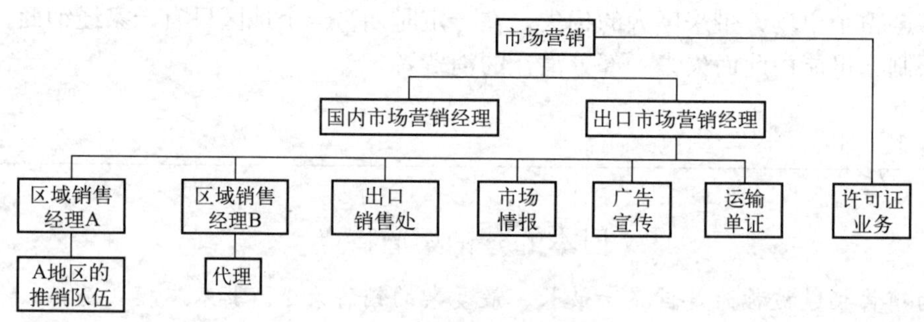

图12-8 出口额较大的营销组织结构

2. 设立海外子公司（overseas subsidiary）

国际营销业务扩大到一定程度时，就需要在国外建立机构，通常采取的法定形式是设立海外子公司。海外子公司应按当地法律注册登记，由母公司总控制，但在法律上是一个独立的法人，作为法人组织有相应的组织机构，有独立的自主经营权，独立承担民事责任，因而母公司和子公司间存在着松散的联系，母公司赋予子公司以极大的自主权，不对子公司经营负直接责任（见图12-9）。

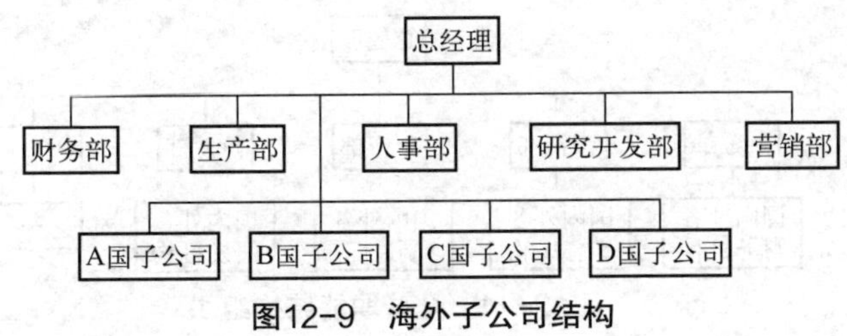

图12-9　海外子公司结构

二、海外生产战略的营销组织结构

随着海外市场销售量的增加，国际化经营企业迫切需要加强日益增多的产品出口、技术转让和对外直接投资等综合性业务的管理，为此，由国际经营管理专家和其他人员组成的国际事业部应运而生。它通常由一名副总经理领导，代表总部管理本企业所有国际业务（见图12-10）。

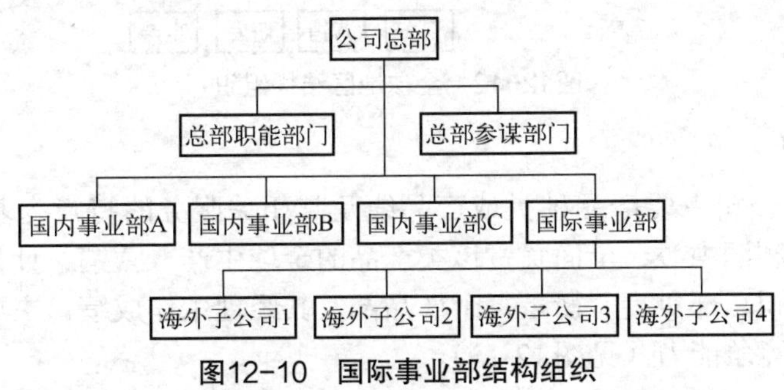

图12-10　国际事业部结构组织

三、全球经营战略的营销组织结构

随着海外子公司的数量增加和规模发展，企业多种产品进入多个国际市场，面对日益加剧的国际事业部与国内事业部之间的利害冲突，企业总部认识到应力求以全球化的观点来组织整个企业的经营，将国内经营和国际经营融为一体，放弃国际事业部的形式，转向全球性营销组织，调整不同管理部门和管理层次的权力分配。消除“国内”与“海外”之间的组织沟通障碍，建立一套有效的联络、协调和控制系统，在全球范围内组织和管理企业的整体业务。在这种组织结构中，总部集中国内和国外经营的总的目标，总部任何部门都是按世界范围设置，既管理国内分支机构，又管理国外分支机构。这样就为国际化经营企业实施全球战略提供了组织条件。

全球性组织结构大体上可分为三种形式：全球职能结构、全球地区结构、全球产品结构。

1. 全球职能结构

全球职能结构以企业业务活动的职能分工为基础，设立全球性职能部，各分部间相互依存，母公司总部协调各部之间关系，各部负责各自领域内的所有国内外业务，财务、生产、营销等重要部门各由公司一名属于最高级管理层的人士担任领导（见图12-11）。

2. 全球地区结构

全球地区结构以公司在世界各地产生经营活动的地区分布为基础，设立若干地区部，每个部管理该地区范围内的全部经营活动与业务，总部负责全球的经营计划与控制（见图12-12）。

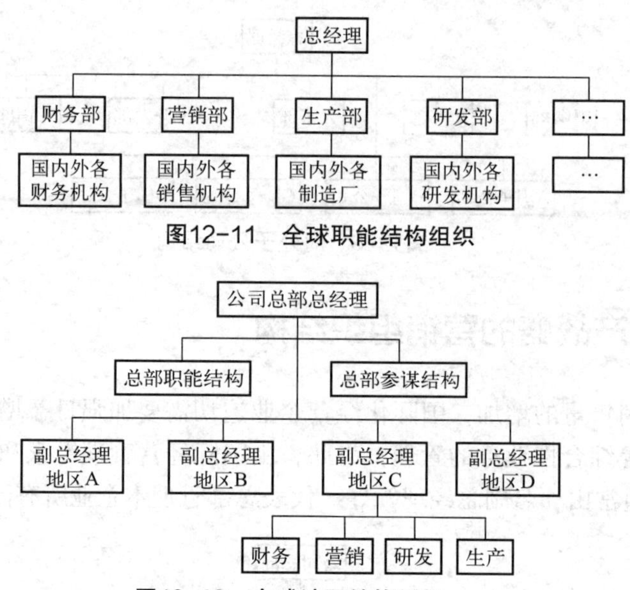

图12-11 全球职能结构组织

图12-12 全球地区结构组织

3. 全球产品结构

全球产品结构以公司主要产品种类或产品线及其相关服务的特点为基础，设立若干产品部。每个产品部都是利润中心，全面负责该类产品的全球生产、营销、计划、开发等职能的经营活动，并直接对公司总部负责。衡量每个产品部及其经理工作成绩，主要取决于其产品的盈利及在国际市场上的竞争能力（见图12-13）。

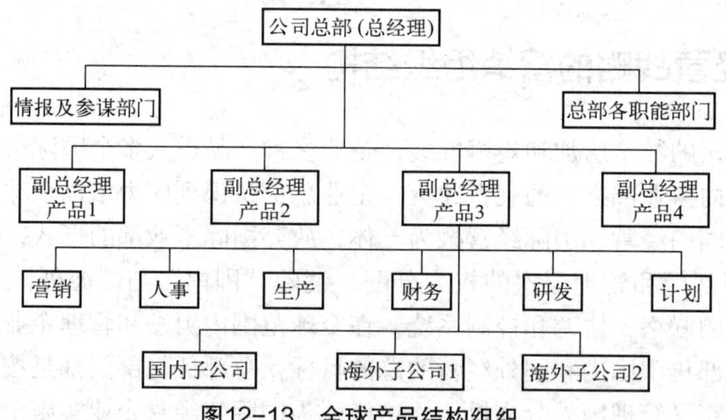

图12-13 全球产品结构组织

资料12-4

中国企业品牌成长的路径比较如表12-1所示。

表12-1 中国企业品牌成长的路径比较

企业	路径特点	利处	弊处	适用条件
海信	中间路线：发展自主品牌、OEM→ODM→OBM、技术和产品研发	品牌国际化风险较低、市场拓展经验积累充分、后期利润稳步增长	品牌认知度较低、品牌成长较慢、国际市场拓展较慢、品牌模式复杂	国际市场竞争激烈、生产制造经验丰富、成本控制能力强

续表

企业	路径特点	利处	弊处	适用条件
海尔	由难向易：技术和产品研发、自主品牌本土化、构建营销网络	品牌国际化起点高、自主性较强、后期拓展较快、所需时间较短	前期拓展较慢、前期投入较大、风险较高、前期亏损可能性大	资金比较雄厚、产品和技术研发能力强、构建营销网络能力强
联想	高起点：知名品牌收购、产品创新、营销网络整合、国际合作	品牌国际化起点高、品牌认知较快、前期拓展较快、利润增长稳步	整合成本高、风险较大、后期拓展具有不确定性、所需时间较长	生产技术成熟、潜在研发能力较强、营销网络整合能力强
TCL	难易结合：自主品牌、国际收购、本土化品牌	市场适应性好、市场拓展难易互补、回旋余地较大	品牌一致性较差、市场发展不均衡、所需资源复杂	生产技术成熟、研发能力较强
华为	由易向难；自主研发、技术产品创新、ODM 业务	品牌基础较好、品牌自主性强、市场适应能力强	前期投入较大、研发投入巨大、品牌拓展较慢	国际经营意识强、产品生产经验丰富
格兰仕	循序渐进：OEM → ODM → OBM	品牌国际化路径清晰、风险较小、品牌国际化经验积累充分	品牌拓展较慢、策略转换频繁、品牌处于低端定位	品牌国际化意识强、拥有核心竞争力、成本控制能力强

习题

一、名词解释

间接出口、直接出口、许可证贸易、特许经营、管理合同、合同生产、直接投资

二、基本训练

1. 国际市场营销的特点是什么？
2. 简述国际市场营销的意义。
3. 简述国际市场营销的演进。
4. 如何对国际营销经济环境进行分析？
5. 如何对国际营销社会文化环境进行分析？
6. 如何对国际营销政治、法律环境进行分析？
7. 简述国际营销面临的五个主要决策。
8. 简述国际市场营销的组织结构

三、思考题

1. "王老吉"是中国家喻户晓的凉茶，某公司正打算把"王老吉"引入美国市场，但美国人并没有喝凉茶的习惯。如果由你负责国际营销计划，你将会遇到哪些问题并怎样解决这些问题？

2. 如果我国的老字号“全聚德”要到美国为美国人提供烤鸭，你认为“全聚德”应该怎样对美国市场制定其营销策略组合？
3. 联系实际，分析中国企业如何选择进入国际市场的方式。

四、操作练习

1. 上网查询麦当劳、耐克、戴尔、宜家等国际品牌，了解并分析其在中国的营销策略。
2. 查询海尔、联想、华为等国内企业，了解并分析其在国外的营销策略。
3. 运用层次分析法对某一企业国际市场营销风险进行分析。

练习资料

层次分析法

层次分析法，简称AHP，是指将与决策总是有关的元素分解成目标、准则、方案等层次，在此基础之上进行定性和定量分析的决策方法。该方法是美国运筹学家匹茨堡大学教授萨蒂于20世纪70年代初，在为美国国防部研究“根据各个工业部门对国家福利的贡献大小而进行电力分配”课题时，应用网络系统理论和多目标综合评价方法，提出的一种层次权重决策分析方法。

层次分析法是指将一个复杂的多目标决策问题作为一个系统，将目标分解为多个目标或准则，进而分解为多指标（或准则、约束）的若干层次，通过定性指标模糊量化方法算出层次单排序（权数）和总排序，以作为目标（多指标）、多方案优化决策的系统方法。

层次分析法是将决策问题按总目标、各层子目标、评价准则直至具体的备投方案的顺序分解为不同的层次结构，然后用求解判断矩阵特征向量的办法，求得每一层次的各元素对上一层次某元素的优先权重，最后再加权求和的方法递阶归并各备择方案对总目标的最终权重，此最终权重最大者即为最优方案。

层次分析法比较适合于具有分层交错评价指标的目标系统，而且目标值又难于定量描述的决策问题。

（资料来源：百度百科. 层次分析法）

参考文献

[1] 菲利普 · 科特勒. 营销管理[M]. 上海：上海人民出版社，2003.
[2] 菲利普 · 科特勒. 市场营销原理[M]. 北京：机械工业出版社，2006.
[3] 迈克尔 · 波特. 竞争优势[M]. 北京：华夏出版社，1997.
[4] 李林. 市场营销学[M]. 北京：北京大学出版社，2018.
[5] 王光娟，程芳，汪嘉彬. 市场营销学[M]. 北京：清华大学出版社，2018.
[6] 吴健安. 市场营销学[M]. 北京：高等教育出版社，2017.
[7] 李雪. 市场营销学原理与实践[M]. 北京：清华大学出版社，2017.
[8] 闾志俊. 市场营销实物[M]. 4版. 南京：南京大学出版社，2018.
[9] 李雪欣. 市场营销学[M]. 北京：经济管理出版社，2017.
[10] 吕朝晖. 市场营销原理[M]. 北京：化学工业出版社2016.
[11] 吴作民，孙雀密，陈旭. 市场营销[M]. 南京：南京大学出版社，2018.
[12] 殷建国. 营销策划原理与实物[M]. 北京：中国人民大学出版社，2017.
[13] 段淑梅，万平. 市场营销学[M]. 北京：机械工业出版社，2017.
[14] 杨小红，赵洪珊. 市场营销学[M]. 北京：中国纺织出版社2016.
[15] 王希，李峻峰. 市场营销学[M]. 上海：立信出版社2017.
[16] 晁钢令 · 市场营销学[M]. 上海：上海财经大学出版社，2003.
[17] 纪宝成市场营销教程[M]. 北京：中国人民大学出版社，2002.
[18] 吴宪和. 市场营销[M]. 上海：上海财经大学出版社，2005.
[19] 杨勇. 市场营销理论：理论、案例与实训[M]. 北京：中国人民大学出版社，2006.
[20] 王方华. 市场营销学[M]. 上海：上海人民出版社，2003.
[21] 张欣瑞. 市场营销管理[M]. 北京：清华大学出版社，2005.
[22] 屈冠银. 市场营销理论与实训教程[M]. 北京：机械工业出版社，2006.
[23] 吴涛，市场营销管理[M]. 北京：中国发展出版社，2005.
[24] 郭国庆. 市场营销学通论[M]. 北京：中国人民大学出版社（第8版），2020.
[25] 李福学. 市场营销学[M]. 武汉：武汉理工大学出版社，2005.
[26] 卜妙金. 分销渠道决策与管理[M]. 大连：东北财经大学出版社，2001.
[27] 何永祺. 市场营销学[M]. 大连：东北财经大学出版社，2006.
[28] 陈启杰，现代国际市场营销学[M]. 上海：上海财经大学出版社，2003.
[29] 林昌杰. 市场营销[M]. 北京：科学出版社，2004.
[30] 张卫东. 市场营销理论与实训[M]. 北京：电子工业出版社，2006.
[31] 王培志. 市场营销学案例教程[M]. 北京：经济科学出版社，2002.
[32] 陈光明. 市场营销学[M]. 北京：光明日报出版社，2003.
[33] 刘国豪. 国际市场营销学[M]. 北京：光明日报出版社，2003.
[34] 薛求和，沈伟家. 国际市场营销管理[M]. 上海：复旦大学出版社，2003.
[35] 叶万春. 市场营销学[M]. 第2版. 武汉：武汉理工大学出版社，2005.
[36] 徐鼎亚. 市场营销学[M]. 上海：复旦大学出版社，2006.
[37] 季辉. 市场营销学[M]. 北京：科学出版社，2004.
[38] 车礼，胡玉立. 市场调查与预测[M]. 武汉：武汉大学出版社，1997.
[39] 芮明杰. 市场营销管理——定位、联盟、策略[M]. 上海：复旦大学出版社，2001.
[40] 李颖生，中国市场促销报告[M]. 北京：企业管理出版社，2004.
[41] 梅清豪，陆军. 市场营销学原理[M]，北京：电子工业出版社，2006.
[42] 张静中，曾峰，高杰，国际市场营销学[M]. 北京：清华大学出版社，2007.

[43] 周玉泉，张继肖，市场营销学[M]. 北京：清华大学出版社，2007.
[44] 杜明汉，孙金霞. 市场营销知识[M]. 北京：中国财政经济出版社,2019.
[45] 马宝龙. 营销管理经典案例分析[M]. 北京：机械工业出版社，2022.
[46] 李先国，杨晶，梁雨谷. 销售管理[M]. 北京：中国人民大学出版社，2019.
[47] 程曦. 新媒体运营教程[M]. 合肥：中国科技大学出版社，2023.
[48] 焦玉豹，陈丽君，马睿姝，刘凯. 直播销售从入门到精通[M]. 北京：中国铁路出版社，2021.
[49] 庄小将. 市场调查与分析[M]. 上海：上海交通大学出版社，2021.
[50] 蒋平. 现代推销技术[M]. 北京：中国原子能出版社，2022.
[51] 孔静霞. 消费心理学[M]. 杭州：浙江大学出版社，2021.
[52] 郭义祥. 新媒体营销[M]. 北京：北京理工大学出版社，2022.